EDUARD HEGEL · ST. KOLUMBA IN KÖLN

Studien zur Kölner Kirchengeschichte
Herausgegeben vom Historischen Archiv des Erzbistums Köln

30. Band

ST. KOLUMBA IN KÖLN

Eine mittelalterliche Großstadtpfarrei in ihrem Werden und Vergehen

VON

EDUARD HEGEL

1996

VERLAG FRANZ SCHMITT · SIEGBURG

Gedruckt mit Unterstützung

des Landschaftsverbandes Rheinland

Die Deutsche Bibliothek – CIP-Einheitsaufnahme

Hegel, Eduard:
St. Kolumba in Köln: eine mittelalterliche Großstadtpfarrei in
ihrem Werden und Vergehen / von Eduard Hegel. – Siegburg: Schmitt, 1996
(Studien zur Kölner Kirchengeschichte; Bd. 30)
ISBN 3-87710-177-1
NE: Hegel, Eduard: Sankt Kolumba in Köln; GT

Druck: Franz Schmitt, Siegburg
ISBN 3-87710-177-1

Joseph Geller

(1877–1958)

dem letzten Pfarrer von Alt-St. Kolumba
und Förderer der modernen christlichen Kunst

zum Gedenken

INHALTSVERZEICHNIS

Vorwort 11

Archivalische Quellen 13

Verzeichnis der gedruckten Quellen und Literatur 17

Abkürzungen 25

Die Anfänge

1. Kein Kolumbaheiligtum im römischen Köln 27
2. Herkunft der Kölner Kolumbaverehrung 28
3. St. Kolumba als Filialkirche des Domes 31

Im Mittelalter

4. Entwicklung von Pfarreien in der Stadt Köln 35
5. Der Pfarrbezirk von St. Kolumba 37
6. Pfarrei und bürgerliche Sondergemeinde 40
7. Bauliche Entwicklung der Kolumbakirche vom 11.–13. Jahrhundert
   Die dreischiffige Kirche und ihre Erweiterungen – Das Innere der Kirche – Baptisterium und Friedhof – Das Pfarrhaus 44
8. Das Pfarrerwahlrecht der Gemeinde 53
9. Kirchliche Vermögensverwaltung und Finanzgebarung durch die Pfarrgenossen 58
10. Armutsbewegung und Mystik
    Die Entstehung neuer kirchlicher Gemeinschaften – Die Bettelorden 61
11. Die Monachisierung des kirchlichen Lebens in der Kolumbapfarrei
    Das Zisterzienserinnenkloster Mariengarten – Das Minoritenkloster – Das Dominikanerinnenkloster St. Gertrud – Das St. Clarenkloster der Klarissen – Das Kreuzbrüderkloster – Beginenkonvente – Begarden – Franziskaner-Tertiarierinnen und Augustinerinnen – Klausnerinnen 64
12. Die Bettelorden als Konkurrenz der Pfarrseelsorge 81
13. Die Universität und die Kolumbapfarrei
    Die Kolumbapfarrer als Universitätsprofessoren 85

14. Die Kolumbapfarrei in ihrem wirtschaftlichen und sozialen Umfeld
Im städtischen Wirtschaftsleben – Sozialtopographie der Pfarrei – Die Wohlhabenden – Die Armen – Verhalten gegenüber den Randgruppen der Gesellschaft ... 92
15. Der spätgotische Kirchenbau ... 105
16. Ausstattung der spätgotischen Kirche
Die Altäre – Bilderschmuck – Bildhauerwerke – Die geistlichen Stiftungen ... 117

Vom Mittelalter zur Neuzeit

17. Humanistische Strömungen ... 149
18. Evangelische Bewegung und katholische Reaktion
Widersprüchliches Verhalten der Stadt zu den Anhängern Luthers – Kirchenreform oder Reformation? – Widerstand der Stadt Köln – Konzil und Interim – Reformierte und Lutheraner in Köln – Katholische Reformkräfte in St. Kolumba – Das Franziskanerkloster ad olivas – Das Karmelitinnenkloster St. Maria und das Klarissenkloster zu den hl. Schutzengeln ... 153
19. Tridentinische Reform und kölnische Tradition
Die pfarrkirchlichen Strukturen von St. Kolumba in nachtridentinischer Zeit – Die Laiengremien – Wahl und Einführung des Pfarrers – Das Pfarrhaus seit dem 16. Jahrhundert – Die Kolumbapfarrer als Stiftskanoniker – Die Kapläne – Benefiziaten und Offizianten – Der Schulmeister – Der Küster – Der Organist ... 171
20. Stärkere Hinwendung der Kolumbapfarrer zur Seelsorge
Kaspar Ulenberg – Peter Hausmann ... 186
21. Barocke Ausstattung der Kolumbakirche
Stifterfamilien der Barockzeit – Die Barockaltäre – Weitere Veränderungen im Kirchenraum – Nachteilige Eingriffe in die künstlerische Ausstattung ... 197
22. Der Gottesdienst in St. Kolumba vom Spätmittelalter bis zum Ausgang des 18. Jahrhunderts
Die Eucharistiefeier – Die Predigt – Sakramentenempfang – Das Chorgebet – Der Ablauf des Kirchenjahres – Kirchliches Brauchtum und Frömmigkeitsformen – Besondere Mittel gottesdienstlicher Gestaltung ... 216

Jüngste Zeit

23. Zwei Jahrzehnte unter französischer Herrschaft
Köln am Ende der reichsstädtischen Zeit – Die neue religionspolitische Gesetzgebung – Säkularisation der Klöster – Verlust von kirchlichem Kunst- und Kulturgut – Das Konkordat von 1801 und seine Folgen für die Kolumbapfarrei – Der Übergang des linksrheinischen Gebietes an Preußen ... 229
24. Das pfarrkirchliche Personal seit Beginn des 19. Jahrhunderts
Pfarrer und Kapläne – Abbau der Benefiziatenstellen – Ende der Priesterhausstiftung – Lehrer und Küster – Die Lebensverhältnisse der Pfarrgeistlichen

und kirchlichen Angestellten: in französischer Zeit – nach Neuordnung der kirchlichen Verhältnisse (1821) ... 242

25. Die Finanzierung der kirchlichen Aufgaben und die Verwaltung des Kirchenvermögens

Schwierigkeiten zu Anfang der französischen Zeit – Weitere Entwicklung von 1809 bis 1905 – Benachteiligung der kirchlichen Karitas ... 252

26. Das Kirchengebäude im 19. Jahrhundert ... 256

27. Kirchliches Leben

Aufklärische Tendenzen und traditionelle Frömmigkeit – Pfarrgottesdienst und Nebenandachten – Die Sakramentsbruderschaft – Der wöchentliche Sakramentstag – Walburgaverehrung – Kirchenmusik – Die Predigt – Die Pfarrschule und ihr Untergang ... 258

28. Die kirchenpolitischen Ereignisse der jüngsten Zeit und ihr Widerhall in der Kolumbapfarrei

Die Kölner Wirren – Affäre Kaplan Weber – Die preußische Verfassung von 1848/50 und die Kirchenfreiheit – Neue Formen kirchlicher Karitas – Kirchliche Vereine – Der Kulturkampf – Der nationalsozialistische Kirchenkampf ... 271

29. Im städtischen und sozialen Umfeld des 19. und 20. Jahrhunderts

Bevölkerungsbewegung innerhalb der Kolumbapfarrei – Wirtschaftliche Erschließung des Kolumbaviertels – Zunehmende Verkehrsentwicklung und Citybildung – Nachlassende Wohnqualität – Rückwirkung der Citybildung auf das Pfarrleben ... 281

30. Das Ende von Kirche und Pfarrei im Zweiten Weltkrieg ... 287

Epilog ... 291

Anhang

Die Pfarrer von St. Kolumba ... 297

Die Pfarrer seit 1803 ... 303

Die Kapläne von St. Kolumba ... 305

Die Lehrer ... 315

Die Küster ... 317

Inschriften in St. Kolumba ... 319

Bildnachweis ... 325

Index der im Text genannten Personen und Familien sowie der Kirchen- und Altarheiligen ... 329

Vorwort

Meine Absicht, eine Geschichte der Pfarrei St. Kolumba zu schreiben, geht in die Jahre 1941/43 zurück, in denen ich als Kaplan an dieser ältesten Kölner Pfarrkirche tätig war. Die ersten Informationen über diesen geschichtsträchtigen Ort verdankte ich den von Paul Clemen herausgegebenen ‚Kunstdenkmälern der Rheinprovinz' (Bd. 6/IV, 1916, 194–230), in denen Wilhelm Ewald und Hugo Rahtgens in Wort und Bild den damaligen Kenntnisstand zusammengefaßt hatten.

Eine ältere Abhandlung aus der Feder von Carl Heinrich Ferrier, ‚Die St. Kolumba-Pfarre zu Köln. Ein Beitrag zur Kölner Spezialgeschichte', war 1878 in der ‚Festschrift zur Feier des 30jährigen Bestehens der Realschule I. O. (früheren Bürgerschule) [in der Kreuzgasse] zu Köln' erschienen und auch als Sonderdruck veröffentlicht worden. Auf 59 Seiten beschrieb der Verfasser das mittelalterliche Pfarrgebiet mit seinen Klöstern und bedeutenderen Bürgerhäusern und deren Schicksal in späterer Zeit. Es folgte eine Darstellung der Kirche und eine Zusammenstellung der Pfarrer. Ferriers Schrift war der erste Versuch einer Pfarrgeschichte von St. Kolumba; der Verfasser hat, wenn auch nur sporadisch, das Pfarrarchiv zu Rate gezogen, vor allem die von Pfarrer Peter Hausmann angelegte Chronik ‚Notarius Columbanus sed privatus id est liber designans ea, quae subinde ad S. Columbam vel alias annotanda occurrunt, coeptus sub initium anni 1689'; diese Chronik wurde mit Ausnahme der Jahre 1762–1777 bis 1797 fortgeführt.

Mit der Ordnung des Pfarrarchivs durch den Archivar Karl Heinrich Schaefer und seine Erschließung durch Regesten ('Inventare und Regesten aus den Kölner Pfarrarchiven' Bd. 2 in: Annalen des Historischen Vereins für den Niederrhein 76, 1903) wurde es möglich, der reichen Geschichte von St. Kolumba systematisch und quellenmäßig nachzugehen. Schaefer konnte 465 Urkunden von etwa 1171 bis 1828 verzeichnen, ferner zahlreiche Aktenbestände, insbesondere Kopiare, Inventare und Güterverzeichnisse.

Schon vorher hatte Joseph Greving, der 1896–1900 Kaplan an St. Kolumba war, aus dem reichen Inhalt des Archivs wichtige Quellen publiziert (vgl. das Quellen- und Literaturverzeichnis). Als 1921 das ‚Historische Archiv des Erzbistums Köln' gegründet wurde, kam das Kolumba-Archiv als Depositum an diese zentrale Einrichtung. In St. Kolumba waren jedoch Akten der französischen Zeit und des übrigen 19. Jahrhunderts zurückgeblieben. Sie befanden sich ungeordnet in einem Schrank eines gewölbten Raumes im Turm der Kirche, unmittelbar hinter der Orgelbühne. Nachdem ich 1941 die Kaplanstelle an St. Kolumba angetreten hatte, entdeckte ich bei einer Inspektion des Kirchengebäudes diese Bestände und ihre Bedeutung. Ich ordnete sie und legte ein Verzeichnis dieses „Turmarchivs" an. Da Schaefer bei seiner Inventarisation die Buchstaben A (für die Urkunden) und B (für die Akten) verwendet hatte, wählte ich für die Bestände des Turmarchivs den Buchstaben C. Es wird in dieser Schrift dementsprechend zitiert (PAK, C = Pfarrarchiv Kolumba, Abt. C). Exzerpte und Abschriften aus diesen Akten dienten mir bei der schon damals geplanten und in einem ersten Entwurf niedergelegten Geschichte der Kolumbapfarrei.

Das ‚Turmarchiv' ging bei der Zerstörung der Kirche im Zweiten Weltkrieg zugrunde. Die Aktenbestände, die das Erzbistumsarchiv übernommen hatte, sind ebenfalls bis auf wenige Ausnahmen untergegangen. Auch aus ihnen hatte ich beizeiten etliche Exzerpte machen können, die in diesem Buch nach den alten Ordnungszeichen Schaefers (B 1 usw.) zitiert werden. Die ausgelagerten Urkunden des Kolumbaarchivs sind zum größten Teil erhalten geblieben (Signatur A I). Dabei befanden sich einige wichtige Stücke aus den Aktenbeständen (Signatur A II) wie der oben erwähnte ‚Notarius Columbanus' (s. oben), ferner der Liber ordinarius von St. Kolumba (‚Rituale Columbanum') und das ‚Rapiarium (sive Compendium fundationum pro ecclesia S. Columbae intra Coloniam)'. Aus diesen habe ich in den Jahren 1954–1964 einige Beiträge zur Geschichte von St. Kolumba veröffentlicht, nachdem ich mich 1947 mit den Anfängen der Kultstätte beschäftigt hatte (vgl. Quellen- und Literaturverzeichnis). Inzwischen haben archäologische Untersuchungen, Arbeiten zur Kölner Stadtgeschichte, zu ihrer sozial- und wirtschaftspolitischen Entwicklung, nicht zuletzt zur Kunstgeschichte intensive neue Erkenntnisse gebracht, so daß ein zusammenfassendes Bild der Kolumbapfarrei in ihrem geistigen und profanen Umfeld geboten werden kann.

Bei meinem Vorhaben hatte ich mich des Interesses und der Hilfe zahlreicher wissenschaftlicher Institute und ihrer Fachkräfte zu erfreuen. Es seien genannt des Historische Archiv des Erzbistums Köln, das Historische Archiv der Stadt Köln und das Institut für geschichtliche Landeskunde der Rheinlande in Bonn. Das Bildmaterial verdanke ich zum Teil dem Rheinischen Amt für Denkmalpflege in Pulheim-Brauweiler, dem Rheinischen Bildarchiv und dem Schnütgen-Museum (beide in Köln), der Alten Pinakothek in München, dem Germanischen Nationalmuseum in Nürnberg, dem Boymans-van Beunigen-Museum in Rotterdam und der Walker Art Gallery in Liverpool. Besonderen Dank schulde ich Herrn Archivdirektor Prof. Dr. Toni Diederich in Köln für die Aufnahme meiner Darstellung in die „Studien zur Kölner Kirchengeschichte" und sein vielfältiges Engagement bei der Drucklegung des Manuskripts. Herr Hauptkonservator Prof. Dr. Gisbert Knopp hat mich bei der Niederschrift der kunstgeschichtlichen Abschnitte beraten. In diesem Bereich bin ich ebenfalls Herrn Dr. Wolfgang Schmid in Trier verpflichtet. Herr Rektor Paul Hans Meyer im Historischen Archiv des Erzbistms Köln hat die Reihe der Kapläne im 19. Jahrhundert überprüft und ergänzt. Allen Genannten gilt mein aufrichtiger Dank.

Eduard Hegel

Archivalische Quellen

AEK, Kol.	[Historisches] Archiv des Erzbistums Köln, Depositum der Pfarrei St. Kolumba
AEK, GVA	[Historisches] Archiv des Erzbistums Köln, Generalvikariatsakten
StAK	Stadtarchiv Köln
PAK	Pfarrarchiv St. Kolumba [Akten seit 1945]
PAK, C	Pfarrarchiv St. Kolumba [Akten des 19. Jh., Depositum in der Sakristei bzw. im Turm der Kolumbakirche, (vernichtet)]

C I Allgemeines

1 Allgemeine Angelegenheiten der Pfarrkirche St. Kolumba betr.
2 Korrespondenz mit der Erzbischöflichen Behörde
3 Korrespondenz mit dem Oberbürgermeisteramt zu Köln (1834–48)
4 Informatio hebdomadaria super statu domus Presbyteralis a 18. Nov. 1708–1711 27. Sept. omni die Sabb. ad domum Pastoralem referenda

C II Gottesdienst und Pfarrleben

1 Akten betr. den Chordienst in St. Kolumba (1822)
2 Die Bruderschaft der Stiftung Confraternitatis de Venerabili Sacramento bei der Hauptpfarrkirche zu St. Kolumba betr. (1805–29)
3 Acta betr. die Stiftung einer Fronleichnamsoktav... (1867)
4 Die Andacht zur hl. Walburga bei der Oberpfarrkirche zur hl. Kolumba in Köln betr. (1832)
5 St. Kolumba-Pfarrverein (1879)
6 Einzeichnungsliste für den St. Kolumba-Pfarrverein in Köln (1879)
7 Aktenstücke zur Jubelfeier des H. Dechanten Schnepper (1872)
8 Spendenliste zum Jubiläum des Pfarrers Schnepper (1873)
9 Teilnehmer am Festessen Jubiläum Schnepper (1873)
10 Jubiläumsfeier Dechant Bruckmann (1900)

C III Gehälter und Gebühren

1 Die Besoldungen der Beamten und Angestellten bei der Pfarrkirche zu St. Kolumba betr. (1800–1825)
2 Die Zahlungen an den Herrn Pastor der Pfarrkirche zu St. Kolumba betr. und dessen Einkünfte (1807)
3 Die Gebühren von Begräbnissen bei der Hauptpfarrkirche zu St. Kolumba in Köln betr. (1800–1820)

C IV Kirchen- und Stiftungsvermögen

1 Die Stiftungen bei der Pfarrkirche St. Kolumba, deren Kassenbestände und Verwendung ihrer Einkünfte im allgemeinen betr. (Französische Zeit)

2 Die Armen-Renten, welche vormals durch den zeitlichen Pastor und drei Kapläne an notleidende Hausarmen und besonders an Kranke ausgeteilt wurden, bei der Hauptpfarrkirche zu St. Kolumba in Köln betr. (Französische Zeit)

3 Die Empfangsführung bei der Hauptpfarrkirche St. Kolumba in Köln betr. (1809ff)

4 Die Vermietung der geschlossenen Kirchenbänke in der Pfarrkirche zu St. Kolumba betr. (1811–1823)

5 Kirchengebäude, deren Unterhaltung betr. (1771–1830)

6 Vermietung des Kleinen Kirchhofes von St. Kolumba betr.

7 Die Geschäftsführung und resp. die Wahl der Mitglieder des Kirchenrates der Hauptpfarre zu St. Kolumba betr. (1805–33)

8 Die Forderungen an die Gemeinden im allgemeinen zugunsten der Pfarrkirche zu St. Kolumba betr. (1817)

9 Die Forderungen an die Schul- und Stiftungsverwaltung zugunsten der Pfarrkirche zu St. Kolumba betr. (1821)

10 Ab- und Anlagen von Kapitalien im allgemeinen und zur Pfarrkirche St. Kolumba gehörend betr. (1821)

11 Die Einschreibung der Gebäude der Kirche und Häuser der Pfarrkirche St. Kolumba sowie auch der Häuser ihrer Schuldner in die Bergische Feuerversicherungsanstalt betr. (1823)

12 Die Stiftungen des Priesterhauses bei der Pfarrkirche zu St. Kolumba und deren Überweisungen an das Erzbischöfliche Seminar betr. (1824–27)

13 Der Verkauf der zur Pfarrkirche St. Kolumba gehörenden Häuser betr. (1821–26)

14 Briefwechsel mit dem Generalvikariat bezüglich der Kirchenrechnungen (1842 ff.)

15 Das Haus no. 23 auf der Maximinenstraße betr. (1844)

16 Kirche St. Kolumba – Risch-Kuck. (1845 ff.)

17 Übersicht über die bei der Kirche St. Kolumba vorgekommenen Schenkungen 1849

18 Nachweise der bei der Kirche St. Kolumba zum Austun bereit liegenden Kapitalien bis zum Jahr 1849

19 Das Eigentum der Pfarrgemeinde St. Kolumba in Köln an den Pfarrschulen betr. 1878 ff.

20 (Verschnürtes Paket:) Korrespondenz des Rendanten Joh. Siegen, Jg. 1879–95

C V Bau-Akten

1 Betr. den Reparatur-Bau des Turmes der Hauptpfarrkirche zur hl. Kolumba in Köln (1835/36)

2 Korrespondenz wegen der Reparatur des Kirchturmes (1836)

3 Kostenanschlag und Revisionsprotokoll den Reparatur-Bau des Kirchturmes von St. Kolumba betr. (1836)

4 Die Akten der Niederreißung und Wiederaufbauung der Vorhalle der Kirche zu St. Kolumba unter der Knabenschule betr. (1821)

5 Die Stiftung Echten und resp. den Neubau der beiden Schulhäuser bei der Hauptpfarrkirche zur hl. Kolumba betr. (1831–35)
6 Die Mädchenschule der Pfarrkirche zu St. Kolumba betr. (1812–16)
7 Die Wohnungen der Kapläne bei der Hauptpfarrkirche St. Kolumba betr.

8 Kostenanschläge für die St. Kolumbapfarrkirche 1882–85
9 Kosten der Renovation des Hochaltares in hiesiger St. Kolumbakirche im November 1890 (Mappe mit losen Akten)
10 Erneuerungen in Kirche und Kirchenhäusern 1876–82
11 Belege über die Erneuerung und Instandsetzung der Kirchenorgel im Jahre 1913

C LA (= Lose Akten)

Verzeichnis der gedruckten Quellen und Literatur

(Nur einmal zitierte Literatur ist im folgenden nicht verzeichnet)

Acta reformationis catholicae, hg. von Georg Pfeilschifter, 6 Bde (Regensburg 1959–1974)

Angenendt, Arnold, Das Frühmittelalter. Die abendländische Christenheit von 400 bis 900 (Stuttgart 1990)

Angenendt, Arnold, Missa specialis. Zugleich ein Beitrag zur Entstehung der Privatmessen, in: Frühmittelalterliche Studien, hg. von Karl Hauck 17 (1983), 155–221

Asen, Johannes, Die Beginen in Köln, 3 Tle in: AHVN 111 (192), 81–180 (I); 112 (1928) 71–148 (II); 113 (1928) 13–96 (III) (zitiert: Asen, Beginen I, II, III)

Bäumker, Wilhelm, Das katholische deutsche Kirchenlied in seinen Singweisen von den frühesten Zeiten bis gegen Ende des 17. Jahrhunderts, 4 Bde (Freiburg 1886–1911)

Bayer, Josef, Die Franzosen in Köln. Bilder aus den Jahren 1794–1814 (Köln 1925)

Beyerle, Konrad, Die Anfänge des Kölner Schreinswesens, in: ZRG 51 Germ.Abt. (1931), 318–509

Bosbach, Franz, Köln. Erzstift und Freie Reichsstadt, in: Die Territorien des Reichs im Zeitalter der Reformation und Konfessionalisierung. Land und Konfession 1500–1650. (Münster 1991), 58–83

Bosbach, Franz, Die katholische Reform in der Stadt Köln, in: Römische Quartalschrift 84 (1989), 120–159

Braun, Joseph, Der christliche Altar in seiner geschichtlichen Entwicklung, 2 Bde (München 1924)

Braun, Joseph, Tracht und Attribute der Heiligen in der deutschen Kunst (Stuttgart 1943)

Braun, Johann Wilhelm Joseph, Das Minoritenkloster und das neue Museum zu Köln (Köln 1862)

Breuer, Joseph, Die Stifts- und Pfarrkirche St. Andreas zu Köln (Köln 1925)

Breviarium Coloniense (1618 und 1780)

Browe, Peter, Die Verehrung der Eucharistie im Mittelalter (München 1933)

Buyken, Thea – Conrad, Hermann, Die Amtleutebücher der Kölner Sondergemeinden (Weimar 1936)

Cardauns, Hermann (Hg), Köln in der Franzosenzeit. Aus der Chronik des Anno Schnorrenberg (1789–1802) (Bonn und Leipzig 1923)

Chastel, Guy, Sainte Colombe de Sens (Paris 1939)

Conciliorum Oecumenicorum Decreta (Freiburg – Rom 1962)

Corpus Reformatorum, hg. von Karl Gottlieb Bretschneider Bd. IV (Halle 1837)

Decreta et Statuta dioecesanae Synodi Coloniensis (Köln 1667)

Dorn, Johann, Beiträge zur Patrozinienforschung, in: Archiv für Kulturgeschichte 13 (1917), 9–49, 220–252

Dorn, Ulrike, Öffentliche Armenpflege in Köln von 1794 bis 1871 (Köln – Wien 1990)

Eisentraut, Engelhart, Die Feier der Sonn- und Festtage seit dem letzten Jahrhundert des Mittelalters (Würzburg 1914)

Ennen, Edith, Frauen im Mittelalter (München 1984)
Ennen, Leonhard, Geschichte der Stadt Köln, 5 Bde (Köln und Neuss 1863–1880)
Ennen, Leonhard – Eckertz, Gottfried (Hgg), Quellen zur Geschichte der Stadt Köln, 6 Bde (Köln 1860–1879, ND Aalen 1970)
Eubel, Konrad, Geschichte der kölnischen Minoriten-Ordensprovinz (Köln 1906)
Evertz, Wilfried, Seelsorge im Erzbistum Köln zwischen Aufklärung und Restauration 1825–1835 (Köln 1993)
Fahne, Anton, Geschichte der kölnischen, jülich'schen und bergischen Geschlechter (Köln – Bonn 1848–1853)
Feine, Erich, Kirchliche Rechtsgeschichte (Weimar 1950)
Ferrier, Carl Heinrich, Die St. Kolumba-Pfarre zu Köln. Ein Beitrag zur Kölner Spezialgeschichte, SD aus: Festschrift zur Feier des 30jährigen Bestehens der Realschule I. O. (früheren höheren Bürgerschule) zu Köln (Köln 1878)
Foerster, Hans, Reformbestrebungen Adolfs von Schaumburg (1547–1556) in der Kölner Kirchenprovinz (Münster 1925)
Foerster, Otto H., Kölner Kunstsammler vom Mittelalter bis zum Ende des bürgerlichen Zeitalters (Berlin 1931)
Franz, Günther, Staatsverfassungen (München 1964)
Franzen, August, Der Wiederaufbau des kirchlichen Lebens im Erzbistum Köln unter Ferdinand von Bayern, Erzbischof von Köln 1612–1650 (Münster 1941)
Franzen, August, Die Durchführung des Konzils von Trient in der Diözese Köln, in: Georg Schreiber (Hg), Das Weltkonzil von Trient, 2 Bde (Freiburg 1951)
Franzen, August, Die Kelchbewegung am Niederrhein im 16. Jahrhundert (Münster 1955)
Franzen, August, Die Visitationsprotokolle der ersten nachtridentinischen Visitation im Erzstift Köln unter Salentin von Isenburg im Jahre 1569 (Münster 1960)
Franzen, August, Zölibat und Priesterehe in der Auseinandersetzung der Reformationszeit und der katholischen Reform des 16. Jahrhunderts (Münster 1969)
Franzen, August, Bischof und Reformation. Erzbischof Hermann von Wied in Köln vor der Entscheidung zwischen Reform und Reformation (Münster 1971)
Frenken, Goswin, Die Patrozinien der Kölner Kirchen und ihr Alter, in: JKGV 6–7 (1925), 24–45
Gechter, Marianne, Kirche und Klerus in der stadtkölnischen Wirtschaft im späten Mittelalter (Wiesbaden 1983)
Gelenius, Aegidius, De admiranda sacra et civili magnitudine Coloniae (Köln 1645)
Gescher, Franz, Der Kölner Stadtdechant und die Vereinigung der stadtkölnischen Pfarrer. Urkunden und Akten bis zum Ausgang des 14. Jahrhunderts, in: MittStAKöln 40 (1929), 163–243
Geschichte des Erzbistums Köln, hg. von Eduard Hegel; bisher erschienene Bde: I (1972 bearb. von Friedrich Wilhelm Oediger in 2. Auflage), II/1 (1995 bearb. von Wilhelm Janssen), IV (1979) und V (1987) bearb. von Eduard Hegel
Giacometti, Zaccaria, Quellen zur Geschichte der Trennung von Staat und Kirche (Tübingen 1926)
Goeters, Gerhard J. F., Die Stadt Köln und die Prozesse und Hinrichtung von Peter Fliesteden und Adolf Clarenbach, in: J. F. Gerhard Goeters, A. Stein, F. Venderbosch, Bekenner und Zeugen. Zum Gedenken an den 450. Todestag der Martyrer A. Clarenbach und P. Fliesteden (Düsseldorf 1979), 11–27
Goeters, Gerhard J. F., Adolf Clarenbach, sein Leben, Wirken und Zeugentod im Rahmen der nordwestdeutschen Reformationsbewegung, in: Allein Gottes Wort, hg. von Axel Bluhm (Köln 1981), 32–55

Goeters, Gerhard J. F., Der katholische Hermann von Wied, in: Monatshefte für evangelische Kirchengeschichte des Rheinlandes 35 (1986), 1–17
Götz, Johann Baptist, Das Pfarrbuch des Stephan May in Hilpoltstein vom Jahre 1511 (Münster 1926)
Gothein, Eberhard, Verfassungs- und Wirtschaftsgeschichte der Stadt Köln vom Untergang der Reichsfreiheit bis zur Errichtung des Deutschen Reiches, in: Die Stadt Köln im ersten Jahrhundert unter preußischer Herrschaft 1815–1915, 2 Bde (Köln 1915/16)
Greving, Joseph, Die Bilder der Pfarrer von St. Kolumba, in: Korrespondenzblatt der WestdtZsGeschuKunst 18 (1899), 32–40
Greving, Joseph, Steuerlisten des Kirchspiels St. Kolumba in Köln vom 13. bis 16. Jahrhundert, in: MittStAK 30 (1900)
Greving, Joseph, Statut der Amtleute des Kirchspiels St. Kolumba in Köln vom Jahre 1269, in: AHVN 73 (1902), 78–87
Greving, Joseph, Protokoll über die Revision der Konvente der Beginen und Begarden zu Köln im Jahre 1452, in:AHVN 73 (1902), 25–77
Greving, Joseph, Wohnungs- und Besitzverhältnisse der einzelnen Bevölkerungsklassen im Kölner Kirchspiel St. Kolumba vom 13. bis zum 16. Jahrhundert, in: AHVN 78 (1904), 1–79
Greving, Joseph, Johann Ecks Pfarrbuch für U. L. Frau in Ingolstadt. Ein Beitrag zur Kenntnis der pfarrkirchlichen Verhältnisse im 16. Jahrhundert (Münster 1908)
Grosche, Robert, Der Kölner Altarbau im 17. und 18. Jahrhundert. Mit Beiträgen von Christian Pesch und Hans Peter Hilger (Köln 1978)
Grundmann, Herbert, Religiöse Bewegungen des Mittelalters (Berlin 1935, ND Darmstadt 1961)
Haaß, Robert, Die Kreuzherren in den Rheinlanden (Bonn 1932)
Haaß, Robert, Die Devotio moderna in der Stadt Köln im 15. und 16. Jahrhundert, in: JKGV 15 (1960), 133–154
Hagelstange, Alfred, Das Wallraf-Richartz-Museum. Die Gemäldegalerie, in: Die Stadt Köln (siehe unten) II (1915), 158–165
Handbuch des Erzbistums Köln (bisher 26 Ausgaben)
Hansen, Joseph (Hg), Quellen zur Geschichte des Rheinlandes im Zeitalter der Französischen Revolution 1780–1801, 4 Bde (Bonn 1931–1938)
Hartzheim, Joseph, Bibliotheca Coloniensis, in qua vita et libri... recensentur omnium Archidioeceseos Coloniensis... indigenarum et incolarum scriptorum (Köln 1747)
Hashagen, Justus, Hauptrichtungen des rheinischen Humanismus, in: AHVN 106 (1922), 1–56
Hegel, Eduard, Entstehung der Kultstätte und Pfarre St. Kolumba in Köln, in: Colonia Sacra I. Festgabe für Wilhelm Neuß, hg. von Eduard Hegel (Köln 1947), 19–47
Hegel, Eduard, Der Einfluß der städtebaulichen, wirtschaftlichen und verkehrsmäßigen Entwicklung auf die soziologische Schichtung und das kirchliche Leben der Kölner Innenstadtpfarreien seit Beginn des 19. Jahrhunderts, in: JKGV 25 (1950), 180–208
Hegel, Eduard, Rechtsstellung und Tätigkeitsbereich eines Kölner Stadtpfarrers im 17. und 18. Jahrhundert, in: AHVN 155/156 (1954,) 286–304
Hegel, Eduard, Stadtkölnischer Pfarrgottesdienst zwischen Barock und Aufklärung. Peter Hausmanns Pfarrbuch von St. Kolumba, in: Zur Geschichte und Kunst im Erzbistum Köln. Festschrift für Wilhelm Neuß, hg. von Robert Haaß und Joseph Hoster (Düsseldorf 1960), 204–232
Hegel, Eduard, Der Standort des vorbarocken Hochaltars von St. Kolumba in Köln, in: Vom Bauen, Bilden und Bewahren. Festschrift für Willy Weyres, hg. von Joseph Hoster und Albrecht Mann (Köln 1964), 93–99

Hegel, Eduard, Kirchliche Vergangenheit im Bistum Essen (Essen 1960)
Hegel, Eduard, (Hg.) Geschichte des Erzbistums Köln, siehe Geschichte
Hegel, Eduard, Das mittelalterliche Pfarrsystem und seine kirchliche Infrastruktur in Köln um 1500 (Karte und Beiheft IX/1 des Geschichtlicher Atlas der Rheinlande, Köln 1993)
Hegel, Eduard, Ecclesiastica Rhenana. Aufsätze zur rheinischen Kirchengeschichte, hg. von Severin Corsten und Gisbert Knopp (Bonn 1986)
Heimann, F. C., Die öffentlichen Hochbauten, in: Die Stadt Köln (s. unten) II (1915), 307–340
Herborn, Wolfgang, Sozialtopographie des Kölner Kirchspiels St. Kolumba im ausgehenden 13. Jahrhundert, in: Zwei Jahrtausende Kölner Wirtschaft, hg. von Hermann Kellenbenz, 2 Bde (Köln 1975), hier I, 205–215
Herborn, Wolfgang, Die politische Führungsschicht der Stadt Köln im Mittelalter (Bonn 1977)
Herbst des Mittelalters, Spätgotik in Köln und am Niederrhein (Ausstellungskatalog. Köln 1970)
Hilger, Hans Peter, Der Grabaltar Geyr-Strevesdorf in St. Kolumba in Köln. Ein Spätwerk Johann Franz van Helmonts, in: WRJb 36 (1974), 159–176
Hilger, Hans Peter, Der barocke Hochaltar aus St. Kolumba in Köln als Monument kaiserlicher Pietas Eucharistica, in:WRJb 47 (1986), 91–100
Huber, Ernst Rudolf – Huber, Wolfgang, Staat und Kirche im 19. und 20. Jahrhundert. Dokumente zur Geschichte des deutschen Staatskirchenrechts, 4 Bde (Berlin 1973–1988)
Hüsgen, Hermann Josef, Zisterzienserinnen in Köln. Die Klöster Mariengarten, Seyne und St. Mechtern/St. Apern (Köln – Wien 1993)
Irsigler, Franz – Lassotta, Arnold, Bettler und Gaukler, Dirnen und Henker. Randgruppen und Außenseiter in Köln 1300 bis 1600 (Köln 1984)
Jakobs, Hermann, Verfassungstopographische Studien zur Kölner Stadtgeschichte des 10. bis 12. Jahrhunderts, in: Köln, das Reich und Europa = MittStAK 60 (1971), 49–123
Janssen, Joseph – Lohmann, Friedrich Wilhelm, Der Weltklerus in den Kölner Erzbistumsprotokollen, ein Necrologium Coloniense 1661–1825 (Köln 1935/36)
Jedin, Hubert, Geschichte des Konzils von Trient, 5 Bde (Freiburg 1949/75)
Johag, Helga, Die Beziehungen zwischen Klerus und Bürgerschaft in Köln zwischen 1250 und 1350 (Bonn 1977)
Jütte, Robert, Obrigkeit und Armenfürsorge in deutschen Reichsstädten der frühen Neuzeit. Städtisches Armenwesen in Frankfurt am Main und Köln (Köln – Wien 1984)
Kahl, Wilhelm, Die Volksschule; das mittlere und höhere Schulwesen, in: Die Stadt Köln (siehe unten) II, 30–74
Kahlenborn, Edmund, Die Neuumschreibungen der Pfarren im Roerdepartement unter der Herrschaft Napoleons I., in: AHVN 91 (1911), 15–62
Kames, Josef Martin, Das Elementarschulwesen in Köln von 1815 bis 1850 (Köln 1992)
Kellner, Heinrich, Heortologie (Freiburg, 11. Aufl. 1911)
Kessler-van den Heuvel, Marga, Meister der heiligen Sippe der Jüngere (Frankfurt/M. 1987)
Keussen, Hermann, u. a., Matrikel der Universität Köln, 7 Bde (Köln 1892 ff.) ND bzw. Weiterführung Düsseldorf 1979/81)
Keussen, Hermann, Topographie der Stadt Köln im Mittelalter, 2 Bde (Bonn 1910, ND Düsseldorf 1986)
Keussen, Hermann, Der Rotulus von St. Maria im Kapitol vom Jahre 1300, in: MittStAK 14, H. 35 (1914), 95–211
Keussen, Hermann, Die alte Universität Köln. Grundzüge ihrer Verfassung und Geschichte (Köln 1934)

Koebner, Richard, Die Anfänge des Gemeinwesens der Stadt Köln (Bonn 1922)
Korth, Leonhard, Liber privilegiorum maioris ecclesiae Coloniensis. Das älteste Kartular des Kölner Domstifts, in: WestdZsGeschuKunst, Ergänzungsheft 3 (Trier 1886) 103–272...
Kulenkampff, Angela, Der Dreikönigsaltar (Columba-Altar) des Rogier van der Weyden. Zur Frage seines ursprünglichen Standortes und des Stifters, in: AHVN 192/193 (1990), 9–46
Kunstdenkmäler der Rheinprovinz, Die, hg. von Paul Clemen (Düsseldorf), hier Bd. 6/IV (1916), Bd. 7/I (1911), Bd. 7/II (1929), Bd. 7/III E (1937). [Die römischen Ziffern bezeichnen die Abteilungen des betr. Bandes. Diese enthalten wiederum mehrere Teilbände, die aber durchgehende Seitenzählung aufweisen].
Kunst des 19. Jahrhunderts. Die, hg. von Eduard Trier und Willy Weyres, 5 Bde (Düsseldorf 1979/81)
Kurze, Dietrich, Pfarrerwahlen im Mittelalter. Ein Beitrag zur Geschichte der Gemeinde und des Niederkirchenwesens (Köln – Graz 1966)
Lau, Friedrich, Entwicklung der kommunalen Verfassung und Verwaltung der Stadt Köln bis zum Jahre 1396 (Bonn 1898)
Lentz, Hubert, Die Konkurrenz des französischen und preußischen Staatskirchenrechts 1815–1850 in Bezug auf die katholische Kirche in den damals preußischen Landesteilen westlich des Rheins (Bonn 1961)
Lexikon für Theologie und Kirche, 10 Bde (Freiburg, 2. Aufl. 1957/65)
Lexikon des Mittelalters, bisher 6 Bde (München – Zürich 1980/93)
Lindner, Dominikus, Die Anstellung der Hilfsgeistlichen (Köln 1924)
Lipgens, Walter, Kardinal Johannes Gropper (1503–1559) und die Anfänge der katholischen Reform in Deutschland (Münster 1951)
Lipgens, Walter, Ferdinand August Graf Spiegel und das Verhältnis von Kirche und Staat 1789–1835. Die Wende vom Staatskirchentum zur Kirchenfreiheit (Münster 1965)
Löhr, Gabriel M., Das Necrologium des Dominikanerinnenklosters St. Gertrud in Köln, in: AHVN 110 (1927), 60–179
Lohmann, Friedrich Wilhelm, Arnold Meshov. Beiträge zur kölnischen Chronik, in: JKGV 22 (1940), 38–272 und 23 (1941), 185–212
Mansi, Giovanni Domenico, Sacrorum Conciliorum Collectio nova et amplissima, 31 Bde Florenz – Venedig 1759/98), hier 24 (1780)
Meshovius, Arnoldus, De vita et moribus et obitu Caspari Ulenbergii pastoris vigilantissimi (Köln 1638)
Meuthen, Erich, Die alte Universität [Köln] (Köln – Wien 1988)
Mirbt, Carl, Quellen zur Geschichte des Papsttums und des römischen Katholizismus (Tübingen, 5. Aufl. 1934)
Monumenta Germaniae Historica: Reihe Scriptores (MG SS); Reihe Scriptores rerum Merovingicarum (MG SsrerMerov)
Müller, Heribert, Bischof Kunibert von Köln. Staatsmann im Übergang von der Merowinger- zur Karolingerzeit, in: ZKG 98 (1987), 167–205
Neuhaus, Georg, Die Entwicklung der Stadt Köln von der Errichtung des Deutschen Reiches bis zum Weltkriege, in: Die Stadt Köln (siehe unten) Bd. I/2 (1916)
Oppermann, Otto, Rheinische Urkundenstudien I (Bonn 1922)
Paas, Theodor, Das Cellitinnenkloster zur Hl. Maria in der Kupfergasse zu Köln in seiner geschichtlichen Entwicklung dargestellt (Köln 1909)
Peters, Franz, Liturgische Feiern des St. Cassiusstiftes in Bonn (Essen 1952)
Pfleger, Luzian, Die elsässische Pfarrei. Ihre Entstehung und Entwicklung. Ein Beitrag zur kirchlichen Rechts- und Kunstgeschichte (Straßburg 1936)

Pieper, Paul, in: Der Meister des Bartholomäusaltars. Der Meister des Aachener Altars. Kölner Maler der Spätgotik. Ausstellung(skatalog Köln 1961)
Planitz, Hans – Buyken, Thea, Die Kölner Schreinsbücher des 13. und 14. Jahrhunderts (Weimar 1937)
Prieur, Jutta, Das Kölner Dominikanerinnenkloster St. Gertrud am Neumarkt (Köln 1983)
Reckers, Ernst, Geschichte des Kölner Priesterseminars bis zum Untergang der alten Erzdiözese (Köln 1929)
Die Regesten der Erzbischöfe von Köln im Mittelalter, hg. von Richard Knipping, Wilhelm Kisky u. a.), 11 Bde (Bonn/Düsseldorf 1901/92)
Sauerland, Heinrich Volbert, Urkunden und Regesten zur Geschichte der Rheinlande aus dem Vatikanischen Archiv, 7 Bde (Bonn 1902/13)
Schaefer, Karl Heinrich, Zur Entwicklung von Namen und Beruf des Küsters, in: AHVN 74 (1902), 163–169
Schaefer, Karl Heinrich, Inventare und Regesten aus den Kölner Pfarrarchiven, 3 Tle, in: AHVN 71 (1901), 76 (1903), 83 (1907), hier Tl. 2 (Pfarrarchiv St. Kolumba, zitiert: Schaefer, Regesten)
Schaefer, Karl Heinrich, Pfarrkirche und Stift im deutschen Mittelalter (Stuttgart 1903)
Schilling, Heinz, Niederländische Exulanten im 16. Jahrhundert. Ihre Stellung im Sozialgefüge und im religiösen Leben deutscher und englischer Städte (Gütersloh 1972)
Schlager, Patricius, Beiträge zur Geschichte der Kölner Franziskaner-Ordensprovinz im Mittelalter (Köln 1904)
Schlager, Patricius, Zur Geschichte der Franziskanerobservanten und des Klosters ‚ad olivas' in Köln, in: AHVN 82 (1907), 51–91
Schlombs, Wilhelm, Die Entwicklung des Beichtstuhls in der katholischen Kirche. Grundlage und Besonderheiten im alten Erzbistum Köln (Düsseldorf 1965)
Schmid, Wolfgang, Stifter und Auftraggeber im spätmittelalterlichen Köln (Köln 1994)
Schmidt, Hans Martin, Der Meister des Marienlebens und sein Kreis. Studien zur spätgotischen Malerei in Köln (Düsseldorf 1978)
Schmidt-Bleibtreu, Wilhelm, Das Stift St. Severin in Köln (Siegburg 1982)
Schröcker, Sebastian, Die Kirchenpflegschaft. Die Verwaltung des Niederkirchenvermögens durch Laien seit dem ausgehenden Mittelalter (Paderborn 1934)
Schrörs, Heinrich, Die Kölner Wirren (1837). Studien zu ihrer Geschichte (Berlin -Bonn 1927)
Seiler, Sven, Ausgrabungen in der Kirche St. Kolumba zu Köln, in: ZAM 5 (1977), 97–119
Solzbacher, Joseph, Kaspar Ulenberg. Eine Priestergestalt aus der Zeit der Gegenreformation in Köln (Münster 1948)
Stadt Köln im 1. Jahrhundert unter preußischer Herrschaft 18151915, Die, 2 Bde (Köln 1915/16)
Stein, Frederick Marc, The religious Women of Cologne 1120–1320 (phil. Diss. Yale University 1977)
Stein, Walther, Akten zur Geschichte der Verassung und Verwaltung der Stadt Köln im 14. und 15. Jahrhundert, 2. Bde (Bonn 1893/95)
Stiasny, Hans H. Th., Die strafrechtliche Verfolgung der Täufer in der Freien Reichsstadt Köln 1729–1618 (Münster 1962)
Stooß, Alfred, Die städtebauliche Entwicklung der Stadt Köln, in: Die Stadt Köln II, (s. oben) 357–387
Tewes, Götz-Rüdiger, Die Bursen der Kölner Artistenfakultät bis zur Mitte des 16. Jahrhunderts (Köln 1993)
Thomas, Adolf, Geschichte der Pfarre St. Mauritius zu Köln (Köln 1878)

Torsy, Jakob, Geschichte des Bistums Aachen während der Franzosenzeit 1802–1814 (Bonn 1940)
Torsy, Jakob, Lexikon der deutschen Heiligen, Seligen, Ehrwürdigen und Gottseligen (Köln 1959)
Veit, Ludwig Andreas, Volksfrommes Brauchtum und Kirche im deutschen Mittelalter (Freiburg 1936)
Veit, Ludwig Andreas – Lenhart, Ludwig, Kirche und Volksfrömmigkeit im Zeitalter des Barock (Freiburg 1956)
Vogts, Hans, Das Kölner Wohnhaus bis zum Anfang des 19. Jahrhunderts (Köln 1914, 2. Aufl. Neuß 1966)
Wegener, Gertrud, Geschichte des Stiftes St. Ursula in Köln (Köln 1971)
Weiler, Gabriel, Katholische Pfarrkirche St. Kolumba. ‚Madonna in den Trümmern' (Köln o. J. [nach 1984])
Weiler, Peter, Die kirchliche Reform im Erzbistum Köln 1583–1615 (Münster 1931)
(Weinsberg) Das Buch Weinsberg. Kölner Denkwürdigkeiten aus dem 16. Jahrhundert, bearbeitet von Konstantin Höhlbaum, Friedrich Lau und Joseph Stein, 5 Bde (Leipzig und Bonn 1886–1926)
Wilbrand, Wilhelm, Die Inschriften der Kölner Kirche St. Kolumba, in: Kölner Kirchenzeitung vom 20.11.1938

Abkürzungen

AASS	Acta Sanctorum ed. Bollandus etc.
AEK	(Historisches) Archiv des Erzbistums Köln GVA Generalvikariatsakten Kol. A = Depositum Kolumba, Urkunden Kol. B = Depositum Kolumba, Akten Kol. NC = Notarius Columbanus = A II, 25 Kol. RC = Rituale Columbanum = A II, 26 Kol. Rap. = Rapiarium = A II, 9
AHVN	Annalen des Historisches Vereins für den Niederrhein
AkKR	Archiv für katholisches Kirchenrecht
AStK	Archiv der Stadt Köln
FS	Festschrift
GV(A)	Generalvikar(iatsakten)
Jb	Jahrbuch
JKGV	Jahrbuch des kölnischen Geschichtsvereins
JL	Janssen-Lohmann, Der Weltklerus in den Kölner Erzbistumsprotokollen
KA	Kirchlicher Anzeiger für die Erzdiözese Köln
KD	Kunstdenkmäler der Rheinprovinz
KV	Kirchenvorstand
LMA	Lexikon des Mittelalters
LThK	Lexikon für Theologie und Kirche
MG SS	Monumenta Germaniae Historica, Scriptores
MG SsrerMerov	Monumenta Germaniae Historica, Scriptores rerum Merovingicarum
MittStAK	Mitteilungen aus dem Stadtarchiv von Köln
ND	Neudruck
PAK	Pfarrarchiv St. Kolumba
PAK, C	Pfarrarchiv St. Kolumba (Turmarchiv, 19. Jh.)
PAK, C, LA	Pfarrarchiv St. Kolumba (Turmarchiv), Lose Akten
Pw	Priesterweihe
REK	Regesten der Erzbischöfe von Köln
RL	Rheinische Lebensbilder
RVB	Rheinische Vierteljahrsblätter
SD	Sonderdruck

WestdtZsGeschuKunst	Westdeutsche Zeitschrift für Geschichte und Kunst
WRJb	Wallraf-Richartz-Jahrbuch
ZAM	Zeitschrift für Archäologie des Mittelalters
ZAGV	Zeitschrift des Aachener Geschichtsvereins
ZKG	Zeitschrift für Kirchengeschichte
ZRG KA	Zeitschrift für Rechtsgeschichte, Kanonist. Abt.
Zs	Zeitschrift

Die Anfänge

1. Kein Kolumbaheiligtum im römischen Köln

Für das Jahr 313 ist in Köln erstmals eine christliche Gemeinde nachweisbar und als ihr Leiter Bischof Maternus genannt.[1] Die Gemeindekirche wird 355 erwähnt und ist durch die Ausgrabungen nach dem Zweiten Weltkrieg an derselben Stelle bezeugt, an der sich bis heute der Dom befindet.[2] Auch Friedhofskirchen und Martyrergedenkstätten außerhalb der Stadtmauern gehen bis ins späte vierte Jahrhundert zurück.[3]

Die Frage, ob es in römischer Zeit weitere Kirchen oder Kapellen innerhalb der Stadt gegeben hat, ist nicht zu beantworten, auch wenn die örtliche Tradition dies z. B. von der Kolumbakirche behauptet hat. Bei Aegidius Gelenius, dem Kölner Lokalhistoriker des 17. Jahrhunderts, findet sich die Mitteilung, Bischof Severin habe den aus Privathäusern bestehenden Kultbau zu Ehren der hl. Kolumba – Ende des 4. Jahrhunderts! – eingeweiht.[4] Später ist die Entstehung von St. Kolumba in römischer Zeit von Karl Heinrich Schaefer wieder aufgegriffen worden.[5] Die Geschichtsforschung hat seine Thesen abgelehnt,[6] und Ausgrabungen der Jahre 1974/76 haben sie ebenfalls nicht bestätigen können. Diese führten allerdings zu der Feststellung, daß das Areal um die spätere Kolumbakirche, näherhin in dem Viereck zwischen der Kolumba-, Brücken-, Ludwig- und Minoritenstraße, in römischer Zeit besiedelt war und daß vom ersten bis vierten Jahrhundert nach Christus hier eine rege Bautätigkeit geherrscht haben muß.[7] Das Schicksal dieses Wohnplat-

---

1 Eusebius von Caesarea, Kirchengeschichte X, 5, hg. von Gustave Bardy, in: Sources Chrétiennes 55 (Paris 1955), 108.

2 Ammianus Marcellinus, Römische Geschichte XV, 5, hg. von Wolfgang Seyfarth I (Berlin 1968), 131.

3 Vgl. Friedrich Wilhelm Oediger, in: Geschichte des Erzbistums Köln, hg. von Eduard Hegel, I, Köln, 2. Aufl. 1972, 27–33, 42–47.

4 Aegidius Gelenius, De admiranda sacra et civili magnitudine Coloniae (Köln 1645), 393.

5 Karl Heinrich Schaefer, Kirchen und Christentum in dem spätrömischen und frühmittelalterlichen Köln, in: AHVN 98 (1916), 29–136, hier 115 f.

6 Vgl. Wilhelm Neuß, Die Anfänge des Christentums im Rheinland (Bonn 2. Aufl. 1933), 64; Goswin Frenken, Die Patrozinien der Kölner Kirchen und ihr Alter, in: JKGV 6–7 (1925), 24–45.

7 Vgl. Sven Seiler, Ausgrabungen in der Kirche St. Kolumba in Köln, in: ZAM 5 (1977), 97–119, hier 100 f.

zes in nachrömischer Zeit ist unbekannt. Ein Haus aus dieser Epoche kann allerdings besondere Aufmerksamkeit beanspruchen; es hat jedenfalls noch einige Zeit aufrecht gestanden; im inneren südlichen Seitenschiff der mittelalterlichen Kolumbakirche fanden sich Fundamente zweier rechtwinklig aneinanderstoßender Mauern aus Grauwacken und Ziegeln sowie ein Rest des verputzten Aufgehenden und ein Bodenkanal. Mauern und Kanal wurden von einer apsisartigen Stickung aus Tuff- und Grauwackesteinen überfangen, die ohne Mörtel gelegt war, aber an das vermörtetelte Mauerwerk anband. Da dies nicht römischer Bauart entspricht, muß der angefügte Bauteil, der auf einen Kultraum hinweisen könnte, späteren Datums sein.[8] Zur Datierung kann die Patrozinienforschung Hilfe leisten.

2. Herkunft der Kölner Kolumba-Verehrung

Die Passio der Kirchenpatronin Kolumba trägt dazu freilich nichts bei.[1] Ihr zufolge soll die Heilige unter Kaiser Aurelian (270–273) zu Sens in Frankreich den Martertod gefunden haben. Sie sei, so heißt es, gegen einen Wüstling, der zu ihr in den Kerker geschickt worden, durch eine Bärin beschützt worden. Nachdem ein Versuch, sie im Kerker zu verbrennen, mißlungen, sei sie nach vorheriger Geißelung enthauptet worden. Die christliche Kunst stellt sie, diesem Bericht entsprechend, mit dem Attribut einer Bärin dar und mit einer Siegespalme in der Hand.[2]

Von den legendären Umständen ihres Todesleidens ganz zu schweigen, dürfen wir bei der Kolumba-Vita nicht einmal die Zeitangaben für einen wahren Kern der Legende halten. Denn es ist nicht sicher, ob die Edikte Aurelians gegen die Christen infolge seiner Ermordung überhaupt rechtskräftig geworden sind. Von den Martyrien, die in diese Zeit verlegt werden, sind nur wenige glaubwürdig.[3] Es ist besonders auffällig, daß Gregor von Tours (538–594), der Sammler gallischer Martyrertraditionen, die heilige Kolumba nicht erwähnt.[4] So ist es nicht verwunderlich, daß der Kult dieser für uns nicht näher identifizierbaren Heiligen regional und zeitlich begrenzt geblieben ist. Das Kultzentrum und die Kultdauer aber sind durchaus faßbar. Unter den Zufügungen zum sogenannten Martyrologium Hieronymianum, die ein fränkischer Schreiber in Auxerre zwischen 592 und 600 gemacht hat, befand

[8] Vgl. ebd., 102.

[1] Passio S. Columbae (nach Boninus Mombritius, Sanctuarium sive Vitae Sanctorum [15.Jh.], in: Catalogus codicum hagiographicorum Bibliothecae Regiae Bruxellensis, ed. Hagiographi Bollandiani I/1 (Brüssel 1886), 302–306; ferner neue Ausgabe nach der Handschrift Fonds latin Nr. 12508 der Pariser Nationalbibliothek, in: Guy Chastel, Sainte Colombe de Sens (Paris 1939), 325–328.

[2] Vgl. Joseph Braun, Tracht und Attribute der Heiligen in der deutschen Kunst (Stuttgart 1943), 430 ff.

[3] Vgl. Eusebius, Kirchengeschichte VII, 30 Absatz 20–21, in: Sources Chrétiennes 41 (Paris 1955), 219 ff.

[4] Vgl. Frenken, Patrozinien, 39.

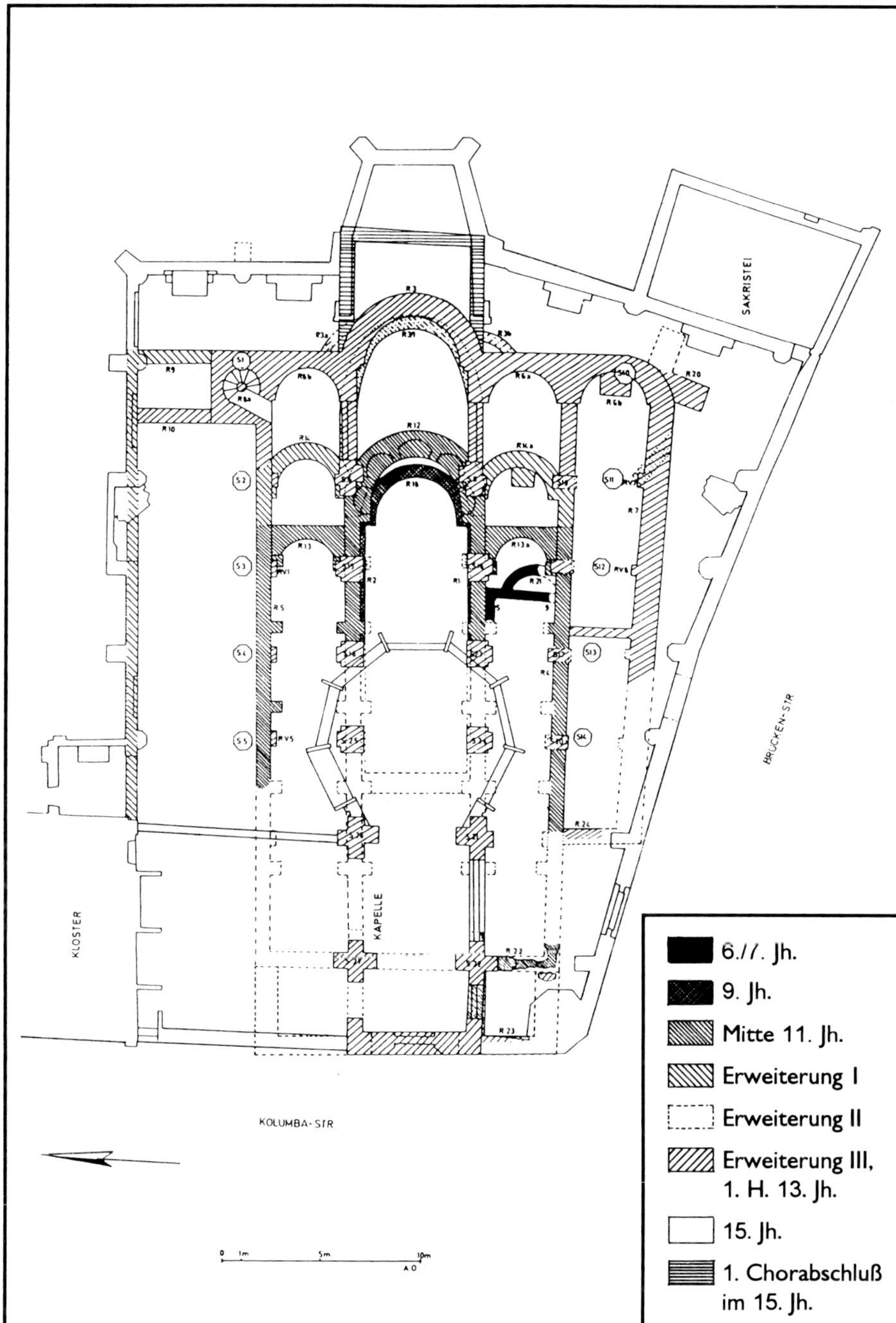

Abb. 1 St. Kolumba, Grundrisse der Kirchenbauten seit dem frühen Mittelalter

sich unter dem 31. Dezember das Fest der hl. Kolumba.[5] Mit diesem Faktum setzte die Kolumbaverehrung schlagartig ein. Die Kultwelle ebbte mit dem Ende der Merowingerdynastie wieder ab. Brennpunkt des Kultes ist Frankreich, näherhin die Gegend um Sens, wo das Grab der hl. Kolumba vermutet wird, und der Merowingerhof unter Chlotar II. (584–629) und Dagobert I. (629–638).[6]

In Frankreich wurden zahlreiche Kirchen der hl. Kolumba geweiht, außerhalb Frankreichs nur wenige. Im deutschsprachigen Raum wurde St. Kolumba Patronin von drei Kirchen im Elsaß und je einer bei Freiburg im Breisgau und in Köln.[7] In Sens befand sich ein der hl. Kolumba geweihtes Kloster, dem die beiden genannten Merowingerkönige reiche Zuwendungen machten. Ein besonderer Verehrer der hl. Kolumba war der 623 verstorbene Bischof Lupus von Sens, der auf seinen Wunsch beim Grab der Heiligen beigesetzt wurde.[8] Einen kostbaren Schrein für sie hatte der Goldschmied Eligius (590–659) angefertigt, ein hochangesehener Ratgeber Dagoberts und späterer Bischof von Noyon. Wir wissen das aus seiner Vita, die sein Freund Audoin (610–684), Bischof von Rouen, verfaßt hat. Er war Kanzler Dagoberts, genoß ebenfalls großes Ansehen am Hof und gehörte übrigens zu den Unterzeichnern eines Privilegs für das Kolumbakloster in Sens.[9] Zu dem einflußreichen Kreis um Dagobert gehörte auch der adlige Moselfranke Kunibert (ca. 590 – nach 648), der am Hofe Chlotars II. ausgebildet und nach seiner Tätigkeit als Archidiakon der Trierer Kirche um oder bald nach 623 auf den Kölner Bischofsstuhl befördert worden war. 633/34 leitete er, als Dagobert sich auf einem Feldzug in Thüringen befand, zusammen mit dem Pfalzgrafen Adalgisil die Regierungsgeschäfte.[10]

---

[5] Louis Duchesne – Jean B. de Rossi, Martyrologium Hieronymianum, in: AASS Nov. II/1 (Brüssel 1894), S. [1]–[195], hier S. [3].

[6] Vgl. Chastel, Sainte Colombe, 103 ff.; Carl Albrecht Bernoulli, Die Heiligen der Merowinger (Tübingen 1900), erwähnt die hl. Kolumba nicht.

[7] Vgl. Chastel, Sainte Colombe, 80–90, sowie Dictionnaire d' Histoire et de Gographie ecclésiastique Bd. 13 (Paris 1956), Sp. 322; vgl. Johann Dorn, Beiträge zur Patrozinienforschung, in: Archiv für Kulturgeschichte 13 (1917), 9–49, 220–252, hier 227, Luzian Pfleger, Die elsässische Pfarrei. Ihre Entstehung und Entwicklung. Ein Beitrag zur kirchlichen Rechts- und Kunstgeschichte (Straßburg 1936), 33. Vgl. zum folgenden Eduard Hegel, Zur Entstehung der Kultstätte und Pfarre St. Kolumba in Köln, in: Festgabe für Wilhelm Neuß (Colonia Sacra 1, Köln 1947), 19–47; ND in: Eduard Hegel, Ecclesiastica Rhenana. Aufsätze zur rheinischen Kirchengeschichte, hg. von Severin Corsten und Gisbert Knopp (Bonn 1986), S. 85–113.

[8] Vita Lupi ep. Senonici c. 6, 26, hg. von Wilhelm Levison in: MG SSrerMerov IV (1902), 180, 186.

[9] Vita Eligii Noviomagensis c. 32, hg. von Bruno Krusch, in: MG SSrerMerov IV (1902), 688. Vgl. auch die von den Maurinern hg. Gallia Christiana XII (Provincia Senonensis) (Paris 1770), 146 und XI (1759), 14.

[10] Vgl. die sog. Fredegarchronik IV c. 58, hg. von Bruno Krusch, in: MG SSrerMerov II (1888), 150.

Der Kontakt mit den übrigen Königsberatern blieb auch während Kuniberts Kölner Episkopat bestehen; 650 suchte Audoin seinen Mitbruder in Köln auf.[11]

Auf Grund dieser Zusammenhänge ziehen wir den Schluß: auch Kunibert hat den Kolumbakult gekannt, obwohl die Quellen dies nicht ausdrücklich sagen; er wird ihn nach Köln gebracht und die Errichtung einer Kultstätte zu Ehren der hl. Kolumba veranlaßt haben. Dafür dürfte die Zeit seines Episkopates – 623 bis nach 648 – in Frage kommen. Auch der aus dem Westen des Merowingerreiches nach Köln gekommene Kult des Martyrerpapstes Clemens und des hl. Bischofs Lupus von Troyes werden mit Kunibert in Verbindung gebracht.[12] Die Ausgrabungen von 1974/76 unterstützen die Annahme, daß die erste Kölner Kolumbakultstätte sich in dem ergrabenen römischen Haus mit der später angefügten Apsis befunden habe. Sie wird erhärtet durch die Entdeckung zweier Grabsteine, die in das Fundament des nördlichen Seitenschiffs der dreischiffigen Kirche des 11. Jahrhunderts eingemauert waren und sich durch eingeritzte Kreuze als fränkisch zu erkennen gaben.[13]

3. St. Kolumba als Filialkirche des Domes

Wie lange dieses erste, an Umfang recht bescheidene Kolumbaheiligtum bestanden hat, ist nicht bekannt. Es hat jedenfalls einen größeren Nachfolger gehabt, dessen Grundmauern im Mittelschiff der späteren Kolumbakirchen festgestellt wurden. Es handelt sich um einen längsrechteckigen Raum mit eingezogener halbrunder Apsis. Seine Datierung ist wegen des mehrfach gestörten Bodens nicht leicht; der Ausgräber nimmt ganz allgemein karolingische Zeit an.[1] Urkundlich ist die Kolumbakirche allerdings erst 980 bezeugt.[2] Über die kirchliche Funktion des karolingischen Baues läßt sich nichts Näheres sagen. Vielleicht war er um diese Zeit eine vom Dom abhängige Kapelle, in der einer der Domgeistlichen Gottesdienst hielt. Nach einer Aufzeichnung aus der zweiten Hälfte des 13. Jahrhunderts[3] waren die Pfarrer von St. Kolumba, St. Laurenz und St. Alban einem bestimmten Altar des Domes – St. Kolumba dem Stephanusaltar – zugeordnet[4] und durften bei einem Interdikt an

---

11 Vita Audoini ep. Rotomagensis c. 13, hg. von Wilhelm Levison, in: MG SSrerMerov V (1910), 562. Vgl. Heribert Müller, Bischof Kunibert von Köln. Staatsmann im Übergang von der Merowinger- zur Karolingerzeit, in: ZKG 98 (1987), 167–205; derselbe, Kunibert von Köln, in: RL 12 (1991), 7–23.

12 Vgl. Müller, Bischof Kunibert, 197, 200 f.

13 Seiler, Ausgrabungen, 111 f. nimmt die Zeit um 700 als Einrichtung der Kultstätte an.

1 Vgl. Seiler, Ausgrabungen, 104, 106, 112.

2 Urkunde Erzbischof Warins vom 25.10.980, in: Otto Oppermann, Rheinische Urkundenstudien I (Bonn 1922), 440 f.

3 Nekrologium des Kölner Domstifts aus der 2. Hälfte des 13. Jhs., in: Leonhard Ennen – Gottfried Eckertz, Quellen zur Geschichte der Stadt Köln II (1863, ND 1970), 629 f.

4 Der Stephanusaltar des karolingischen Kölner Domes befand sich im Südarm des westlichen Querhauses; vgl. Willy Weyres, Die vorgotischen Bischofskirchen in Köln (Köln 1987), 207.

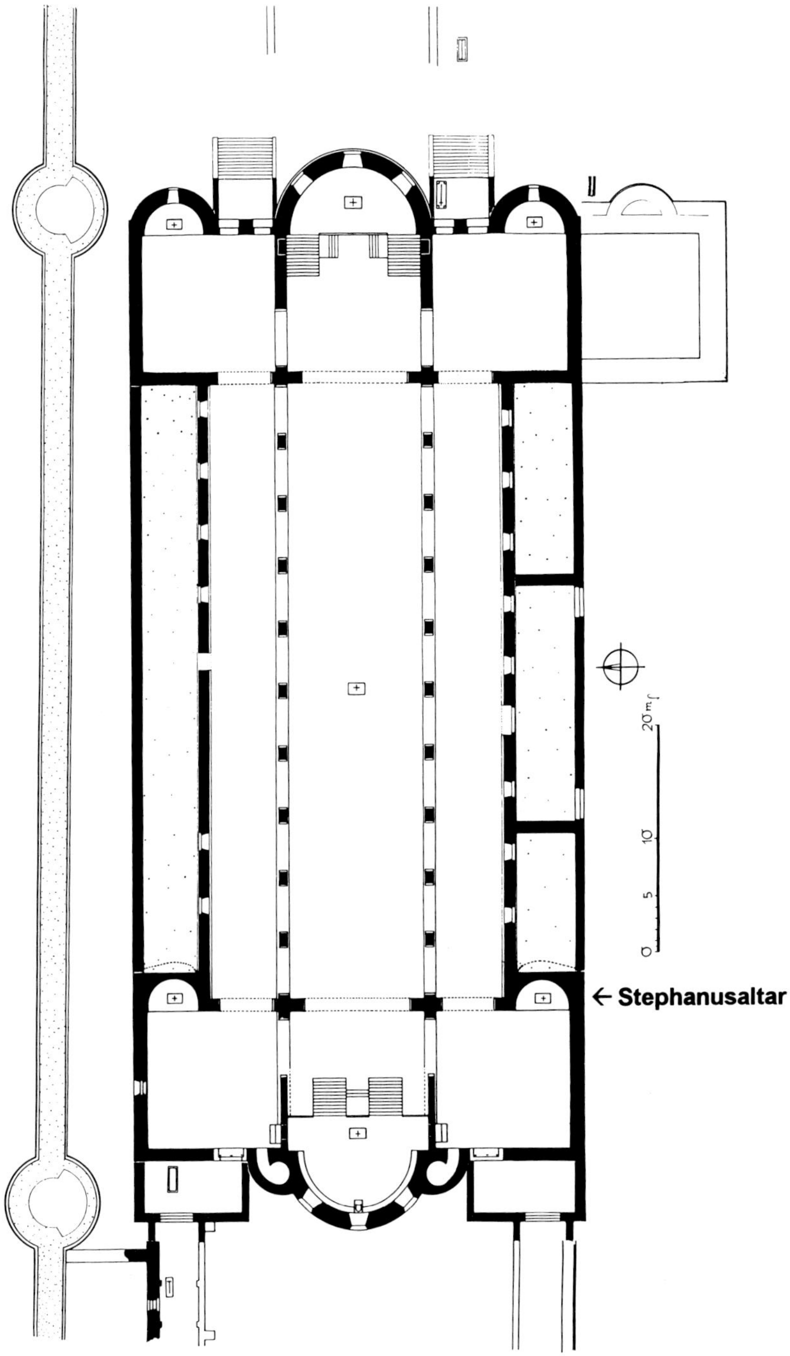

Abb. 2 Der Dom zu Köln um 870. Rekonstruierter Grundriß

ihrem Domaltar mit den Pfarrgenossen die Eucharistie und die Sakramente feiern. Als Zeichen der Abhängigkeit vom Dom *(signum subiectionis)* hatten die drei Pfarrer am sonntäglichen Umgang und am Hochamt im Dom teilzunehmen; bei den Bittprozessionen trugen sie den im Dom aufbewahrten sogenannten Stab des hl. Petrus. Dieses Brauchtum deutet darauf hin, daß die Kolumbakirche ursprünglich von dem Benefiziaten des Stephanusaltars der Domkirche excurrendo bedient und der dann sich bildende Seelsorgebezirk aus der Dompfarrei ausgegliedert worden ist. Der Vorgang war natürlich eine Folge der Bevölkerungsentwicklung, die nicht vor dem 10. Jahrhundert anzusetzen ist.

Im Mittelalter

4. Entwicklung von Pfarreien in der Stadt Köln

Seit dem Ende der Römerzeit war die Besiedlung innerhalb der Stadtmauern erheblich geschrumpft. Namentlich im Westen und Südwesten gab es große siedlungsfreie Räume. In merowingisch-karolingischer Zeit drängte sich die Bevölkerung zwischen die rheinwärts gelegene Stadtmauer und die Hohestraße; nur im Norden der Hohestraße, dort, wo Ende des 7. Jahrhunderts die erste Kolumbakapelle anzunehmen ist, überschritt der Bevölkerungsraum diese innerstädtische Siedlungsscheide.[1] Anscheinend ist es diesem Bezirk am frühesten gelungen, sich in seelsorglicher Beziehung zu einer selbständigen Pfarrei zu entwickeln, denn St. Kolumba galt – abgesehen von der hofherrlichen Eigenkirche auf dem Kapitolshügel – als älteste Kölner Stadtpfarrei.[2]

Von Pfarreien im Rechtssinn kann im allgemeinen erst seit der um 800 erfolgten Zehntgesetzgebung Karls d. Gr. zugunsten der Kirchen gesprochen werden. Sie setzte eine Sprengelabgrenzung voraus, denn der Zehntpflichtige mußte wissen, an welche Kirche seine Abgabe zu entrichten war. Außer dem Eigenbesitz wurden Tauf- und Beerdigungsrecht besondere Charakteristika einer Pfarrkirche; dazu zählte auch das Recht des Pfarrers, die Sterbesakramente zu spenden. Faktisch wird sich die Entwicklung zur Pfarrei oft längere Zeit hingezogen haben.[3]

In den Bischofsstädten hat die materielle und spirituelle Abhängigkeit von der Bischofskirche länger gedauert als auf dem Lande. In Köln entließ Erzbischof Guntar 866 die vor der Stadt gelegenen Stiftskirchen aus der vermögensrechtlichen Abhängigkeit vom Dom[4], aber innerhalb der Stadt blieb dieser das einzige Seelsorgezentrum. Das scheint aus einem Brief hervorzugehen, in dem Klerus und Volk von Köln 870 bei Papst Hadrian II. darüber klagten, daß seit der Verwaisung des

[1] Vgl. Hermann Jakobs, Verfassungstopographische Studien zur Kölner Stadtgeschichte des 10.–12. Jahrhunderts, in: Köln, das Reich und Europa (=MittStAK 60, 1971), 49–123, hier 65–68. Zur Entwicklung der Kölner Pfarreien vgl. Eduard Hegel, Das mittelalterliche Pfarrsystem und seine kirchliche Infrastruktur in Köln um 1500, in: Geschichtlicher Atlas der Rheinlande, Karte und Beiheft IX/1 (1993), 8.

[2] Vgl. Gelenius, De admiranda magnitudine, 390, 392.

[3] Vgl. dazu Karl Heinrich Schaefer, Pfarrkirche und Stift im deutschen Mittelalter (Stuttgart 1903), 1–12.

[4] Vgl. Bestätigungsurkunde König Lothars II. vom 15.1.866, in: Ennen-Eckertz, Quellen I, 447 f.

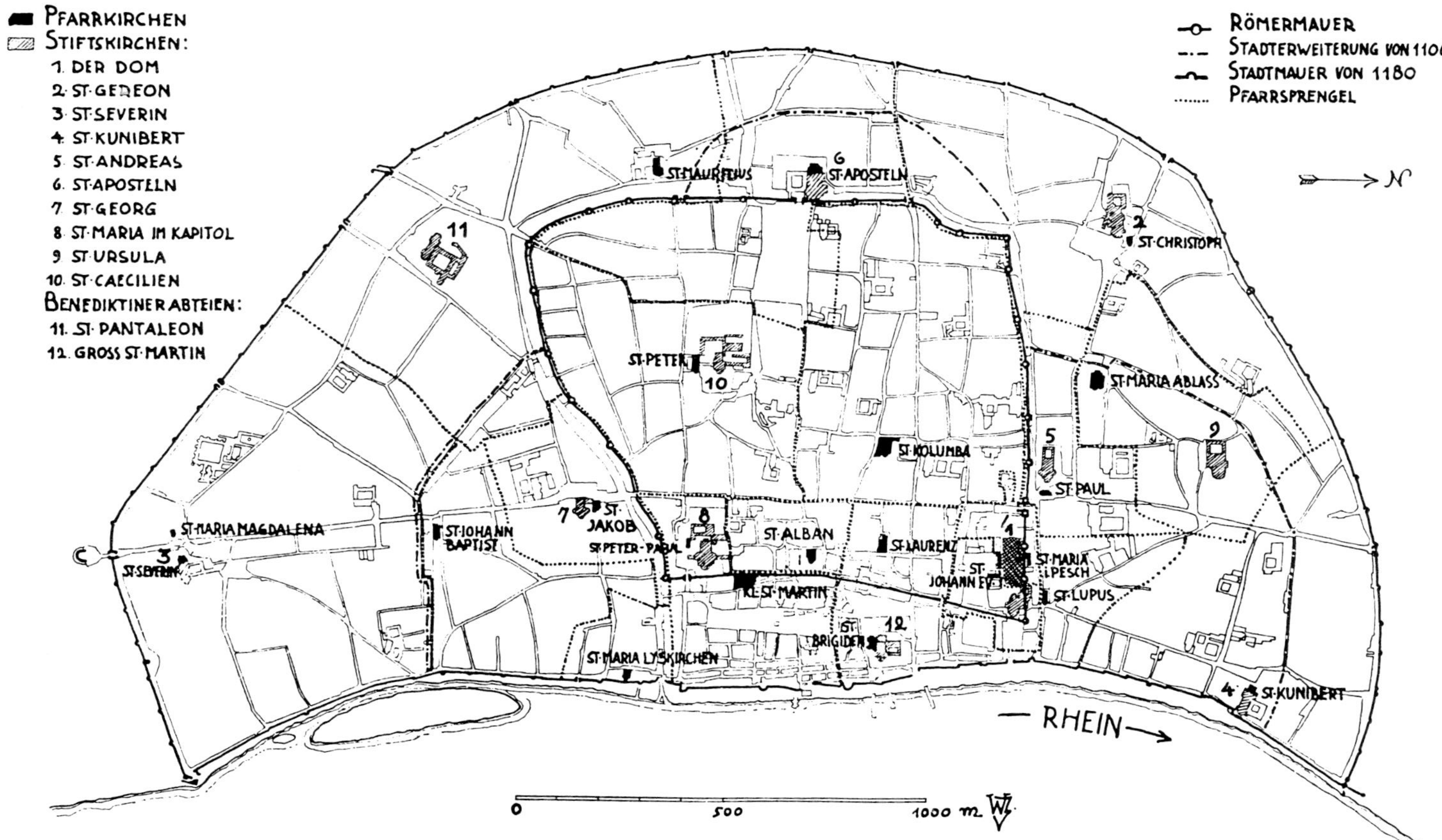

Abb. 3 Die Kölner Pfarrsprengel im Mittelalter

Kölner Erzbischofsstuhls im Jahre 863 viele *in unserer Pfarrei* ohne Taufe, ohne Beichte und Wegzehrung sterben müßten.[5] Da gerade die Wahrnehmung typischer Pfarrverpflichtungen genannt wird, darf man aus der Briefstelle schließen, daß sie in der Stadt noch in der Hand des Bischofs lagen. Vielleicht hat die Notlage in der Folge dazu beigetragen, die Pfarrechte auch anderen Kirchen in der Stadt zuzusprechen, obwohl die Existenz stadtkölnischer Pfarrkirchen expressis verbis erst 1075 in den Quellen bezeugt wird.[6]

Einen Hinweis auf weit frühere Entwicklung der stadtkölnischen Pfarreien gibt ein Papstschreiben vom Mai 891. Zwischen ihm und dem erwähnten Brief von 870 lag die Zerstörung Kölns durch den Normanneneinfall des Jahres 881, der auch die Kirchen getroffen hatte.[7] Als nach ihrer Wiederherstellung von Rom neue Reliquien erbeten wurden, hat man den Papst offenbar auch mit der Rechtslage der Kölner Kirchen befaßt. In dem Antwortschreiben Papst Stephans VI. (890–925) an Erzbischof Herimann I. heißt es, es solle keine Kirche Mangel leiden, die unter bischöflicher Leitung errichtet sei *(quae sub episcopali regimine constituta est);* also nicht unter Eigenkirchenrecht steht. Die Privilegien einer jeden Kirche, die zustehenden Rechte der Pfarrkirchen, der Diözese und der Stifte werden bekräftigt, soweit sie dem kanonischen Recht nicht widersprechen.[8] Hieraus geht hervor, daß es in Köln um diese Zeit Pfarrkirchen gab, denn *parochia – monasteria – dioecesis* stehen als unterschiedliche Begriffe nebeneinander. Volle vermögensrechtliche Selbständigkeit scheint den Kirchen dennoch nicht zuerkannt worden zu sein, denn der Papstbrief vermerkt einschränkend und unter Bezugnahme auf ein uns nicht bekanntes Privileg Papst Leos IV. von der Jahrhundertmitte, daß die vorgenannten Kirchen und ihr Grundbesitz dem Erzbischof wie bisher verbleiben sollen. Für die Stiftskirchen war diese Einschränkung durch die 866 erfolgte Guntarsche Teilung gegenstandslos geworden, für die Pfarrkirchen jedoch noch nicht. Wir dürfen also annehmen, daß zwischen 870 und 891 vorhandene Kölner Stadtkirchen mit den Seelsorgerechten und -pflichten einer Pfarrkirche, mit Ausnahme des vollen Vermögensrechtes, ausgestattet wurden.

5. Der Pfarrbezirk von St. Kolumba

Das Pfarrterritorium von St. Kolumba hat sich zum flächenmäßig größten und zugleich volkreichsten Pfarrbezirk innerhalb der Römerstadt (43 ha) entwickelt und sich von der Hohestraße im Osten nach Westen hin ausgebreitet. Dabei ist die Breitestraße zur Mittelachse des Pfarrgebietes und zum Kristallisationspunkt des

---

[5] Klerus und Volk von Köln an Papst Hadrian II. (ca. 871/72), in: Ennen-Eckertz, Quellen I, 451.

[6] Vgl. Vita Annonis c. 12, hg. von Rudolf Koepke, in: MG SS XI (Hannover 1854, ND Stuttgart 1963), 502.

[7] Vgl. Eduard Hegel, Die Kölner Kirchen und die Stadtzerstörungen der Jahre 355 und 881, in: Kölner Untersuchungen, hg. von Walther Zimmermann (Ratingen 1950), 41–53.

[8] Papst Stephan VI an den Kölner Erzbischof, in: Ennen-Eckertz, Quellen I, 456 f.

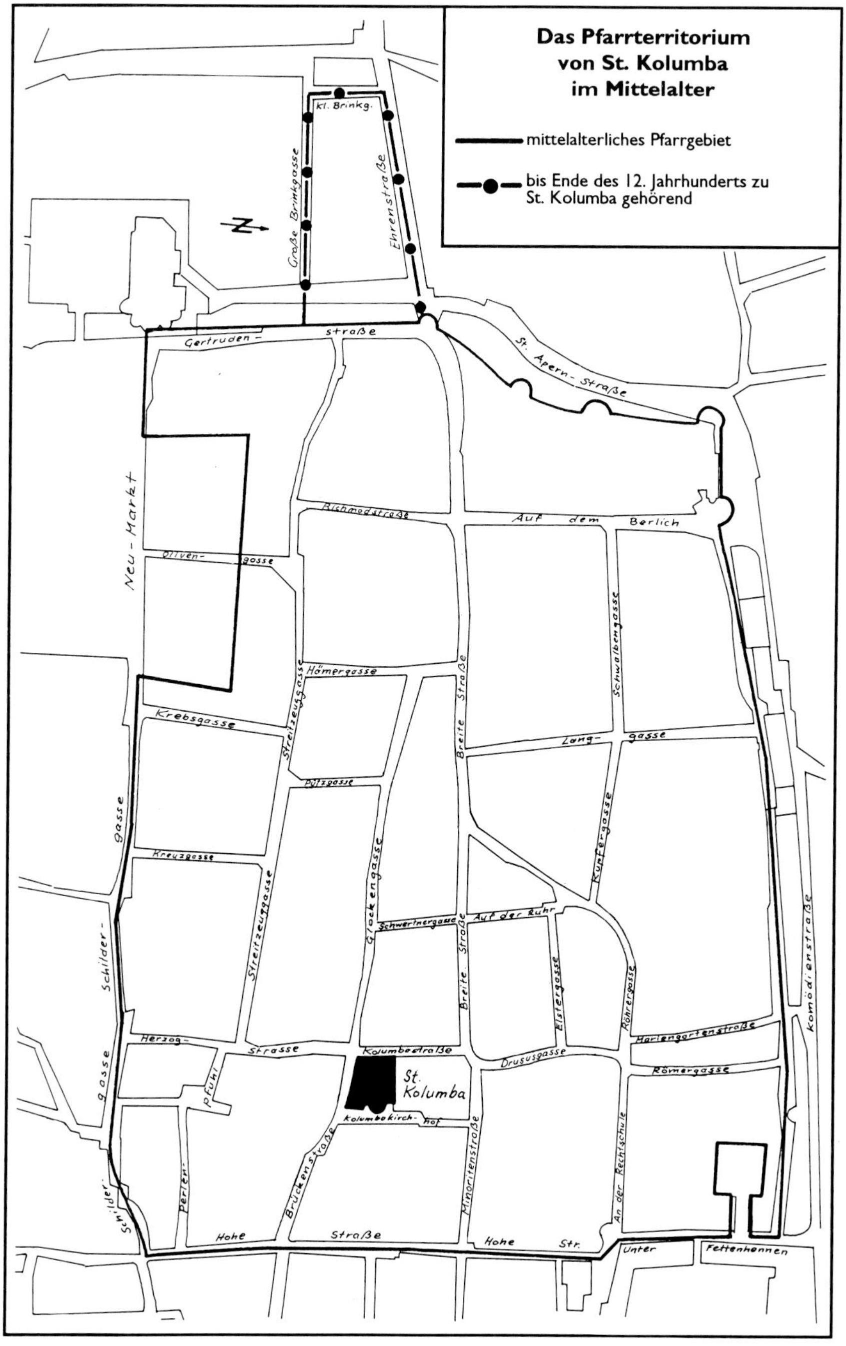

Abb. 4 Entwicklung des Pfarrsprengels St. Kolumba im Mittelalter

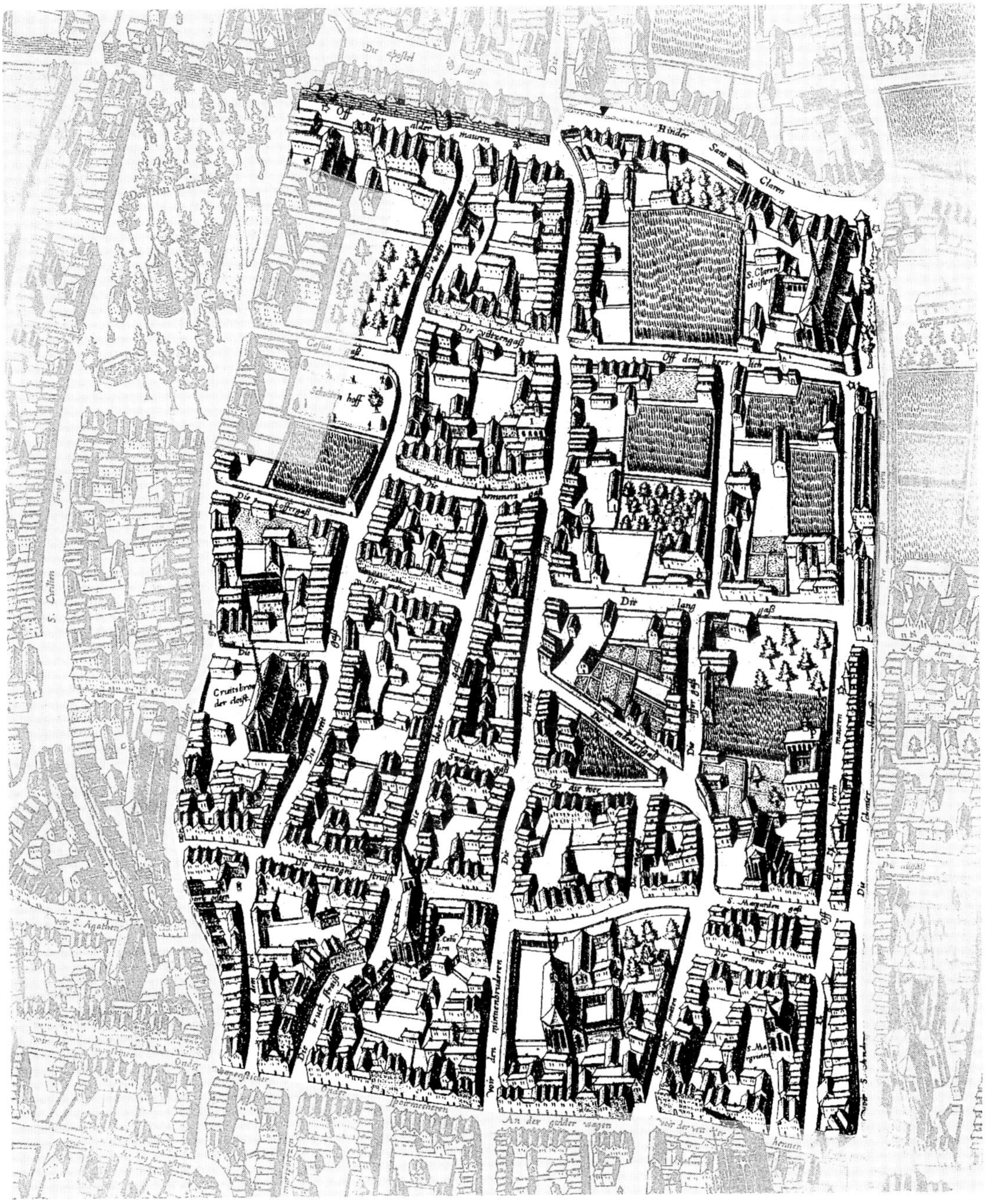

Abb. 5 Pfarrsprengel St. Kolumba im Mittelalter. Ausschnitt aus dem Stadtplan von Arnold Mercator (1571)

Siedlungsvorstoßes geworden. Die größte Siedlungsdichte befand sich, wie die Aufteilung des Bezirks in zahlreiche Straßen nahelegt, im östlichen Teil. Nach Norden und Westen war die römische Stadtmauer eine gegebene feste Grenze. Nur im Westen griff St. Kolumba über die Mauer hinaus; es waren die Ansiedlungen in dem Rechteck Große Brinkgasse – Kleine Brinkgasse – Ehrenstraße – Apostelnstraße. Die Straßenachsen Unter Fettenhennen-Hohestraße-Schildergasse dagegen waren künstlich gezogene Grenzen. Besonders auffällig ist der Rücksprung der sonst ziemlich gerade verlaufenden Grenze am Neumarkt. Nach Keussens Annahme lag hier wie im übrigen unbesiedelten westlichen Teil der Römerstadt bis zur Anlage des Neumarktes und der Errichtung des Apostelnstifts die Allmende.[1] Mit der Übernahme des Pfarrdienstes durch das Stift – vor 1036 – wurde hier eine Grenzziehung notwendig, die so gestaltet wurde, daß die Pfarrgenossen von St. Kolumba bei ihrer angestammten Kirche verblieben, während das unbebaute Allmendegebiet der neuen Apostelnpfarrei zugewiesen wurde. Das oben erwähnte suburbane Gebiet von St. Kolumba blieb noch mehr als 100 Jahre bei dieser Pfarrei. Als vor 1170 die kommunale Bezirksverwaltung (Sondergemeinde) eingerichtet wurde, orientierte diese sich an den bestehenden Pfarrgrenzen und übernahm dementsprechend auch den vor der Mauer gelegenen Teil von St. Kolumba in ihren Amtsbereich; sie behielt ihn, selbst als die kirchlichen Grenzen zwischen St. Kolumba und St. Aposteln geändert wurden. Vielleicht war die Anlage der Stadtmauer von 1180 der Anlaß zur kirchlichen Abtretung dieses Bezirks an St. Aposteln, auch wenn der Tatbestand erst 1286 dokumentiert ist.[2] In den beschriebenen Grenzen ist die Pfarrei St. Kolumba bis 1802 verblieben.

6. Pfarrei und bürgerliche Sondergemeinde

Die Entwicklung des mittelalterlichen Köln ging von der im 10. Jahrhundert entstandenen Rheinvorstadt aus, in deren südlichem Teil sich vornehmlich Kaufleute angesiedelt hatten. Sie bildeten einen Stützpunkt für den Fernhandel und legten durch ihn den Grund für einen großartigen wirtschaftlichen Aufstieg der Stadt. Die Kaufmannschaft war das dynamische Element in der Entwicklung der mittelalterlichen Stadt.[1] Es war ganz natürlich, daß sie Einfluß auf das Gemeinwesen zu bekommen trachtete, zu dessen Bedeutung sie durch ihren Unternehmergeist und ihren Fleiß wesentlich beitrug. Vom Erzbischof als dem Stadtherrn war eine freiwillige Beschränkung seiner Position nicht zu erwarten. 1074 kam es vielmehr zu einem von den Kaufleuten ausgegangenen Aufstand gegen Erzbischof Anno II. (1056–

---

[1] Vgl. Hermann Keussen, Topographie der Stadt Köln im Mittelalter, 2 Bde (Bonn 1910, ND Düsseldorf 1986), hier I, 16*; vgl. Jakobs, Studien, 107 f.

[2] Vgl. Joseph Greving, Steuerlisten des Kirchspiels St. Kolumba in Köln vom 13.–16. Jahrhundert, in: MittStAK 30 (1900), XI–XIII.

[1] Vgl. Richard Koebner, Die Anfänge des Gemeinwesens der Stadt Köln (Bonn 1922), 68–87, 196, 216 ff. sowie Leonhard Ennen, Geschichte der Stadt Köln, 5 Bde (Köln und Neuss 1863–1880), hier I passim.

1075) und sein hartes Regiment, in dessen Verlauf der Erzbischof flüchten mußte. Die wenig vorbereitete Revolte brach jedoch zusammen; es setzte eine erbitterte Reaktion ein. Eine Beteiligung der Bürgerschaft am Stadtregiment war aber nicht aufzuhalten. Schon 30 Jahre später wurde wiederum ein Erzbischof – es war Friedrich I. (1100–1131) – aus der Stadt vertrieben. Er hatte sich im Kampf zwischen Kaiser Heinrich IV. und seinem Sohn Heinrich V. diesem angeschlossen, während die Bürgerschaft dem alten Kaiser treu blieb. Sie zog auf dessen Befehl und in Erwartung einer Belagerung im Jahre 1106 eine neue Befestigungslinie um die Stadt, indem sie die südliche und die nördliche Vorstadt sowie die Aposteln-Immunität im Westen durch Wall und Graben an die Römerstadt bzw. die Rheinvorstadt anschloß. Der Vorgang zeigt die Stadt auf dem Weg zu einem selbständigen Gemeinwesen. Der Einfluß des erzbischöflichen Stadtherrn trat mehr und mehr zurück; 1288 mußte dieser Köln für dauernd verlassen. Die weitere Entwicklung der Stadt und der städtischen Organe von der aristokratischen Richerzeche (Genossenschaft der Reichen) zum mehr demokratischen Stadtrat und dem exklusiveren Engeren Rat als geschäftsführenden Ausschuß mit seinen von ihm jährlich gewählten beiden Bürgermeistern braucht in unserem Zusammenhang nicht verfolgt zu werden.[2] Dagegen verdienen die berühmten Kölner Sondergemeinden unsere Aufmerksamkeit, auch wenn deren Existenz erst später bezeugt ist.[3] Das Beziehungsgeflecht zwischen den kommunalen Sondergemeinden und den Pfarreien der werdenden Handelsstadt ist aus der Geschichte der stadtkölnischen kirchlichen Organisation nicht wegzudenken.

Die kommunalen Bezirksgemeinden deckten sich in der Altstadt und in der Rheinvorstadt mit den Grenzen der Pfarreien. Die Annahme ist berechtigt, daß die bürgerlichen Verwaltungskörper sich bei ihrer Begründung der bestehenden Pfarreinteilung aus praktischen Gründen anschlossen. So ist es nicht überraschend, daß auch die bürgerliche Sondergemeinde als *parochia* oder Kirchspiel und ihre Bewohner als *parochiani* bzw. Kirchspielsleute bezeichnet wurden. Die Sondergemeinden hatten insofern Anteil am Stadtregiment, als sie – bis 1341 – die Mitglieder des Großen Rates wählten. Das wichtigste Recht der Sondergemeinden aber wurde die freiwillige Gerichtsbarkeit über den Grundbesitz und die Führung der Grundbücher, die sogenannte Schreinspraxis.[4]

Die ursprüngliche Verfassung der Sondergemeinden war rein demokratisch: ihr Träger war die Vollversammlung (Burding) der Bürger (Burgenossen bzw. Paro-

---

2 Vgl. Keussen, Topographie I, 58*–64*, 68*–77*.

3 Vgl. dazu und zum folgenden ebd. 59* f., 47*–54*; Koebner, Anfänge 278 ff.; Konrad Beyerle, Die Anfänge des Kölner Schreinswesens, in: ZRG 51 Germ. Abt. (1931), 318–509; derselbe, Die Pfarrverbände der Stadt Köln im Mittelalter und ihre Funktionen im Dienste des weltlichen Rechts, in: Jahresbericht der Görresgesellschaft (Köln 1931), 95–106. Thea Buyken – Hermann Conrad, Die Amtleutebücher der Kölner Sondergemeinden (Weimar 1936), Einleitung 1*–39*.

4 Vgl. Bayerle, Schreinswesen, 368–384, sowie Hans Planitz – Thea Buyken, Die Kölner Schreinsbücher des 13. und 14. Jahrhunderts (Weimar 1937), Einleitung 6*–17*.

Nördliche innere Mittelschiffwand in West-Ost-Richtung (3. 2. 1.)

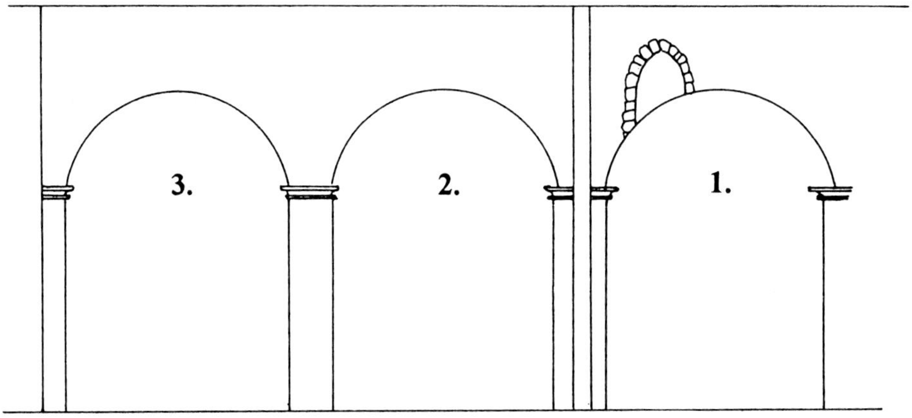

Nördliche äußere Mittelschiffwand in Ost-West-Richtung (1. 2. 3.)

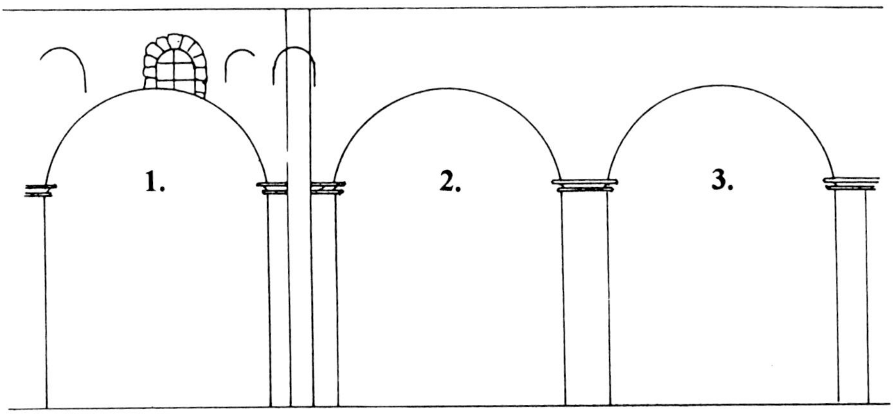

Abb. 6 Mittelschiffwände von St. Kolumba nach Zerstörung der Kirche (Januar 1945)

chianen); sie fand im Geburhaus (Bürgerhaus), auch *domus parochiae* genannt, gelegentlich in der Pfarrkirche, statt[5]. Das Burding wählte als Exekutivorgane jährlich zwei Burmeister (*magistri civium* bzw. *parochianorum*, auch *officiales* genannt). Amtssitz der bürgerlichen Sondergemeinde war das erwähnte Geburhaus. Die Entwicklung führte zu einer oligarchischen Verfassung, insofern der Kreis der gewese-

[5] Vgl. das Beispiel St. Alban, in: Friedrich Lau. Entwicklung der kommunalen Verfassung und Verwaltung der Stadt Köln bis zum Jahre 1396 (Bonn 1898), Beilage XVI.

Südliche innere Mittelschiffwand in Ost-West-Richtung (1. 2. 3.)

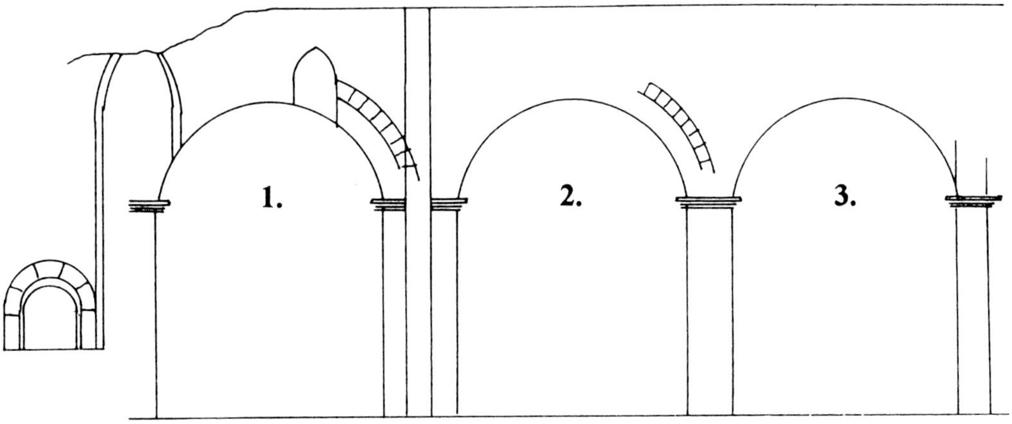

Südliche äußere Mittelschiffwand in West-Ost-Richtung (3. 2. 1.)

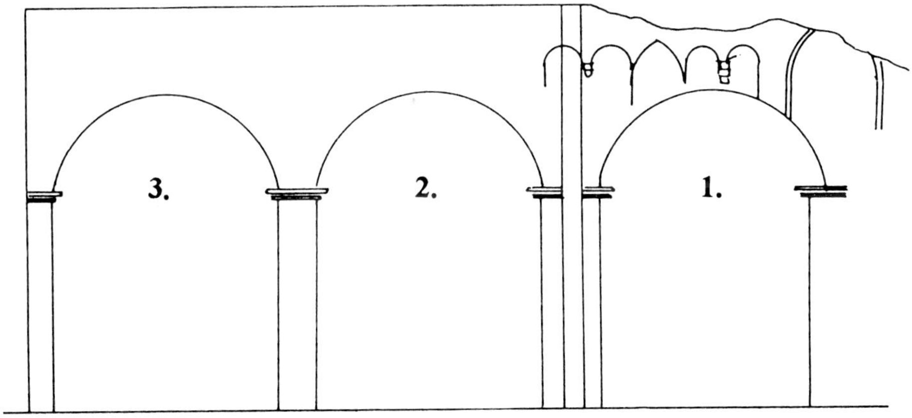

nen Burmeister *(verdiente Meister)*, Gemeindehonoratioren von faktischem Einfluß, sich zu einer Korporation verfestigte, die sich durch Berufung von Amtsanwärtern *(unverdiente Meister)* selbst ergänzte und aus diesem Gremium das Exekutivorgan, die Amtleute *(officiales)* wählte.[6] Vermutlich hat die organisatorische Gestalt ihr Vorbild in der berufsmäßigen Organisation der Neusiedler, der Kauf-

[6] Vgl. Bayerle, Schreinswesen 344–355; Joseph Greving, Statut der Amtleute von St. Kolumba in Köln vom Jahre 1269, in: AHVN 73 (1902) 78–87, bes. 80 f.

mannsgilde. Wie die Gilde der Frühzeit neben standesmäßigen und wirtschaftlichen auch öffentliche und kirchliche Tätigkeiten übernahm, so widmete sich die Sondergemeinde ebenfalls kommunalen und kirchlichen Interessen ihres Bezirks.

Die Anfänge der Sondergemeinden und ihrer Tätigkeit reichen in die dreißiger Jahre des 12. Jahrhunderts zurück. In der Kaufmannsgemeinde Klein St. Martin fand die Pflege kirchlicher Aufgaben ihren ersten markanten Ausdruck im Bau der Pfarrkirche auf dem Boden und auf Kosten der bürgerlichen Gemeinde. Für ihr Engagement beanspruchten die Bürger entscheidende Rechte: die Bestellung von Pfarrer und Küster sowie die kirchliche Finanzgebarung (Steuererhebung und Finanzverwaltung). Die Praxis in der Rheinvorstadt wurde Vorbild für die Pfarrei St. Kolumba. Bevor wir uns ihr zuwenden, ist die Frage nach der baulichen Entwicklung der Kolumbapfarrkirche zu beantworten.

7. Die bauliche Entwicklung der Kolumbakirche vom 11. bis 13. Jahrhundert

Die dreischiffige Kirche und ihre Erweiterungen

Um die Mitte des 11. Jahrhunderts dürfte die Pfarrei eine Seelenzahl erreicht haben, die zu einer bedeutenden Erweiterung der bislang einschiffigen Kirche zwang. Wir kennen den Erweiterungsbau nur aus dem ergrabenen Grundriß (vgl. Abb. 1).[1] Er war dreischiffig. Die Breite der Kirche des 9. Jahrhunderts bestimmte die Breite des nunmehrigen Mittelschiffs. Die Außenmauern der bisherigen Kirche dienten jetzt als Mittelschiffmauern; sie wurden durchbrochen, um die räumliche Verbindung mit den neugebauten Seitenschiffen herzustellen. Die Apsis des Mittelschiffs wurde über die bisherige Apsis hinaus etwas nach Osten verschoben; sie erhielt durch fünf eingemuldete Nischen einen besonderen architektonischen Schmuck. Gerade dieser erlaubt eine Datierung des Baues um oder nach Mitte des 11. Jahrhunderts.[2] Die Seitenschiffe waren nach außen gerade geschlossen und hatten nach innen geöffnete Konchen. In westlicher Richtung zog sich der Neubau bis in die Höhe der späteren Turm-Außenfront.

Die Frage, ob diesem oder einem späteren Bau ein romanischer Blendarkadenfries und kleine halbrunde Fenster zuzuordnen sind, von denen sich nach den Zerstörungen des Jahres 1945 Teile über den östlichen Mittelschiff-Bögen zeigten, ist nicht zu entscheiden.[3]

---

[1] Vgl. zum folgenden Seiler, Ausgrabungen, 106.

[2] Vgl. die Kirchenbauten in Essen (1051), Werden (1059), Helmstedt (Mitte 11. Jh.), Siegburg und Köln/St. Georg (2. H. 11. Jh.) u. a. Vgl. Walther Zimmermann, Das Münster zu Essen (Essen 1956),260; Walther Zimmermann, Hugo Borger u. a., Die Kirchen zu Essen-Werden (Essen 1959), 57, 229 f. Albert Verbeek, Kölner Kirchen (Köln 1959, 3. Aufl. 1987), 21, 47; Eduard Hegel, Kirchliche Vergangenheit im Bistum Essen (Essen 1960), 88 f., 91, 93 f.

[3] Vgl. die Skizze Abb. 6.

Abb. 7 Ausgrabung St. Kolumba 1974/77. Blick auf die Ostpartie der Vorgängerkirche

Die dreischiffige Kirche des 11. Jahrhunderts wurde dreimal erweitert.[4] Zunächst wurden die Seitenschiffe bis auf die Höhe der Mittelapsis verlängert und mit außen sichtbaren halbrunden Konchen geschlossen. Bei einer zweiten Baumaßnahme wurde das Mittelschiff weit nach Osten vorgeschoben und diesem eine gestelzte Apsis angefügt. Auch im Westen wurde die Kirche bis zur Straßenflucht der heutigen Kolumbastraße vergrößert; hier wurde eine Vorhalle gebaut, die sich in großen Bögen öffnete.

Die dritte Erweiterung kam fast einem Neubau gleich, der freilich im Kern den alten Grundriß beibehielt.[5] Er fiel in die erste Hälfte des 13. Jahrhunderts, wie man aus gefundenen Pfeilerprofilen und Fliesen geschlossen hat. Das Ergebnis dieser Baumaßnahmen war ein vierschiffiges Gotteshaus. Zu diesem Zweck hatten außer der Nord- und Westmauer fast alle Mauern niedergelegt und neuaufgebaut werden müssen. Das neuangelegte zweite südliche Seitenschiff an der Brückenstraße verschmälerte sich etwas im Westen aus Gründen des Straßenverlaufs oder anderer Hindernisse und konnte auch nicht bis zur Westfront der Kirche durchgezogen werden. Der gesamte Chorteil der Kirche wurde abermals nach Osten vorgeschoben. Mit Ausnahme der mittleren Hauptapsis waren die Seitenschiffe jetzt nach

[4] Vgl. Seiler, Ausgrabungen, 106, 108.
[5] Vgl. ebd., 108 ff., 113.

außen gerade, im Innern halbrund geschlossen. Über dem nördlichen Seitenschiff wurde eine Empore eingezogen – der Zugang über eine Wendeltreppe im Nordosten wurde ergraben –, über dem äußersten südlichen Seitenschiff darf man sie aus Gründen der Symmetrie vermuten. Etwas später ist im Westen der 25 m hohe Turm gebaut worden, der aber nicht in der Straßenfront stand, sondern aus dem westlichen Kirchenraum mit drei Geschossen herauswuchs. Er zeigte rundbogige Zwillingsfenster, die durch Säulen mit Basen und einfachen Würfelkapitellen geteilt wurden, über denen sich ein Kämpfer befand. Die unteren Turmgeschosse hatten nach allen Seiten je ein Zwillingsfenster, das oberste Stockwerk je drei. Die einzelnen Stockwerke waren durch Rundbogenfries und Lisenen gegliedert. Als Turmbekrönung wird man ein vierseitiges Zeltdach annehmen können.[6]

Das Innere der Kirche

Über das Innere der Kirche und ihre Ausstattung gibt es nur wenige und zufällige Nachrichten. Der Standort des Hochaltars – ob in der Apsis oder vor ihr – ist unbekannt. Ein Lettner ist erstmals 1367 aus anderen Nachrichten zu erschließen;[7] er war jedenfalls in der auf vier Schiffe erweiterten Kirche des 13. Jahrhunderts vorhanden und dürfte sich zwischen den vorletzten östlichen Pfeilern (Abb. 1) befunden haben. Die Chorapsis war vom Laienraum durch eine Türe im Lettner zu erreichen. Auf ihm hatte der Prediger seinen Platz.[8] Vor dem Lettner befand sich der Kreuzaltar *(iuxta ianuam sub loco ubi sermo fieri solet).* Die Notiz von seiner Neuerrichtung *(de novo constructum)* und Konsekration (1349) auf den Titel des hl. Kreuzes[9] läßt erwarten, daß er schon vorher an dieser oder einer benachbarten Stelle (Apsis?) gestanden hat und daß die neue Weihe mit einer baulichen Veränderung an der Kirche zusammenhing. Es stellt sich die Frage, ob diese die erwähnte Vergrößerung des Chorraumes durch die gestelzte Apsis war;[10] sie wiederum könnte durch Vermehrung des pfarrkirchlichen Klerus und dessen gemeinsames Chorgebet notwendig geworden sein und zur Trennung des Klerikerchores vom Laienraum durch den Lettner geführt haben; ein solcher wurde seit dem 12./13. Jahrhundert allgemein üblich. Eine sichere Antwort ist allerdings nur möglich, wenn sich die Verlängerung der Apsis datieren ließe.

Außer dem Kreuzaltar gab es in der romanischen Kolumbakirche weitere Altäre. Mehrere Ursachen haben seit dem Frühmittelalter zur Vermehrung der Altäre geführt: Reliquientranslationen, die Zunahme von Privatmessen (Votiv-, Fürbitt- und Totenmessen), nicht zuletzt die allegorische Interpretation des Kirchengebäudes. Sie führte zu einer bestimmten Ordnung der den Mysterien oder

---

[6] Vgl. KD 6/IV, 202.

[7] Keussen, Topographie, I, 300.

[8] Ebd.

[9] AEK, Kol. A I 30. Zum Ort des mittelalterlichen Kreuzaltars vgl. Joseph Braun, Der christliche Altar in seiner geschichtlichen Entwicklung, 2. Bde (München 1924), hier I, 401–40.

[10] S. oben S. 45.

den Heiligen geweihten Altäre. Die wichtigsten Altäre hatten ihren Platz in der Mittelachse des Gotteshauses. Flankierende Altäre wurden gewöhnlich nach dem Rang ihrer Patrozinien angeordnet; so wurden z. B. Maria und Johannes der Täufer gern zum Hauptaltar in Beziehung gesetzt, der den Erlöser repräsentierte. Diese Ordnung entspricht dem bekannten Bildschema der Deesis. Wir finden aber auch andere Zuordnungen, etwa Petrus und die übrigen Apostel oder Heilige, die in einer besonderen Beziehung zur betreffenden Kirche standen.[11]

Während des 12. Jahrhunderts löste sich diese Vorstellung vom Kirchenbau als dem himmlischen Jerusalem allmählich auf.[12] Aber ihre Nachklänge sind noch feststellbar. Vielleicht ist in der dreischiffigen Kolumbakirche mit ihren Apsiden der Kreuzaltar noch von einem Marienaltar und einem Johannes-Baptist-Altar flankiert worden. Aber im 14. Jahrhundert, da wir erstmals von einem Kreuzaltar hören, gab es für den Marienaltar bereits eine eigene *große Kapelle* im unteren (westlichen?) Teil der Kirche[13] – *inferius in maiori capella.* Ein Johannesaltar wird zwar schon Ende des 12. Jahrhunderts erwähnt, war aber wohl dem Evangelisten, nicht dem Täufer gewidmet.[14] Ein Patrozinienwechsel liegt hier durchaus im Bereich des Möglichen; er ist auch anderswo um diese Zeit bezeugt. Der Kult des Lieblingsjüngers Jesu breitete sich in Deutschland seit Mitte des 12. Jahrhunderts aus.[15]

Bei der Neuweihe des Kreuzaltars (1349) wurden die Apostelfürsten Petrus und Paulus als Nebenpatrone genannt[16], vielleicht der Nachklang einer älteren Altarordnung. Überraschend ist der hl. Jodokus als dritter Nebenpatron; sein Name geht womöglich auf eine Reliquie im Altarsepulcrum zurück. Der Kult dieses nordfranzösischen Pilger- und Siechenpatrons († 669) kam schon im 9. Jahrhundert nach Prüm, war aber sonst im Rheinland wenig verbreitet; lediglich in Walberberg gab es bereits Mitte des 11. Jahrhunderts eine Jodokuskapelle.[17] Es ist jedoch bemerkenswert, daß die Kölner Pfarrkirche Klein St. Martin 1358 Jodokus-Reliquien erhielt.[18]

Noch überraschender ist die Tatsache, daß der Marienaltar in der *großen Kapelle* ebenfalls Petrus, Paulus und Jodokus als Nebenpatrone hatte.[19] Über die Zusammenhänge läßt sich nur spekulieren. Jedenfalls geht die Annahme, der Titel des

---

[11] Vgl. Günter Bandmann, Früh- und hochmittelalterliche Altaranordnung als Darstellung, in: Das Erste Jahrtausend. Kultur und Kunst im werdenden Abendland an Rhein und Ruhr, 2 Textbände, 1 Tafelband (Düsseldorf 1962/64), hier I, 371–411, bes. 394 f., 397 ff., 406 f.

[12] Ebd., 411.

[13] Vgl. AEK, Kol. A I 39, Urkunde vom 10.8.1386.

[14] Vgl. Anm. 22 und unten S. 320 f.

[15] Vgl. unten S. 201 (Johannes Evangelist als Nebenpatron des barocken Katharinenaltars); zum Patronzinienwechsel vgl. Dorn, Patrozinienforschung, 235.

[16] Wie oben Anm. 9. Zu den Altar-Nebenpatronen vgl. Braun, Altar I, 727 ff.)

[17] Vgl. Jost Trier, Der hl. Jodokus, sein Leben und seine Verehrung, zugleich ein Beitrag zur Geschichte der deutschen Namengebung (Breslau 1924), 160 f., 233 f.

[18] Vgl. Anton Heuser, Das Testament des Heinrich von Hirtz gen. von der Landskron, in: AHVN 20 (1869), 70–95, hier 79 f.

[19] Wie Anm. 13.

Abb. 8 Taufbecken des 11. Jahrhunderts in St. Kolumba

Kreuzaltars sei durch das Marienpatrozinium abgelöst worden,[20] in die Irre; Kreuzaltar und Marienaltar waren zwei verschiedene Altäre; der Kreuztitel blieb dem in der Mittelachse der Kirche stehenden Altar bis 1704 erhalten.[21]

In der romanischen Kolumbakirche ist Ende des 12. Jahrhunderts auch ein Katharinenaltar bezeugt; dies geht – wie beim Johannes-Evangelist-Altar – aus Inschrifttafeln vom Ende des 12. Jahrhunderts hervor, die später in die Chorwände der spätgotischen Kirche eingelassen wurden.[22] Die Verehrung der hl. Katharina, einer alexandrinischen Martyrin des 4. Jahrhunderts, wurde von Kreuzzugsteilnehmern im Abendland bekanntgemacht und breitete sich ebenfalls im 12. Jahrhundert in Deutschland aus.[23]

Vielleicht hat es damals auch schon einen Nikolausaltar in St. Kolumba gegeben. Die Nikolausverehrung erhielt – ebenfalls durch die Kreuzfahrer – seit dem 13. Jahrhundert eine zweite Blüte im Abendland. Der Heilige galt nicht nur als Beschützer der Seefahrer, sondern wurde als Anwalt der Redlichkeit und Treue auch Schutzherr der Kaufleute,[24] so daß seine Verehrung in der Handelsstadt Köln durchaus ihren Platz hatte. Bezeugt ist der Nikolausaltar in St. Kolumba allerdings erst im Jahr 1503.[25]

Baptisterium und Friedhof

Taufbecken und Friedhof sind augenfällige Zeichen einer mittelalterlichen Pfarrkirche. – Leider wissen wir nicht, an welcher Stelle sich das Baptisterium der romanischen Kolumbakirche befunden hat. Immerhin können wir das 1837 beim Bau der Pfarrschule von St. Kolumba ausgegrabene und heute im Schnütgen-Museum befindliche Taufbecken mit großer Wahrscheinlichkeit dieser Kirche zuschreiben.[26] Die aus Kalkstein gehauene, kreisförmige Taufschale war „mit vier am Rande vortretenden glotzäugigen Köpfen und phantastischen Ungeheuern in flachem Relief an der Wandung" geschmückt. Sie gehört zu den im Maasraum hergestellten Taufsteinen, die vielfach im Niederrheingebiet anzutreffen sind. Das Kolumba-Baptiste-

[20] So Angela Kulenkampff, Der Dreikönigsaltar (Columba-Altar) des Rogier van der Weyden. Zur Frage seines ursprünglichen Standortes und des Stifters, in: AHVN 192/193 (1990), 9–46, hier 36.

[21] Vgl. unten S. 203.

[22] Die Inschriften wurden veröffentlicht in KD 6/IV, 218; Verbesserungen bei Wilhelm Wilbrand, Die Inschriften der Kölner Kirche St. Kolumba, in: Kölner Kirchenzeitung vom 20.11.1938, siehe auch S. 319.

[23] Vgl. Karl Künstle, Ikonographie der Heiligen (Freiburg 1926), 370.

[24] Vgl. Karl Meisen, Nikolauskult und Nikolausbrauch im Abendland (Düsseldorf 1931), bes. 380 f.

[25] AEK, Kol. A I 148.

[26] Vgl. Friedrich Everhard von Mering – Ludwig Reischert, Die Bischöfe und Erzbischöfe von Köln nebst Geschichte ... der Kirchen ... der Stadt Köln ..., 2 Bde (Köln 1844), hier I, 436 f. Führer durch das städtische WRM (1902) II, 36 Nr. 1.

rium wird in das 13. Jahrhundert datiert.[27] Die mittelalterliche Begräbnisstätte lag in der Regel unmittelbar bei der Kirche *(Kirchhof)*. Als Bestattungsplatz war das Kirchengrundstück von St. Kolumba wegen der unmittelbar anschließenden starken Bebauung denkbar ungeeignet. Für Beisetzungen blieb nur ein schmaler Streifen übrig, der sich rund um das Gotteshaus herumzog und auch hier noch durch Wohnhäuser eingeengt war; nordwestlich des Chores der romanischen Kirche war es das Pfarrhaus, südöstlich das Haus Wesele, im Südwesten der Kirche das kleine Haus Schulin und das Haus zur Lucht.[28] Gegen Straße und Nachbarschaft war der kleine Gottesacker durch ein eisernes Gitter, das *Kircheisen (ferrum coemeterii)* abgegrenzt.[29] Eine gewisse Erleichterung brachte 1170 eine Grundstücksschenkung durch Hadewigis und Petrissa de Hane; der Platz lag nordöstlich der Kirche an der Bursgasse und unmittelbar neben dem Geburhaus. Er sollte nach dem Willen der Geschenkgeber zunächst durch den Pfarrer genutzt werden *(ad usum plebani)*, aber bei großer Sterblichkeit und Überfüllung des Friedhofs als Begräbnisstätte für die Pfarrgenossen Verwendung finden, ausgenommen ein Stück von 7,11 x 3,47 m hinter dem Haus zum Leopard (Ecke Minoritenstraße/Kolumbakirchhofgasse).[30] Das Grundstück wird schon bald dem letztgenannten Zweck zugeführt worden sein.

Später wurde es als *Kleiner Friedhof* bezeichnet. Auf ihm befand sich (seit wann?) ein Beinhaus;[31] die Grabstellen wurden also von Zeit zu Zeit neu belegt und die Gebeine aus den Vorbelegungen ins Beinhaus überführt.

Die geringe Erweiterung des Friedhofs reichte bei der größer werdenden Bevölkerungszahl natürlich nicht. Es blieb nichts anderes übrig, als auch das Gotteshaus selbst für Beerdigungen freizugeben, obwohl die kirchlichen Bestimmungen Bestattungen im Gotteshaus nur Klerikern, allenfalls um die Kirche verdienten Laien gestatteten. Als St. Kolumba um ein viertes Kirchenschiff vergrößert wurde, legte man unter diesem einen Totenkeller an, der von der Brückenstraße aus zugänglich war. Bei der Fundamentierung des spätgotischen Neubaus mußte er wieder aufgegeben werden.[32]

Das Pfarrhaus

Von Bedeutung war für die Pfarrkirche die Präsenz der Seelsorger; sie war gegeben durch die nahebei gelegene Pastorat, auch *Wedemhof* genannt, eine Bezeichnung,

[27] Mering – Reischert datieren schon ins 9./10. Jahrhundert. Vgl. KD 6/IV, 210 und Walther Zimmermann, Romanische Taufsteine am Niederrhein, in: AHVN 155/156 (1954) 472–500, hier 480–483, 496.
[28] Vgl. Greving, Steuerlisten, 137 ff.
[29] Vgl. ebd., 42 f., 146.
[30] Vgl. ebd., 139.
[31] Vgl. ebd., 139.
[32] Vgl. Seiler, Ausgrabungen, 108, 110 f.

die vielerorts gebräuchlich war.[33] Das erste Pfarrhaus, von dem wir durch Ausgrabungen Kenntnis haben, lag an der Nordost-Seite der Kirche und war hier im Zusammenhang mit dem Umbau des dreischiffigen Gotteshauses in der ersten Hälfte des 12. Jahrhunderts errichtet worden.[34] Spätestens nach 100 Jahren, beim letzten Umbau der romanischen Kirche, soll dieses Pfarrhaus ganz oder zum Teil abgerissen worden sein, weil es einem Treppenturm im Wege gestanden habe, der den Zugang zu den Emporen der Kirche vermittelte.[35] Nach dem noch zu nennenden Inventarverzeichnis von 1410 scheint es sich um einen Teilabriß gehandelt zu haben; der Verlust wurde durch einen neu angefügten Bauteil ausgeglichen.[36] Anscheinend hat diese Pastorat bis nach Mitte des 15. Jahrhunderts ihren Zweck erfüllt. Eine Inschrift an diesem ältesten uns bekannten Kolumba-Pfarrhaus, die auch Gelenius kannte,[37] war zuletzt an der Rückfront der Küsterwohnung (Kolumbakirchhof 5) eingemauert und erinnerte an einen Kolumbapfarrer namens Gottfried, der offenbar für das Haus und seine Bequemlichkeit viel getan hatte *(Esto memor quicumque domo dominaris in ista Commoda contulerit tibi quae Godefridus in ipsa).*[38]

Über Anlage und Einrichtung dieser Pastorat erfahren wir beim Tode des Pfarrers Johannes Heere de Geseke (Oktober 1410), als die Testamentsvollstrecker ein genaues Inventarverzeichnis anlegten.[39] Danach war das Pfarrhaus damals kein einheitlicher Baukörper mehr, bestand vielmehr aus einem älteren und einem jüngeren Teil. An das Vorhaus schloß sich ein zweistöckiger Bau an. Im Untergeschoß war das heizbare Winterzimmer und – zum Garten hin – ein großer Wohnraum *(aula maior).* Ferner befanden sich hier die Küche, der Studier- und Schlafraum der (Priester-)Schüler *(familiares)* und die Kammer der Magd. Das Obergeschoß enthielt einen zum Friedhof hin gelegenen großen Wohnraum, das Schlafzimmer des Pfarrers und seine Studierstube sowie das Schlafzimmer des Kaplans. Außerdem gab es

---

[33] Abgeleitet von Widem, Wittum = Weihtum = Kirchenvermögen. Vgl. Pfleger, Elsässische Pfarrei, 278; Joseph Greving, Johann Ecks Pfarrbuch fr U. L. Frau in Ingolstadt. Ein Beitrag zur Kenntnis der pfarrkirchlichen Verhältnisse im 16. Jahrhundert (Münster 1908), 56. Eine andere Erklärung bei Eugen Haberkern – Joseph Friedrich Wallach, Hilfswörterbuch für Historiker (Bern-München 1964), 665.

[34] Vgl. Seiler, Ausgrabungen, 106. Die beschriebene Lage deckt sich mit der Topographie Keussens I, Tafel VIII. Die Angaben Grevings (Steuerlisten 138) und Peter Hausmanns im Liber sacellanorum scheinen einen späteren Bau im Auge zu haben.

[35] Vgl. Seiler, Ausgrabungen, 109.

[36] Vgl. unten S. 52.

[37] Gelenius, De admiranda magnitudine, 394.

[38] Vgl. KD 6/IV, 230; Greving, Steuerlisten, 138. Es gab an St. Kolumba sowohl um 1180/90 wie um 1333 einen Pfarrer mit Namen Gottfried; hier wird es sich um den späteren gehandelt haben.

[39] Veröffentlicht bei Hans Vogts, Das Kölner Wohnhaus bis zum Anfang des 19. Jahrhunderts (Köln 1914, 2. Aufl., 2 Bde, , Neuss 1966), hier 215 f., dt. Übers. 2. Aufl. II, 656 ff. Vgl. zum folgenden auch Edith Wurmbach, Das Wohnungs- und Kleidungswesen des Kölner Bürgertums um die Wende des Mittelalters (Bonn 1932).

hier einen Raum zwischen Pfarrhaus und Kirche (über der Küche?), durch den man unmittelbar in das Gotteshaus kommen konnte.

Das Mobiliar des Hauses bestand aus zahlreichen Betten mit Bettzeug, Truhen *(cista)* für Leinen und Kleidung, ferner Tischen, Bänken und Stühlen (Dreifüßen). Auffallend sind die vielen Sitzkissen, zum Teil aus Leder, zum Teil aus Stoffmaterial bestehend. Im oberen Wohnzimmer gab es eine Art Schreibschrank oder Lesepult *(studorium super quo libri poni solent)*. Die Waschgefäße, Küchen-, Eß- und Trinkgefäße waren durchweg aus Zinn, zum geringeren Teil aus Kupfer. Kostbarere Stücke wie zehn silberne Tassen oder Schalen, ein silberner Krug, zwölf silberne Löffel, ein kleines *crusibulum* (crucibulum? Reliquiar?) aus Silber und fünf goldene Ringe wurden nebst einem Geldbetrag im Schlafzimmer des Pfarrers aufbewahrt. In seinem Studierzimmer (ebenfalls *studorium* genannt) fanden die Testamentsvollstrecker einen Schrank mit 23 Büchern teils auf Pergament, teils auf Papier geschrieben; es waren theologische Schulbücher, biblische und liturgische Texte, Bücher pastoralen und kirchenrechtlichen Inhalts. Auffallend sind zwei medizinische Werke, davon eines über *Allopicia* (Haarausfall).

Der Beleuchtung dienten Standleuchter für Öllichter; im oberen Wohnzimmer gab es einen Hängeleuchter: ein Hirschgeweih mit einem Leuchterweibchen *(cornu cervicium cum imagine virginea compositum)*. Feuerstellen befanden sich anscheinend nur in der Küche und im Winterzimmer. Ob die beiden Teppiche *(tapetae)* im unteren Wohnzimmer den Boden bedeckten oder an den Wänden hingen, muß offenbleiben. Der einzige Spiegel im Hause hing im Studierzimmer des Pfarrers.

Die Einrichtung des Pfarrhauses entsprach der damals üblichen Ausstattung eines Bürgerhauses;[40] mit dem hundert Jahre später berichteten Interieur von Wohnhäusern wohlhabender Kölner Bürger konnte sich das Kolumbapfarrhaus vom Anfang des 15. Jahrhunderts nicht messen.[41] Bei Beurteilung des Umfangs der Hausbibliothek des Pfarrers ist zu bedenken, daß der Buchdruck noch nicht erfunden war. Der Inhalt der Bücher war von den Bedürfnissen des Seelsorgers bestimmt.[42] Kleidung war übrigens reichlich vorhanden. Es fanden sich sechs Tabbarde, d. h. Oberbekleidungen, die vom Hals bis zu den Knien lose herabfielen, seitlich aufgeschlitzt und manchmal durch einen Gürtel abgeteilt waren. Die Gewänder im Kolumbapfarrhaus waren von schwarzer, blauer oder grauer Farbe und teils mit Fellen, teils mit Tuch gefüttert. Das beste Stück war wohl ein Tabbard aus englischem Tuch. Ferner fanden sich zwei schwarze *cappae* (Mantel oder Kopfbedekkung?), ein schwarzer und ein blauer Rock *(toga)*, ein Chorfell *(choripelliceus)* und

---

[40] Vgl. die Inventaraufnahme in einem Kanonikerhaus an St. Georg aus dem Jahre 1451 bei Vogts, Wohnhaus II, 659 ff.

[41] Vgl. Hermann Cardauns, Ein Kölner Bürgerhaus im 16. Jahrhundert, in: AHVN 41 (1884), 109–141; Wilhelm Kohl, Inventar eines Kölner Hauses [Haus Drimborn auf der Brückenstraße] aus dem Jahre 1519, in: JKGV 31/32 (1957), 165–183; Hans Vogts, Das Haus Groenendal auf der Brückenstraße, in: JKGV 38/39 (1963/65), 51–72.

[42] Vgl. Friedrich Wilhelm Oediger, Über die Bildung der Geistlichen im späten Mittelalter (Leiden-Köln 1953), 121–131.

ein großer schwarzer Kapuzenmantel (gegen Regen?) mit schwarzem Schaffell gefüttert. Während das Chorfell offensichtlich eine Kirchenkleidung war, bediente sich der Kolumbapfarrer im übrigen der Kleidung wohlhabender Bürger.

8. Das Pfarrerwahlrecht der Gemeinde

Der Bau der Kolumbakirche im 13. Jahrhundert wird sehr kostenaufwendig gewesen sein und den Pfarrangehörigen hohe Beiträge abgefordert haben. Darauf dürfte ihr Verlangen nach einem Mitspracherecht bei Besetzung der Pfarrstelle beruht haben, das sie gegenüber dem Erzbischof bzw. seinem Archidiakon geltend gemacht haben.

Es wurde bereits erwähnt, daß die Pfarrkirche St. Kolumba aus einer Filialkapelle der Domkirche hervorgegangen ist und ursprünglich von einem Domgeistlichen betreut wurde.[1] Auf Grund dieser Abhängigkeit und der Lage auf bischöflichem Grund und Boden *(ratione fundi)* war St. Kolumba eine Eigenkirche des Domstifts. Deshalb wurde deren Seelsorger auch später, nachdem St. Kolumba Sitz einer selbständigen Pfarrei geworden war, vom Dompropst als dem Vorsteher des Domstifts ernannt.[2]

Es entsprach mittelalterlicher Anschauung, daß der Besitzer – ob Geistlicher oder Laie – einer von ihm oder auf seinem Grund und Boden errichteten Kirche über diese, ihre Einkünfte und ihren Geistlichen verfügen konnte, daß er allerdings auch für die Baulast und den Unterhalt des Priesters aufzukommen hatte. Die gregorianische Reformbewegung des 11. Jahrhunderts bekämpfte dieses sogenannte Eigenkirchenwesen und verlangte, daß kirchliche Ämter nur von der Kirche verliehen werden dürften. Sie mußte sich aber mit einem Kompromiß zufrieden geben: Der Besitzer oder Erbauer einer Kirche durfte zwar – nunmehr als Patron – einen Geistlichen für dieses Gotteshaus präsentieren (Präsentationsrecht), aber die Investitur, d. h. die Verleihung der geistlichen Vollmachten, sollte nur der kirchlichen Autorität zukommen. Den geistlichen Besitzern einer Eigenkirche (Stifte, Klöster) wurde ihr bisheriges Recht unter dem Titel der Inkorporation belassen. So blieb auch dem Dompropst die Ernennung des Kolumbapfarrers erhalten.[3]

Im Verhältnis zwischen Dompropst und Kolumbapfarrei wurde im 13. Jahrhundert scheinbar nun der umgekehrte Prozeß in Gang gesetzt: Hier setzte sich die Bürgerschaft mit einem Präsentationsrecht auf die Pfarrstelle durch.

Die Stellung des Dompropstes hatte inzwischen an Einfluß zugenommen, insofern mit seiner Position auch die des Archidiakons für die Stadt Köln und den mittleren Bezirk des Erzbistums verbunden war. Im Kölnischen sind die Archidiakone seit Anfang des 12. Jahrhunderts geschichtlich faßbar. Es gab deren vier für die ver-

---

[1] Vgl. Hermann Keussen, Der Rotulus von St. Maria im Kapitol vom Jahre 1300, in: MittStAK 14 H. 35 (1914), 95–211, hier 140.
[2] Vgl. dazu Erich Feine, Kirchliche Rechtsgeschichte (Weimar 1950), 131–135, 136–139, 166 f.
[3] Vgl. ebd., 216 ff.

schiedenen, mehrere Dekanate umfassenden Regionen des Erzbistums. Die Archidiakone besaßen als Helfer in der kirchlichen Verwaltung delegierte ordentliche Jurisdiktion für ihren Bezirk.[4] Dazu gehörte auch das Ernennungsrecht auf Benefizien bzw. die Befugnis, den von anderen Rechtsträgern präsentierten Klerikern die geistlichen Vollmachten zu übertragen (Investitur).

Mit dem Dompropst-Archidiakon als ihrem kirchlichen Vorgesetzten hatten die Parochianen von St. Kolumba es zu tun, als sie ein Mitwirkungsrecht bei der Besetzung ihrer Pfarrstelle beanspruchten. Sie hatten dafür ein eindrucksvolles Argument; da die Zehnteinkünfte wegen der dichten Bebauung des Viertels nicht von Belang waren, trugen sie – die Parochianen – die Baulast für Pfarrkirche und Pfarrhaus; außerdem bestritten sie den Lebensunterhalt des Küsters.[5] Auf dem Hintergrund der städtischen Entwicklung, die auf eine Mitwirkung der Bürger am Stadtregiment und schließlich Freiheit vom erzbischöflichen Stadtherrn abzielte,[6] hatten die Parochianen gute Chancen für die Erfüllung ihrer Forderungen. Die Pfarrei Klein St. Martin in der Kölner Rheinvorstadt hatte – wahrscheinlich schon vor 1120 – als erste die Wahl des Pfarrers durch die Bürgerschaft durchgesetzt, und zwar gegen die Äbtissin von St. Maria im Kapitol, die ein Eigenkirchen- bzw. Patronatsrecht zu besitzen behauptete. Die Pfarrgenossen konnten sich mit dem Argument durchsetzen, daß sie auf eigene Kosten und auf kommunalem Grund und Boden die Kirche gebaut hätten.[7]

Im Jahre 1212 erreichte St. Kolumba als zweite Kölner Pfarrei das Pfarrerwahlrecht.[8] Danach wurde es noch fünf weiteren Pfarreien der Stadt zuteil. Das Verlangen der Parochianen von St. Kolumba nach einem Mitwirkungsrecht bei der Bestellung ihres Seelsorgers fiel in die Zeit, da der Neubau der Pfarrkirche geplant oder bereits im Gange war. Vermutlich war das finanzielle Engagement der Bürger beim Kirchbau der Ausgangspunkt. Die Abmachung von 1212 wurde zwischen dem Dompropst-Archidiakon und den Amtleuten *(officiales)* von St. Kolumba ausgehandelt. Partner des Dompropst-Archidiakons waren also die Vertreter der bürgerlichen Sondergemeinde St. Kolumba. Das Abkommen war nicht ohne vorhergehenden Streit zustande gekommen. Wahrscheinlich hatte sich der Archidiakon gewei-

---

[4] Vgl. ebd., 303, ferner Franz Gescher, Der Kölnische Dekanat und Archidiakonat in ihrer Entstehung und ersten Entwicklung. Ein Beitrag zur Verfassungsgeschichte der deutschen Kirche im Mittelalter (Stuttgart 1919), 39–45, 163–179, 180–187.

[5] Vgl. Greving, Statut der Amtleute, 80; Karl Heinrich Schaefer, Zur Entwicklung von Namen und Beruf des Küsters, in: AHVN 74 (1902), 163-169, hier 175.

[6] Vgl. oben S. 40 f.

[7] Vgl. Keussen, Rotulus. Vgl. Dietrich Kurze, Pfarrerwahlen im Mittelalter. Ein Beitrag zur Geschichte der Gemeinde und des Niederkirchenwesens (Köln-Graz 1966), 348–351; Eduard Hegel, Das mittelalterliche Pfarrsystem in Köln, 8 f.

[8] Vergleich zwischen Dompropst Engelbert und den Offizialen von St. Kolumba über die Wahl des Pfarrers, in: AEK, Kol. A I 7; Ordinatio de modo conferendi ecclesiam S. Columbae, in: Leonhard Korth, Liber privilegiorum maioris ecclesiae Coloniensis. Das älteste Kartular des Kölner Domstifts, in: WestdZsGeschuKunst, Ergänzungsheft 3 (Trier 1886) 103–272, hier 207 ff.

gert, auf sein Recht zu verzichten. Vielleicht hatten auch die Gemeindevertreter den Bogen überspannt, indem sie ein unbeschränktes Wahlrecht verlangten. Der Vergleich von 1212 gewährte nur ein beschränktes Wahlrecht. Es bestimmte im einzelnen: Bei Vakanz der Pfarrstelle hat der Dompropst-Archidiakon künftig den Parochianen von St. Kolumba drei Priester zu benennen, aus denen diese einen als Pfarrer präsentieren und den der Archidiakon dann zu investieren hat. Falls der Dreiervorschlag des Archidiakons nicht die Zustimmung der Pfarrgenossen erhält, haben diese das Recht, ihrerseits drei Kandidaten vorzuschlagen, aus denen dann der Archidiakon einen zum Pfarrer ernennt. Findet auch dieser Vorschlag keine Gnade, so sind Vermittlungsgespräche zwischen je einem Abgeordneten der beiden Parteien vorgesehen; das Domkapitel entsendet dazu aus seinen Reihen einen Dignitär, die Gemeinde einen besonnenen Mann *(virum discretum);* von ihnen erwartet man, daß sie sich auf einen der sechs ins Spiel gebrachten Kandidaten einigen. Falls eine Einigung nicht zustande kommt, ist als letztes ein minuziös ausgearbeitetes Losverfahren vorgesehen.

Die Abmachungen von 1212 lassen durch ihre kasuistische Kompliziertheit erkennen, daß sich die Verhandlungspartner mit großem Mißtrauen gegenübergestanden hatten und bestrebt waren, keinem von ihnen einen Vorteil gegenüber dem andern einzuräumen. Im Ergebnis halten sich denn auch die beiderseitigen Rechte genau die Waage.[9] Das Ringen um den maßgebenden Einfluß auf die Pfarrerwahl war durch diesen Kompromiß nicht beendet; es ging weiter. Zunächst versuchte der Archidiakon, sein früheres Ernennungsrecht wiederzuerlangen. Ein Streit im Jahre 1231 konnte noch nach den Normen des Abkommens beigelegt werden.[10] Dagegen setzte sich der Archidiakon in den Jahren 1302 und 1333 mit dem von ihm ernannten Kandidaten durch, mußte allerdings den Pfarrgenossen versichern, daß mit dieser Ad-hoc-Entscheidung den Rechten der Parochianen kein Eintrag geschehen solle.[11] Kirchenrechtliche und kommunalpolitische Entwicklungen ließen jedoch die Angelegenheit nicht ruhen.

Im Laufe des 14. Jahrhunderts war das Wahlrecht durch die aufgekommenen päpstlichen Reservationen und die Befreiungen des Pfarrers von der Residenzpflicht mehrfach durchlöchert worden. Die Päpste hatten sich in genau umschriebenen Fällen in der gesamten Kirche ein Stellenbesetzungsrecht vorbehalten, das oft zur Finanzierung der kurialen Mitarbeiter in Rom oder anderswo genutzt wurde. Auf diese Weise erhielt 1397 ein römischer Kardinal die Kolumbapfarrei.[12] Ein ande-

[9] Vgl. dazu auch Kurze, Pfarrerwahlen, 352 ff.

[10] AEK, Kol. A I 8.

[11] Zu 1302 vgl. Korth, Kartular, 272; vgl. Übereinkunft zwischen Dompropst-Archidiakon Heinrich von Virneburg und den Amtleuten von St. Kolumba bei Helga Johag, Die Beziehungen zwischen Klerus und Bürgerschaft zwischen 1250 und 1350 (Bonn 1977), 206 f.; zu 1333 vgl. AEK, Kol. A I 18.

[12] Vgl. Entscheid des Papstes Bonifaz IX. vom 6.6.1397, in: Heinrich Volbert Sauerland, Urkunden und Regesten zur Geschichte der Rheinlande aus dem Vatikanischen Archiv, 7 Bde (Bonn 1902/13), hier VI Nr. 965.

rer Kolumbapfarrer, Rutger van Dyck, Skriptor und Mitglied der päpstlichen Familie, besaß nicht einmal die Priesterweihe.[13] Die solcherart Bepfründeten waren von der Residenzpflicht befreit, hatten dann allerdings einen örtlichen Vertreter zu stellen und zu besolden.[14] Die zwischen 1292 und 1295 nachweisbaren *Winandus sacerdos officians ecclesiam Sanctae Columbae* und *Lodovicus presbyter vices gerens plebani* waren solche Stellvertreter.[15] Diese Praxis machte vor allem der Seelsorge schwer zu schaffen. Die Pfarrgenossen von St. Kolumba beschwerten sich aus gegebenem Anlaß beim Papst, daß sie oftmals unter Umgehung ihres Wahlrechts ganz fremde Pfarrer erhalten hätten, die keine Residenz hielten und die Seelsorge durch verschiedene, den Bürgern nicht genehme Mietlinge *(mercenarii)* ausüben ließen.[16]

Diese Mißbräuche im kirchlichen Benefizialwesen und andererseits die politische Entwicklung in der Stadt Köln machten eine genauere Festlegung des Pfarrerwahlrechts notwendig. Der Archidiakon hatte seinen Einfluß auf die Bestimmung des Kandidaten offenbar inzwischen verloren. Es hatte sich aber auch gezeigt, daß bei den Wahlversammlungen der Parochianen eine „ziemlich konstante Oberschicht bestimmter immer wieder genannter Familien" die entscheidende Rolle spielte.[17] Es war ein Kreis von Familien, die sich als *Geschlechter* bezeichneten und auch im Stadtregiment die Führungspositionen innehatten. Der Sturz der Geschlechterherrschaft (1396) führte dann zu einer neuen Stadtverfassung (Verbundbrief), welche die Richerzeche abschaffte und den Rat den Vertretern der 22 Gaffeln öffnete; die städtische Gesellschaft sollte nicht nach dem Vermögen, sondern nach Berufsständen repräsentiert werden. Die neue Verfassung schuf außerdem eine Art Kontrollorgan, die sogenannten Vierundvierziger – je zwei Vertreter, die aus den 22 Gaffeln gewählt wurden; sie mußten bei wichtigen Entscheidungen zugezogen werden.[18]

Auf dem Hintergrund dieser städtischen Verfassungsentwicklung ist die Präzisierung der Kölner Pfarrerwahlen zu sehen, wie sie für St. Kolumba in den Bullen Papst Martins V. vom 28. Mai 1425 und 7. Juni 1429 vorgenommen wurde.[19] Auch hier sollte anscheinend der Einfluß bestimmter Familien oder Gruppen beseitigt und der Wahlvorgang in eine überschaubare Form gebracht werden.

---

[13] Dispens vom Empfang der Priesterweihe durch P. Johannes XXIII. am 17.8.1411, in: Sauerland, Urkunden und Regesten VII Nr. 877.

[14] Viertes Laterankonzil (1215), Constitutio 32, in: Conciliorum oecumenicorum decreta Freiburg 1962), 226. Der Mißbrauch erlebte im 13. und 14. Jahrhundert seinen Höhepunkt. Vgl. auch Pfleger, Elsässische Pfarrei, 192–203.

[15] Vgl. Greving, Steuerlisten, V Anm. 3.

[16] Wiedergabe des Berichts in der Bulle von 1425 (wie Anm. 19).

[17] Vgl. Kurze, Pfarrerwahlen, 362 f.

[18] Vgl. dazu Wolfgang Herborn, Die politische Führungsschicht der Stadt Köln im Mittelalter (Bonn 1977); Klaus Militzer, Führungsschicht und Gemeinde in Köln im 14. Jahrhundert, in: Wilfried Ehbrecht (Hg.), Städtische Führungsgruppen und Gemeinde in der werdenden Neuzeit (Köln-Wien 1980), 1–24.

[19] AEK, Kol. A I 53, 56, 57.

Die päpstlichen Schriftstücke entsprachen den Beschwerden der Parochianen und dem Vorschlag des Exekutors der Bulle, des Propstes von St. Andreas[20]: Reservationen – selbst päpstliche – sollten künftig nicht mehr statthaben. Der Pfarrer von St. Kolumba solle von den Pfarrangehörigen und den *provisores ecclesiae* unter Leitung des Stiftspropstes von St. Andreas in der Weise gewählt werden, wie dies schon in anderen Pfarreien der Stadt, namentlich in St. Laurenz, geschehe. In Ausführung der Bulle bestimmte deren Exekutor, Propst Albert Rente von St. Andreas, daß nach eingetretener Vakanz seitens der Pfarrangehörigen neun angesehene und besonnene Männer *(notabiles et discreti viri)* zu wählen seien, die zusammen mit den (vier) Kirchmeistern oder Aedilen nach feierlicher Vereidigung vor dem Hochaltar der Pfarrkirche die Pfarrerwahl vorzunehmen hätten. Der Gewählte hatte sich eidlich zur Residenz zu verpflichten. Die Erteilung der Investitur, der Seelsorgevollmacht, stand wie bisher dem Dompropst-Archidiakon zu.[21] Es wird ausdrücklich bemerkt, daß durch die päpstliche Festlegung der Pfarrerwahl an St. Kolumba kein Patronatsrecht begründet werde. Damit sollte zum Ausdruck kommen, daß die Gemeinde keinen Rechtsanspruch auf die freie Pfarrerwahl habe, sondern daß der Papst eine bestehende Praxis als Privileg bestätige. Rechtsgeschichtlich ist dennoch von einer „Abspaltung" vom Eigenkirchen- oder Patronatsrecht zu sprechen.[22]

Die Bestimmungen von 1425/29 haben sich insofern bewährt, als die Besetzung der Pfarrstelle nicht mehr durch irgendwelche Reservationen gestört wurde. Anfechtungen der Pfarrerwahl durch andere Personen – 1440, 1475, 1490, 1503 – wurden zugunsten der Gewählten entschieden.[23] Dem Einfluß bestimmter Personengruppen sollte durch die Novemvirn vorgebeugt werden, die zusammen mit den Kirchmeistern die Pfarrerwahl vorzunehmen hatten. Diese neun vor jeder Pfarrerelektion von den Pfarrgenossen zu bestimmenden Wahlmänner übertrafen die Zahl der Kirchmeister um mehr als das Doppelte. Während das Vierer-Gremium der Kirchmeister sich selbst ergänzte und damit der Beeinflußbarkeit preisgegeben war, gingen die Neunmänner aus der Urwahl der Pfarrgenossen hervor. Es lag also in ihrer Hand, die Personalentscheidung in eine bestimmte Bahn zu lenken. Ob und wie weit dies geschehen ist, läßt sich nicht unmittelbar nachprüfen. Allem Anschein nach haben aber die im Kirchspiel ansässigen, politisch und wirtschaftlich führenden Männer die Entscheidung gesteuert. Darüber wird noch an anderer Stelle zu sprechen sein.

Über Namen und Persönlichkeit der Pfarrer von St. Kolumba im Mittelalter besitzen wir nur sporadische Nachrichten. Die älteste derartige Erwähnung fällt in die Jahre 1170/1190 und betrifft einen gewissen *pastor Godefridus* und dessen Vor-

---

[20] Der Propst von St. Andreas fungierte zeitweilig als Stadtdechant, ist aber seit 1316 als solcher nicht mehr erwähnt; vgl. Hegel, Pfarrsystem 16.

[21] AEK, Kol. A I 56.

[22] Vgl. Johann Dorn, Der Ursprung der Pfarreien und die Anfänge des Pfarrerwahlrechtes im mitelalterlichen Köln, in: ZRG 36 KA (1915), 112–164, hier 164.

[23] Vgl. AEK, Kol. A I 62, 96, 97, 98, 99, 149, 152, 160.

gänger namens Werner.[24] Von 1426 an liegt eine lückenlose Reihe der Pfarrer von St. Kolumba mit deren Amtsdaten vor.[25]

Die Amtsbezeichnung des Kolumbapfarrers wechselt in den Quellen zwischen *rector, pastor* und *plebanus. Pastor* ist einer der ältesten Titel für den leitenden Pfarrgeistlichen überhaupt und begegnet bereits in den karolingischen Kapitularen des 8. Jahrhunderts.[26] Besonders häufig läßt er sich bei den Kölner Pfarrgeistlichen des 12. Jahrhunderts nachweisen.[27] *Pastor* blieb im Gegensatz zu anderen Gegenden[28] auch weiterhin volkstümlich. Im 13. und 14. Jahrhundert bedienten sich die Kölner Stadtpfarrer vorzugsweise des *Plebanus*-Titels; für St. Kolumba ist er 1170 erstmals bezeugt.[29] Er wurde zunächst für den Vertreter des nicht residierenden Pfarrers, dann aber auch ohne Unterschied zu *pastor* und *rector ecclesiae* gebraucht. Während *Pastor* vorzugsweise dem ausübenden Seelsorger vorbehalten blieb, bezeichnete *rector ecclesiae* den Inhaber der Pfarrpfründe.[30] In den Quellen für St. Kolumba ist diese Amtsbezeichnung im 14. und 15. Jahrhundert nachweisbar.[31]

9. Kirchliche Vermögensverwaltung und Finanzgebarung durch die Pfarrgenossen

Die Beteiligung der Parochianen an der Wahl des Pfarrers war nicht die einzige Einbeziehung der Laien in die kirchliche Leitung. Wenn sie schon Pfarrhaus und Küsterwohnung stellten und die Baulast für die kirchlichen Bauten trugen, konnte ihnen die Verwaltung des weitgehend durch die Pfarrgenossen zustandegekommenen Kirchenvermögens nicht verweigert werden. Eine solche Beteiligung war im späten Mittelalter nicht ungewöhnlich. Sie ergab sich, als das ursprünglich einheitliche Pfarrkirchenvermögen in rechtlich selbständige Vermögensmassen aufgespalten wurde: einerseits in das Benefizial- oder Pfründegut, aus dem der Pfarrer seinen Lebensunterhalt bestritt und dessen Verwaltung ihm allein zustand, andererseits das Fabrikgut *(fabrica ecclesiae* = Kirchengebäude) oder Kirchenstiftungsgut (Wittum), das für Bau und Pflege der kirchlichen Gebäude, die Ausstattung der Kirche und ihre Geräte bestimmt war; zu dieser Vermögensmasse gehörten auch jene Geschenke und Almosen, die ohne besondere Auflage an die Pfarrkirche als solche gemacht worden waren. Das Bedürfnis, eine Vermischung oder Zweckentfremdung der verschiedenen Vermögensmassen zu verhüten, führte zur Entstehung

---

[24] Vgl. unten die Pfarrerliste S. 297.
[25] Vgl. ebd.
[26] Vgl. Schaefer, Pfarrkirche und Stift, 43 f.
[27] Vgl. ebd., 46.
[28] Z. B. im Elsaß, vgl. Pfleger, Elsässische Pfarrei, 182.
[29] Vgl. Schaefer, Pfarrkirche und Stift, 53–56; Greving, Steuerlisten, 139; Gescher, Stadtdechant, Urk. 1; Pfleger, Elsässische Pfarrei, 182 ff.
[30] Vgl. Schaefer, Pfarrkirche und Stift, 49, 58–61; Pfleger, Elsässische Pfarrei, 185 f.
[31] AEK, Kol. A I 18, 25, 54, 55, 98.

einer Treuhänderschaft über das sachlich gebundene Kirchengut. Seit dem 13. Jahrhundert übernahm in den Städten im allgemeinen der Rat diese Funktion, der sie durch Kirchenpfleger wahrnehmen ließ.[1] In Köln waren es die Sondergemeinden bzw. deren Amtleute (die Offizialen).

Nach den ältesten uns erhaltenen Statuten des Kirchspiels St. Kolumba vom Jahre 1269[2] oblag den Amtleuten neben den bereits erwähnten kommunalen Aufgaben[3] die Sorge für die Erhaltung der Pfarrkirche und des Kirchenvermögens; sie hatten außerdem die Armenpflege zu besorgen. Auch an der Aufrechterhaltung der kirchlichen Disziplin der Parochianen war die Amtleutekorporation beteiligt. Im Amtleutebuch von St. Kolumba ist in den Jahren 1330/50 festgehalten, daß *officium et parrochiani* dem Sendgericht – dem pfarrlichen Disziplinargericht – präsidierten, d. h. wohl als Sendschöffen zusammen mit dem Pfarrer als Sendrichter. Das Sendgericht fand am Freitag nach dem Sonntag *Invocavit* (dem ersten Sonntag der 40tägigen Fastenzeit) statt; der Pfarrer hatte es der Amtleutekorporation und den Parochianen vier Wochen vorher anzukündigen; wurde dies versäumt, war die Teilnahme der Sendschöffen abzulehnen; der Pfarrer hatte sich in diesem Fall vor dem Burdekan (Stadtdechant) zu verantworten.[4]

Die Kölner Synode von 1300 hatte das Verhältnis von Pfarrer und Laien in der kirchlichen Vermögensverwaltung dahingehend bestimmt, daß diese in ihrer Tätigkeit der Aufsicht des Pfarrers unterstehen sollten.[5] Die allgemein gehaltene Anordnung konnte nicht verhindern, daß es 1345 zu einer Auseinandersetzung über Anstellung und Vereidigung des Küsters kam, die zugunsten der Parochianen bzw. der Amtleute ausging.[6] Eine Streitfrage wird auch der Erklärung Papst Bonifaz IX. vorausgegangen sein, der 1393 die Gewohnheit als rechtmäßig bestätigte, daß die Kirchenpfleger oder andere dazu von den Parochianen bestellte Personen Gebühren für die Grabstätten in der Kirche und für Kirchenstühle zugunsten der Kirchenfabrik erheben dürften.[7]

Im 14. Jahrhundert ist es zur Trennung der kirchlichen und der bürgerlichen Angelegenheiten in den kommunalen Korporationen gekommen.[8] In St. Kolumba tauchen 1345 zum ersten Mal *magistri sive provisores ecclesiae,* d. h. Kirchmeister, auf.[9] Dieser Titel, gelegentlich zu *magistri fabricae* und im 17. Jahrhundert zu *Aedilen* umgewandelt, blieb den Verwaltern des Pfarrkirchenvermögens bis ins 19. Jahr-

---

[1] Vgl. Sebastian Schröcker, Die Kirchenpflegschaft. Die Verwaltung des Niederkirchenvermögens durch Laien seit dem ausgehenden Mittelalter (Paderborn 1934), 91 ff.; Feine, Kirchliche Rechtsgeschichte, 335 f., 348.

[2] Vgl. Greving, Statut, 78–87; ferner Bayerle, Schreinswesen, 357–360.

[3] Vgl. ebd., 368–377; Vgl. oben S. 44.

[4] Vgl. Buyken-Conrad, Amtleutebücher, 106.

[5] Vgl. REK III/2, 262; Giovanni Domenico Mansi, Sacrorum Conciliorum nova et amplissima Collectio, 31 Bde (Florenz-Venedig 1759/98, hier 25 (1782) p. 22 Titel 16.

[6] Vgl. AEK, Kol. A I 25–29.

[7] Vgl. Schröcker, Kirchenpflegschaft, 113.

[8] Vgl. Keussen, Topographie, I, 50* und Schröcker, Kirchenpflegschaft, 117 f.

[9] Vgl. AEK, Kol. A I 25, 29.

hundert.[10] Das Kirchmeisteramt galt übrigens auch nach der Trennung der gemeindlichen Arbeitsbereiche als kommunales Amt. Dies kam in der Tatsache zum Ausdruck, daß zur Wahl eines Kirchmeisters die Erlaubnis des Stadtrats eingeholt werden mußte, eine Verpflichtung, die bis zum Ende des 18. Jahrhunderts in Kraft blieb.[11] Auch Rechtsgeschäfte der Kirchmeister wie Erwerb oder Verkauf von kirchlichen Vermögensstücken waren an die Zustimmung des Rats gebunden.[12]

Später wurde die kirchliche Armenfürsorge einer eigenen Armenkommission vorbehalten; sie bestand aus vier Provisoren, die von den Kirchmeistern aus hervorragenden und in der Gemeinde begüterten Männern *(ex viris praecipuis in parochia possessionatis)* ausgewählt wurden.[13] Obwohl dies erst im 17. Jahrhundert bezeugt ist, müssen die Anfänge dieser Kommission bedeutend früher liegen und im Zusammenhang mit der Entstehung der Kirchmeisterkorporation gesehen werden. Denn die Tatsache, daß die Kirchmeister nur aus den Mitgliedern der Armenkommission gewählt werden durften, hat ihr Vorbild offensichtlich in der Verfassung der weltlichen Amtleutekorporation; auch diese ergänzte sich selbst aus einem Kreis von Anwärtern und wählte nur aus diesen die diensttuenden Amtsträger.[14] Im Unterschied zu der mitgliederstarken Amtleutekorporation bestand das Kirchmeistergremium nur aus vier Mitgliedern, so daß diese kein eigenes Exekutivorgan zu küren brauchten.

Die finanziellen Quellen, aus denen die Verpflichtungen durch die Kirchmeister bestritten wurden, waren die Einnahmen aus Grundvermögen, Mieten und Pächten sowie Zinsen von angelegten oder ausgeliehenen Kapitalien. Reichten diese Einnahmen nicht aus zur Deckung des Etats, so mußte das notwendige Geld durch eine allgemeine Besteuerung der Pfarreingesessenen aufgebracht werden.[15] Diese Kirchensteuer wurde den Pfarrangehörigen je nach Bedarf von den Amtleuten ohne Mitwirkung des Pfarrers auferlegt. Die Erträge der Steuer wurden an das Kirchspiel abgeliefert. Die Steuer konnte auch durch Arbeit für die Kirche abgegolten werden; aus der Steuerrolle von 1286 geht hervor, daß ein gewisser Heindricus aus der Schildergasse seiner Veranlagung von 6 Denaren durch Arbeit an Engelsfiguren der Kirche entsprochen habe *(paravit angelos in ecclesia)*.[16]

Kirchliche und gemeindliche Gebäude – Pfarrkirche, Pastorat, Kirchhof, Margaretenkapelle, wie das in der Pfarrei gelegene Kloster der Minoriten, die Frauenklöster Mariengarten und St. Gertrud sowie das Geburhaus – unterlagen nicht der Besteuerung,[17] wohl dagegen die Beginenhäuser, die nicht als Klöster angesehen

---

[10] Vgl. ebd., A I 62, 87; ebd. B 1 IV, 19. – Den Aedilen im alten Rom war seit 367 v. Chr. die Sorge für die öffentlichen Gebäude übertragen; vgl. Schröcker, Kirchenpflegschaft, 196.
[11] Vgl. Schröcker, ebd., 96 und unten S. 173.
[12] Vgl. Schröcker, ebd., 96 f.
[13] Vgl. AEK, Kol: NC 21.
[14] Vgl. Buyken-Conrad, Amtleutebücher 10*–17* und oben S. 42 f.
[15] Vgl. Greving, Steuerlisten.
[16] Vgl. ebd., 12, ebd. VI.
[17] Vgl. ebd., XVIII f., XXXII.

wurden.[18] Die Höhe der Steuer richtete sich nach dem Ertrag der Grundstücke oder der auf dem Grundstück befindlichen Gebäude, gleichgültig ob diese Wohn- oder gewerblichen Zwecken dienten; aber auch Hofstätten und Obstgärten wurden entsprechend besteuert.[19] Die Steuer wurde dem Eigentümer, zutreffendenfalls auch dem Pächter auferlegt.[20]

10. Armutsbewegung und Mystik

Die Entstehung neuer kirchlicher Gemeinschaften

Das dreizehnte Jahrhundert, in dem die Kolumbapfarrei durch den Bau eines größeren Gotteshauses und durch die Gewährung des Pfarrerwahlrechtes ein verstärktes Ansehen erhalten hatte, brachte auch neue geistliche Antriebe ins kirchliche Leben. Es war vor allem die Armutsbewegung, die im 12. und 13. Jahrhundert weite Kleriker- und Laienkreise erfaßt hatte. Ihr Ziel war die Lebensgestaltung nach dem einfachen Leben Christi und der Apostel *(Vita apostolica).* Durch freiwillige Armut und schlichte Predigt des Evangeliums sollten die Menschen für die *Nachfolge des armen und nackten Christus* geöffnet werden. Nicht im Rückzug aus der Welt wollten die *pauperes Christi* ihr Streben umsetzen, sondern durch Wirken i n der Welt und a u f die Welt.[1] Die Armutsbewegung war eine zutiefst religiöse, nicht etwa eine sozialrevolutionäre Bewegung; die Liebe *zu* den Armen ergab sich von selbst aus der *Imitatio Christi.* Die einzige gesellschaftliche Komponente der Armutsbewegung war die Tatsache, daß sie hauptsächlich von begüterten Schichten der Bevölkerung getragen wurde und als deren Warnung vor den sittlichen Gefahren des Reichtums und des wirtschaftlichen Fortschritts verstanden werden konnte; es genügt, auf den Kaufmannssohn Franz von Assisi und die Fürstengattin Elisabeth von Thüringen hinzuweisen.[2] Besonders auffällig war der starke Anteil der Frauen an der Bewegung. Auch dieses Phänomen ist nicht nur aus der Situation des Frauenüberschusses der damaligen Zeit zu erklären; vielmehr drängten Frauen aller Stände nach aktivem Anteil am religiösen Leben.[3]

Die Begeisterung für ein hohes Ideal löst nicht selten Übertreibungen aus. Wenn theologisch nicht gebildete Laien als Prediger auftraten, so war dies nicht nur ungewöhnlich, sondern barg auch die Gefahr einer falschen Interpretation der kirchlichen Glaubensaussagen in sich. Auch die in einigen Kreisen gepflegte und erstmals in der Volkssprache vorgetragene mystische Theologie konnte von weniger Gebildeten leicht mißverstanden werden. Während die Scholastik auf verstandesmäßi-

---

[18] Vgl. ebd., VIII. Zu den Klöstern und Beginenhäusern s. unten S. 64–84.
[19] Vgl. ebd., XVIII.
[20] Vgl. ebd., XXII f.

[1] Vgl. hierzu und zum folgenden Herbert Grundmann, Religiöse Bewegungen des Mittelalters (Berlin 1935, ND Darmstadt 1961), bes. 49 f.
[2] Vgl. Grundmann, Religiöse Bewegungen, 194, 197, 521.
[3] Vgl. Grundmann, Religiöse Bewegungen, 188, 192, 522 f.; Edith Ennen, Frauen im Mittelalter (München 1984), 110–113.

gem Wege zu tieferem Verständnis der Offenbarungswahrheiten zu führen versuchte, lehrte die Mystik den Frommen, die Erkenntnis der göttlichen Mysterien durch die Liebe zu Gott zu finden; das geistliche Leben sollte zu wachsender Vereinigung mit Gott führen. Die Zurückhaltung der kirchlichen Autorität gegenüber der neuen religiösen Bewegung und ihren Frömmigkeitsformen oder gar deren Verdächtigung als Ketzerei waren daher nicht überraschend. Der spektakulärste Fall in Köln war die Verurteilung von Aussagen des bekannten Magisters Eckehart durch Erzbischof und Papst (1326/29).[4]

Die maßgebenden kirchlichen Autoritäten waren jedoch daran interessiert, die ohne Zweifel positiven Impulse der religiösen Bewegung der Zeit für die Kirche zu erhalten; es kam darauf an, sie in dauerhafte und sichere Bahnen zu lenken. Sie haben daher die Bildung von verfaßten geistlichen Orden gefördert, welche die Anliegen der Armutsbewegung in konkrete Zielvorstellungen und Regeln ihrer jeweiligen Gemeinschaft einbrachten. Es galt vor allem, das klösterliche Leben aus seiner Einbindung in das feudale Wirtschaftssystem zu befreien und es in seiner religiösen und seelsorgerischen Wirksamkeit nach außen zu öffnen. Ihren Höhepunkt erreichte diese Entwicklung in den sogenannten Bettelorden der Minoriten und Dominikaner.[5]

Die Bettelorden

Nicht nur das einzelne Ordensmitglied sollte besitzlos sein, sondern auch die Gemeinschaft; das zum Leben Notwendige sollte u. U. erbettelt werden. Sogar der Besitz von Eigenkirchen und die Übernahme von Pfarreien wurden von den Bettelorden abgelehnt. Der Zusammenschluß mehrerer Klöster zu einem Verband, der seine regelmäßigen Versammlungen (General- und Provinzialkapitel) hatte und Visitationen der Einzelklöster durchführte, würde – so meinte man – das Einhalten der Ordensregel besser garantieren, als es einer autonomen Abtei möglich sei; man versprach sich von einem Klosterverband zudem einen personellen und wirtschaftlichen Ausgleich. *Stabilitas loci* gab es bei den Bettelorden nicht mehr, und die Klausur wurde insofern eingeschränkt, als der Ordensmann sein Kloster zur Ausübung der Seelsorge und Predigt verlassen konnte. Wegen dieser Tätigkeit siedelte man die Klöster nicht mehr in der Einsamkeit an, sondern mitten in der Stadt. Die Päpste haben die neuen Orden lebhaft unterstützt, sie aus der Jurisdiktion des Ortsbischofs herausgenommen *(Exemtion)* und ihnen das Privileg erteilt, in ihren Kirchen zu predigen, die Sakramente zu spenden und zu beerdigen.

Die Orden, die Franz von Assisi und Dominikus ins Leben riefen, wurden zum Modell für andere hochmittelalterliche Gründungen. Die meisten Bettelorden gliederten sich auch einen weiblichen Zweig an. So stiftete der hl. Franz zusammen mit Klara von Assisi schon 1212 einen Zweiten Orden für Frauen, Dominikus ebenso

---

[4] Vgl. Peter Dinzelbacher, Mystik, in: LMA VI, 982–988; ferner Winfried Trusen, Der Prozeß gegen Meister Eckhart. Vorgeschichte, Verlauf und Folgen (Paderborn 1988).

[5] Vgl. Kaspar Elm, Bettelorden, in: LMA 1, 2088–2093.

1217. Beide waren kontemplative Gemeinschaften mit voller Klausur und strenger Fastenpraxis. Sie sollten es Frauen ermöglichen, ein der Regel der Minoriten bzw. der Dominikaner entsprechendes religiöses Leben zu führen und die Tätigkeit des männlichen Ordens durch Gebet und Askese zu unterstützen. Besitzlosigkeit der Gemeinschaft und Bettel waren für die neuen Frauenorden nicht vorgesehen.

Die Anziehungskraft der Bettelorden bestand in dem einfachen und vorbildlichen Leben ihrer Mitglieder, in der von ihnen besonders gepflegten Predigt, nicht zuletzt in der geübten Volksfrömmigkeit sowie in den Bruderschaften und im Dritten Orden. Besonders diese Vereinigungen waren geeignet, ein festes Band zwischen ihren Mitgliedern und den Ordenskirchen zu knüpfen. Die Bruderschaften – eine schon bisher gepflegte Form religiösen Lebens – waren ein aus Laien bestehender, aber von der kirchlichen Autorität errichteter Verein, dessen Leben durch Satzungen geregelt wurde. Die mit seinen verschiedenen Andachtsformen verbundenen Ablässe und das fürbittende Gedenken an die verstorbenen Mitglieder machten die Bruderschaften besonders attraktiv. Im Mittelalter waren sie meist nach Berufsständen organisiert, sie hatten daher an den Zünften ihren stärksten Rückhalt und nannten sich nach den von diesen verehrten Heiligen.

Der Dritte Orden dagegen war etwas ganz Neues; er war keine Bruderschaft, sondern ein Orden im weiteren Sinn. Er sollte es den in ihrem Stand und Beruf Bleibenden ermöglichen, ohne Gelübde und Ordenskleid an den geistlichen Gnaden des Ersten Ordens teilzuhaben.

Die Blütezeit eines Ordens liegt erfahrungsgemäß im Gründungsjahrhundert und hält im allgemeinen rund hundert Jahre an, solange die Ausstrahlung des Stifters bzw. der Stifterin und der Elan der Gründergeneration noch nachwirken. Regel und Statuten können die Ideale der Anfangszeit für kurz oder lang wachhalten, aber irgendwann stellt sich eine natürliche Ermüdung ein; Umstände und Erfahrungen legen eine Anpassung oder Milderung der Regel nahe; es kann zu Mißständen in geistlicher oder wirtschaftlicher Beziehung kommen, wobei die mißliche Entwicklung auf dem einen Gebiet eine solche in dem anderen Bereich gewöhnlich im Gefolge hat. Reformen, die Aufnahme eines neuen Zeitdesiderats und eine starke Führerpersönlichkeit können noch einmal einen neuen Aufschwung bringen. Reformbewegungen innerhalb eines Ordens können aber auch zu eigenständigen Ordenszweigen oder neuen Ordensgemeinschaften führen.

Ein Kapitel über die kirchlichen Gemeinschaften innerhalb einer Pfarrei bedarf wohl keiner Begründung; zu stark sind die geistigen, religiösen und seelsorglichen Anregungen, die von solchen Instituten ausgehen.[6]

[6] Vgl. Toni Diederich, Stift-Kloster-Pfarrei, Zur Bedeutung der kirchlichen Gemeinschaften im Heiligen Köln, in: Die romanischen Kirchen. Von den Anfängen bis zum Zweiten Weltkrieg = Stadtspuren, Denkmäler in Köln, Bd. 1 (Köln 1984), 17–78, hier 50–54, 60–74.

11. Die Monachisierung des kirchlichen Lebens in der Kolumbapfarrei[1]

In der Kolumbapfarrei gab es bis zur Mitte des dreizehnten Jahrhunderts weder ein Kloster noch eine Stiftsgemeinschaft. Mit dem Jahre 1233 setzte dann eine Entwicklung ein, die im Laufe von siebeneinhalb Jahrzehnten zur Gründung von zwei Männer- und drei Frauenklöstern führte. Außerdem entstanden zwischen 1251 und 1315 41 Häuser von nicht-ordensgebundenen religiösen Frauengemeinschaften (Beginen). Mit einem gewissen Recht kann man von einer Monachisierung – einer Vermönchung – der Pfarrei sprechen.

Das Zisterzienserinnenkloster Mariengarten

Zwischen den Mönchsabteien der Benediktiner und den hochmittelalterlichen Orden stehen – entwicklungsgeschichtlich gesehen – die nach dem Ursprungskloster in Cîteaux *(Cistercium)* genannten Zisterzienser. Nicht von ihnen, sondern von ihrem seit 1125 existierenden weiblichen Zweig soll hier die Rede sein. Bis zum Jahr 1233 hatte der Kölner Zisterzienserinnenkonvent Mariengarten sich in der Kolumbapfarrei zwischen Röhrergasse und der (späteren) Mariengartengasse konstituiert. Es war die Zeit der Hochblüte der religiösen Frauenbewegung. Im Gegensatz zu jenen Frauengemeinschaften, die lediglich nach den Zisterziensergewohnheiten lebten, war Mariengarten dem Orden inkorporiert, d. h. es unterstand der Jurisdiktion eines vom Generalkapitel ernannten Vaterabtes, genoß die gleichen Privilegien wie die Männerabteien des Ordens (Exemtion) und hatte Anspruch auf geistliche Betreuung durch den Männerorden. Der zuständige Vaterabt für Mariengarten war – später wenigstens – der Abt von Kamp, der ältesten Zisterze (1123) auf deutschem Boden.[2] Er hatte Mariengarten jährlich zu visitieren, die Zahl der Mitglieder zu bestimmen und ihre Profeß entgegenzunehmen, die gewählte Äbtissin zu bestätigen und zu benedizieren und schließlich den Beichtvater zu bestimmen. In ihrem Kloster hatte die Äbtissin die Hausgewalt. Gegenüber den Mönchsklöstern waren in den Frauenkonventen der Adel und die Patrizierfamilien weit stärker vertreten; diese Tatsache sowie der große Grundbesitz des Kölner Klosters bargen die Gefahr für die Kommunität in sich, zum Versorgungsinstitut vermögender Familien zu werden.[3] Strenge Klausur und der tägliche feierliche Gottesdienst charakterisierten das Leben der Nonnen und begrenzten zugleich deren Tätigkeiten.

---

[1] Zu diesem Abschnitt vgl. Wilhelm Janssen, in: Geschichte des Erzbistums Köln II/1 (1995), Kap. VI.

[2] Vgl. Hermann-Josef Hüsgen, Zisterzienserinnen in Köln. Die Klöster Mariengarten, Seyne und St. Mechtern/St. Apern (Köln-Wien 1993), 42–107, 175–178; Anja Ostrowitzki, Die Ausbreitung der Zisterzienserinnen im Erzbistums Köln (Köln 1993), 10, 103 ff., 126; Ludwig J. Lekai, Geschichte und Wirken der weißen Mönche. Der Orden der Cistercienser, dt. von Ambrosius Schneider (Köln 1958), 63–66.

[3] Vgl. Hüsgen, Zisterzienserinnen, 184–188, 139–166; Lekai, Cistercienser, 67; ferner Marianne Gechter, Kirche und Klerus in der stadtkölnischen Wirtschaft im Spätmittelalter (Wiesbaden 1983), 247.

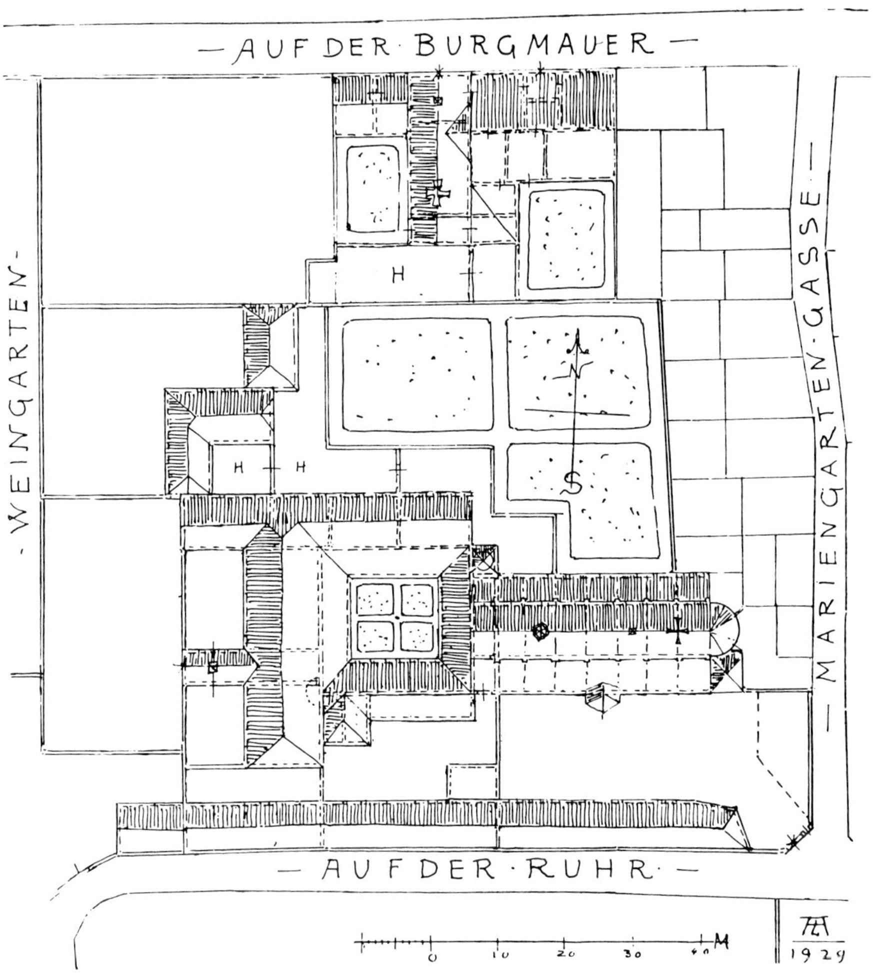

Abb. 9 Kloster Mariengarten. Lageplan

Ob das religiös-mystische Leben, wie es in manchen Frauenklöstern des 13. und 14. Jahrhunderts zuhause war, auch Mariengarten erfaßt hat, ist uns leider unbekannt.

Der anscheinend Mitte des 13. Jahrhunderts begonnene Bau der Klosterkirche ließ noch nichts von der gotischen Baukunst erahnen. Förderer des Klosters waren die Grafen von Neuenahr, die hier auch ihre Familiengrabstätte wählten.[4]

[4] Zum Kirchenbau vgl. Hüsgen, Zisterzienserinnen, 115 ff., 126 ff.; KD 7/III E (Düsseldorf 1937), 323 ff.

Abb. 10 Minoritenkloster. Ausschnitt aus dem Stadtplan von Mercator (1571)

Das Minoritenkloster

Ein Jahrzehnt nach den Zisterzienserinnen kamen um 1245 die Minoriten in die Kolumbapfarre. Sie hatten bereits in den zwanziger Jahren in der Seyengasse (Pfarrei St. Severin) eine vorläufige Unterkunft gefunden. Als sich die Möglichkeit zur Übersiedlung in die Stadtmitte bot, nahmen sie die Gelegenheit wahr, um hier mit Hilfe von Förderern ein geräumigeres Kloster und eine große Kirche zu bauen.[5]

Der Klosterbezirk umfaßte nach seinem völligen Ausbau den Block zwischen Minoritenstraße, Drususgasse, An der Rechtschule einschließlich der damals nicht existierenden Richartzstraße. Die Kirche war eine wohl in mehreren Bauperioden geschaffene dreischiffige, gewölbte frühgotische Pfeilerbasilika mit einschiffigem polygonalen Chor.[6]

Der Kölner Minoritenkonvent besaß nicht nur das *Studium generale* der seit 1240 bestehenden Kölnischen Ordensprovinz, sondern hatte immer wieder angesehene theologische Lehrer in seinen Reihen, die später auch Professoren an der Kölner Universität wurden. Der überragende Theologe war der aus Schottland stammende Johannes Duns Scotus (1265–1308). Wir kennen nicht die Gründe, die ihn von der Universität Paris an das seit 1260 bestehende Studium seines Ordens in Köln geführt hatten. Jedenfalls hatten die Minoriten in ihm einen scharfsinnigen

[5] Vgl. Konrad Eubel, Geschichte der Kölnischen Minoriten-Ordensprovinz (Köln 1906), 34–69, hier 34 ff.; Johann Wilhelm Joseph Braun, Das Minoritenkloster und das neue Museum zu Köln (Köln 1862). Vgl. auch Bernhard Neidiger, Die Bettelorden im spätmittelalterlichen Rheinland, in: RVB 57 (1953), 50–74.

[6] Vgl. KD 7/II (Düsseldorf 1929), 1–41, hier 9 f., 22 ff.

Lehrer *(doctor subtilis)* gewonnen, der dem 50 Jahre zuvor an dem benachbarten Generalstudium der Dominikaner lehrenden Albert dem Großen (1248–1254, 1257–1260 und 1270–1280 in Köln) und dessen Schüler Thomas von Aquin (1248–1252 in Köln) ebenbürtig war. Zwei theologische Schulen knüpfen sich an ihre Namen, die der Thomisten und der Skotisten. Skotus hat als erster Theologe die damals allgemein noch bestrittene These verteidigt, daß Maria ohne Erbsünde empfangen worden sei.[7]

Duns Skotus hatte nur ein einziges Jahr in Köln gelehrt, als den dreiundvierzigjährigen ein plötzlicher Tod dahinraffte. Er wurde im nördlichen Seitenschiff der Minoritenkirche bestattet.[8]

Natürlich war der Hochstand des Studiums ebensowenig auf die Dauer zu halten wie die Klosterdisziplin und der Besitz der wirtschaftlichen Grundlagen. Im 14. Jahrhundert gab es heftige Auseinandersetzungen mit dem Pfarrklerus von St. Kolumba, über die in anderem Zusammenhang noch zu reden ist. Im 16. Jahrhundert mußte Grundbesitz veräußert werden; 1569 traten die Minoriten die nordwestliche Ecke des ziemlich geschlossenen Klosterkomplexes an das Gymnasium Laurentianum ab.[9] Als andere Konvente des Ordens sich im 18. Jahrhundert den aufklärerischen Zeitströmungen öffneten, verfolgte das Kölner Kloster eine konsequent konservative und antiaufklärerische Linie.[10]

Das Dominikanerinnenkloster St. Gertrud

Am nordwestlichen Teil des Neumarktes und schräg gegenüber dem Chor der Apostelnkirche, wo sich eine der hl. Gertrud geweihte Kapelle befand, siedelten sich 1257 zwei bisherige Beginen in der Absicht an, ihre Niederlassung zu einem Dominikanerinnenkloster auszubauen. Schutzbriefe des Kölner Erzbischofs Konrad von Hochstaden und Papst Alexanders IV. vom gleichen Jahr lassen vermuten, daß einflußreiche Kreise hinter dem Unternehmen standen. Die Dominikaner sträubten sich zunächst, den Konvent in ihren Orden zu inkorporieren, ließen aber dann Schwestern aus dem Dominikanerinnenkloster zu Straßburg kommen, welche die Leitung und Belehrung der Kölner Aspirantinnen übernahmen. Die Gründungsphase fand erst 1287 durch die offizielle Inkorporation in den Predigerorden ihren Abschluß. Damit unterstanden die Nonnen nicht mehr dem Erzbischof, sondern der Jurisdiktion des Provinzials der Dominikanerprovinz Teutonia, die ihren Sitz in Köln hatte. Der Provinzial hatte das Kloster zu visitieren und einen Beichtvater aus dem Orden zu bestellen. Die Wahl der Hausoberin, der Priorin, kam dagegen

[7] Vgl. Patricius Schlager, Beiträge zur Geschichte der Kölnischen Franziskaner-Ordensprovinz im Mittelalter (Köln 1904), 235–241; Franziskus Solanus Rodach, Johannes Duns Scotus und die Minoriten (Köln 1956).

[8] Vgl. Kd 7/II (1929), 433.

[9] Vgl. Braun, Minoritenkloster 48 f.; Eubel, Ordensprovinz, 66 ff.

[10] Vgl. Eduard Hegel, in: Geschichte des Erzbistums Köln IV, 209 f.

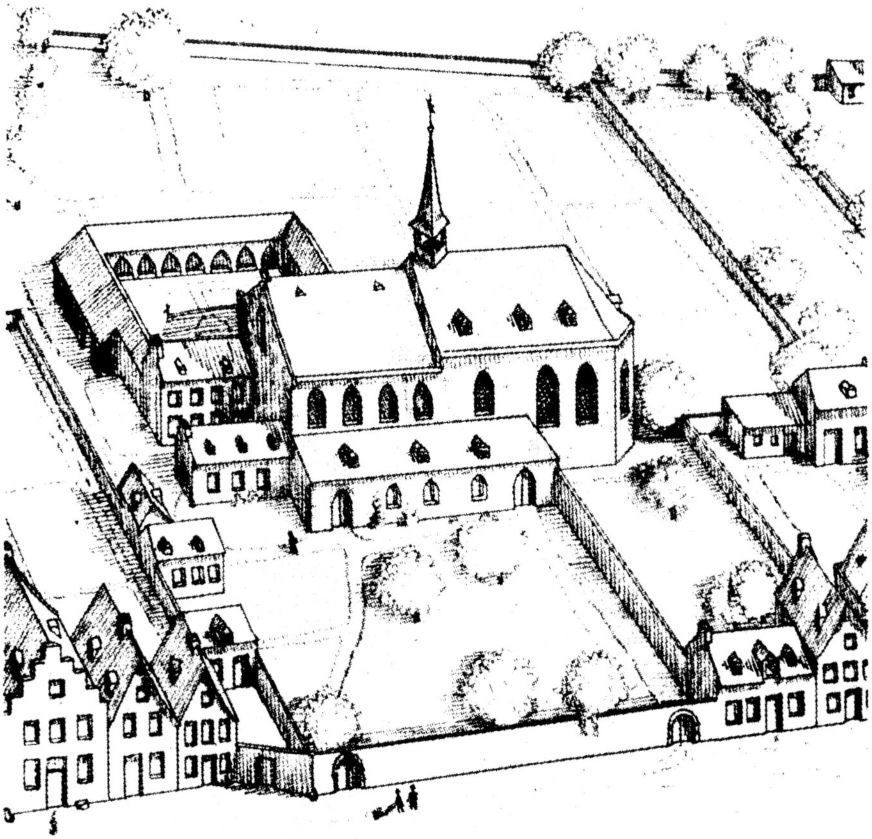

Abb. 11 Kloster St. Gertrud. Lageplan

den Schwestern zu.[11] Auch in wirtschaftlichen Fragen war der Nonnenkonvent zuständig. Schon zwischen 1269 und 1279 war die Gertrudenkapelle zu einer dreischiffigen gotischen Anlage umgebaut worden. Da Meister Gerhard, der Dombaumeister, in einem Nekrolog des Klosters Erwähnung gefunden hat, kann man vermuten, daß die Baupläne auf ihn zurückgehen.[12] Die Klostergebäude wurden nach und nach errichtet. Sie befanden sich zusammen mit den Gärten in dem Winkel zwi-

[11] Vgl. Jutta Prieur, Das Kölner Dominikanerinnenkloster St. Gertrud am Neumarkt (Köln 1983), 56–78; Gabriel M. Löhr, Das Necrologium des Dominikanerinnenklosters St. Gertrud in Köln, in: AHVN 110 (1927), 60–179, hier 65–69.

[12] Vgl. KD 7/III E, 269.

schen dem Neumarkt und der westlichen Römermauer.[13] Der Immobilienbesitz des Klosters war nicht unbedeutend.[14]

Die Chorschwestern führten ein rein kontemplatives Leben, anscheinend besaßen sie auch eine Schreibstube. Sie kamen im 13. und 14. Jahrhundert aus dem stadtkölnischen Patriziat, im 15. und 16. Jahrhundert aus den reichen Kaufmannsfamilien der Stadt, zum Teil auch aus dem Landadel, zuletzt aus Beamtenfamilien. Sie waren durchweg gebildete Frauen *(sorores literatae)*. Die hauswirtschaftlichen Arbeiten wurden durch Laienschwestern verrichtet, die aus einfachen Verhältnissen stammten.[15]

Im 13. Jahrhundert war das Kloster St. Gertrud eine Heimstätte der deutschen Mystik. Daß sie auf empfängliche Gemüter eine große Anziehungskraft ausübte, ist verständlich. Eine Sammlung von Predigten, die wahrscheinlich in den Jahren 1270 bis 1310 in St. Gertrud gehalten wurden, enthält solche von Albert dem Großen und Ulrich von Straßburg. Von Meister Eckehart und Heinrich Seuse, die beide in Köln wirkten, ist bekannt, daß sie oft in Frauenklöstern ihres Ordens predigten. Am besten sind die Predigten Johannes Taulers in St. Gertrud bezeugt; den Vermerk *Diesen Sermon sprach Bruder Johann Tauler zu Sankt Gertrud* fand Petrus Canisius 1542 mehrfach in der ältesten handschriftlichen Sammlung von Tauler-Predigten.[16]

Das hohe geistliche Niveau des 13. und 14. Jahrhunderts hat das Kölner Dominikanerinnenkloster in der Folge nicht halten können. Im 15. Jahrhundert kam es auch zu einem wirtschaftlichen Niedergang. Parallel dazu beeinflußte das Eindringen des Säkularismus ins Kloster die Haltung seiner Insassinnen. Er äußerte sich in der Lockerung der Klausur und im Besitz von persönlichem Eigentum der Schwestern. Der Verfall der kirchlichen Autorität während des Abendländischen Schismas (seit 1378) wird ein übriges getan haben. 1464 griff die Ordensleitung ein; alle Amtsinhaberinnen verloren ihre Befugnisse und wurden 1466 durch Schwestern aus dem Dominikanerinnenkloster in Colmar (Elsass) ersetzt. Die Nonnen von St. Gertrud nahmen – mit einer Ausnahme – die vom Orden verfügte Reform an.[17]

Das St. Clarenkloster der Klarissen

Die Gründung des Kölner Klarissenklosters im Jahre 1304 geht auf die Gräfin Richardis von Geldern zurück, die zusammen mit ihren Söhnen Walram und Gerhard ein Grundstück mit aufstehenden Gebäuden zwischen der nordwestlichen Ecke der Römermauer und dem Berlich für die Errichtung eines Klarissenklosters gestiftet hatte. Zum Grundstück gehörten der am Berlich gelegene ehemalige Parfusenhof mit Turm sowie der sogenannte Römerturm. Die Gründungskommunität

[13] Vgl. Prieur, St. Gertrud,146 f., 151 ff.; KD 7/III E, 269 f.
[14] Vgl. Gechter, Kirche und Klerus, 253.
[15] Vgl. Löhr, Necrologium, 87–90; Prieur, St. Gertrud, 225–249.
[16] Vgl. Löhr, Necrologium, 90–96, das Zitat ebd. 96; Prieur, St. Gertrud, 403–432.
[17] Vgl. Löhr, Necrologium, 74, 76–84; Prieur, St. Gertrud, 93–96, 107–113.

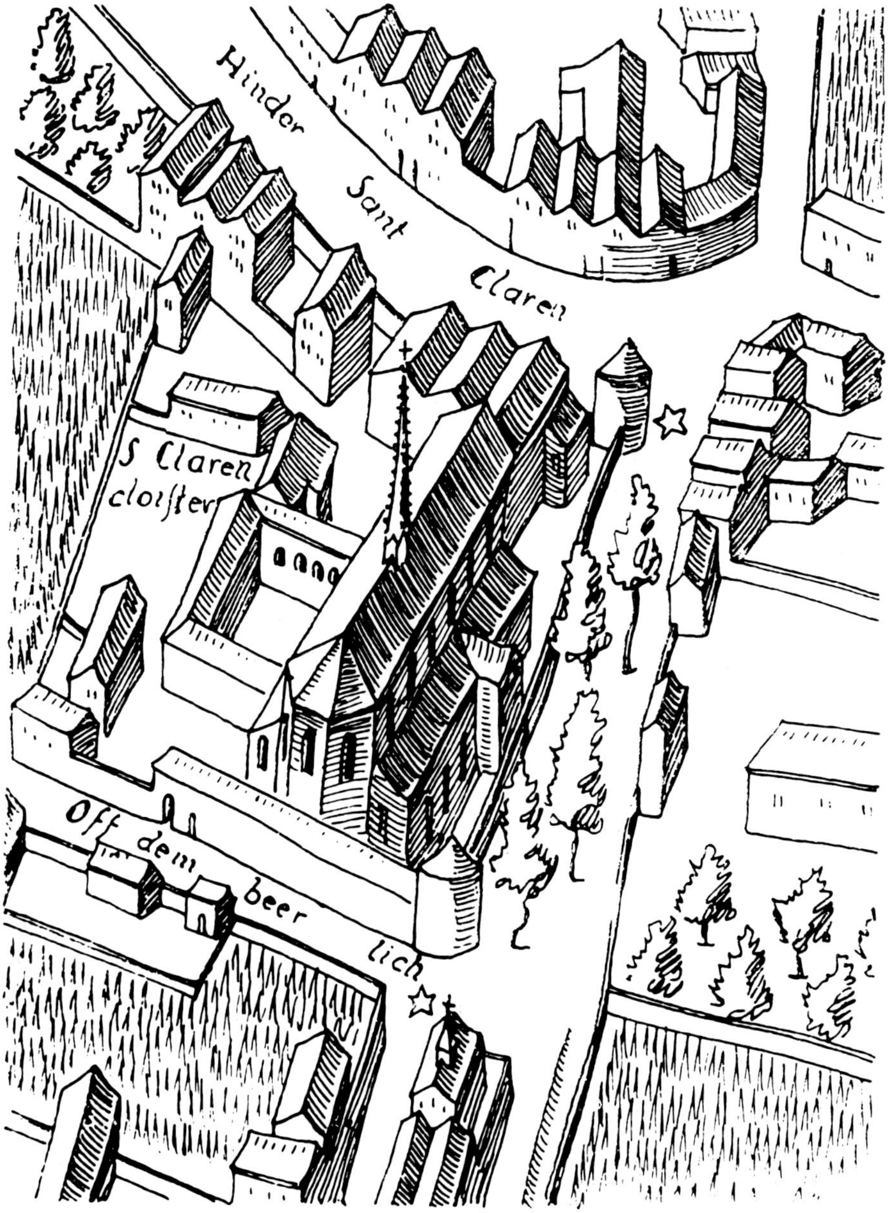

Abb. 12 St. Clarenkloster. Ausschnitt aus dem Stadtplan von Mercator (1571)

sollte durch Übernahme von drei bis vier Nonnen aus dem Neußer Klarissenkloster in das Leben nach der Ordensregel eingeübt und das Kloster dem Kölner Provinzial der Minoriten unterstellt werden. Am 12. August 1306 konnten die für den Konvent hergerichteten Gebäude eingeweiht und bezogen werden. Erweiterungen und Neubauten zogen sich über mehrere Jahrzehnte hin. Sie konnten unter der zweiten Äbtissin, Isabella von Geldern, die mit ihrer Schwester Philippina zwischen 1328 und 1335 ins Kloster eingetreten war, unter finanzieller Hilfe ihres Bruders Reinald durchgeführt werden. 1347 soll die Konsekration der Kirche stattgefunden haben. Sie war ein einschiffiger Bau mit hohen gotischen Fenstern und entlastenden Strebebögen, dessen Nordwand auf der Römermauer stand. Dank der Herkunft der Nonnen und ihrer reichen Gönner konnte das Kloster eine „hervorragende Sammelstätte der Kölner Malerei des 14. und 15. Jahrhunderts" werden. Die beiden genannten Schwestern Isabella und Philippina von Geldern stifteten z. B. den dreiteiligen Klarenaltar, der nach der Säkularisation des Klosters über die Gebrüder Boisserée an den Dom kam und dort heute im nördlichen Seitenschiff steht.[18] Im übrigen unterhielten die Nonnen im 14. Jahrhundert eine angesehene Schreibstube und hatten auch geübte Miniaturmalerinnen in ihren Reihen.[19]

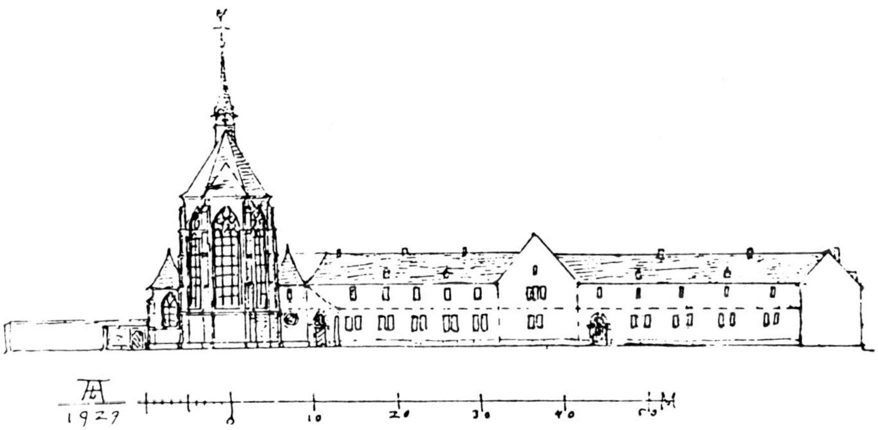

Abb. 13 Kreuzbrüderkloster. Rekonstruktion

Das Kreuzbrüderkloster

Die letzte klösterliche Niederlassung im Pfarrgebiet von St. Kolumba während des hohen Mittelalters war die der Kreuzbrüder. Sie wurden zu den Bettelorden gerechnet. Der Orden entstand, beeinflußt von der Kreuzzugsbewegung, während des

[18] Vgl. Keussen, Topographie I, 275; KD 7/III E, 278–288.

[19] Vgl. Eberhard Galley, Miniaturen aus dem Kölner Klarissenkloster. Ein Kapitel rheinischer Buchmalerei des 14. Jahrhunderts, in: Kurt Ohly – Werner Krieg (Hgg.), Aus der Welt des Bibliothekars. FS Rudolf Juchhoff (Köln 1959), 15–28.

13. Jahrhunderts. Ihrer Lebensordnung lagen die Augustinusregel und die Statuten der Dominikaner zugrunde. Die päpstliche Bestätigung (1248) war mit einer Befreiung von allen Abgaben an geistliche und weltliche Herren verbunden und mit dem Recht, Güter zu erwerben. Die Kreuzbrüder kannten aber auch den Bettelgang. Dieser sowie das Recht, zu predigen und die Sakramente zu spenden, rückte die Kreuzbrüder an die Seite der Bettelorden. Außer dem beschaulichen Leben nennen die Statuten Studium und Predigt als Hauptbetätigungsfeld.[20]

Das Kölner Kreuzbrüderkloster an der Ecke Streitzeuggasse/Kreuzgasse wurde 1307 vom Kloster Beyenburg aus gegründet. Die vorhandene Barbarakapelle wurde 1390/99 durch einen stattlichen dreischiffigen Kirchenbau ersetzt, der hundert Jahre später (1487/99) ein höheres, polygonal schließendes Chor mit einem neuen Dachreiter erhielt.[21] Die umfangreichen Klosterbauten waren 1439 vollendet. Den Höhepunkt seiner Entwicklung erreichte das Kloster im 15. Jahrhundert, als der Orden die Einflüsse der *Devotio moderna* und des christlichen Humanismus aufnahm. Seit 1634 erfolgte in Köln die theologische Ausbildung des Ordensnachwuchses der deutsch-belgischen Provinz. Deren Provinzkapitel fanden ebenfalls meist in Köln statt. Der geistige Aufschwung im 15. Jahrhundert und die gute wirtschaftliche Entwicklung ließen freilich den Wunsch aufkommen, vom Status des Bettelordens abzurücken und nach der Art von Regularkanonikern wie bei den Augustinerchorherren zu leben. Die mehrfach auftretende Bezeichnung Kreuzherren läßt diese Tendenz erkennen. Die Kölner Ordensleute wurden offiziell noch 1662 unter den Bettelorden aufgeführt, bald danach scheint sich jedoch die Bezeichnung als Regularkanoniker durchgesetzt zu haben. Trotz dieser „Verweltlichung" und trotz gelegentlicher Mißstände hat sich das Kölner Kloster immer wieder durch Selbstreform erholen und bis zuletzt einen geachteten Stand halten können, der auch von der kirchlichen Obrigkeit anerkannt wurde.[22]

Beginenkonvente

Eine der eigenwilligsten Erscheinungen unter den religiösen Gemeinschaften des Hochmittelalters ist das Beginentum. Es betrifft Frauen, die zunächst als einzeln Lebende sich Gott weihten, aber bald sich zu Hausgemeinschaften auf religiöser Grundlage zusammenschlossen, ohne einem Orden anzugehören oder die üblichen Ordensgelübde abzulegen. Die Entstehung dieses Typs der Vita apostolica hatte mehrere Ursachen: zunächst die Armutsbewegung und die mystischen Zeitströmungen im religiösen Leben des 12. Jahrhunderts, zum andern den Frauenüberschuß, der durch die zahlreichen Fehden und die Kreuzzüge in den höheren Gesellschaftsschichten entstanden war. Viele Frauen drängten damals in die Klöster. Aber die angesprochenen Orden weigerten sich, angesichts des außerordentlichen Zulaufs weitere Konvente in ihren Verband aufzunehmen. Die Abgewiesenen

---

[20] Vgl. Robert Haaß, Die Kreuzherren in den Rheinlanden (Bonn 1932), 1–8.
[21] Vgl. KD 7/III E, 214–217.
[22] Vgl. Haaß, Kreuzherren, 14–18, 20 f., 32, 76–90.

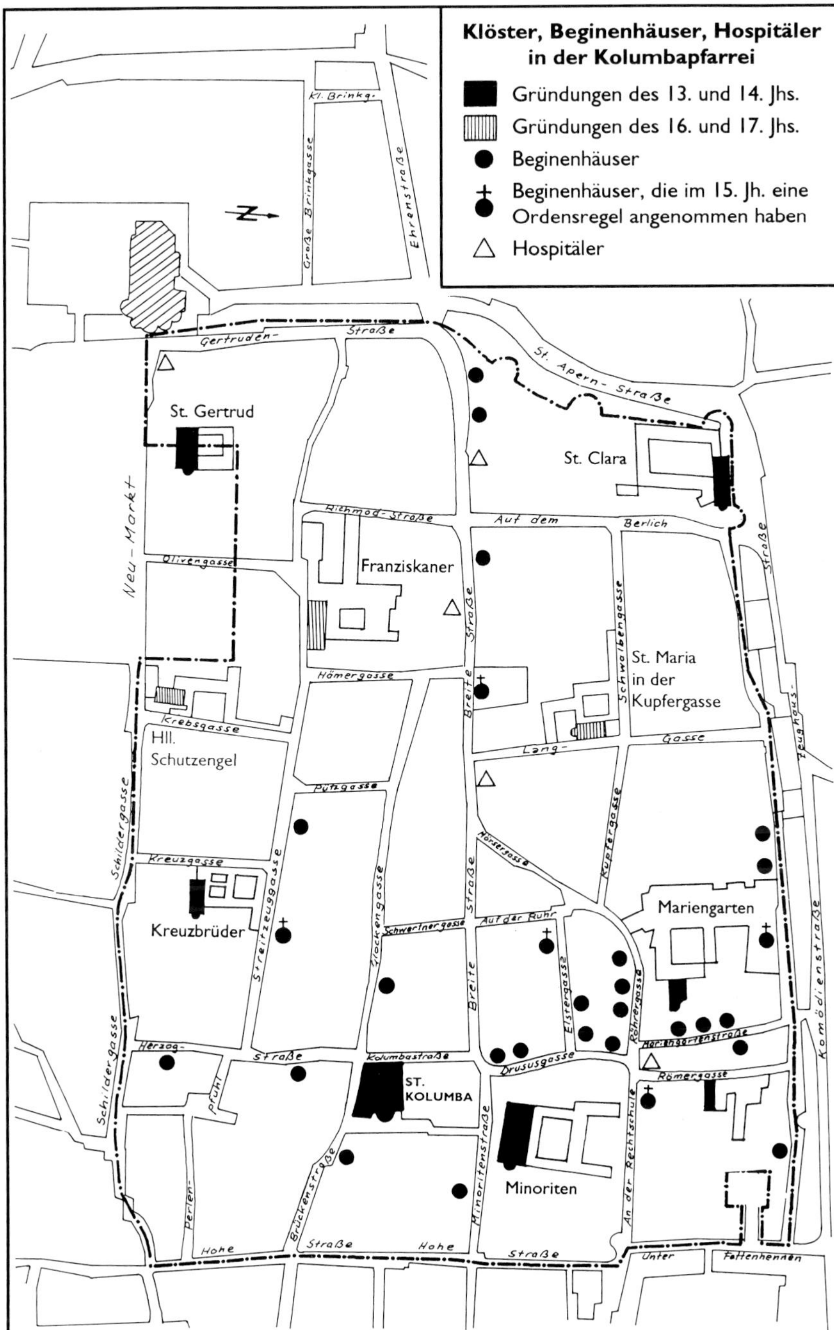

Abb. 14 Klöster, Beginenhäuser, Hospitäler in der Kolumbapfarrei

schafften sich eine Ersatzlösung in den erwähnten privaten Gemeinschaften. Diese religiöse Frauenbewegung war im letzten Viertel des 12. Jahrhunderts im wallonischen Teil des Bistums Lüttich entstanden und griff von dort schnell nach Frankreich und Deutschland über. Im Volksmund wurden die Frauen wegen ihrer Tracht Beginen genannt (altfranzösisch Bègues = Graugekleidete – so einer der vielen Erklärungsversuche). In ihrer Lebensweise, die die üblichen Standesunterschiede nicht kannte, wurden sie 1216 von Papst Honorius III. mündlich anerkannt. Trotzdem waren sie gelegentlich Verdächtigungen und Verfolgungen ausgesetzt, da unter ähnlichem Gewand auch ketzerische Beginen und Begarden – die männliche Parallelbewegung – auftraten, die eine quietistisch-pantheistische Mystik vertraten.[23]

Köln war die erste Stadt auf deutschem Boden, in der sich Beginen zusammenfanden. Die älteste urkundliche Erwähnung einer Begine fällt hier in das Jahr 1223. Danach schwoll ihre Zahl rasch an. In ganz Köln erreichte sie ihren Höhepunkt im Jahre 1351 mit etwa 1 170 Frauen in 106 Konventen.[24] Bis 1452 verringerte sich ihre Zahl auf 637 Personen in 93 Konventen.[25] In der Kolumbapfarrei ist der Konvent Birkelin in der Mariengartengasse 1251 als erstes Beginenhaus bezeugt. Von den insgesamt 169 Kölner Beginenhausstiftungen entfielen 51, also bald ein Drittel, auf das Pfarrgebiet von St. Kolumba. Von ihnen wurden 21 Stiftungen im 13. Jahrhundert, 20 in der ersten Hälfte des 14. Jahrhunderts, in der „Blütezeit des idealen Beginentums", gemacht;[26] vier weitere gehören späterer Zeit an, bei sechs anderen Konventen ist das Gründungsjahr unbekannt. Da die Beginenhäuser weder in wirtschaftlicher Beziehung noch durch die Zahl ihrer Mitglieder mit Klöstern konkurrieren konnten, waren sie als Institution von Dauer nicht gesichert. Schon im 14. Jahrhundert sind in der Kolumbapfarrei vier Konvente wieder eingegangen oder gar nicht zustande gekommen. Im 15. Jahrhundert wurden sechs Kommunitäten miteinander vereinigt, ein weiterer Konvent wurde in eine andere Pfarrei verlegt, zwei Konvente fanden ihr Ende. Bei der Revision der Konvente im Jahre 1452 lebten inner-

[23] Vgl. Joseph Greven, Die Anfänge der Beginen. Ein Beitrag zur Geschichte der Volksfrömmigkeit und des Ordenswesens im Hochmittelalter (Münster 1912). Vgl. Frederick Marc Stein, The religious Women of Cologne 1120–1320 (phil. Diss. Yale University 1977), 55–100, 171–183; ferner Edith Ennen, Frauen im Mittelalter, 118 ff.; Peter Dinzelbacher, Rollenverweigerung, religiöser Aufbruch und mystisches Erleben mittelalterlicher Frauen, in: Peter Dinzelbacher – Dieter R. Bauer (Hgg.), Religiöse Frauenbewegung und mystische Frömmigkeit im Mittelalter (Köln-Wien 1988), 1–58. Vgl. auch „Zahlreich wie die Sterne des Himmels". Beginen am Niederrhein zwischen Mythos und Wirklichkeit, Bensberger Protokolle 70 (Bergisch Gladbach 1992).

[24] Vgl. Johannes Asen, Die Beginen in Köln, 3 Teile in: AHVN 111 (1927), 81–180 (I); 112 (1928), 71–148 (II) und 113 (1928), 13–96 (III) (zitiert Asen, Beginen I, II, III), hier I, 86 f., 115.

[25] Vgl. Joseph Greving, Protokoll über die Revision der Konvente der Beginen und Begarden zu Köln im Jahre 1452, in: AHVN 73 (1902), 25–77, hier 62.

[26] Daten über die Konvente in der Kolumbapfarrei bei Asen, Beginen I, 140–180 und II, 71–105; das Zitat ebd., I, 93.

halb der Kolumbapfarrei 219 Beginen in 31 Konventen.[27] Das Los des Untergangs oder der Vereinigung mit anderen Häusern traf im 15. Jahrhundert zehn und im 17. Jahrhundert nochmals fünf Konvente. Im 14. Jahrhundert hatten zwei, und im 15. Jahrhundert vier Häuser die Regel der Franziskanertertiaren, ein Haus die Augustinusregel angenommen und waren auf diese Weise aus dem Kreis der Beginen ausgeschieden. Unter Berücksichtigung dieser Abgänge müßten Ende des 18. Jahrhunderts noch 20 Konvente in der Kolumbapfarrei bestanden haben. Sie wurden unter französischer Herrschaft aufgehoben oder von der kommunalen Armenverwaltung als Altersheime für Frauen übernommen; sieben solcher Häuser existierten noch im 19. Jahrhundert, eines sogar noch 1927.

Die Beginenhäuser sind aus Stiftungen städtischer Bürger bzw. anfangs der Patrizierfamilien hervorgegangen.[28] Im Gegensatz zu den Stiften und Nonnenklöstern waren sie allen gesellschaftlichen Schichten zugänglich.[29] Geistig standen sie den Bettelorden der Minoriten und Dominikaner nahe, in deren Nähe sich die Beginenhäuser häuften. Die Kolumbapfarrei wies unter allen Pfarreien Kölns die größte Zahl der Beginenkonvente auf. Der Grund für diese Ansiedlungen war das Minoritenkloster, das sich in unmittelbarer Nachbarschaft der Kolumba-Pfarrkirche befand.[30] Es gab acht Konvente in der Römergasse, je sechs in der Breitestraße und auf der Burgmauer, vier in der Mariengartengasse, je drei in der Drususgasse, Elstergasse, Herzogstraße, der Röhrergasse und der Streitzeuggasse, zwei in der Minoritenstraße; die übrigen zehn Beginenhäuser verteilten sich auf verschiedene Straßen, aber fast alle lagen in größter Nähe zum Minoritenkloster, nur wenige befanden sich am Rande des Pfarrterritoriums. Die Minoriten hatten auch die geistliche Betreuung aller dieser Frauenkonvente. Im Laufe des 15. Jahrhunderts wurden sie allerdings durch den Pfarrer verdrängt. In wirtschaftlicher Hinsicht, in Fragen der Mitgliederaufnahme und der Hausordnung trafen die Stiftungsurkunden oder die Statuten sehr verschiedene Anordnungen, die teils die Gründerfamilien, teils den zuständigen Pfarrer oder die Amtleute des Kirchspiels St. Kolumba mit Aufgaben und Rechten bedachten. Jeder Konvent wurde nach außen durch die von den Insassen gewählte Mutter vertreten.[31]

Die einzelnen Häuser nannten sich meist nach dem Stifter (z. B. „Hardefust" in der Drususgasse), aber auch nach ihrer Lage (z. B. „Konvent auf dem Berlich"), oder man wählte einen Phantasienamen (zum „Goldenen Schaf" auf der Burgmauer); besonders beliebt war die Bezeichnung „zum Lämmchen"; der Name kam in der Kolumbapfarrei gleich viermal vor.

Die gestifteten Häuser waren naturgemäß von verschiedener Größe; dementsprechend war die Zahl der aufzunehmenden Beginen festgesetzt. Häufig waren 12 Plätze vorgesehen. Das größte Beginenhaus in der Kolumbapfarrei war der 1282

---

[27] Vgl. Greving, Revision, 52–58.
[28] Zum folgenden vgl. Asen, Beginen I, 92 f.
[29] Vgl. hierzu besonders Stein, Religious Women, Kapitel 4.
[30] Vgl. Asen, Beginen I, 95 f.
[31] Vgl. ebd., 98–101.

gegründete Konvent „Buntouge“ in der Brückenstraße; er war für 40 Beginen bestimmt; ob und wie lange er diese Mitgliederzahl erreicht hat, ist nicht bekannt.[32] 1452 galt der Konvent „Zum Holländer“ in der Römergasse mit 34 Insassinnen als der größte. Die meisten Beginenhäuser zählten zwei bis zehn Frauen, ein Haus wurde von nur einer Person bewohnt, ein weiteres stand leer. Etwa 100 gestiftete Plätze in den 36 Konventen waren 1452 unbesetzt.[33] Um diese Zeit hatte sich die Lebensweise der Beginen bereits überlebt; ihre Konvente waren zu Versorgungshäusern für alleinstehende Frauen geworden. Dagegen erfuhren jene Konvente einen neuen Aufschwung, die seit dem 15. Jahrhundert eine Ordensregel annahmen und so zu Klöstern wurden. Der Konvent „Wassenberg“ in der Streitzeuggasse, der schon vor 1452 die Dritte Regel des hl. Franziskus angenommen hatte, zählte 17 Religiose.[34]

Obwohl das Beginentum nicht zu den Orden gehörte, gab es ordensähnliche Züge. So mußten sich anfangs die eintretenden Beginen in einem einfachen Gelübde zur Keuschheit und zum Tragen des grauen Beginengewandes verpflichten.[35] Sie waren jedoch nicht für dauernd an den ehelosen Stand gebunden. Abgesehen von den Gemeinschaftsräumen (Küche, heizbare Stube, Betkammer) hatte jede Begine ihr eigenes Zimmer und konnte außer Leistungen an die Gemeinschaftskasse über eigenen Besitz verfügen. Im allgemeinen waren der Besitz und die Einkünfte der Beginenhäuser gering. In einigen Konventen mußten die Insassen – wenigstens seit dem 15. Jahrhundert – durch Handarbeit (Weben und Sticken) oder Mädchenerziehung dazuverdienen, z. B. im „oberen“ und im „unteren Lämmchen“, beide in der Breitestraße, ebenso im Konvent Bethlehem in der Römergasse; Betteln war jedoch ausdrücklich verboten. Eine Klausur kannten die Beginenhäuser nicht, doch war der Zugang von Nichtinsassen strengen Bestimmungen unterworfen. Der tägliche Messebesuch und gemeinsame Gebete gehörten zu den geistlichen Pflichten der Beginen. Von Disziplinschwierigkeiten ist kaum die Rede. Nur einmal wurden bei der Revision von 1452 die Bewohner eines Beginenhauses in der Kolumbapfarrei als „uneinig“ *(inter se inconcordes)* bezeichnet; bei zwei anderen Konventen wird deren guter Zustand ausdrücklich hervorgehoben *(stat in bona structura)*.[36]

Bei der Pfarrgeistlichkeit waren die Beginen zunächst nicht beliebt, weil sie nach einer Verordnung des Erzbischofs Konrad von Hochstaden dieselben Privilegien genießen sollten, wie sie den Orden mit Armutsgelübden zukamen; sie waren auch in ihrem Sakramentenempfang und in der Wahl ihres Begräbnisses nicht an die Pfarrkirche gebunden.[37] Der Rat der Stadt Köln dagegen war im Anfang den Beginen günstig gesinnt und nahm sie auch bei Verfolgungen in Schutz. Er änderte seine

[32] Vgl. ebd., 156 ff.
[33] Vgl. Greving, Resivion, 52–58.
[34] Vgl. ebd., 57.
[35] Vgl. Asen, Beginen I, 89–92, 101 ff.
[36] Vgl. Greving, Revision, 55.
[37] Vgl. Asen, Beginen I, 103 ff.

Haltung jedoch, als einzelne Konvente in ihrem Haus einen Altar errichteten oder eine Ordensregel annahmen; dadurch nämlich wurde ihr Besitz immun und entzog er sich den städtischen Abgaben. Im Anschluß an die Provinzialsynode vom 23. Februar 1452, in der Nikolaus von Cues als päpstlicher Legat auf die Annahme einer Regel drängte, und noch einmal 1487 entschloß sich der Rat, das Beginenwesen in der Stadt zu reformieren. Er beabsichtigte, nicht ausreichend besetzte Konvente zusammenzulegen und frei gewordene Häuser dem bürgerlichen Rechtsverkehr zuzuführen. Zudem drängten die Zünfte auf ein Verbot gewerblicher Tätigkeit in den Beginenhäusern. Das Ergebnis entsprach allerdings nicht den Vorschlägen.[38] Bei der Revision von 1452 – der Kommission gehörte auch Pfarrer Horst von St. Kolumba an – wurden sieben Konvente in der Kolumbapfarrei zur Auflösung vorgeschlagen, aber nur eine einzige derartige Maßnahme wurde durchgeführt.[39]

Die Begarden

Die Begarden, das männliche Gegenstück zu den Beginen – auch Zellenbrüder oder (frei)willige Arme genannt –, konnten sich, was Verbreitung und Bedeutung angeht, in keiner Weise mit den Beginen messen, zumal den Männern, welche die Vita apostolica wirklich leben wollten, die Bettelorden offenstanden.[40] Es kam hinzu, daß die Begarden – ob zu Recht oder Unrecht – mit den damals im Kölner Raum anzutreffenden sektiererischen *Brüdern und Schwestern des freien Geistes* in Verbindung standen oder gebracht wurden und deswegen kirchenamtlichen Verurteilungen, Verfolgungen und harten Strafen ausgesetzt waren. In der Kolumbapfarrei bestanden zwei Begardenkonvente; der 1299 gegründete und *zum Olvunde* (niederdeutsch „zum Kamel“) genannte lag in der Streitzeuggasse. Er verfiel 1307 der Exkommunikation durch Erzbischof Heinrich II. von Virneburg, wurde im Jahre darauf aber wieder von der Kirchenstrafe gelöst. Hier dürfte es sich daher kaum um hartnäckige Ketzer gehandelt haben. Der Konvent hat sich nicht lange halten können; schon bald befand sich das Haus im Besitz der Margaretenbruderschaft, die es 1323 den Brüdern des Dritten Ordens des hl. Franziskus übergab. Diese erwarben ihren Lebensunterhalt durch Weberei. Als die Weberzunft dagegen Einspruch erhob, verlegten sich die Brüder auf Krankenpflege und Totenbestattung. Der wirtschaftliche Zustand des Hauses und die Zahl seiner Insassen gingen im Laufe der Zeit zurück. 1589 übernahmen die Franziskanerobservanten Haus und Grundstück.[41] Ein weiteres Brüderhaus wird 1452 auf der Burgmauer genannt, aber nach 1487 nicht mehr erwähnt.[42]

---

[38] Vgl. ebd., 108–113.

[39] Vgl. Greving, Revision, 72 f.; Walther Stein, Akten zur Geschichte der Verfassung und Verwaltung der Stadt Köln im 14. und 15. Jahrhundert, 2 Bde. (Bonn 1893/95), hier II, 687–694.

[40] Vgl. dazu Johannes Asen, Die Begarden und Sackbrüder in Köln, in: AHVN 115 (1929), 167–179, bes. 172–175.

[41] Siehe unten S. 168.

[42] Vgl. Greving, Revision, 53 f.; derselbe, Steuerlisten, 168 f.

Franziskaner-Terziarinnen und Augustinerinnen

Es wurde bereits erwähnt, daß mehrere Beginenkonvente die Dritte Regel des hl. Franz angenommen haben und zu Klöstern geworden sind. Vita communis und Ordenstracht waren ursprünglich nicht der Sinn des Dritten Ordens; er war vielmehr für jene gedacht, die auf einer dem Leben in der Welt angepaßten Weise nach christlicher Vollkommenheit streben wollten. Aber schon Ende des 13. Jahrhunderts entwickelten sich Drittordensgemeinschaften mit ordensähnlichen Zügen (Regulierte Franziskaner-Terziaren). Nachdem die Blütezeit des Beginentums vorüber war, lag für dieses eine solche Entwicklung nahe. Papst Martin V. und das Kölner Provinzialkonzil von 1452 förderten sie, weil die freien Zusammenschlüsse der Beginen jenen geistlichen Gewinn nicht mehr erbrachten wie in der Anfangszeit der Bewegung und weil sie kirchlicherseits schlecht zu kontrollieren waren. In der Kolumbapfarrei wurde der Konvent „Zum unteren Lämmchen" auf der Breitestraße um die Wende vom 14. zum 15. Jahrhundert ein Kloster der Franziskaner-Terziarinnen; später soll die dritte Regel der Kapuziner maßgebend gewesen sein.[43] 1430 nahm der Konvent *Beatae Mariae Virginis in Bethlehem* in der Römergasse die Drittordensregel an.[44] Noch vor 1452 taten die Konvente „Zur Unbefleckten Empfängnis Mariens" in der Röhrergasse und „Marientempel" (Darstellung Mariens im Tempel) in der Glockengasse den gleichen Schritt; bei letzterem führten die Franziskaner-Observanten die Klarissenregel ein, als sie 1607 die geistliche Leitung des Frauenklosters übernahmen. Die Bezeichnung „Marientempel" führte auch ein Konvent in der Elstergasse, der sich nach 1487 zur Annahme der dritten Fanziskusregel entschloß.[45] Eine Sonderstellung nimmt der vor 1499 aus drei Beginenhäusern hervorgegangene Konvent „Zum Lämmchen" auf der Burgmauer ein, der wahrscheinlich gleich bei seiner Errichtung die Augustinusregel angenommen hat. Sie war eine auf den nordafrikanischen Bischof zurückgehende, grundlegende Norm für gemeinsames Leben. Das Kloster hatte sich mancher Wohltäter zu erfreuen. So ließ Johann (II.) Rinck 1502 auf seine Kosten die Klosterkirche zu Ehren des hl. Jacobus maior erbauen. 1511 machte er eine Messestiftung für sechs Wochentage zum Unterhalt eines Priesters an diesem Kloster. Der geistliche Vorsteher wurde vom Erzbischof bestellt. Die Schwestern kamen durchweg aus bemittelten Kölner Familien, mußten aber durch Anfertigung von Paramenten zu ihrem Lebensunterhalt beitragen, denn trotz des für geistliche Zwecke bestimmten bedeutenden Klostervermögens war das sonstige Einkommen gering. Zu den Pfarrern von St. Kolumba scheint das Kloster ein gutes Verhältnis gehabt zu haben; Peter Hausmann war von den Schwestern zum Beichtvater gewählt worden, und Kaspar Ulenberg hatte die Klosterkirche zu seiner Grabstätte bestimmt.[46]

---

[43] Vgl. Asen, Beginen I, 155.
[44] Vgl. ebd., II, 96 ff.; KD 7/III E, 293 f.
[45] Vgl. Asen, Beginen II, 92; I, 174; II, 104 f.; KD 7/III E, 292 ff.
[46] Vgl. Asen, Beginen I, 162–166; KD 7/III E, 224–227.

Klausnerinnen
Die Entwicklung zum Terziarentum machten auch manche Inklusen durch, die sich auf Lebenszeit in eine Zelle einschließen ließen, um in vollem Rückzug aus der Welt in Gebet und Buße Gott zu dienen. Das Leben dieser *mit Christus Gestorbenen* galt im Mittelalter als Höhepunkt der Vollkommenheit. In der Kolumbapfarrei gab es eine Klause, die an die Kirche des Klosters Mariengarten angebaut war. Sie wurde 1459 gestiftet und war damit die letzte Gründung dieser Art in Köln. Dem ursprünglichen Sinn des Inklusentums, das die Einschließung nur einer Person kannte, entsprach sie nicht mehr; sie war für sechs Frauen bestimmt, die nach der Augustinusregel leben sollten. Von der strengen Klausur abgesehen, stand die Klause also den Terziarinnen nahe. Nach 1589 ist sie nicht mehr erwähnt.[47] Im Gegensatz zu den Beginen sind die Begarden, die männlichen Terziaren und die Inklusen im kirchlichen Leben der Kolumbapfarrei kaum hervorgetreten.

Es stellt sich die Frage: Wie kann eine Pfarrei von 6–8000 Seelen eine so große Zahl von Klöstern und geistlichen Instituten verkraften, deren Insassen zeitweilig bis zu 10 % der Bevölkerung ausgemacht haben?

Dies ist in erster Linie eine wirtschaftliche Frage. Unangenehm waren der Bürgerschaft die steuerfreien klösterlichen Immunitäten, und die Stadt sah streng darauf, daß diese nicht durch Kauf und Erbschaft benachbarter Häuser vergrößert wurden (Gesetz gegen die Tote Hand, 1385).[48] Die Beginenhäuser genossen keine Steuerfreiheit, da sie nicht als Klöster galten; man sah es daher nicht gern, wenn ein Beginenkonvent eine Ordensregel annahm und sich zum Kloster entwickelte.

In St. Kolumba hatten die geistlichen Institute im allgemeinen nur geringwertige Zinshäuser an sich bringen können. Während die Kreuzbrüder kein einziges Haus in der Pfarrei besaßen, war hier das Zisterzienserinnenkloster Mariengarten der größte geistliche Immobilienbesitzer, gefolgt von den Dominikanerinnen an St. Gertrud, die allerdings in der Kolumbapfarrei nur fünf Häuser hatten.[49]

Im Spätmittelalter war der geistliche Immobilienbesitz in Köln ständig angewachsen, zwischen 1487 und 1589 nahm er dagegen – auch in St. Kolumba – deutlich ab. So besaßen die Minoriten 1589 nur zwei ans Kloster anstoßende Hauser, während es 1487 noch acht gewesen waren.[50] 1569 hatten sie bereits einen Teil ihres Gebäudekomplexes an das Gymnasium Laurentianum abgetreten.[51] Anlaß zu Klagen gab der Wirtschaftsbetrieb der Klöster, wenn er über den Eigenbedarf hinaus mit dem Handel und Gewerbe der Bürger in Konkurrenz trat. Im einen Fall war der Weinzapf gemeint, im anderen Fall Textilherstellung und -vertrieb.[52] Nun war Weinhandel bei den Bettelorden nicht üblich, aber die Weberei der Franziskanerter-

[47] Vgl. Johannes Asen, Die Klausen in Köln, in AHVN 110 (1927), 180–201, bes. 196 f.
[48] Gesetz vom 2.10.1385 betr. Verhütung des Übergangs von Erbgut in geistliche Hände, in: Stein, Verfassung und Verwaltung I, 130 ff.
[49] Vgl. Gechter, Kirche und Klerus, 247 ff.
[50] Vgl. ebd., 252 f., 256.
[51] Vgl. oben S. 67.
[52] Vgl. Gechter, Kirche und Klerus, 258 ff.

ziaren in der Streitzeuggasse mußte auf Druck der Zünfte aufgegeben werden.[53] Im 16. Jahrhundert wandte sich die Bürgerschaft entschieden gegen wirtschaftliche Aktivität der Orden, 1525 wurden die Privilegien der geistlichen Institute im Wirtschaftsleben zum größten Teil abgeschafft, und nach dem Truchsessischen Krieg (1583–1588) war es auch mit der Steuerfreiheit der Klöster vorbei.[54]

Die Streitpunkte zwischen den Orden und der Bürgerschaft spielten jedoch keine bedeutende Rolle im Zusammenleben. Im Gegenteil: die Klöster und ihre Kirchen waren durchweg mit Hilfe der Bürger – nicht nur aus der Kolumbapfarrei – gebaut, die Beginenhäuser von ihnen gestiftet worden. Die Stifter hatten dabei auch an die Zukunft ihrer eigenen Söhne und Töchter bzw. deren „Versorgung“ gedacht. Der Nekrolog von St. Gertrud enthält mehrere Schwesternnamen aus der Pfarrei St. Kolumba (de Columba, von der Streitzeug- und von der Schildergasse), andere mit dem Familiennamen von Pfarreingesessenen (Questenberg, Rodenkirchen, Westerburg).[55]

Die Klosterkirchen waren aber auch beliebt als Familienbegräbnisstätten und wegen der Gebetsbruderschaften, durch die das Gebet für das Seelenheil der Lebenden wie der Verstorbenen verstärkt werden sollte. Das Familiengrab derer von Neuenahr befand sich z. B. in der Kirche von Mariengarten;[56] an die Kreuzbrüderkirche hatte Hermann (II). Rinck eine Familienkapelle anbauen lassen, zu der er von seinem Haus in der Schildergasse unmittelbaren Zutritt hatte.[57] In der Minoritenkirche ließen sich die Mitglieder der Familie Sudermann beerdigen.[58] Man macht die interessante Beobachtung, daß die reichen Bürger ein „Lieblingskloster“ hatten, dem sie ihre besondere Gunst zuwandten. Das von Johann (II.) Rinck gestiftete Augustinerinnenkloster *Zum Lämmchen* auf der Burgmauer, in dem er selbstverständlich begraben werden wollte, galt in der Bevölkerung als *Conventus Rinckiorum*.[59]

Die Ordensleute waren auch als Prediger willkommen. Die im 13. Jahrhundert vorherrschende scholastische Predigt wurde in den Frauenklöstern abgelöst durch die Predigt der deutschen Mystik, in den Kirchen der Bettelorden durch die Volkspredigt.[60] Gegenüber den Weltgeistlichen hatte sie, vor allem in den Städten, einen Qualitätsvorsprung vor den weltgeistlichen Predigern. Das war in Köln auch dadurch gewährleistet, daß die Mitglieder der Bettelorden hier als Lehrer in ihren Provinzstudien oder an der Universität als Professoren der Theologie wirkten.

---

[53] Vgl. oben S. 77.
[54] Vgl. Gechter, Kirche und Klerus, 51 ff., 263.
[55] Vgl. Löhr, Necrologium, 109, 144, 168, 119, 128, 152, 121, 150, 132, 149, 153.
[56] Vgl. KD 7/III E, 328 f.
[57] Vgl. Wolfgang Schmid, Stifter und Auftraggeber im spätmittelalterlichen Köln (Köln 1994), 187.
[58] Vgl. unten S. 160.
[59] Vgl. Schmid, Stifter und Auftraggeber, 167–172.
[60] Vgl. Johann Baptist Schneyer, Geschichte der katholischen Predigt (Freiburg 1968), 173, 189, 245.

Die Orden hatten im allgemeinen größere Räumlichkeiten, die sie auch öffentlichen Institutionen für größere Veranstaltungen zur Verfügung stellten. So fand im Minoritenkloster jeweils die Wahl des Rektors der Universität statt. Hier tagten ebenfalls die Landstände von Kurköln und von Jülich.[61]

Die vielfältigen Beziehungen zwischen den Klöstern und den Bürgern der Stadt und deren öffentlichen Institutionen ließen eine Mißstimmung gegen Ordensleute oder Ablehnung ihrer Niederlassung durch die Bevölkerung nicht aufkommen; konkurrierende wirtschaftliche Tätigkeit ist bei den Klöstern der Kolumbapfarrei – von dem erwähnten Einzelfall abgesehen – nicht bekannt. Als Konkurrenz wurden die männlichen Ordensleute dagegen von den Pfarrern empfunden.

12. Die Bettelorden als Konkurrenz der Pfarrseelsorge

Die Ordensleute und ihre Klöster waren nicht nur eine Bereicherung für das kirchliche Leben; ihre Tätigkeit warf auch manche Probleme auf. Besonders bei den Seelsorge übenden Bettelorden war dies der Fall. Sie bedeuteten für die Pfarrgeistlichkeit eine ernst zu nehmende Konkurrenz. Vor allem die Rechte des Pfarrers auf Sakramentenspendung (Osterbeichte, Krankenprovision) und Begräbnis ihrer Parochianen wurde durch die Privilegierung der Bettelorden seitens der Päpste durchlöchert. Es ging nicht nur um das geistliche Ansehen der Pfarrer bzw. der Ordensleute, sondern auch um recht handfeste materielle Dinge. Die Ordensleute warben durch ihre Predigten und die von ihnen geübte volkstümliche Frömmigkeit – ob gewollt oder ungewollt – für ihre Klosterkirche. Vor allem das Begräbnis in ihr oder in ihrer unmittelbaren Nähe galt den Menschen des Mittelalters als besondere Vergünstigung. Mit dem Begräbnis und den Exequien wanderten aber auch die dabei üblichen Oblationen, Anniversarstiftungen und Legate meist an die Klosterkirchen. Für die Bettelorden, die als Gemeinschaft auf materiellen Besitz verzichtet hatten, waren solche Zuwendungen eine Notwendigkeit. Andererseits wurde den Pfarrern, die in der Kölner Innenstadt nicht über regelmäßige feste Einkünfte verfügten, eine wichtige Einnahmequelle entzogen. Auseinandersetzungen mit der neu aufgetauchten Konkurrenz waren geradezu vorprogrammiert. Erzbischof Konrad von Hochstaden trat schon 1248 für die Rechte der Pfarrer gegenüber den Minoriten und Dominikanern ein.[1]

Der Seelsorgestreit zwischen Pfarrern und Mendikanten war indes keine spezifisch kölnische, sondern eine allgemeinkirchliche Angelegenheit. Papst Bonifaz VIII. entschied ihn durch die Bulle *Super cathedram* vom 18. Februar 1300 dahin, daß die Bettelorden in ihren Kirchen und auf öffentlichen Plätzen ungehindert predigen dürften, Beichtvollmacht jedoch nur beim zuständigen Ortsbischof und nur für dessen Bereich erbitten müßten. Bestattungen in ihren Kirchen wurden ihnen erlaubt, wenn sie darum gebeten wurden; jedoch mußte ein Viertel der anfal-

[61] Vgl. Braun, Minoritenkloster, 50 f.

[1] Vgl. Ennen-Eckertz, Quellen II, Nr. 273. Vgl. Hermann Cardauns, Konrad von Hochstaden, Erzbischof von Köln 1238–1261 (Köln 1880), 127.

lenden Gebühren und Hinterlassenschaften *(quarta canonica)* dem zuständigen Pfarrer zufallen.[2] Das war eine unparteiliche Regelung: Der Vorrang der Pfarrseelsorge war gewährleistet, die Tätigkeit der Bettelorden als subsidiäre Seelsorge anerkannt. Trotz eines kurzfristigen Rückschlags in den Jahren 1303–1311 setzten sich die Bestimmungen der Bulle auf die Dauer durch.

In Köln wurde sie vorerst von keinem der Bettelorden beobachtet, wie Papst Johannes XXII. in einem Schreiben vom 28. November 1328 an die Dechanten von St. Gereon und St. Severin in Köln sowie St. Paul in Lüttich mißbilligend feststellte. Er forderte die Adressaten auf, die Regelungen des päpstlichen Entscheids durchzuführen und Übertreter mit kirchlichen Zensuren zu belegen.[3] Die Vereinigung der Kölner Pfarrer bestellte ihrerseits 1339 einen Ausschuß, der den gerichtlichen Schutz der Pfarrgerechtsame und im Prozeßfall die Verteilung der entstehenden Kosten auf die einzelnen Mitglieder übernehmen sollte.[4]

Auf diesem Hintergrund ist das Vorgehen des Pfarrers Mulrepesch von St. Kolumba zu sehen, der ca. 1340 gegen die Eingriffe der Minoriten in seine Rechte eine Entscheidung des Heiligen Stuhls beantragte.[5] Dieser setzte ein eigenes Schiedsgericht ein. Die Klageschrift des Pfarrers Mulrepesch fuhr schweres Geschütz auf. An erster Stelle stand der willkürliche Entzug der *quarta canonica;* der Pfarrer nannte die Summen im einzelnen. Er berief sich auf das Provinzialstatut des Erzbischofs Siegfried von 1281,[6] in welchem unter Strafe der Exkommunikation geboten wurde, die Leichen desjenigen, der sein Begräbnis im Kloster gewünscht hatte, vorher in die Pfarrkirche zu bringen. Die Minoriten hätten seine Parochianen, den Weltgeistlichen Lysegans und den Johannes von Witterschlick, in ihrem Kloster begraben, ohne daß diese ihre Beisetzung bei den Minoriten angeordnet hätten. Letzterer sei von den Ordensleuten zu nächtlicher Zeit begraben worden. Angeblich hatten die Minoriten den Pfarrer auch öffentlich provoziert und vor seinem Hause randaliert. Pfarrer Mulrepesch beschwerte sich ferner darüber, daß die Minoriten den Gottesdienst in St. Kolumba störten, daß sie ihn beim Erzbischof verdächtigten, indem sie ihm falsche Äußerungen in den Mund legten; daß sie in ihren Predigten und über die Beginen auf das Volk einwirkten, sich nur in der Klosterkirche begraben zu lassen, als ob dort mehr für die Verstorbenen gebetet würde; geheim und öffentlich, auf der Kanzel wie im Beichtstuhl hielten sie die Leute ab, den Pfarrgottesdienst zu besuchen. Demgegenüber machten es sich die beklagten Minoriten mit ihrem Schriftsatz reichlich leicht, indem sie den Kolum-

---

[2] Bulle *Super cathedram,* in: Bullarium Franciscanum Romanorum Pontificum, 4 Bde (Rom 1759/68), hier IV, 498 ff.

[3] Das päpstliche Schreiben in: Sauerland, Urkunden und Regesten II Nr. 1577.

[4] Vgl. Gescher, Stadtdechant, Nr. 50; vgl. ebd. Nr. 56.

[5] AStK, Geistl. Abteilung Nr. 74 (Compositio domni Joannis Mulrepesch cum fratribus Minoribus 1341 ultima martis); hier auch die Abschrift der im folgenden erwähnten päpstlichen Bullen. Vgl. dazu die Darstellung bei Braun, Minoritenkloster, 80–85.

[6] Mansi, Conciliorum Collectio 24 (1780), Sp. 343–362, hier 357 f.

Abb. 15 Siegel des Pfarrers Moylrepesch von St. Kolumba (1345). Darstellung der Heiligen mit Bär und Schwert

bapfarrer ganz allgemein beschuldigten, ihnen vielfach entgegengetreten zu sein und sie in ihrer Wirksamkeit behindert zu haben.

Beide Parteien hatten sich verpflichtet, das Urteil des Schiedsgerichtes anzuerkennen. Als dieses am 30. März 1341 verkündet wurde[7] und sich für die Minoriten als ungünstig erwies, verweigerten diese die Annahme mit der Begründung, der Schiedsrichter sei parteiisch gewesen. Die Sache ging an den Heiligen Stuhl zurück, und dieser ernannte einen neuen Schiedsrichter, der freilich nicht anders entschied. Er bestimmte, daß die Leichen jener Parochianen von St. Kolumba, die ihre Beisetzung bei den Minoriten gewünscht hatten, zuerst zur Pfarrkirche gebracht und dort die Exequien gehalten werden sollten. Wachs und Oblationen sollten dem Pfarrer zukommen. Der skandalöse Vorgang bei der Beerdigung des Priesters Lysegans sollte so beglichen werden, daß die Leiche exhumiert und in St. Kolumba beigesetzt werde. Papst Benedikt XII. billigte die für heutiges Empfinden schwer verständliche Entscheidung.[8] Eine abermalige Appellation der Minoriten war erfolglos, und Papst Klemens VI. erließ am 6. Februar 1343 den Befehl zur Ausführung des Urteils.[9] Als die Minoriten auch jetzt noch den Gehorsam verweigerten, nahm die Sache einen unerwartet dramatischen Verlauf. Über die Kölner Mendikanten

[7] AEK, Kol. A I 21.
[8] AEK, Kol. A I 23 und 23a.
[9] AEK, Kol. A I 24.

wurden Suspension und Exkommunikation verhängt und das Kloster der rebellischen Mönche, wie sie in den Akten genannt wurden, mit dem Interdikt belegt. Einen solchen, höchstes Aufsehen erregenden Ausgang hatten weder die Minoriten noch der Pfarrer erwartet, da er in der bisherigen kurialen Praxis ohne Beispiel war. Die Minoriten sahen sich also gezwungen, beim Heiligen Stuhl bittweise um Aufhebung der kanonischen Strafen einzukommen. Die päpstlichen Beauftragten, der Stiftsdechant von Xanten und der Prior des Kölner Dominikanerklosters, kamen indes nicht zum Ziel, weil den Minoriten die Bedingungen für die Aufhebung der kanonischen Strafen zu streng erschienen. Sie erreichten die Ernennung eines neuen päpstlichen Bevollmächtigten, des Offizials von Lüttich. Als Bedingung der Lossprechung wurde den Minoriten aufgegeben, dem Pfarrer von St. Kolumba Schadenersatz im Werte von 1000 Skudi zu leisten und für weitere 1000 Skudi Bürgschaft zu stellen. Die Minoriten nahmen schließlich an und stellten die verlangte Bürgschaft in Silber- und Goldgeräten, die entsprechend der gezahlten Rate der Entschädigungssumme zurückgegeben werden sollten. Am 21. Januar 1344 bat der Neusser Guardian Marsilius als Prokurator des Kölner Konventes um Lossprechung. Zugleich gab er die Erklärung ab, daß das Kloster mit diesem Akt keineswegs eine Schuld zugebe, daß es sich vielmehr nur der Gewalt füge. Nachdem er im Namen des Konventes eidlich versichert hatte, die auferlegten Bedingungen zu erfüllen, wurden die Minoriten von den Zensuren befreit und auch von den etwa zugezogenen Irregularitäten. Sodann hatten sich die einzelnen Mitglieder des Konvents noch zu verpflichten, in Jahresfrist zehn Messen zu zelebrieren für jene Parochianen von St. Kolumba, die in der Klosterkirche begraben waren. Ferner sollte jedes Mitglied des Konvents sechsmal neben seinen Tagzeiten den Psalter beten; ein ganzes Jahr lang sollte an einem Tag der Woche kein Wein zur Mahlzeit genossen werden; schließlich hatten alle Minderbrüder am Sonntag Septuagesima zwischen der Frühmesse und dem Hochamt zur Pfarrkirche St. Kolumba zu ziehen, dort vor dem Hochaltar kniend zu beten und die Erde zu küssen. Gegen diese letzte Bedingung legte Pater Marsilius Verwahrung ein; sie sei beschämend und keineswegs die Moral fördernd.

Nach dem für sie so unrühmlich ausgegangenen Streit mit Pfarrer Mulrepesch waren die Minoriten künftig besser auf der Hut. Außerdem bedienten sie sich zur Wahrung ihrer Ansprüche desselben Mittels wie die Kölner Pfarrer; am 1. Mai 1352 schlossen sie im Augustinerkloster zusammen mit den übrigen Kölner Mendikanten, den Dominikanern, Augustiner-Eremiten und Karmeliten, ein förmliches Bündnis *Quatuor-unum,* das am 1. April 1487 und am 14. März 1508 erneuert wurde.[10]

Gelegentliche Spannungen zwischen dem Pfarrer von St. Kolumba und dem Minoritenkloster lassen sich weiterhin bis ins 18. Jahrhundert feststellen, aber sie nahmen nicht mehr jenes Ausmaß an wie im 14. Jahrhundert. Ein Streit im Jahre

---

[10] Vgl. Eubel, Minoritenordensprovinz, 51.

1426 wurde zugunsten der Ordensleute gütlich beigelegt.[11] Bei anderen Gelegenheiten fügten sich diese auf den Protest des Pfarrers hin.[12]

In den Beziehungen zwischen den Kolumbapfarrern und den Kreuzbrüdern herrschte von vorneherein besseres Einvernehmen. Als hier 1313 ein Streit auszubrechen drohte, verzichteten beide Parteien auf den Einsatz von Rechtsmitteln; den Brüdern wurde der ungestörte Gebrauch der ihnen von der Kirche gewährten Privilegien zuerkannt; dafür verpflichteten sich die Ordensmänner, von ihrer Hofstatt jährlich einen Zins von sechs Solidi an den Pfarrer zu zahlen.[13]

13. Die Universität und die Kolumbapfarrei

Die Universität Köln wurde 1388 auf Initiative der Stadt gegründet. Sie war für die Kolumba-Pfarrei insofern von Bedeutung, als alle ihre Pfarrer zwischen 1442 und 1798 an der Kölner Universität studiert hatten und sich darüber hinaus enge Beziehungen zwischen Lehrenden und Lernenden auf der einen Seite und den Pfarrern und Pfarrgenossen auf der anderen Seite entwickelten. Zum Verständnis bedarf es eines Blickes in die Innenwelt der hohen Schule.

Wie die übrigen mittelalterlichen Universitäten besaß die Kölner Alma Mater vier Fakultäten: die Artistische, Theologische, Juristische und Medizinische. Die Artistische Fakultät war dem Rang nach die letzte, der Frequenz nach die größte und für den Bestand der Universität die wichtigste. Jeder Student, der sich – gewöhnlich mit 16 oder 17 Jahren – immatrikulieren ließ, mußte sie zuerst absolvieren, was etwa drei bis vier Jahre in Anspruch nahm; dann erst konnte er in eine der höheren Fakultäten aufsteigen. Die Artistische Fakultät hatte ihren Namen von den *artes liberales,* unter denen man das *Trivium* (Grammatik, Rhetorik, Dialektik) und das *Quadrivium* (Arithmetik, Geometrie, Musik, Astronomie) verstand. Nominell gehörten die Artes zum Fächerkanon der Artistischen Fakultät, faktisch wurden sie bald von den philosophischen Disziplinen Logik, Physik, Mathematik, Metaphysik und Ethik bestimmt, die sich aus der Dialektik herausgelöst hatten und auf der Grundlage der ins Lateinische übersetzten Aristoteles-Schriften dargeboten wurden. Der erste Kursus (Logik und Physik) fuhrte in zwei Jahren zum akademischen Grad eines *Baccalaureus,* der zweite Kursus, der die übrigen Disziplinen umfaßte, zum Lizentiat; daran konnte sich der Erwerb des *Magister artium* anschließen.[1]

Wer einen solchen Lehrgang mitgemacht hatte, verfügte im allgemeinen über eine zeitgemäße, gediegene Bildung. Wenn er dabei weniger Kenntnisse in den Realien und in der Geschichte erwarb, so hatte er dafür eine größere Vertrautheit mit der philosophischen Gedankenwelt gewonnen, die seit zwei Jahrtausenden die

---

[11] Vgl. Braun, Minoritenkloster, 87.

[12] Z. B. unter Pfarrer Peter Hausmann; siehe AEK, Kol. NC 12 f., 42.

[13] REK IV, Nr. 781, und Haaß, Kreuzherren, 72.

[1] Vgl. Erich Meuthen, Die alte Universität [Köln] (Köln–Wien 1988), 16, 20 f., 113–116.

Grundlage abendländischer Wissenschaft war; und auch die formelle Gewandtheit, diese Gedanken darzulegen und zu begründen, sollte nicht unterschätzt werden.

Der Inhaber des Magistergrades war berechtigt, in der Artesfakultät zu lehren. Davon wurde oft Gebrauch gemacht, während man gleichzeitig das Studium in einer der höheren Fakultäten weiterführte.[2] Die Universität sparte auf diese Weise festangestellte Lehrer, und der junge Magister hatte die Möglichkeit, sein Fachstudium durch seine, wenn auch spärlich besoldete Lehrtätigkeit zu finanzieren. Die späteren Kolumbapfarrer haben bis auf die beiden letzten Inhaber des Pfarramtes diese Möglichkeit wahrgenommen.

Für den Lehrbetrieb gab es kein zentrales Universitätsgebäude. Er spielte sich in verschiedenen, über die Innenstadt verstreuten Häusern ab; es gab die *Aula theologica* am Domkreuzgang, im Nordosten der Kolumbapfarre die Rechtsschule, in der Stolkgasse die Artistenschule. Bedeutender waren für die Artesstudenten die Bursen. Sie waren von privater Seite gestiftet oder von Professoren als Hausgemeinschaften gegründet worden, in denen Lehrer und Schüler unter Leitung eines Magisters als des Regenten zusammenlebten. Hier fanden nach einer festgefügten Studier- und Lebensordnung Repetitionen, später auch Vorlesungen und Disputationen statt. „In der Gemeinschaft dieser Häuser wurde den jungen Menschen mehr an geistiger Formung zuteil, als von der Universität je geleistet werden konnte".[3]

Auf dem Boden der Kolumbapfarrei lagen zunächst nur zwei kleinere Kollegs: die Kronenburse, die sich in dem Vorderhaus vor der Rechtsschule befand (auch Collegium Hervordianum genannt, 1430 gegründet), und das anstoßende Roermondsche Haus *(Collegium Ruremundanum)* (1434 gestiftet). Beide waren Häuser für Stipendiaten, die meist an der juristischen Fakultät studierten.[4]

Zusammenschlüsse anderer Häuser hatten zu vier bzw. drei Großbursen geführt, die faktisch die Artesfakultät konstituierten. Zwei von ihnen müssen hier genannt werden. Nach ihren bedeutenden Regenten aus s'Heerenberg *(Mons Domini)* nannte sich die an der Straße Unter Sachsenhausen gelegene älteste Burse (nach 1420) *Bursa Montana.* An Bedeutung kam ihr die 1440 von dem Friesen Laurentius Buninch gegründete Laurentianerburse nahe;[5] 1569 wurde sie aus der (heutigen) Komödienstraße in einen Gebäudekomplex verlegt, den das Minoritenkloster an der Ecke Drususgasse–An der Rechtsschule abgetreten hatte. Dadurch hatte die Kolumbapfarrei außer dem Lehrgebäude der Juristen auch einen bedeutenden Teil der Artistischen Fakultät in ihrem Territorium. Bezeichnender als dies ist die Tatsache, daß von den 17 genannten Kolumbapfarrern sich zwölf als *Professor Laurentianus,* nur drei als *Professor Montanus* bezeichneten. Das Laurentianum stand also in

---

[2] Vgl. ebd.. 117 ff.

[3] Vgl. ebd., 88 ff., das Zitat ebd. 89.

[4] Vgl. Hermann Keussen, Die alte Universität Köln. Grundzüge ihrer Verfassung und Geschichte (Köln 1934), 239–261, 360–365.

[5] Vgl. Meuthen, Universitt, 91–94.

Abb. 16 Gymnasium Laurentianum (um 1685)

besonderer Beziehung zur Kolumbapfarrei. Drei ihrer Pfarrer leiteten diese Burse als Regenten: Hülshout, Harderwijk und Ulenberg; von der Horst war Conregent.[6]

Die Bursen waren nicht nur Lebens- und Studiergemeinschaften, sie hatten auch durch berühmt gewordene Lehrer eine bestimmte geistige Ausrichtung erfahren, durch die sie sich voneinander abhoben *(via moderna – via antiqua)*. Die Montanerburse hatte durch ihren bedeutenden Professor Heinrich von Gorkum in der philosophischen Auseinandersetzung zwischen Nominalisten und Realisten im zweiten Jahrzehnt des 15. Jahrhunderts dem Realismus des Thomas von Aquin zum Durchbruch verholfen. Das Laurentianum bekannte sich zwar ebenfalls zum philosophischen Realismus, suchte sich aber innerhalb dieser Schulrichtung durch die *via Alberti* zu profilieren, eine dem Kölner Dominikanertheologen Albertus Magnus zugeschriebene Lehrtradition, die Heymerik von Kampen *(Heymericus de Campo)* seit 1422 in seiner Burse heimisch gemacht hatte.[7] Es ist hier nicht der Ort, den bekannten „Wegestreit“ erneut zu beschreiben;[8] es sei lediglich darauf hingewiesen, daß die Kölner Albertisten im allgemeinen konservativer waren und in der Verteidigung theologischer Prinzipien kompromißloser und konfrontationsfreudiger auftraten als ihre Gegner.[9] Dies zeigte sich deutlich beim später zu erwähnenden Reuchlin-Streit und in den Anfängen der lutherischen Bewegung.[10]

Alle Kolumbapfarrer haben nach ihrem Artesstudium einen qualifizierten Abschluß in der Theologie oder im Kirchenrecht gemacht: 13 als Doktoren, 3 als

---

[6] Vgl. den Pfarrerkatalog unten S. 297–303 und die Tabelle S. 88 f.

[7] Vgl. Erich Meuthen, Die Artesfakultät der alten Universität Köln im 15. und 16. Jahrhundert, in: Miscellanea Mediaevalia 20, hg. von Albert Zimmermann (Berlin 1989), 366–393, hier 386 f., 390.

[8] Vgl. Meuthen, Universität, 170–174, 178–181, 186–191.

[9] Vgl. Götz-Rüdiger Tewes, Die Bursen der Kölner Artistenfakultät bis zur Mitte des 16. Jahrhunderts (Köln 1994), passim, zusammenfassend 809–813.

[10] Vgl. unten S. 149, 151, 153.

Herkunft u. Studium, adadem. u. kirchl. Positionen der Kolumbapfarrer

	Name	Diözese	Immatr. Univ. Köln	Mag. art.	Prof Laur./ Mont.	Dekan Art. Fakultät
1	Hulshout	Cambrai	1423	1426	1427-40 (Regent) L	1430 (2 x) 1431
2	v.d.Horst	Lüttich	1443	1451	1453-1474 L	1457/58 1473/74 (3 x)
3	Harderwyck	Utrecht	1468	1471	1473-1492 L 1493-1501 Regent	1476 (2 x), 1480 (2 x) 1486, 89, 91
4	v. Damme	Utrecht	1484	1488	vor 1503 L	
5	Blankfordt	Münster	1524	1527	1531-1543 L	1531/32 1539/40
6	Novimola	Köln	1529	1532	1535-1562 M	1540/41
7	Nopel (II)	Köln	1555		1565-1575 L	1574
8	Ulenberg	Köln	1572	1574	1575-1611 L 1592-1611 Regent	
9	Kofferen	Lüttich	1583		1588-1609 M	1597 1600
10	Frosch	Köln	1620		1626-1636 L	
11	Elmpt	Roermond	1632		1636-1647 L	1643
12	Hausmann, Pet.	Köln	1670		1675-1690 L	
13	Hausmann, Joh.	Köln	1676		1680-1711 M	1696 1707
14	Kochs, Arnold (I)	Köln	1694		1698-1711 L	
15	Kochs, Arnold (II)	Köln	1719 bacc.		1725-1727 L	
16	Kochs, Peter	Köln	1722 bacc.			
17	Müller	Köln	1757			

Lic./Dr. theol.,	Dekan theol. Fakultät	Rector magn.	Pfarrer St. Kolumba	Kanonikus
1436 L 1440 D	1440	1438/39, 1450/51 1468	1442-1475	1435-1443 Cäcilien
1469 L 1480 D	1483 1488	1466/67 1480/81	1475-1496	1460-1474 Cäcilien 1495 städt.Prof.
1481 L 1501 D	1501/02	1487/88 1500/01	1496-1503	
1496 L 1503 D	1506/07 1526	1511/12 1528/29 1530/31	1503-1542	
1535 L 1550 D	1550/51	1543/45 1553/54	1542-1554	1543 Andreas 1543 Mariengraden 1553 Dom
1545 L 1562 D		1549/51 1564/65	1554-1579	1547-1579 Dom
1574 L 1591 D	1592	1584/86 1594/96	1580-1604	1573-1589 Mariengraden 1584-1604 Ursula 1589-1604 Dom
1598 L		1610/12	1605-1617	1584-1594 Kunibert, ? -1594 Cäcilien, 1594-1605 Gereon, 1605-1617 Ursula
1599 L 1609 D	1610/12	1614/15	1617-1634	1606 Gereon 1617 Ursula
1652	1661/62		1634-1663	1642 Aposteln 1652 Ursula (Tausch)
1642 L vor 1661 D	1663/65	1666	1663-1689	1645 Georg 1663 Ursula
1679 L 1690 D	1707/09		1689-1710	1689 Ursula 1700 Mariengraden 1705 Gereon (Tausch)
1686 L			1710-1711	1705 Andreas 1710 Ursula
1707 L 1712 D	1726/28		1711-1742	1719 Ursula 1727-1734 Mariengraden
1725 L 1736 D	1751/53		1742-1765	1735 Mariengraden 1742 Ursula
1756 Dr. jur.			1765-1777	? Georg 1765 Ursula
1777 Lic. jur./ Lic. theol.			1777-1801	1777 Ursula

Lizentiaten der Theologie, einer als *Doctor iuris*.[11] In weit auseinanderliegenden Fristen stieg man über die Grade des *Baccalaureus biblicus* und des *Sententiarius* zum Lizentiatengrad auf, den man nicht vor dem 30. Lebensjahr erwerben konnte. Die theologischen Bakkalaren wurden schon als Lehrende verwendet; sie hatten zwei Bücher der Bibel kursorisch zu lesen und zu interpretieren. Wer eine Disputationsübung über die vier Sentenzenbücher des Petrus Lombardus bestanden hatte, wurde *Sententiarius* und konnte von seinem Lehrer zum Lizentiaten der Theologie vorgeschlagen werden. Dieser Grad war in Köln nicht mit einer wissenschaftlichen Prüfung verbunden, sondern nur mit einer Erkundigung über die Tauglichkeit des Kandidaten. Mit der Erlangung des lic.theol. war man de iure *Magister*, konnte jedoch das Lehramt erst ausüben, wenn man nach Absolvierung der *Vesperien* und der *Aula*, d. h. einer umfangreichen Disputation, dem Promotionsakt und einer Art Antrittsvorlesung Dr. theol. geworden war. Erst durch diese übrigens sehr kostspieligen Akte konnte man Zutritt zur Engeren Fakultät, dem *Consilium* erhalten. Er war zeitweilig an die Einhaltung bestimmter Fristen gebunden.[12]

Die Kolumbapfarrer als Universitätsprofessoren

Die Tatsache, daß die künftigen oder bereits mehr oder weniger lange installierten Kolumbapfarrer einen akademischen Grad in der Theologie erwarben und als Professor in die Theologische Fakultät eintraten, hatte recht materielle Gründe. Da die Einkünfte der stadtkölnischen Pfarrer sich im wesentlichen aus Renten, Meßstipendien und Oblationen zusammensetzten, war eine Einkommensergänzung fast eine Notwendigkeit. Hierfür bot sich die Verbindung des Pfarramtes mit einer Stiftspfründe an. Aus eigenen Stücken hätten sich aber die autonomen Stifte zu einer solchen Hilfeleistung kaum entschlossen; eine derartige Verbindung war nur auf dem „Umweg" über eine Universitätsprofessur möglich. Die meisten Lehrstühle der Universität waren nämlich von der Kirche durch Verbindung mit einem Kanonikat an einer der elf Kölner Stiftskirchen dotiert worden. Für den Antritt eines Stiftskanonikats aber war der Besitz eines akademischen Grades in Theologie oder kanonischem Recht Vorbedingung.[13] So erklären sich Bildungsgang und „Universitätskarriere" der Kolumbapfarrer.

Die Päpste haben dreimal – 1394, 1437 und 1559 – auf Ansuchen der Stadt Köln Kanonikate für die Universität *ex gratia* – gnadenweise – zur Verfügung gestellt; man spricht daher von Universitätspfründen der ersten, zweiten bzw. dritten Gnade. 1698 wurden die Ansprüche der Fakultäten und ihrer Lehrstühle auf die einzelnen Pfründen der ersten Gnade durch Papst Innozenz XII. genau festgelegt. Danach sollten die Universitätskanonikate an St. Gereon, St. Andreas und Mariengraden den Professoren für Kontroverstheologie, Heilige Schrift und Moraltheolo-

[11] Vgl. Tabelle S. 88 f.

[12] Vgl. Meuthen, Universität, 27 ff., 146.

[13] Bei Pfarrer Arnold (II.) Kochs mußte der nachträgliche Erwerb des Doktorats angemahnt werden. Vgl. AEK Kol. A I 457.

gie vorbehalten sein. In der Juristischen Fakultät hatten die Kanonisten Anspruch auf die Pfründen am Dom, an St. Kunibert und St. Georg, die Legisten auf ein Kanonikat an St. Aposteln und St. Severin, während die Universitätspräbenden an St. Ursula und St. Cäcilien den Artesprofessoren am Laurentianum und am Montanum reserviert wurden.[14]

Die Gegenleistung der Kolumbapfarrer als Inhaber eines Universitätskanonikats bestand in der Vorlesungspflicht. Mit ihrer Erfüllung stand es seit der zweiten Hälfte des 15. Jahrhunderts schlecht.[15] Pfarrer Blankfordt war eine rühmliche Ausnahme. Er erhielt 1553 auf Ansuchen des Erzbischofs die Universitätspräbende am Dom als Anerkennung seiner Treue und Pünktlichkeit in der Durchführung der Vorlesungen.[16] Aus späterer Zeit ist Pfarrer Peter Hausmann als positives Beispiel zu erwähnen. Nach der theologischen Doktorpromotion am 14. November 1690 begann er gleich im darauffolgenden Januar mit theologischen Vorlesungen. Seit Februar 1699 hielt er im oberen Stockwerk seiner Pfarrkirche regelmäßig zusammen mit anderen Fakultätskollegen theologische Konferenzen, vielleicht eine Art Seminar oder Repetitorium.[17]

Die Fremdfinanzierung einer Pfarrstelle durch ihre Verbindung mit einer Stiftspfründe – auf dem Umweg über eine Universitätsprofessur – lag weder im Interesse der Pfarrseelsorge noch der Universität noch der Stiftskirchen. Diese wehrten sich begreiflicherweise bei jedem Eingriff in ihre Autonomie und erreichten bei den Pfründen der zweiten und dritten Gnade gewisse Einschränkungen.[18] Die Kolumbapfarrer aber hatten durchweg die begehrten Kanonikate der ersten Gnade inne. Sie wurden von einer Kommission vergeben, in der die Universität eine Stimme, die Stadt vier Stimmen hatte. Da zwischen dem städtischen Rat und den Kirchspielen der Stadt mannigfache persönliche Beziehungen bestanden, konnten diese bei der Pfarrerwahl leicht ins Spiel gebracht werden.

Nachdem die Pfarrgenossen von St. Kolumba sich erfolgreich gegen fremde und nichtresidierende Pfarrer gewehrt hatten, sollte man annehmen, daß sie mit der gleichen Intensität die Verbindung der Pfarrstelle mit einer Universitätsprofessur und einem Kanonikat als Beeinträchtigung der Seelsorge abgelehnt hätten. Das war jedoch nicht der Fall. In den dreieinhalb Jahrhunderten von 1442 bis 1798 waren alle 17 Kolumbapfarrer dieser Zeit zugleich Universitätsprofessoren und – bis auf zwei Ausnahmen – Inhaber von Stiftskanonikaten.[19]

Die Tatsache, daß die 17 Pfarrer an der Kölner Universität studiert und vor ihrem Eintritt in die Theologische Fakultät in der Artistischen Fakultät gelehrt hat-

---

[14] Vgl. Meuthen, Universität, 62 ff., 293 f.; Keussen, Alte Universität, 29.

[15] Vgl. ebd., 25–28; Meuthen, Universität, 290 f.

[16] Vgl. Das Buch Weinsberg. Kölner Denkwürdigkeiten aus dem 16. Jahrhundert, bearbeitet von Konstantin Höhlbaum, Friedrich Lau und Joseph Stein, 5 Bde (Leipzig und Bonn 1886–1926), hier II (1887), 32 A. 7; vgl. Keussen, Alte Universität, 50.

[17] AEK, Kol. NC, 5, 24.

[18] Vgl. Keussen, Alte Universität, 31 ff., 36.

[19] Vgl. die Tabelle S. 88 f.

ten, überrascht nicht; aber es fällt auf, daß 14 von ihnen ihre Tätigkeit in der Laurentianerburse, nur drei in der Montanerburse ausgeübt hatten. Es bestand offenbar ein besonderes Vertrauensverhältnis zwischen der Bürgerschaft von St. Kolumba und der Bursa Laurentiana. Vielleicht haben maßgebende Familien von St. Kolumba vorzugsweise dieser Burse ihre zu höherer Bildung bestimmten Söhne anvertraut. Als spätere Kirchmeister und Novemvirn war es diesen möglich, die Wahl eines Laurentianerprofessors an die Spitze von St. Kolumba zur Tradition zu machen.

Die Kolumbapfarrer unterstützten diese Verbindung, indem sie ihrerseits ehemalige Schüler der Laurentiana als Kapläne oder Altaristen an St. Kolumba anstellten; Pfarrer Horst war z. B. Kaplan bei seinem Vorgänger Hülshout gewesen, Pfarrer Damme Kaplan bei Harderwijk; dieser wiederum hatte Johannes Hambroich, der bei ihm den *Magister artium* erworben hatte, als Küster[20] und später als Altaristen in St. Kolumba angestellt. Manche Pfarrer setzten ehemalige Laurentiana-Schüler, die jetzt ihre Pfarrgenossen waren, zu ihren Testamentsvollstreckern ein.[21]

Diese Verbindungen und Beziehungen haben zwar die Pfarrerwahl in die Hände einiger weniger Familien, aber der Pfarrei keinen Nachteil gebracht. Von Nepotismus kann man zu dieser Zeit nicht sprechen, denn die von den Pfarrgenossen gewählten Pastoren waren nicht mit Kölner Bürgern verwandt; sie waren auch – bis Mitte des 16. Jahrhunderts wenigstens – weder gebürtige Kölner noch Priester des Erzbistums: Hülshout kam aus dem Bistum Cambrai, Horst aus Lüttich, Harderwijk und Damme aus Utrecht, Blankfordt aus Münster. Nach Mitte des 16. Jahrhunderts wurde diese Übung für mehr als sechs Jahrzehnte unterbrochen, um im 17. Jahrhundert in den Personen der Pfarrer Kofferen und Elmpt noch einmal wiederaufzuleben; sie stammten aus den Bistümern Lüttich bzw. Roermond.

Bei Besetzung der Pfarrstelle St. Kolumba ist es den Wählern wohl weniger auf die von der Laurentiana gepflegte albertistische Richtung ihres Kandidaten angekommen als auf die Wertschätzung dieser Schul- und Erziehungsstätte, auf die akademische Bildung und die Stellung des zu Wählenden im Universitätsbereich. Vielleicht hat auch die mit einer Universitätsprofessur verbundene Position eines wohldotierten Stiftskanonikus bei den Wählern eine Rolle gespielt.

14. Die Kolumbapfarrei in ihrem wirtschaftlichen und sozialen Umfeld

Die Kolumbapfarrei war mit der sie umgebenden Siedlung entstanden und mit ihr in die werdende Stadt hineingewachsen. In der Entwicklung von Stadt und Kirche hatte es viele Berührungspunkte und Gemeinsamkeiten gegeben. Die innerstädtischen Sondergemeinden hatten an die Pfarrstrukturen anknüpfen können. Das Kirchmeistergremium war aus der Amtleutekorporation hervorgegangen und hatte Elemente ihrer Verfassung übernommen. Die selbstbewußte Bürgerschaft

[20] Vgl. Tewes, Bursen, 445, 449, 440 f.; vgl. auch 448 f.
[21] Vgl. ebd., 443 f., 449 ff.

erstritt sich das Recht, den Pfarrer zu wählen, engagierte sich aber auch finanziell für ihre Pfarrkirche. Nicht nur gemeinsame Interessen ließen Bürgerschaft und Pfarrkirche kooperieren; es gab vor allem vielfältige personelle Verflechtungen, besonders zwischen den Institutionen der Kirchmeister, der Provisoren von karitativen Stiftungen und Bildungseinrichtungen sowie maßgebenden Positionen des Stadtregiments. Das Kirchmeisteramt war zum Beispiel ein begehrter Ehrenposten für karrierebewußte Anwärter auf das Amt eines Ratsherrn oder Bürgermeisters. Daher waren die Beziehungen zwischen der Stadt Köln und ihren Pfarrkirchen im allgemeinen problemlos. Das galt auch für die wirtschaftlichen Beziehungen zwischen Stadt und Klerus.

Die Pfarrei im städtischen Wirtschaftsleben

Die geistlichen Institutionen und der Klerus spielten im wirtschaftlichen Leben der Stadt eine herausragende Rolle. Während die Stifte und Klöster von Händlern und Handwerkern als wirtschaftliche Konkurrenz empfunden wurden, weil sie innerhalb ihrer Immunität mit Naturalgütern handelten und gelegentlich auch ein Gewerbe ausübten, war dies bei den Pfarrkirchen und ihren Geistlichen nicht gegeben.[1] St. Kolumba galt im Hochmittelalter als reiche Pfarrei. Im Liber valoris (1308) war sie mit fünf Mark Jahreseinkommen eingeschätzt worden. Diese Zahl besagt nur etwas, wenn man sie mit Einkommen anderer Kölner Pfarrkirchen und bedeutender Stiftspfründen vergleicht. Den höchsten Schatzungssatz unter den Kölner Pfarrkirchen erreichte Klein St. Martin mit sieben Mark, alle übrigen blieben unter fünf Mark. Die Propstei des hochadligen Stiftes St. Gereon war mit vier Mark veranschlagt worden; die übrigen Stiftspröpste – mit Ausnahme des Dompropstes – blieben darunter. Rückschlüsse auf das reale Einkommen erlauben die angegebenen Taxen allerdings nicht.[2] Die Einkünfte der Kölner Pfarrkirchen resultierten aus Miethäusern und Renten. Die Rentabilität der kirchlichen Zinshäuser war im allgemeinen gut, namentlich, wenn diese der Kirche geschenkt worden waren.[3] Eine größere Rolle spielten die Renten im kirchlichen Wirtschaftsbereich; sie waren mit Einkünften aus bestimmten Liegenschaften verbunden und nicht kündbar. Man unterschied Leibrente und Erbrente. Bei der Leibrente erhielt der Gläubiger die Zinsen auf Lebenszeit; Ordensleute und Beginen wurden oft von ihrer Verwandtschaft mit einer Leibrente ausgestattet. Die Erbrenten dagegen liefen ewig; sie konnten vererbt, übertragen, verkauft, mit Zustimmung des Gläubigers auch abgelöst werden. Eine Erbrente war durchweg eine sichere Kapitalanlage, und die Kölner Pfarrkirchen haben die Geldstiftungen ihrer Pfarrgenossen an die Kirche in großem Maße als Erbrente ausgetan, um von den Zinsen die kirchlichen Bedürfnisse und die Armenpflege zu bestreiten. Die Stadt Köln und das Domkapitel waren die wichtigsten Rentenzahler des Klerus, insbesondere der Pfarrkir-

[1] Vgl. dazu Gechter, Kirche und Klerus.
[2] Vgl. Friedrich Wilhelm Oediger (Hg.), Der Liber Valoris (Bonn 1967), 12 f., 15., 29 f.
[3] Vgl. Gechter, Kirche und Klerus, 246, 256 f.

chen und der Hospitäler; denn diese verfügten dank der bürgerlichen Schenkungen über das meiste flüssige Kapital.[4]

Diese finanzielle Verflechtung war nie Gegenstand von Auseinandersetzungen; die Finanzierung kirchlicher und karitativer Aufgaben durch städtische Rentenzahlungen kam ja den Bürgern wieder zugute. Als politisches Druckmittel auf den Klerus eignete sich das System der Erbrente nicht, da sie nicht einseitig gekündigt werden konnte.[5]

Sozialtopographie der Pfarrei

St. Kolumba umfaßte nach einer Schätzung vom Jahre 1426 mit 6–8000 Seelen ein Fünftel der Stadtbevölkerung. Die soziale Struktur der Pfarrei läßt sich aus einer für das Kirchspiel erstellten Steuerliste von 1286 erschließen.[6] Für gewöhnlich gab es in Köln nur indirekte Steuern. Direkte Steuern, für die die genannte Liste bestimmt war, wurden nur in Sonderfällen ausgeschrieben.[7] Sie wurden nach dem Grundstücksertrag errechnet. Die Steuerliste von 1286 weist 889 versteuerte Objekte auf, die in 30 Steuergruppen eingeteilt waren. 30 % der Steuerobjekte erbrachten zusammen über zwei Drittel der Gesamtsteuerschuld, d. h. ein nicht unbeträchtlicher Teil der Pfarrangehörigen von St. Kolumba gehörte zu den vermögenden Leuten. Wolfgang Herborn hat den Durchschnittswert der steuerlichen Veranlagung graphisch in die einzelnen Straßenabschnitte der Kolumbapfarrei eingetragen; es ergab sich ein interessantes sozialtopographisches Bild. Das vornehmste Wohnviertel befand sich demnach in dem Rechteck, das von den Straßen Unter Fettenhennen - Hohestraße - Schildergasse - Herzogstraße - Kolumbastraße-Drususgasse-Römergasse-Burgmauer gebildet wurde. Hier lagen Pfarrkirche und Geburhaus, hier wohnten u. a. viele Amtleute der Sondergemeinde St. Kolumba. Die besten Objekte lagen unstreitig an der Nord-Südachse der Römerstadt: Unter Fettenhennen-Hohestraße. Von dieser zentralen Lage aus waren die wichtigsten Ziele der Stadt schnell zu erreichen. Außerhalb des genannten Karrees hat nur noch der größte Teil der Glockengasse und der westliche Teil der Breitestraße sowie die Nordwestecke des Pfarrgebietes am Neumarkt Anteil an der höchsten Steuerveranlagung. Die geringsten Steuern wurden im südwestlichen (Perlenpfuhl, Streitzeuggasse) und außerdem im nordwestlichen Teil der Pfarrei (Burgmauer, Kupfergasse, Schwalbengasse, Auf dem Berlich) erhoben. Hier scheint die ärmere Bevölkerung gewohnt zu haben. Die Gegend galt zum Teil als anrüchig: In der Schwalbengasse lag ein Bordell.

---

[4] Vgl. ebd., 186 f., 195 f., 214.
[5] Vgl. ebd., 202 f.
[6] Vgl. Joseph Greving, Steuerlisten.
[7] Vgl. zum folgenden Wolfgang Herborn, Sozialtopographie des Kölner Kirchspiels St. Kolbumba im ausgehenden 13. Jahrhundert, in: Zwei Jahrtausende Kölner Wirtschaft, hg. von Hermann Kellenbenz, 2 Bde (Köln 1975), hier I, 205–215.

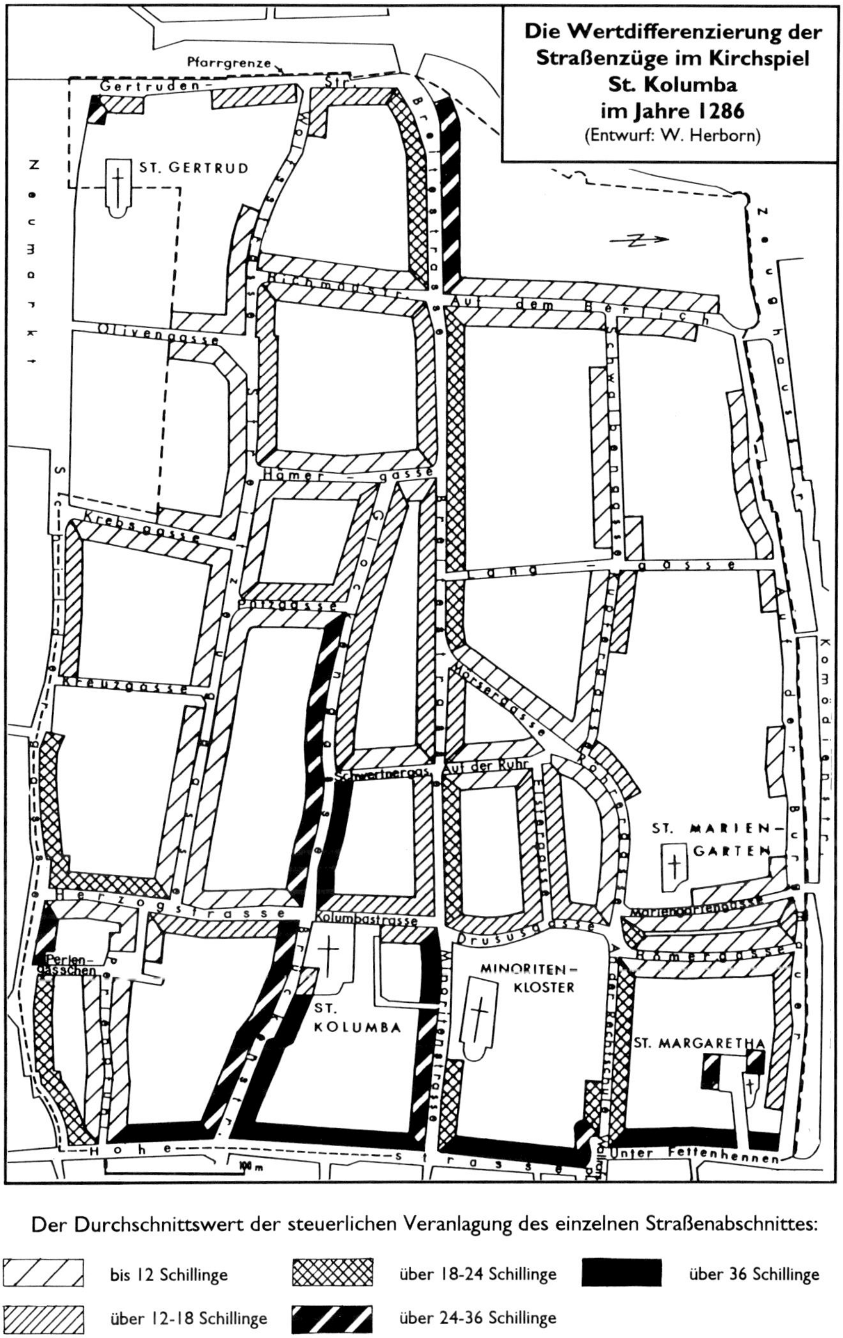

Abb. 17 Die Wertdifferenzierung der Straßenzüge im Kirchspiel St. Kolumba im Jahre 1286

An gewerblichen Betrieben lassen sich 1286 innerhalb des Kirchspiels 13 Schmieden, 12 Bäckereien, 7 Brauereien, 2 Mühlen, 2 Appretieranstalten und eine Badstube nachweisen. Es werden ferner genannt 12 Kürschner, 8 Gerber, 4 Schuhmacher, je 5 Kesselschläger und Gürtelmacher sowie 3 Steinmetze. Das Ostviertel der Pfarrei war im allgemeinen frei von Gewerbetreibenden, abgesehen vom heutigen Wallrafplatz und dem südöstlichen Bezirk zwischen Hohestraße-Schildergasse-Perlengäßchen und Perlenpfuhl, wo sich die Schmiedewerkstätten konzentrierten. Weitere metall- und eisenverarbeitende Handwerker finden sich im Zuge der Breitestraße und der Streitzeuggasse; hier und über die Herzogstraße bis zum Perlengäßchen waren die Vertreter des ledererzeugenden und -verarbeitenden Gewerbes zuhause. Während Brauer und Bäcker sich auf das gesamte Gebiet verteilten, sind Fleischer und Fischer kaum vertreten; sie waren wohl an bestimmte Verkaufsstände auf den Märkten gebunden. Im übrigen kann man nicht alle damals üblichen Gewerbe in größerer Zahl oder überhaupt im Kirchspiel erwarten. Aber das Fehlen des Textilgewerbes, abgesehen von den Appretierern, fällt auf.

Die Gewerbetreibenden gehörten nach der Steuerliste von 1286 durchweg zur mittleren Steuerklasse. Dagegen lag der Durchschnittswert bei der Veranlagung der Amtleutehäuser unmittelbar an der Grenze zum Höchststeuersatz. „Wenn man bedenkt, daß nur etwa knapp die Hälfte aller Amtleutefamilien in der Liste von 1286 erfaßt ist, und daß man gerade die steuerlich hochveranschlagten Häuser keiner Familie zuordnen kann, dann wird deutlich, daß die politische Führungsschicht in der Sondergemeinde zugleich auch die wirtschaftliche Oberschicht gewesen ist. Unter ihr haben wir auch die Händler und Kaufleute, die Grundbesitzer und Mitglieder des städtischen Patriziats zu suchen. Etwa zwei Drittel der Häuser dieser Schicht liegen im Ostteil der Parochie“.[8] Die Häuser der Patrizier waren wohl auch die einzigen wirklich großen Gebäude, im allgemeinen waren die bürgerlichen Wohnhäuser von geringem Umfang und nur für eine einzige Haushaltung bestimmt. Die Holz- bzw. Fachwerkbauweise war bei ihnen vorherrschend.[9]

Im Jahre 1286 zählte die Kolumbapfarrei 889 Häuser, 200 Jahre später waren es nur wenig mehr, nämlich 927, wie einer Steuerliste von 1487 zu entnehmen ist. Diese langsame und schwache Entwicklung erklärt sich durch Vergrößerung der im Pfarrgebiet gelegenen Herrenhöfe und durch Neugründung von Klöstern. So waren an der Westseite des Berlich 23 Häuser verschwunden, um dem 1304 gegründeten St. Clarenkloster Platz zu machen; zwei Häuser waren dem Konvent der Franziskanerterziaren geopfert worden, die sich 1328/29 in der Streitzeuggasse niedergelassen hatten, neun Häuser hatten dem 1309 gegründeten Kreuzbrüderkloster weichen müssen. Die Benediktinerklöster von Siegburg, Brauweiler und Kornelimünster hatten einen Wirtschaftshof bzw. ein Absteigequartier im Pfarrgebiet erworben: Siegburg an der Rechtsschule (2–4), die beiden anderen zunächst an der Breitestraße, Brauweiler später auf der Burgmauer. Der Neuenahrer Hof vergrö-

[8] Herborn, Sozialtopographie, 213 f.

[9] Vgl. Keussen, Topographie, I, 81*–84*; Vogts, Wohnhaus, 2. Aufl. I, 167 ff., 137 f.

ßerte sein Areal zwischen der Schwalbengasse und der Langgasse. Dafür entstanden neue Wohnhäuser im mittleren Raum des Pfarrgebietes.[10]

Sozialtopographisch läßt die Steuerliste von 1487 kein wesentlich anderes Bild erkennen als die Liste von 1286, doch ist das Bild etwas bunter geworden durch die inzwischen erfolgte Gründung der Kölner Universität. Innerhalb der Kolumbapfarrei lagen die *Rechtsschule* sowie zwei bereits erwähnte Studentenbursen. In der Nähe der Unterrichtsanstalten ließen sich gewöhnlich die Gelehrten und die Lehrer nieder; so wohnten an der Rechtsschule, in der Minoritenstraße, Mariengartengasse und auf der Burgmauer viele Doktoren und Lizentiaten. Daß die Buchhändler, Buchdrucker und Buchbinder sich ebenfalls hier, in der Nähe ihrer Hauptkunden niederließen, ist nicht auffallend. Die Straße Unter Fettenhennen war Jahrhunderte hindurch der bevorzugte Ansiedlungsort der Kölner Buchhändler. An der Rechtsschule, Auf der Ruhr, in der Drusus-, Römer- und Mariengartengasse wohnten zeitweilig nicht weniger als zehn Buchbinder.[11]

Auch die Wohngemeinschaften der Beginen hatten zugenommen. Zählte man 1286 in der Kolumbapfarrei 10 oder 12 Konvente, so waren es 1487 deren dreißig. Bis zur Wende des 14. zum 15. Jahrhundert waren schließlich zwei Hospitalstiftungen gemacht worden, die ihren Sitz in der Breitestraße hatten: Heilig-Kreuz (1287) und das Hospital St. Johann-Baptist für Aachen-Pilger (1390).[12]

Die Wohlhabenden

Seit der zweiten Hälfte des 14. Jahrhunderts war die alte Führungsschicht des Patriziats im Kölner Rat zurückgedrängt worden. Die neue Stadtverfassung, die nach dem Sturz der Geschlechterherrschaft (1396) zustande gekommen war, hatte eine Clan-Bildung verhindern wollen. Trotzdem entstanden nun andere Familienverbände, die im politischen Leben der Stadt bestimmend wurden. Es waren durch Fernhandel reich gewordene Kaufleute – oft Neubürger –, die sich in den „Gaffeln" organisiert hatten und jetzt im Rat dominierten.[13] Ihre beruflichen Erfolge und die Übernahme öffentlicher Ämter sicherten manchem Neubürger den Aufstieg zum Ratsherrn und Bürgermeister. Auch das Amt des Armenprovisors oder des Kirchmeisters diente der Karriere. Bau- und Kunststiftungen zugunsten einer Kirche oder eines Klosters waren eine viel geübte Methode, auf sich und seine Familie aufmerksam zu machen. In der Kolumbapfarrei werden mit dem 15. Jahrhun-

---

[10] Vgl. Joseph Greving, Wohnungs- und Besitzverhältnisse der einzelnen Bevölkerungsklassen im Kölner Kirchspiel St. Kolumba vom 13. bis zum 16. Jahrhundert, in: AHVN 78 (1904), 1–79, hier 6 f.

[11] Vgl. Greving, ebd., 9; Johann Jakob Merlo, Die Buchhandlungen und Buchdruckereien zum Einhorn in der Straße Unter Fetten Hennen zu Köln vom 16. Jahrhundert bis zur Gegenwart, in AHVN 30 (1876), 1–60.

[12] Vgl. oben S. 74. und Greving, Wohnungs- und Besitzverhältnisse, 23.

[13] Vgl. Klaus Militzer, Ursachen und Folgen der innerstädtischen Auseinandersetzungen in Köln in der zweiten Hälfte des 14. Jahrhunderts (Köln 1980), bes. 245 ff., Herborn, Führungsschicht, 37 ff., 44, 48.

dert eine Reihe von Familien greifbar, die sich als Kirchmeister und Stifter für ihre Pfarrkirche besonders engagiert haben; es seien genannt die Rinck, Wasserfaß, Dass, Blitterswich, Questenberg, Rodenkirchen, Westerburg und Sudermann. Es handelte sich in den meisten Fällen um Neubürger.[14]

Ende des 14. Jahrhunderts war Konrad Rinck von Korbach in der Grafschaft Waldeck nach Köln übergesiedelt. Sein Sohn Johann (I.) († 1465) und sein Neffe Hermann (I.) († 1496) wurden hier Gründer und Inhaber eines großen Handelsunternehmens. Von den Nachkommen dieser beiden sind Johann Rincks Sohn Peter († 1501) und von den neun Kindern Hermann Rincks die Söhne Johann (II.) Rinck († 1516), Hermann (II.) († 1531) und Adolf Rinck († 1541) besonders hervorzuheben.

Die Rinck waren eine der erfolgreichsten und wohlhabendsten Kölner Kaufmannsfamilien. Ihren Reichtum hatten sie durch Fernhandel mit dem nordwestlichen Europa, vor allem mit England, aber auch im Kölner Immobilien- und Rentengeschäft erworben. Wesentlicher Faktor für den Aufstieg des Rinckschen Handelsimperiums war seine Organisation als Familiengesellschaft, in der jedes Mitglied seinen Fähigkeiten entsprechend eingesetzt werden konnte. Mit ihrem Ansehen im wirtschaftlichen Bereich stieg ihre politische Bedeutung sowohl in der Stadt Köln als auch in den Beziehungen zum Reich und zum Ausland. Durch Heirat und Verschwägerung waren sie mit zahlreichen Kölner Kaufmannsfamilien verbunden. In Köln bekleideten sie wichtige kirchliche und städtische Ämter; sie wurden Ratsherren und Bürgermeister, Provisoren der Universität und Kirchmeister. Dank ihres Vermögens wurden sie zu den wichtigsten Stiftern bei kirchlichen Institutionen und zu Auftraggebern der Künstler ihrer Zeit.[15]

Der Reichtum der Rinck dokumentierte sich auch in ihren großräumigen Wohnhäusern, die sie in der Kolumbapfarrei besaßen. Peter Rinck bewohnte das Haus Nideggen in der Hohestraße, in dem sich eine schöne Hauskapelle befand; ihm gehörten auch die anstoßenden Häuser bis zum heutigen Wallrafplatz. Johann (II.) war der Erbauer des Rinckenhofes in der Mauritiuspfarrei; er wohnte jedoch im Hause Königstein in der Schildergasse, in dem ebenfalls 1510 eine Hauskapelle eingeweiht wurde. In diesem Hause hatten die noch zu erwähnenden Franziskanerobservanten ständiges Gastrecht. Neun Wohnungen im Perlenpfuhl waren Zubehör des Besitztums. Hermann (II.) hatte 1513 in der Schildergasse das Haus *Zum goldenen Ring* mit einer gewölbten Halle bauen lassen, von wo er unmittelbaren Zugang zu seiner Familienkapelle in der Kreuzbrüderkirche hatte.[16]

Die Wasserfaß, ursprünglich von der Hennen geheißen, hatten ihren neuen Namen von dem großen Haus in der Minoritenstraße erhalten, das Gerhard von der Hennen († ca. 1434) im Jahre 1407 kaufte und das diese Bezeichnung führte.

---

[14] Vgl. auch Hugo Stehkämper, Kölner Neubürger 1356–1798, 4 Tle, in: MittStAK 61–64, (1975/83), hier I, 49, 53, 73, 83, 98, 54.

[15] Vgl. Schmid, Stifter und Auftraggeber, 23, 140 ff., 192 ff. u.ö.

[16] Vgl. Vogts, Kölner Wohnhaus, 2. Aufl. II, 450 f.

Seine Bewohner waren eine wohlhabende Kaufmannsfamilie. Gerhards Sohn, Godert (Gottfried) (II.) († 1464) konnte die gesellschaftliche Stellung seiner Familie weiter ausbauen. In der städtischen Politik spielten die Wasserfaß als Ratsherren und Inhaber städtischer Ämter eine angesehene Rolle. Über hundert Jahre lang – von 1437 bis 1540 – findet sich in regelmäßigen Abständen der Name Wasserfaß in der Kölner Bürgermeisterliste. In jeder Generation war die Familie auch in der Korporation der Amtleute und der Kirchmeister von St. Kolumba vertreten.[17]

Im Englandhandel Johanns (I.) Rinck ist 1423 Johann (I.) Dass († 1448) als Geschäftspartner genannt. Durch die Heirat seines Sohnes Johann (II.) Dass († nach 1467) mit einer Tochter Johanns (I.) Rinck wurden die beiden Familien auch miteinander verwandt. Im politischen Leben trat die Familie Dass weniger hervor als im wirtschaftlichen.[18]

Zu den erfolgreichen Neubürgern gehörten auch die Blitterswich, die sich über fünf Generationen in Köln verfolgen lassen, nachdem Peter Blitterswich 1410 von Osnabrück nach Köln zugewandert war. Im Kölner Renten- und Kreditgeschäft spielte der Name Blitterswich eine Rolle; im Englandhandel und in einem Stahlverlagskonsortium waren Familienmitglieder mit den Rinck verbunden. Johann (I.) Rinck war in erster Ehe mit Gertgin (Gertrud) Blitterswich († 1439) verheiratet.[19]

Eisen- und Stahlhandel nach England und im Gegenzug Tuchimport nach Köln hatten auch Arnt von Westerburg reich gemacht. Er war aus dem Nassauischen zugewandert und 1471 Kölner Bürger geworden. Im Pfarrgebiet von St. Kolumba erwarb er umfangreichen Grundbesitz, so in der Herzogstraße und in der Schildergasse.[20]

Die Questenberg zählten ebenfalls zu den Neubürgern. Drei Zweige der Familie waren von Danzig nach Köln zugezogen. Ähnlich wie die Rinck arbeiteten sie das ganze 15. Jahrhundert hindurch als Familienunternehmen im Fernhandel. Der Aufschwung der Familie wurde nach Mitte des 15. Jahrhunderts durch Berthold von Questenberg begründet († 1496). Sein Sohn Johann († vor 1538) gehörte zu den reichen Leuten im Kolumbakirchspiel.[21] Ähnliches läßt sich von den Rodenkirchen (Rottkirchen) sagen.[22] Schließlich noch ein Wort zur Familie Sudermann. Sie war Anfang des 15. Jahrhunderts aus Dortmund gekommen, wo sie zur städtischen Führungsschicht gehört hatte. Heinrich Sudermann († 1421) erwarb 1411 in Köln das Bürgerrecht und wurde bald Ratsherr und Mitglied des Rates. Seine Nachfahren bekleideten mehrfach das Amt des Bürgermeisters. Ein späterer Heinrich Suder-

---

[17] Vgl. Manfred Groten, Gerhard vom Wasservass (um 1450–1520), in: JKGV 52 (1981), 93–81, 130, hier 94, 96 ff.

[18] Vgl. Schmid, Stifter und Auftraggeber, 237 f.

[19] Vgl. Schmid, ebd., 225 f.

[20] Vgl. Wilhelm Baumeister, Die Stifter des Bartholomäusaltars, in: Zs Christl. Kunst 23 X (1910), 359–362, hier 361.

[21] Vgl. Schmid, Stifter und Auftraggeber, 230 ff.

[22] Vgl. Schmid, ebd., 268 ff.

mann war Hansesyndikus.[23] Wir finden Familienmitglieder sowohl in ihrem Stammhaus *zum Großen Leopard* an der Hohestraße wie auch im *Kleinen Leopard* in der Minoritenstraße.

Ein konkretes Bild von dem Vermögen einiger der genannten Bürger aus dem Kirchspiel St. Kolumba bietet die Steuerliste von 1513. Wegen der damals schlechten Finanzlage der Stadt hatte der Rat für fünf Jahre eine Vermögenssteuer beschlossen. Während die ärmere Bevölkerung mit einer Kopfsteuer davonkam, wurden die vermögenden Bürger mit einer Steuer von 1 % ihres beweglichen und unbeweglichen Vermögens belastet. Hermann (I.) Rinck und Johann Questenberg hatten je 300 Goldgulden zu zahlen; ihr Vermögen war demnach auf 30 000 Goldgulden veranschlagt worden. Hundert Goldgulden zahlten u. a. Gerhard Wasserfass und Johann von Aich, über hundert Goldgulden Johann (II.) Rinck, Matthias Blitterswich und Arnold Westerburg.[24]

Beim Besuch fürstlicher Persönlichkeiten oder wenn ein Reichstag in Köln stattfand und der Kaiser hier weilte, standen die reichen Kaufleute im besonderen Licht der Öffentlichkeit. Sie stellten dann ihre geräumigen Häuser als Quartier zur Verfügung. 1505 bewohnte z. B. Kaiser Maximilian I. während des Reichstags das Haus des Johann Engelbrecht in der Glockengasse (3), das in unmittelbarer Nähe der Kolumbakirche lag. Um ihm einen bequemen Zugang zum Gotteshaus zu ermöglichen, wurde eine hölzerne Brücke von seinem Quartier zur Empore der Kirche errichtet.[25]

Die Armen

In der sozialen Fürsorge waren Pfarrkirche und Bürger eng verbunden. Es gab wohl kaum eine fromme Stiftung, die nicht auch die Armen bedachte. Testamentarische Verfügungen über Verteilung von Geldbeträgen, Lebensmitteln oder Kleidung an Bedürftige anläßlich der Begräbnis- und Jahrtaggottesdienste waren nicht selten.[26] Sogar Häuser zur Unterbringung von armen Leuten wurden zur Verfügung gestellt; auch dafür gibt es Beispiele aus der Kolumbapfarrei.[27] Aus dem Kirchmeisterkollegium wurde – wie schon erwähnt –, im oder nach dem 14. Jahrhundert ein besonderes Gremium der Armenprovisoren ausgegliedert, das sich eigens den karitativen Aufgaben zu widmen hatte.[28]

Zu den Einrichtungen der geschlossenen Armenpflege gehörten die Hospitäler. Mit Krankenpflege im Sinne medizinischer Betreuung hatten die mittelalterlichen Hospitäler nichts zu tun. Ihre Aufgabe galt den Armen im weitesten Sinn des Wor-

---

[23] Vgl. Schmid, ebd., 398–405; vgl. Klaus Wiedt, Heinrich Sudermann (1520–1591), in: RVB 10 (1985), 31–45, hier 32, 40.

[24] Vgl. Hermann Kellenbenz, Die wohlhabendsten Kölner Bürger um 1515, in: Geschichte in der Gesellschaft. Festschrift für Karl Bosl (Stuttgart 1974), 264–291, hier 266, 270 f.

[25] Vgl. KD 7/IV, 453 f.; Ferrier, St. Kolumba, 19.

[26] Vgl. unten S. 146.

[27] Vgl. Johag, Klerus und Bürgerschaft, 170 ff.

[28] Vgl. oben S. 60.

tes: den Alten und Hilfsbedürftigen, den unheilbar Kranken, aber auch den Pilgern und Durchreisenden. In der Kolumbapfarrei entstand 1287 als erstes das Hospital zum Heiligen Kreuz in der Breitestraße. Es war eine Stiftung des Priesterkanonikers Hermann Bischof von St. Gereon, die durch weitere Schenkungen von Bürgern der Kolumbapfarrei, u. a. von Peter Rinck, vermehrt wurde. Das Hospital sollte nach dem Tod des Stifters durch die diensthabenden Amtmänner von St. Kolumba als Provisoren verwaltet werden.[29] Um 1390 bestimmte Peter von der Hellen sein Haus *zum Esel* in der Breitestraße zu einer Pilgerherberge vor allem für Aachenfahrer; es wurde aber auch von Obdachlosen und Bettlern aufgesucht; der Rat der Stadt hatte nach dem Tod des Stifters zwei Provisoren einzusetzen.[30]

Die offene Armenpflege galt insbesondere den verschämten Armen und Hausarmen. Aus praktischen Gründen wurden gegen Ende des Mittelalters die Namen der Unterstützungsempfänger auf einer Tafel verzeichnet (Armenbrett). Von daher erhielt die ganze Unterstützungsaktion ihren Namen. Für die Pfarrei St. Kolumba wurde das Armenbrett 1535 auf Initiative der beiden Kirchmeister Peter von Heimbach und Friedrich Backhoeven gen. Acht eingeführt. 1547 begann man damit, nach dem Sonntagshochamt 14 Hausarmen je einen Raderalbus zu geben. 1560 wurden anscheinend 25 Arme unterstützt.[31] Die Zahl war – gemessen an der Zahl der Pfarrangehörigen – sehr niedrig. Die Formen der Armenbetreuung wechselten; seit 1589 waren dem Pfarrer und den Kaplänen bestimmte Bezirke der Pfarrei zur Armenpflege zugewiesen.[32] Dagegen war das Heilig Geist-Hospital am Domhof eine zentrale Verteilerstelle für Arme aus dem ganzen Stadtgebiet.[33] Eine ähnliche Funktion hatte das Agneshospital auf dem Neumarkt; es befand sich zwar auf dem Boden der Kolumbapfarrei, stand aber unter Verwaltung der Amtleute von St. Aposteln und diente den Hausarmen dieser Pfarrei.[34]

Die erwähnte Verzeichnung der Hilfsbedürftigen diente der Kontrolle und der Vermeidung von Mißbrauch, aber auch der Kommunalisierung der Armenpflege; 1565 erließ der Rat eine Anordnung an die Armenprovisoren, ihm jährlich Rechnung zu legen.[35] Die Stadt fühlte sich eben verantwortlich für das Armen- und Spitalwesen insgesamt, auch wenn dieses praktisch dezentralisiert war. Die Gesamtverantwortung des Rates äußerte sich andererseits in freiwilligen Zuwendungen von Ratswein an Festtagen, in der Vermittlung eines Finanzausgleichs bei Notlagen eines Hospitals und in der Befreiung der Hospitäler von direkten Steuern.[36]

---

[29] Vgl. Johag, Klerus und Bürgerschaft, 159. Vgl. AEK, Kol. A I, 144.

[30] Vgl. KD 7/III, 369 f.; Franz Irsigler – Arnold Lassotta, Bettler und Gaukler, Dirnen und Henker. Randgruppen und Außerseiter in Köln 1300–1600 (Köln 1984), 23.

[31] Vgl. Robert Jütte, Obrigkeit und Armenfürsorge in deutschen Reichsstädten der frühen Neuzeit. Städtisches Armenwesen in Frankfurt am Main und Köln (Köln–Wien 1984), 275–278, 286.

[32] Vgl. Greving, Steuerlisten, XXXX f. Anm. 2.

[33] Vgl. Jütte, Armenfürsorge, 309 f.

[34] Vgl. Johag, Klerus und Bürgerschaft, 160 f.

[35] Vgl. Jütte, Armenfürsorge, 280.

[36] Vgl. Jütte, Armenfürsorge, 307 f.

In funktionaler Hinsicht wurden im 15. Jahrhundert die Kranken und insbesondere die Geistesgestörten von den übrigen Insassen der Hospitäler getrennt und in eigenen Häusern untergebracht, die außerhalb der Kolumbapfarrei lagen. 1462 stiftete Johann Rinck 1000 Goldgulden zur Versorgung der *Unsinnigen;* Peter Rinck vermachte testamentarisch 96 Goldgulden zur Erweiterung des *Tollhauses.*[37] Im 16. Jahrhundert versuchte man auch das Bettlerproblem zu lösen; arbeitsfähige Bettler mußten jetzt Dienste für die Allgemeinheit leisten, arbeitsunwillige wurden aus der Stadt verwiesen.[38]

Verhalten gegenüber den Randgruppen der Gesellschaft

Während die Armen in die Gesellschaft des Mittelalters integriert waren, gab es bestimmte Personengruppen, die aus der Gesellschaft ausgegrenzt waren; es waren Angehörige zwar notwendiger, aber – wie man sich ausdrückte – *unehrlicher* Berufe, z. B. Henker, Büttel, Schinder, Kloakenreiniger. Sie waren auch topographisch isoliert.[39] In der mittelalterlichen Kolumbapfarrei waren diese Personengruppen nicht ansässig, es gab hier auch kein ausgesprochenes Arme-Leute-Viertel. Nur der Berlich und die Schwalbengasse (auch *Großer Berlich* und *Kleiner Berlich* genannt) hatten vom Ende des 13. bis zum Ende des 16. Jahrhunderts eine bestimmte Berufsgruppe angezogen; hier war das Tätigkeitsfeld der Prostituierten. Auf dem Kleinen Berlich befand sich das Haus *Zur schönen Frau (domus sconevrowe),* in unmittelbarer Nähe war eine Badstube und eine Kneipe. Ihr Besitzer war 1487 pikanterweise der *Offermann* – der Küster – von St. Kolumba.[40]

Stadt und Kirche tolerierten die gewerbliche Prostitution als unvermeidbares Übel. Der Rat beschränkte sich auf gewisse Kontrollen; 1455 verlangte er die Konzentration aller Dirnen auf zwei Straßen innerhalb der Stadt, und 1530 ließ er auf dem Berlich ein Frauenhaus errichten. Die hier tätigen Frauen galten ebenso wie ihre Kunden als „Negativauswahl" des Gewerbes. Die vom Rat beabsichtigte Kasernierung der Dirnen wurde jedoch nicht erreicht. 1591 wurden Frauenhaus, Bad und Kneipe auf Verlangen mehrerer Kölner Pfarrer geschlossen. Das Übel selbst wurde dadurch nicht beseitigt.[41]

Die Reaktion der mittelalterlichen Gesellschaft auf diese Randgruppe war gnadenlos. Besonders brandmarkend war das öffentliche *Berlichführen* auf einer Schinderkarre, das dann vollzogen wurde, wenn das Treiben einer geheim tätigen Dirne bekannt geworden war.[42] Eine Ausnahme aus der gesellschaftlichen Verurteilung der auf Abwege Geratenen machte Peter Rinck. In seinem Testament vom 5. Mai 1500 bestimmte er 400 Goldgulden für *arme Dirnen.*[43] Die Kirche versuchte eine

[37] Vgl. Irsigler – Lassotta, Bettler und Gaukler, 23, 90 f.
[38] Vgl. ebd., 25, 27.
[39] Vgl. ebd., 228 ff.
[40] Vgl. ebd., 180 f., 184, 189 f.
[41] Vgl. ebd., 181, 183 f., 186, 192, das Zitat ebd., 186.
[42] Vgl. ebd., 188.
[43] Vgl. ebd., 218 f.

Resozialisierung dieser Frauen durch „Reuerinnenklöster"; ein solches befand sich in Köln am Blaubach.[44] Verheiratete Männer oder Frauen, die beim Ehebruch ertappt worden waren, wurden mit öffentlichen Ehrenstrafen bedacht; sie mußten u. U. mit zwei an einer Kette hängenden Steinen und mit Kerzen in den Händen durch bestimmte Straßen gehen und sich so während des Hauptgottesdienstes in der Kirche zeigen.[45] Solche Ehrenstrafen konnten soziale Isolierung und berufliche Nachteile im Gefolge haben.

Geschlechtsverkehr Unverheirateter wurde anscheinend milder beurteilt. Auch der bereits erwähnte Junggeselle Peter Rinck, ein Wohltäter der Kolumbakirche und Mitglied ihres Kirchmeisterkollegiums, der 1481/82 einen unehelichen Sohn gezeugt hatte, wurde in seinem Beruf als Professor der Kölner Universität nicht diskriminiert. Mit Rücksicht auf die ehrenvolle Stellung des Vaters erhielt der Sohn bei seiner Immatrikulation sogar einen Gebührenerlaß *(ob honorem genitoris).* Die Mutter dagegen ging im Testament Peter Rincks leer aus.[46]

Nachsicht scheint man im Mittelalter auch mit Priestern gehabt zu haben, die ihr Zölibatsversprechen verletzt hatten.[47] Allerdings sind aus der Kolumbapfarrei derartige Fälle nicht bekannt.

Mitte des Jahres 1484 wurde der Rat der Stadt auf einen Fall homosexueller Vergewaltigung aufmerksam gemacht. Er ließ durch eine Untersuchungskommission unter Führung des Bürgermeisters Hermann Rinck Erkundigungen einziehen, ob diese *unsprechliche stumme Sünde* weitere Kreise erfaßt habe. Der u. a. befragte Klerus war, wohl mit Rücksicht auf das Beichtgeheimnis, mit seinen Auskünften zurückhaltend. Pfarrer von der Horst von St. Kolumba sagte lediglich, er habe von einem derartigen Mann gehört, der aber inzwischen verstorben sei. Als sich bei den Nachforschungen in dem genannten Fall herausstellte, daß der Inkriminierte ein Ratsherr war, wurde die Angelegenheit nicht weiterverfolgt, zumal die Theologieprofessoren der Universität auf eine mögliche Gefährdung der Jugend hinwiesen, wenn der Fall an die Öffentlichkeit komme. Der Ratsherr Godert vom Wasservass, Kirchmeister in St. Kolumba, stand seinem Kollegen sogar bei durch Vermittlung eines Schweigegeldes an den Vergewaltigten.[48]

Zu den vorübergehend Ausgegrenzten gehörten notwendigerweise die Pestkranken. Die eng bebauten Gassen von Köln, in denen, wie berichtet wird, die Schweine frei herumliefen und Misthaufen vor oder hinter den Häusern üblich waren, boten der Pest leichte Verbreitungsmöglichkeit. Die ansteckende Krankheit tauchte in Köln oft auf. 1541 fielen ihr in der Kolumbapfarrei die ehemaligen Bürgermeister Adolf Rinck, Gerhard Wasservass und Jakob Rotkirchen zum Opfer; ein Epitaph

---

[44] Vgl. KD 7/III E, 231 (Weißfrauen-, Magdalenerinnenkloster).

[45] Vgl. Irsigler – Lassotta, Bettler und Gaukler, 267; vgl. Ennen, Geschichte der Stadt Köln, hier III, 925.

[46] Vgl. Irsigler – Lassotta, Bettler und Gaukler, 219, das Zitat ebd.

[47] Vgl. Johag, Klerus und Bürgerschaft, 118 f.

[48] Vgl. Bernd Hergemöller, Die „unsprechliche stumme Sünde" in Kölner Akten des ausgehenden Mittelalters, in: Geschichte in Köln 22 (1987), 5–51; Irsigler – Lassotta, 198 f

Abb. 18 Epitaph Rinck-Wasservass-Rotkirchen (um 1541)

in der Pfarrkirche erinnerte an sie. Als besonders schlimm wurden die Jahre 1349/50, 1564/65 und 1665/66 bezeichnet. Diese letzte große Epidemie soll in Köln mehr als 10 000 Todesopfer gefordert haben. Wer die Möglichkeit hatte, floh aufs Land. Die in der Stadt Erkrankten mußten es sich gefallen lassen, daß die zur Straße hin gelegenen Türen und Fenster ihrer Wohnungen von Amts wegen vernagelt wurden. Die Öffentlichkeit wurde durch ein angeschlagenes Salvatorbild über den Grund der Aussperrung orientiert. Ein solches Bild befand sich bis zum Anfang des 20. Jahrhunderts (?) noch an den Häusern Minoritenstraße 23 und Drususgasse 9. Das Essen ebenso wie die Sakramente wurden den Unglücklichen durch eine kleine Öffnung in der Türe gereicht.[49]

15. Der spätgotische Kirchenbau

Im 15. Jahrhundert, als die Kolumbapfarrei auf 6–8000 Seelen angewachsen war, machte sich das Bedürfnis nach einer Erweiterung des Kirchenraumes geltend. Anscheinend war auch die Bausubstanz der Kirche des 13. Jahrhunderts ruinös *(ecclesiam ruinam minantem)* geworden.[1]

Die enge Bebauung des Viertels war einer großzügigen Planung hinderlich. Soweit benachbarte Grundstücke im Besitz der Kirche waren, konnte man über sie verfügen; es waren dies der nördliche Teil des Friedhofs, das an der Westseite der Bursgasse gelegene Pfarrhaus und schließlich ein kleines Haus auf der Südseite der Kirche – an der Ecke Brückenstraße/Kolumbastraße – die *camera Schulin,* das die Pfarrei schon am 3. Februar 1312 gekauft hatte.[2] Dagegen war das Haus Wesele, das an der Ecke Brückenstraße/Bursgasse lag und sich bis hinter das Chor der Kirche erstreckte, sowie ein diesem benachbartes Haus noch in Privathand.

Am 13. August 1456 bat das Kirchspiel St. Kolumba den Rat, die Kirche erweitern und zu diesem Zweck die im Wege stehenden Häuser erwerben und abbrechen zu dürfen. Die Genehmigung wurde erteilt. Am 14. Januar 1457 konnten die beiden Privathäuser erworben werden; sie wurden aber noch nicht abgebrochen, sondern einstweilen als Pastorat benutzt, nachdem das dem Neubau im Wege stehende bisherige Pfarrhaus beseitigt worden war.[3] Diese Maßnahme deutet darauf hin, daß man den Neubau – denn um einen solchen handelt es sich – in zwei Bauabschnitten erstellen und im Norden beginnen wollte. Dadurch konnte die gottesdienstliche Nutzung eines Teils der bisherigen Kirche gewährleistet werden, denn zunächst mußte nur das nördliche Seitenschiff der romanischen Kirche abgebrochen werden.

---

[49] Vgl. Rudolf Creutz, Pest und Pestabwehr im alten Köln, in: JKGV 15 (1933), 79–119; Johann Jakob von Mering, Die Pest in Köln im Jahre 1665/66, in: AHVN 5 (1858), 137–157. Vgl. KD 2/IV, 439 f.; Ferrier, St. Kolumba, 24 ff.

[1] AEK, Kol. A I, 152.
[2] Vgl. Greving, Steuerlisten, 137.
[3] Vgl. Greving, Steuerlisten, 138; vgl. Kulenkampff, Dreikönigsaltar, 17.

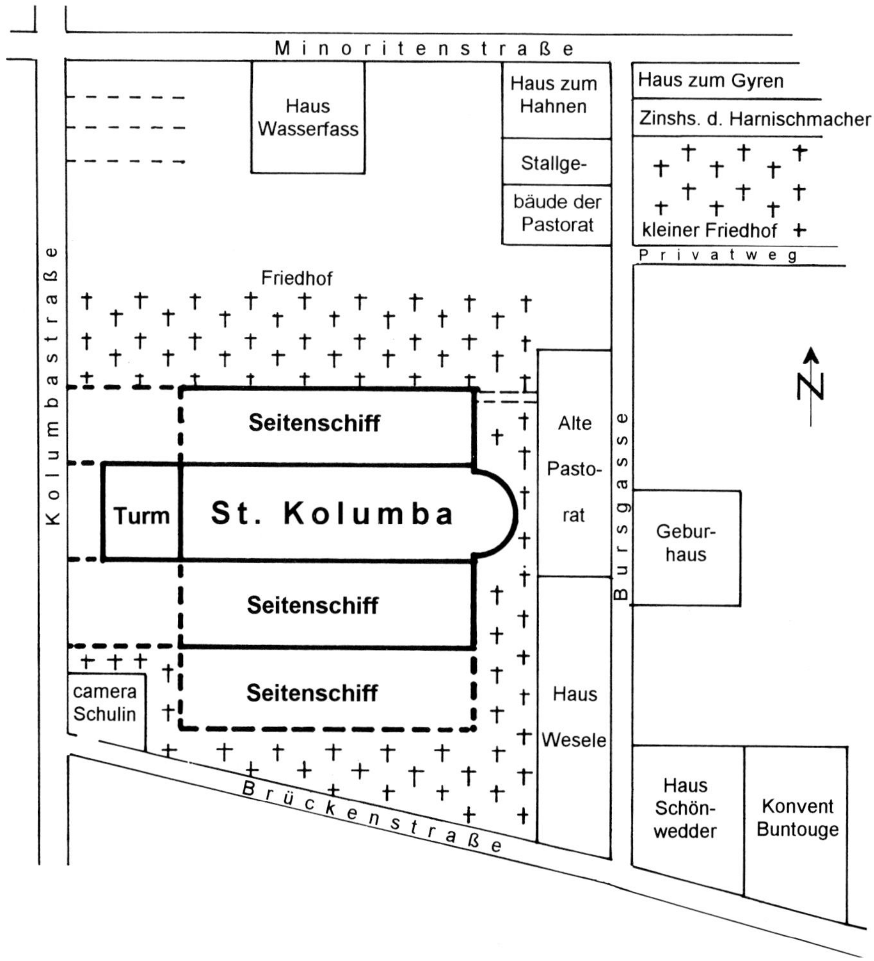

Abb. 19 Lageskizze der Kolumbakirche und ihrer Umgebung vor Beginn des spätgotischen Neubaues

Die neue, gotische Kirche wurde um die romanische Kirche herumgebaut unter Beibehaltung des Turmes und der Längswände des Mittelschiffs.[4] Während der Amtszeit von Pfarrer Hülshout wurde zwischen den Jahren 1457 und 1463 neben der nördlichen Seite des Mittelschiffs der romanischen Kirche auf rechteckigem Grundriß ein zweischiffiger, gewölbter Bau erstellt.[5] Die beiden Schiffe waren durch sieben profilierte Säulen voneinander getrennt, welche die Gewölbe trugen. An der Nord- und Ostwand entsprachen ihnen vorgelegte profilierte Halbsäulen,

[4] Vgl. Abb. 20 und Abb. 1.

[5] 1457 wurde die Pastorat an die Südseite der Kirche verlegt (vgl. Anm. 3); die Jahreszahl 1463 findet sich im östlichen Gewölbe des nördlichen Seitenschiffs.

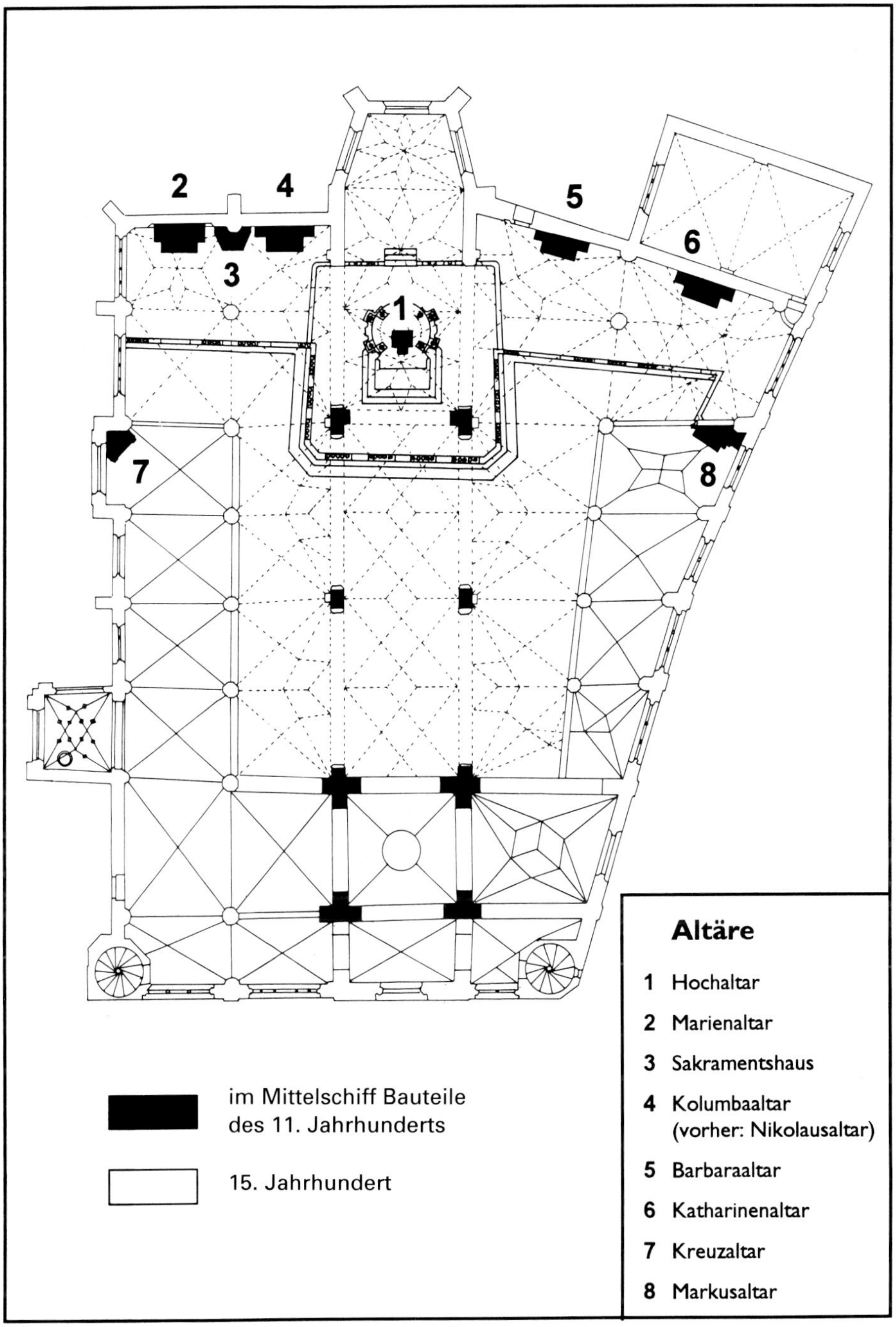

Abb. 20 Grundriß der spätgotischen Kirche mit eingezeichneten Gewölbeformen und den späteren Barockaltären

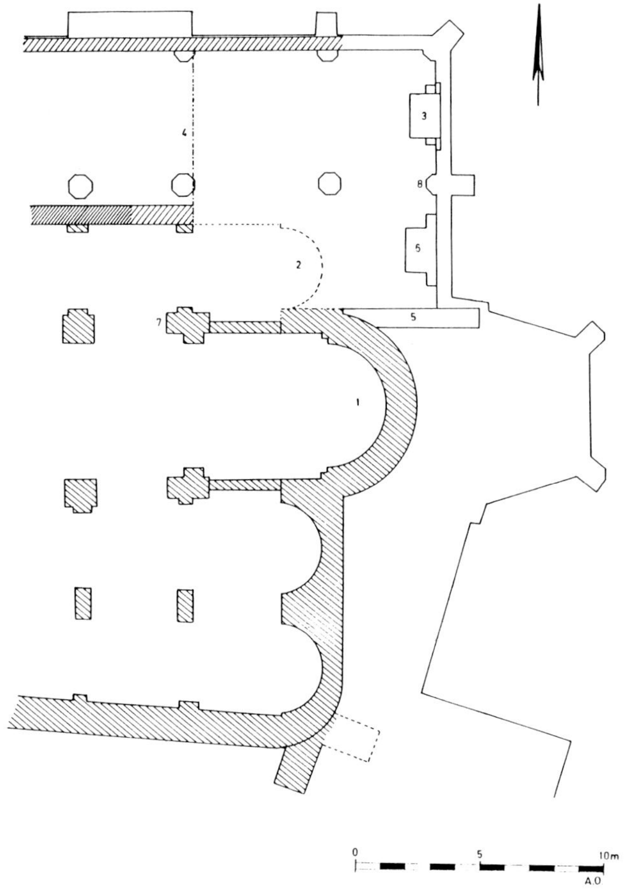

Abb. 21 Die Marienkapelle in St. Kolumba während der Bauzeit der spätgotischen Kirche (1458-1464)

die nach außen durch einfache Strebepfeiler verstärkt waren. Zum Mittelschiff hin setzten die Gewölbe auf Vorlagen der romanischen Langhauspfeiler oder direkt auf der Längswand auf. Der so geschaffene Raum erhielt eine interessante Note durch die im äußeren Seitenschiff eingebaute Empore, die jedoch nur bis zum vorletzten östlichen Joch durchgeführt wurde. Dadurch erweckte der östliche Teil der Seitenschiffe den Eindruck einer Hallenkirche, eines damals beliebten Bautypus.

Die beiden östlichen Joche scheinen zuerst fertig geworden zu sein. Es spricht viel dafür, daß dieser etwa 100 qm umfassende und durch hohe Fenster erhellte Raum alsbald für den Gottesdienst hergerichtet wurde. Eine Außenwand zwischen dem Ostabschluß der neuen Seitenschiffe und der noch bestehenden Hauptapsis der romanischen Kirche wurde archäologisch nachgewiesen. Eine westliche Trennwand gegen den noch unfertigen Teil der neuen Seitenschiffe andererseits bleibt allerdings Vermutung. Aber Johann (I.) Rincks Messestiftung von 1464 an dem hierher verlegten Marienaltar legt dies nahe, ebenso die im Stiftungstext benutzte Bezeichnung *Kapelle* (siehe Skizze),[6] die sich übrigens bis zur Zerstörung der Kirche im 20. Jahrhundert erhalten hat.

Das Schiff unter der Empore war gleichfalls gewölbt und wurde durch kleine gotische Fenster mit nüchternem nasenlosem Maßwerk der Spätgotik erhellt. Das Gleiche ist von der Empore selber zu sagen, die zur Kirche hin eine Ballustrade mit ebenfalls spätgotischem Maßwerk zeigte. Das ganze Bauwerk wurde finanziert von Johann (I.) Rinck; seine Hausmarke fand sich in sämtlichen Schlußsteinen der beiden nördlichen Seitenschiffe.[7]

Gleichzeitig mit dem Rinkschen Bau ließ Bürgermeister Godart Wasserfaß der Ältere die Georgskapelle bauen und mit Gräbern und Gestühl ausstatten. Sie war ein einjochiger Anbau am äußeren nördlichen Seitenschiff in der Höhe des an den Turm östlich anschließenden Jochs. Die Altarstiftung wurde erst 1489 nach dem Tod des Erbauers errichtet.[8] Vielleicht haben sich die Baumaßnahmen der Seitenschiffe so lange hingezogen.

Südlich der Wasserfaßkapelle – ohne Verbindung mit dieser – wurde eine Vorhalle errichtet; sie vermittelte einen weiteren Zugang zur Kirche von der Kolumbastraße her. In ihr wurden (bis 1697) Löscheimer aufbewahrt. Über der Vorhalle war die Pfarrschule;[9] sie wird 1458 erstmals erwähnt *(rector scolarum ecclesiae s. Columbe)*.[10]

Eine weitere Abwechslung in dem sonst rechtwinkligen nördlichen Neubau bot eine an der Außenwand befindliche und vielleicht für einen Altar oder eine Skulptur gedachte Nische im letzten Joch unter der Empore. Sie war dadurch gewonnen worden, daß hier die Strebepfeiler in den Kirchenraum einbezogen worden waren.

Nach Fertigstellung des nördlichen Neubaues scheint das Unternehmen gestockt zu haben. Zwar waren um 1467 Bauarbeiten auf dem nördlich der Kirche gelegenen Friedhof im Gange, wie aus einer Lärm-Beschwerde der Anwohnerin Adelheid Eversberg an den Rat hervorgeht,[11] wir wissen jedoch nicht, worum es sich handelte. 1475 stifteten Johann vanme Hirtz und 1487 Heinrich Sudermann größere Summen für den Bau der Kirche, denen bis 1492 weitere folgten. Anfang 1492 scheint man unmittelbar vor dem Beginn des südlichen Neubaues gestanden zu haben: Pfarrer Horst und Toelgyn van Bracht schenkten zehn oberländische Gulden und 106 Malter Kalk zum Beginn des Neubaues, im Jahre 1500 gab Peter Rinck 200 oberländische Gulden.[12] Als Papst Julius II. 1503 den Provisoren und

---

[6] Vgl. Kulenkampff, Dreikönigsaltar, 15–18; die Grundriß-Skizze von A. Otten ebd. 16.
[7] Vgl. KD 6/IV, 204 ff.
[8] Vgl. AEK, Kol. A I, 108; KD 6/IV, 200.
[9] Vgl. Greving, Steuerlisten, 136, 139.
[10] Vgl. AEK, Kol. A I, 77.
[11] Vgl. Keussen, Topographie, I, 335.
[12] Vgl. Schmid, Stifter und Auftraggeber, 44; ferner AEK, Kol. A I, 117; Keussen, Topographie, I, 300.

Parochianen von St. Kolumba das Pfarrerwahlrecht erneut bestätigte, nahm er Bezug auf deren Aussage, daß sie innerhalb weniger Jahre die baufällige Kolumbakirche mit einem Aufwand von mehr als 10 000 Goldgulden von Grund auf erneuert hätten *(ecclesiam ruinam minantem a fundamentis se reformasse)* und noch weiter daran arbeiten ließen.[13] Um das Jahr 1503 waren die Bauarbeiten also offensichtlich in vollem Gange. 1504 wurde auch das Haus Wesele abgerissen *zo noitturft ind vermeronge der kirchen.*[14] Wie lange sich die Arbeiten an den südlichen Seitenschiffen hingezogen haben, ist nicht bekannt. Wir finden noch bis 1533 testamentarische Stiftungen zum Kirchbau,[15] brauchen daraus aber nicht zu schließen, daß das Unternehmen damals noch nicht abgeschlossen gewesen sei; es waren sicher noch Ergänzungsarbeiten notwendig. Die Hausmarken der Schidderich, Leopard, Erkelenz und des Arnt von Westerburg in den südlichen Schiffen zeigen, wem vor allem die Vollendung dieses Teils der Kirche zu danken war.[16] Die im Äußeren sehr einfache Ausführung der Chorpartie und der südlichen Ostwand sowie der Sakristei in schmucklosem Ziegelsteinmauerwerk mit Basalteinschuß legt den Schluß nahe, daß man zuletzt wohl Schwierigkeiten mit der Finanzierung des Baues hatte.

Die südlichen Seitenschiffe der Kirche sind der interessanteste Teil der Kirche. Infolge der Raumbedürfnisse des Gotteshauses, andererseits wegen der Lage des Grundstücks an einer Straßenkreuzung und zwischen zwei Straßenzügen – Kolumbastraße und Bursgasse – sowie der starken Kurve der Brückenstraße sah man sich gezwungen, einen unregelmäßigen Grundriß in Kauf zu nehmen. Den sieben gewölbetragenden Säulen in den nördlichen Seitenschiffen entsprachen nur fünf in den südlichen. Während die Westfront des südlichen Neubaues nur die Breite eines Seitenschiffs aufweist, übertrifft die östliche Abschlußwand die Breite der beiden nördlichen Seitenschiffe bei weitem. Durch das starke Ausbiegen der Südwand erreichte die Kirche im Osten eine Breite von 34 m gegenüber 23,5 m an der Westseite; sie war also im Osten beinahe so breit wie lang, denn die Ost-West-Achse betrug vom Eingang bis zur Chorapsis 37,5 m. Dennoch war durch ein allmähliches Wachsen der einzelnen Joche in der Breitenausdehnung sowie durch die der nördlichen Empore entsprechend gebaute Südempore der Eindruck des Asymmetrischen weitgehend gemildert. Infolge des abermaligen Winkels der südlichen Außenwand bei der zweiten Säule (von Westen her) und der ebenfalls in spitzem Winkel zur Chorwand beginnenden südlichen Ostwand traf diese fast senkrecht auf die südliche Außenwand auf, ein Kunstgriff, der abermals das Unangenehme des Unregelmäßigen aufhob.

Eine Eigentümlichkeit des Südbaues waren die nach innen gezogenen Strebepfeiler, eine „verkehrstechnische" Notwendigkeit, wenn man die an sich schon enge Brückenstraße nicht noch weiter einengen wollte. Eine weitere Besonderheit

[13] AEK, Kol. A I, 152.
[14] Vgl. Greving, Steuerlisten, 139.
[15] AEK, Kol. A I, 164, 212.
[16] Vgl. KD 6/IV, 206 f.

Abb. 22 St. Kolumba. Durchblick des Inneren von Nordwesten

waren die weitgespannten unregelmäßigen Gewölbe des Südostteils, bedingt durch den unsymmetrischen Grundriß. Sie ruhten auf einer verstärkten Chorsäule und wurden aufgefangen von zwei Halbsäulen an der Sakristeiwand, dem Strebepfeiler an der Südostwand, einem Pfeiler des Mittelschiffs, der ins Innere der Kirche vorgezogenen südlichen Chorwand und der südlichen Ostwand; letztere mußte eigens dazu im Schnittpunkt von Chorwand und südlicher Ostwand durch einen äußeren Strebepfeiler verstärkt werden. Das ganze eine kühne und interessante Konstruktion.

Das alte Mittelschiff mit seinen vier Jochen war samt dem Turm erhalten geblieben, doch war die Durchlässigkeit zwischen dem Mittelschiff und den neuen Seitenschiffen verbessert worden; an die Stelle der romanischen Arkaden waren nach Beseitigung zweier Pfeilerpaare gestauchte Rundbögen getreten, die von der Turmwand über nur einen Mittelpfeiler bis zum Triumphbogenpfeiler gespannt waren. Das Turmuntergeschoß war nach allen Seiten durch spitzbogige Öffnungen durch-

Abb. 23 St. Kolumba. Mittelschiff mit Chorbogen

brochen und in das Mittelschiff einbezogen worden.[17] Der gesamte Westflügel wurde mit einer großräumigen Empore versehen, welche die Nordempore mit der Südempore auf einer Ebene verband. Demgegenüber war die Chorlösung im Osten äußerst bescheiden, auch nachdem der zunächst rechteckige Abschluß um die Wende vom 17. zum 18. Jahrhundert durch einen Polygonalchor ersetzt worden war.[18] Dieser erweckte, durch drei Fenster erhellt, einen tieferen Raumeindruck, weil seine Seitenwände in den Kirchenraum vorgezogen waren. Der eigentliche Grund hierfür lag in der Konstruktion: Die Spannungsweite der Längsschiffbögen und die Gewölbe erforderten hier eine Stütze. Immerhin blieben die Ausmaße der Chornische mit 6,90 m Länge und 6,12 m Breite bescheiden genug.

Sehr schlicht war die von zwei Kreuzgewölben überspannte, südöstlich angebaute Sakristei. Wegen der notwendigen Halbsäule an der Innenwand der Kirche war diese nur durch einen schmalen Zugang erreichbar.[19]

Der Westabschluß der Kirche lag um einige Meter vor dem Turm und unmittelbar an der Straßenfront. Im Innern dieses westlichen Raumteils, in den die Strebepfeiler eingezogen waren, befanden sich zwei Wendeltreppen, die zu den Emporen führten, die eine an der Südwestecke, die andere, als Treppenturm ausgebildet, an der Nordwestecke.

Das Anliegen der Kolumbapfarrei, für die Parochianen ein größeres Platzangebot in der Kirche zu schaffen, war mit dem fünfschiffigen spätgotischen Bau und seiner dreiseitigen Empore sicher gelungen. Gleichwohl war kein idealer Raum entstanden; das Mittelschiff war zu eng, es gab keinen geeigneten Altarraum, der eine feierliche Entfaltung der Liturgie zugelassen hätte, keinen für die Kanzel geeigneten Platz, an dem der Prediger von allen gesehen werden konnte. Besonders schwierig war die Aufstellung des Gestühls, das notwendig die Linie der Pfeiler bzw. Säulen überschneiden mußte und so immer gegen die Gesetze der Architektur und Ästhetik verstieß. Dagegen war der Gesamtraum reich an reizvollen Durchblicken. Der Wechsel der Gewölbeformen (Kreuz-, Netz-, Sterngewölbe) gab ihm eine weitere interessante Note. Durchaus harmonisch war die Höhensteigerung von den Räumen unter den Emporen über die inneren Seitenschiffe bis zu dem alle überragenden Langhaus. Seine Abschlußwand, die den Übergang vom Langhaus zum niedrigeren Altarraum verdeckte, war mit einer Kreuzigungsgruppe geschmückt (Triumphbogen).

Ins Straßenbild fügte sich die Kolumbakirche sehr glücklich ein. An der Kreuzung zweier verkehrsreicher Straßen gelegen, zeigte sie zwei Schauseiten von großem Reiz. Die schönste war unbestreitbar die Südseite mit ihren sechs parallelen Dachgiebeln, der westliche zwei Joche, die übrigen je ein Joch umfassend, die senkrecht auf das Mittelschiff zuliefen, eine Dachkonstruktion, die infolge der unregelmäßigen Ausdehnung der einzelnen Joche notwendig war, während die beiden

[17] Siehe Grundriß S. 107 und KD 6/IV, 205.
[18] Vgl. Seiler, Ausgrabungen, 110.
[19] Siehe Grundriß S. 107.

Abb. 24 St. Kolumba. Äußeres von Süden

Abb. 25 St. Kolumba. West- und Südseite

nördlichen Seitenschiffe durch je einen Dachstuhl in Ost-West-Richtung gedeckt waren, alle überragt durch das Langhausdach, während der Chordachstuhl mit seinem später aufgesetzten barocken Dachreiter wieder tiefer lag. Die südliche Schauseite war durch die doppelte, übereinanderliegende und durch die eingebaute Empore bedingte Fensterreihe von je fünf dreiteiligen Spitzbogenfenstern oben und vier ebensolchen Fenstern und einer südlichen Eingangstür unten lebhaft gegliedert. Eine Eintönigkeit kam um so weniger auf, als das südöstliche, nicht mehr von der Empore erfaßte Chorjoch ein durch beide Stockwerke sich hindurchziehendes vierteiliges Fenster aufwies. Dem Höhendrang dieses Fensters entsprachen die Strebepfeiler, die – wie schon erwähnt – nach innen gezogen waren, aber an der Außenwand durch die ganze Front senkrecht laufende Lisenen markiert wurden. Indes behielt die horizontale Linie durch Bordleisten und Gesimse im Erdgeschoß und Emporengeschoß sowie am Dachgeschoß den Vorrang. Die Westfassade betonte mit dem über dem Hauptportal gradlinig abschließenden Giebel mit Rundfenster nur eine „schwache vertikale Gliederung".[20]

Aus dem Ganzen wuchs der hochromanische Turm[21] bekrönend heraus, in seinem ersten Obergeschoß durch das Westwerk bzw. die Dachstühle verdeckt. Der Turmhelm erreichte durch die übliche Knickung eine besonders schlanke Wirkung.

Die Kolumbapfarrei war nicht die einzige Kölner Gemeinde, die im 15. bzw. 16. Jahrhundert vor der Notwendigkeit eines Kirchenneubaues und der Lösung des Raumproblems stand. Mitte des 15. Jahrhunderts hatte bereits Klein-St. Martin einen durchgreifenden Umbau auf trapezförmigem Grundriß mit vorgekragter kleiner Apsis vorgenommen.[22] Viel Ähnlichkeit mit St. Kolumba hatten die Baumaßnahmen in St. Johann-Baptist, wo an die dreischiffige romanische Kirche im 15./16. Jahrhundert je ein weiteres Seitenschiff im Norden und im Süden angefügt und das Turmuntergeschoß in den Kirchenraum einbezogen worden war. Auch im Ostabschluß bestanden Übereinstimmungen bei beiden Kirchen: Die Seitenschiffe schlossen gerade, aber die Ostmauer verlief schräg zur Längsachse.[23] Emporen hatten bereits seit romanischer Zeit Tradition in den Kölner Pfarrkirchen. In St. Peter, wo 1512 mit einem Neubau der Kirche begonnen wurde, schlossen sie wie in St. Kolumba vor dem östlichen Joch ab, wodurch der Eindruck eines Querschiffs entstand.[24] Die wegen der Emporen übereinander angeordneten Fensterreihen gaben sowohl St. Kolumba als auch St. Peter und St. Laurenz ihre charakteristische Außenseite.[25] Der spätgotische Bau von St. Kolumba fiel also keineswegs aus dem Rahmen, sondern fügte sich in seinem Stil, seiner Architektur wie in der Lösung standortbedingter Probleme durchaus in den Kölner Pfarrkirchenbau des 15./16. Jahrhunderts ein.

---

[20] Vgl. KD 6/IV, 204.
[21] Vgl. oben S. 46.
[22] Vgl. KD 7/III E, 75 f., 78.
[23] Vgl. KD 7/I, 106, 108 ff.
[24] Vgl. KD 7/II (1929), 172, 178.
[25] Vgl. KD 7/II, 178; KD 7/III E, 53, 56.

16. Die Ausstattung der spätgotischen Kirche

Die Altäre

Von der Ausstattung der Kolumbakirche nach dem Umbau des 15./16. Jahrhunderts sind die Namen mehrerer Altäre bekannt, auch wenn diese meist nicht lokalisiert werden können. Es muß damit gerechnet werden, daß einzelne Altarpatrozinien im Laufe der Zeit gewechselt haben oder unterdrückt wurden.

Der Hochaltar war, wie in der romanischen Kirche, auf den Titel des hl. Kreuzes geweiht und stand frei vor der Chornische; dies geht aus dem *Rituale Columbanum* des Pfarrers Hausmann hervor.[1] Einen Lettner gab es in dem spätgotischen Neubau nicht mehr.

Als das nach dem Kreuzaltar ranghöchste Patrozinium hat das der Mutter Gottes zu gelten. Es wurde bereits vermerkt, daß sich in der romanischen Kirche ein Marienaltar in einer eigenen Kapelle befand.[2] Im Mai 1448 hatte Gertgin (Gertrud) Dass, die Witwe Johannes' (I.) Dass, diesen Marienaltar neu errichten lassen *(construere et consecrare);* von einem Retabel ist nicht die Rede. Gleichzeitig machte sie eine Messestiftung für ihr eigenes Seelenheil und das ihres verstorbenen Gatten. Vor dem Altar befand sich das Familiengrab der Dass.[3]

Altar und Grablege der Dass hatten an dieser Stelle keinen langen Bestand; 1457 begannen ja die Bauarbeiten an den nördlichen Seitenschiffen. Die beiden östlichen Joche wurden, wie schon erwähnt, von der übrigen Baustelle provisorisch abgetrennt und als Marienkapelle für den Gottesdienst hergerichtet.[4] Die im Gewölbe angebrachte Jahreszahl 1463 gibt den Zeitpunkt der Fertigstellung dieses Bauteils an, so daß Johann (I.) Rinck am 21. Dezember 1463 eine große Meßstiftung an dem hierher übertragenen Marienaltar testamentarisch festlegen konnte. In den Ausführungsbestimmungen dazu vom 26. Januar 1464 hält er fest, daß er selbst die Marienkapelle von den Fundamenten bis zum Dach auf eigene Kosten habe bauen lassen. Entgegen seiner ursprünglichen Absicht, in der Kartäuserkirche begraben zu werden, geht aus dem Dokument von 1464 hervor, daß die Rinck'sche Grablege vor dem Marienaltar der spätgotischen Kirche angeordnet worden war.[5] Die Grablege der Familie Dass und deren Meßstiftung von 1448 wurden offenbar an den neuen Marienaltar übertragen.[6] Da die Familien Rinck und Dass geschäftlich und ver-

---

[1] Vgl. Eduard Hegel, Der Standort des vorbarocken Hochaltars von St. Kolumba in Köln, in: Vom Bauen, Bilden und Bewahren. Festschrift für Willy Weyres, hg. von Joseph Hoster und Albrecht Mann (Köln 1964), 93–99.

[2] Vgl. oben S. 47.

[3] Vgl. Transsumpt der Urkunde v. 1448 in einer späteren Urkunde vom 8. September 1458 in: AEK, Kol. A I, 77; vgl. Kulenkampff, Dreikönigsaltar, 14, 26 f.

[4] Vgl. oben S. 108.

[5] Das Testament von Johann (I.) Rinck, in: AStK, Test. R 3/263. Die Ordinatio, in: AEK, Kol. A I 87.

[6] Dies geht aus dem Testament Johanns (III.) Dasse vom 9.1.1506 hervor: AStK, Test. D 3/54. Der Testator wünschte in der Marienkapelle von St. Kolumba im Grab seiner Eltern beigesetzt zu werden.

Abb. 26 Anna Selbdritt (um 1500)

wandtschaftlich eng miteinander verbunden waren,[7] sind die gemeinsame Bestiftung des Altars und die benachbarte Grablege nicht überraschend.

Außer dem Marienaltar befanden sich an der Ostwand der Kirche drei weitere Altäre, deren Mensen mit gotischem Simsprofil erhalten blieben, als die Retabel in der Barockzeit dem neuen Zeitgeschmack weichen mußten.[8] Ihre Altarpatrozinien sind nicht mit Sicherheit auszumachen; der zweite Altar von rechts scheint ein Bartholomäusaltar gewesen zu sein. Auch anderswo im Kirchenraum muß es Altäre gegeben haben. Zu den aus der romanischen Kirche übernommenen Altarpatrozinien scheinen die des hl. Nikolaus und der hl. Katharina (konsekriert am 25. Mai 1494) gehört zu haben.[9] Da die Patrozinien aufgelassener Altäre oft in den Nebenpatronen neuer Altäre weiterleben, könnte auch dem Evangelisten Johannes ein Altar in der spätgotischen Kirche geweiht worden sein; 1658 wird er als Nebenpatron des damals neugebauten Katharinenaltars genannt.[10]

Die von Godert (I.) Wasserfaß dem nördlichen Seitenschiff angefügte Familienkapelle mit Altar, Gestühl und Grablege war dem hl. Georg geweiht.[11] Über die Gestalt des ursprünglichen Altars hat sich keine Nachricht erhalten. Der frühchristliche Heilige Georg war u. a. Patron der Kaufmannsgilden; im Spätmittelalter wurde er unter die Zahl der vierzehn Nothelfer aufgenommen und so besonders volkstümlich.[12]

An der Säule gegenüber der Wasserfaßkapelle hatte der Annenaltar seinen Platz, der 1492 als *neu* bezeichnet wird.[13] Möglicherweise hat die Holzfigur der Annaselbdritt vom Anfang des 16. Jahrhunderts zu dem Altar gehört (sie befindet sich heute in der Kolumbakapelle von 1950). Das 15. und das frühe 16. Jahrhundert sind die Blütezeit des Annakultes in Deutschland.[14] Toelgin van Bracht stiftete (vor 1492) u. a. 54 oberländische Gulden zur Verschönerung des Altars.[15]

Nach einer Nachricht aus dem Jahre 1670[16] gab es außerdem Altäre, die nach dem Apostel Matthias – 1494 konsekriert –,[17] den Heiligen Adrian, Michael (im Turm *auf dem Gewölbe*), Laurentius und den hl. Schutzengeln genannt und z. T. nicht konsekriert waren; ferner wird ein weiterer Marienaltar *ante Capellam* genannt, d. i. auf der nördlichen Empore vor der Marienkapelle. Da sich die genann-

---

[7] Siehe oben S. 99.
[8] Vgl. KD 6/IV, 211.
[9] Vgl. oben S. 49.
[10] Altarinschrift in: KD 6/IV, 211.
[11] Vgl. oben S. 109.
[12] Vgl. Jakob Torsy, Lexikon der deutschen Heiligen, Seligen, Ehrwürdigen und Gottseligen (Köln 1959), 183.
[13] AEK, Kol. A I, 117.
[14] Vgl. KD 6/IV, 217; Beda Kleinschmidt, Die hl. Anna. Ihre Verehrung in Geschichte, Kunst und Volkstum (Düsseldorf 1930); Angelika Dörfler-Dierken, Die Verehrung der hl. Anna in Spätmittelalter und früher Neuzeit (Göttingen 1992).
[15] Wie Anm. 13.
[16] Pfarrer Hausmann in AEK, Kol. RC, 100.
[17] AEK, Kol. A I, 123.

ten Altäre 1670 alle auf der Empore befanden, ist damit zu rechnen, daß wenigstens einige von ihnen bei einer Umwidmung oder Reduktion von Altären im unteren Kirchenraum hier „abgestellt“ wurden. Für den Annenaltar steht dies jedenfalls fest.

Bilderschmuck

Bau und Fertigstellung der spätgotischen Kolumbakirche fallen in eine Zeit des Bilderbooms, der insbesondere der Herstellung von Altargemälden zugute kam. Der Höhepunkt dieser Entwicklung liegt um 1500. Für das Äußere der Bildaltäre liefert das Kirchen-Interieur der „Johannespredigt“ (Abb. 29) ein aufschlußreiches Beispiel. In Köln bevorzugte man im allgemeinen Erzeugnisse aus einheimischer Produktion.[18] Sie scheint sich hier auf einige große, namentlich nicht bekannte Werkstätten konzentriert zu haben. Von diesen waren die durch übereinstimmende Stilmerkmale oder Techniken bezeichneten Werkstätten des sogenannten Meisters des Marienlebens, des Meisters der heiligen Sippe und des Meisters des Bartholomäusaltars wohl am meisten beschäftigt. Sie alle sind in St. Kolumba vertreten. Ihre Werke sind durch den Einfluß der niederländischen Kunst bestimmt, der in der zweiten Hälfte des 15. Jahrhunderts Platz griff. Das bedeutendste Bildwerk der Kolumbakirche stammt allerdings nicht von einem Kölner Künstler, sondern von dem Brüsseler Stadtmaler Rogier van der Weyden (ca. 1400–1464).

Die Bildprogramme hatten ihre Wurzeln in der Frömmigkeit des 14. Jahrhunderts; sie blieben auch über die Reformationszeit hinaus weiterbestehen bis zum Ende des 16. Jahrhunderts.[19] Leben, Tod und Verherrlichung Jesu sowie der Gottesmutter, oder das Martyrium von Heiligen, wie biblische oder apokryphe Texte sie darstellen, boten reichlich Stoff für erzählende Zyklen, die auf Bildretabeln und Flügelaltären anschaulich wurden. Es gab z. B. feststehende Marienzyklen, bei denen Maria in die Jugendgeschichte oder in die Passion Jesu eingebunden war. Auf apokryphen Quellen beruhte der beliebte Zyklus von Tod, Himmelfahrt und Krönung Mariens. Einzelne Szenen wurden auch – besonders seit Anfang des 14. Jahrhunderts – gesondert dargestellt: etwa die Verkündigung an Maria oder die Pietà; die Gruppe *Annaselbdritt* ist eine Herauslösung aus der in der Spätgotik gern dargestellten Heiligen Sippe.[20] Neben den erzählenden Massen- bzw. Sonderszenen hatten der Crucifixus und Maria mit dem Kind als Einzeldarstellungen den Vorrang vor denen der übrigen Heiligen. Diese finden sich vielfach als Begleitfiguren auf Seitenflügeln von Triptychen oder in Reihungen; durch ein beigefügtes Symbol sind

---

[18] Zum folgenden vgl. Wolfgang Schmid, Kunststiftungen im spätmittelalterlichen Köln, in: Materielle Kultur und religiöse Stiftung im Spätmittelalter = Sitzungsberichte der österreichischen Akademie der Wissenschaften, phil.-hist. Klasse 554 (Wien 1990), 157–185; derselbe, Altäre der Hoch- und Spätgotik, in: Geschichtlicher Atlas der Rheinlande XII/1 (Köln 1985). Zum Kölner Malerberufsstand vgl. Joseph Greving, Maler in der Stadt Köln während der Jahre 1487 und 1492, in: AHVN 69 (1900), 115–127.

[19] Vgl. Franz Irsigler – Wolfgang Schmid, Kunsthandwerker, Künstler, Auftraggeber und Mäzene im spätmittelalterlichen Köln, in: JKGV 63 (1992), 1–54, bes. 12 ff., 23, 25.

[20] Vgl. Johannes H. Emminghaus, Marienbilder, in: LThK 7 (2. Aufl. 1962), 58–62.

Abb. 27 Tempelgang Mariens mit Stifterportrait des Pfarrers Hülshout und Inschrift, um 1475 (Seitenflügel des Hochaltars)

sie kenntlich gemacht. Für die verschiedenen Möglichkeiten der bildnerischen Darstellung bot die spätgotische Kolumbakirche mannigfache Beispiele. Gegenüber den Kultbildern des frühen Mittelalters mit ihrer vordergründig theologischen Aussage sind die religiösen Bildwerke des Hoch- und Spätmittelalters von zunehmendem Realismus der dargestellten Personen und ihrer Umgebung geprägt, besonders auffallend in Christus als dem Schmerzensmann und in der spielerischen Mutter-Kind-Auffassung der Madonna.

Abb. 28 Marientod, um 1475 (Seitenflügel des Hochaltars)

Auftraggeber und Stifter waren durchweg die wirtschaftlich und politisch maßgebenden Familien, insbesondere Neubürger, die sich aus Reputationsgründen der Öffentlichkeit empfehlen wollten; Stifterbildnisse am Rande des frommen Bildes oder zumindest das Familienwappen sollten das Andenken an den Geschenkgeber festhalten. Geistliche Stifter machten dabei keine Ausnahme. Dennoch darf die religiöse Motivation der Stifter nicht unterschätzt werden. Die Sorge um das Seelenheil beschäftigte die Menschen des späten Mittelalters in hohem Maße. In ihrer

Abb. 29 Predigt des hl. Johannes, um 1475 (Seitenflügel des Hochaltars)

Selbstdarstellung auf den frommen Bildern gaben sie schließlich den Zeitgenossen auch ein Beispiel ihres Glaubens an die Erlösung durch Christus und ihrer Hoffnung auf das ewige Leben.[21]

Nach Aussage von Pfarrer Peter Hausmann besaß der Hochaltar jenes Retabel, das mit dem von Pfarrer Johannes Hülshout († 1475) gestifteten Flügelaltar iden-

[21] Vgl. auch Wolfgang Schmid, Zwischen Tod und Auferstehung. Zur Selbstdarstellung städtischer Eliten des ausgehenden Mittelalters im Spiegel von Stifterbildern, in: Himmel, Hölle, Fegefeuer. Das Jenseits im Mittelalter (Ausstellungskatalog Zürich 1994).

Abb. 30 Enthauptung der hl. Kolumba, um 1475 (Seitenflügel des Hochaltars)

tisch ist *(quae pietura antehac fuit summum altare)*[22]. Der Stifter ist auf einem der beiden Seitenflügel dargestellt und als solcher durch eine Inschrift ausgewiesen *(Venerabilis vir in artibus magister Johannes de Mechlinia alias de Huilshout, sacrae theologiae professor, eximius istius ecclesiae pastor. Anno LXXIII februwarii XII)*[23] (Abb. 27).

[22] Hausmanns Beischrift in einem Kopiar von 1597 (AEK, Kol. A II, 1), zitiert von Joseph Greving, Die Bilder der Pfarrer von St. Kolumba, in: Korrespondenzblatt der WestdtZs GeschuKunst 18 (1899), 32–40, hier 34.

[23] Die Inschrift in KD 6/IV, 213.

Das Mittelstück des Altars ist nicht mehr erhalten. Von den beiden Seitenflügeln mit – innen und außen – je vier Feldern existieren noch sieben Felder; bevor sie in das Germanische Museum in Nürnberg gelangten, hingen sie zu beiden Seiten des Barbara-Altars. Sie zeigen den Tempelgang Mariens mit dem Stifterbild und der erwähnten Inschrift, den Tod Mariens, die Verklärung und die Himmelfahrt Christi, die Predigt des Evangelisten Johannes in Ephesus und seine Hinrichtung sowie die Enthauptung der hl. Kolumba (Abb. 28–30). Es ist mit Recht bemerkt worden, daß die Darstellung der Johannespredigt eher einer Vorlesung gleicht. Offenbar wollte sich der Stifter mit seiner Tätigkeit als Professor und – mit dem Kolumbabild – in seiner Eigenschaft als Pfarrer von St. Kolumba verewigen. Man hat errechnet, daß das Retabel bei einer Höhe von 1,90 m und einer Breite der Mittelzone von 3,40 m mit geöffneten Flügeln insgesamt 6,80 m gemessen habe. Es dürfte daher, falls die Flügel nicht im Winkel zum Mittelstück gestellt wurden, die Breite des Mittelschiffs der Kirche überschritten haben.[24] Als ausführender Künstler wird der Meister des Marienlebens oder der Meister der Georgslegende angenommen. Auf Grund der erwähnten Stifterinschrift dürfte das Retabel 1473 oder wenig später fertiggestellt worden sein.

Hülshout ist – ebenfalls durch den Marienleben-Meister – auf einem weiteren Bild, dem sog. Fürbittenbild, verewigt worden, das wegen seiner geringeren Größe (98 x 99 cm) und seiner Aussage als Epitaph gedeutet wird. Der Dargestellte ist weder durch Wappen noch Inschrift ausgewiesen. Aber die Heiligen, die den Knienden durch Maria und Christus Gott-Vater empfehlen, deuten ohne Zweifel auf Johannes Hülshout: Die beiden Johannes stehen für seinen Vornamen, die hl. Kolumba für den Amtsinhaber der Kölner Pfarrkirche und die hl. Cäcilia für den Kanonikus an der Stiftskirche dieses Namens.[25]

Älter als Hülshouts Altarbildstiftung ist das von Rogier van der Weyden geschaffene Dreikönigentriptychon (Eichenholz, Rückseite nicht bemalt). Es zeigt in seinem Mittelteil (138 x 153 cm) die sitzende Madonna mit dem Jesuskind, flankiert vom heiligen Joseph, in der rechten Bildhälfte die ankommenden drei Könige mit ihren Gaben. Die Szene ist in einen ruinenhaften Gebäudeteil hineinkomponiert, durch dessen Öffnungen die Landschaft sichtbar wird. Eine am Hügel gebaute Stadt auf der einen und ein Kirchturm auf der anderen Seite bieten den äußeren Rahmen. Hinter dem hl. Joseph hat sich der Stifter in kniender Haltung mit Gebetsschnur in den Händen verewigen lassen. Die beiden Seitenflügel (je 138 x 70 cm) zeigen links die Verkündigung an Maria, rechts die Darbringung im Tempel.[26] Obwohl das Werk nicht signiert ist und auch keine schriftliche Nachricht über den Maler Auskunft gibt, glaubt die kunstgeschichtliche Wissenschaft durch verglei-

[24] Vgl. Schmid, Stifter und Auftraggeber, 33–36; ferner Hans Martin Schmidt, Der Meister des Marienlebens und sein Kreis. Studien zur spätgotischen Malerei in Köln (Düsseldorf 1978), 230–233 und Abb. 111–117.

[25] Vgl. Schmid, Stifter und Auftraggeber, 36 ff.

[26] Eingehende Beschreibung und kunstgeschichtliche Einordnung u.a. von Karl Arndt, Rogier van der Weyden, Der Kolumba-Altar (Stuttgart 1962).

Abb. 31a Der Dreikönigenaltar des Rogier van der Weyden (um 1455), Mitteltafel

chende Forschung den Brüsseler Stadtmaler van der Weyden als Autor nachweisen zu können (Abb. 31a–b).

Für die Entstehung des Altars gilt 1464, das Todesjahr des Malers, als *terminus ante quem.* Die Forschung hat aus anderen Gründen die Entstehung des Werkes in den späten fünfziger oder den frühen sechziger Jahren des 15. Jahrhunderts angenommen. Es steht jedoch nicht fest, wann der Altar nach St. Kolumba gekommen ist und wo er aufgestellt wurde. Als er 1808 von den Brüdern Boisserée gekauft wurde, befand er sich in der Wasserfaßkapelle. Es ist allerdings wenig wahrscheinlich, daß er für diese gestiftet worden ist. Denn deren Altar war dem hl. Georg geweiht. Außer ikonographischen sprechen architekturästhetische Gründe dagegen. Es war zwar möglich – entgegen anderslautenden Bedenken – die Altarflügel zu öffnen, dennoch waren die Ausmaße des van der Weydenschen Altarwerkes denen der kleinen Wasserfaßkapelle nicht angepaßt. Neuerdings hat Angela Kulen-

Abb. 31b Der Dreikönigenaltar des Rogier van der Weyden (um 1455), Seitentafeln

kampff die Ansicht vertreten, der Dreikönigenaltar habe ursprünglich als Retabel für den Marienaltar gedient.[27] Ikonographisch läßt sich die Huldigung der Könige vor der die Mitte des Bildes beherrschenden Maria-Jesus-Gruppe gut mit dem Altarpatrozinium verbinden, zumal die Seitenflügel Szenen aus dem Marienleben zeigen. Vieles spricht dafür, daß zwischen der Anfertigung des Retabels (vor 1464) und der Fertigstellung der Marienkapelle (1463) ein Zusammenhang besteht. Das auf der Mitteltafel angebrachte Stifterbild könnte weiterführen, wenn die Person des Dargestellten identifiziert werden könnte. Da Johann (I.) Rinck außer seiner reichen Meßstiftung das Altargerät und die Paramente für den Marienaltar geschenkt hat, denkt man zunächst an ihn als den Stifter auch des Dreikönigenretabels. Diese Fährte führt allerdings in die Irre. Johanns (I.) Rinck Aussehen ist von einer seiner

[27] Vgl. Angela Kulenkampf, Der Dreikönigsaltar.

Abb. 32 Krönung Mariens mit den Stiftern Johann (I,) Rinck und Gertgin Blitterswich, Tafelbild vom Meister des Marienlebens (um 1460)

anderen Kunststiftungen bekannt;[28] Ähnlichkeiten mit dem Stifterbild des Dreikönigenretabels bestehen nicht. Außerdem hätte Rinck nicht versäumt, sein Wappen anzubringen, wie er es bei allen seinen Stiftungen getan hat. Die jüngst vorgetragene Behauptung, der auf dem Stifterbild Dargestellte sei Johann (I.) Dass († 1448), ist eine ansprechende Vermutung.[29]

Bisher ist der Forschung entgangen, daß St. Kolumba einen nach den hl. Dreikönigen genannten Altar besaß. Zu ihm würde Rogiers Triptychon ikonographisch natürlich am ehesten passen. Allerdings wissen wir nicht, wann er errichtet bzw. konsekriert wurde. Eine Notiz Pfarrer Hausmanns um 1700 hält fest, daß der Altar des hl. Adrian, der sonst auch Dreikönigenaltar genannt wurde *([altare] sancti Adriani alias etiam trium Regum),* im Jahre 1670 aufgehoben worden sei; er stand

[28] Auf der Tafel 'Krönung Mariens' des Meisters der Lyversberger Passion.
[29] Vgl. hierzu Schmid, Stifter und Auftraggeber, 240–246.

Abb. 33 Heimsuchung Mariens, Tafelbild (um 1470)

Abb. 34 Beschneidung Jesu mit Darstellung des Stifterpaares Johann von Questenberg und Christina von Aich, Tafelbild (um 1503/05)

zu dieser Zeit auf der Empore der Kirche.[30] Es ist nicht anzunehmen, daß er immer hier gestanden hat; außerdem läßt die Notiz das Verhältnis der beiden Patrozinien nicht erkennen. Ist vielleicht der Rogiersche Flügelaltar später an einem älteren, dem hl. Adrian geweihten Altar angebracht worden? Immerhin hielt man es für angemessen, die Namen der hl. Dreikönige und des hl. Adrian, der seit Ende des 14. Jahrhunderts zu den Pestheiligen gezählt wurde,[31] sowie der Patrone anderer aufgehobener Altäre mit dem 1670 (?) errichteten Markusaltar als Nebenpatrone zu verbinden.[32]

Etwas später als der Dreikönigenaltar sind zwei Tafelbilder des Marienleben-Meisters entstanden. Das erste stellt die Krönung der Muttergottes dar (101 x 133 cm); es befindet sich heute in der Alten Pinakothek zu München (Abb. 32)[33]. Die Bildnisse der Stifter sind durch die beigefügten Hausmarken als Johann (I.)

[30] Die Notiz Hausmanns in: AEK, Kol. RC 100.

[31] Vgl. Künstler, Ikonographie, 31.

[32] AEK, Kol. NC 6. Am 24.4.1693 konsekrierte Weihbischof Peter Verhorst von Trier den Markusaltar in St. Kolumba, zugleich zu Ehren der heiligen Bartholomäus, Matthias, Dreikönige, Severin und Adrian. – Rätselhaft bleibt die Herkunft des wenig bekannten hl. Adrian. Handelt es sich um den kleinasiatischen Martyrer des 4. Jahrhunderts, der als Patron der Schmiede galt (vgl. Braun, Tracht und Attribute der Heiligen, 30 f.), oder um den legendären Kölner Knaben dieses Namens aus spätrömischer Zeit (vgl. Torsy, Lexikon der Heiligen, 25)?

[33] Beschreibung bei Schmidt, Meister des Marienlebens, 209 ff., vgl. ebd. 69 f.; Abb. 61–63.

Abb. 35 Seitenflügel des Kreuzaltars mit dem Stifterpaar Hermann (I.) Rinck und Gertrud von Dalen (um die Wende des 15./16. Jhs.)

Rinck († 1465) und dessen erste Ehefrau Gertgin Blitterswich († 1439) zu identifizieren. Ob das Bild einen Altar geschmückt hat oder vielleicht als Epitaph in der Nähe der Rinckschen Grabstätte in der Marienkapelle diente, läßt sich nicht entscheiden.[34]

Das zweite Bild des Marienleben-Meisters zeigt die Heimsuchung Mariens (Besuch Marias bei Elisabeth, 104 x 57 cm); es ist derzeit Eigentum des Museum Boymans-van Beunigen in Rotterdam. Da die heute abgetrennte Rückseite neben der Madonna mit Kind die Heiligen Kolumba und Katharina zeigt, liegt die Kölner Pfarrkirche als erster Aufstellungsort nahe. Wegen des Hoch-Formates des Bildes ist seine Bestimmung als Seitentafel eines verlorengegangenen Triptychons erwägenswert. Das Werk wird in die Zeit um 1470 datiert (Abb. 33).[35]

Ein weiterer Altar mit doppelten Seitenflügeln wird nach seinem Mittelstück genannt, das die Beschneidung Jesu darstellt. Die Seitenflügel zeigen männliche und weibliche Heilige, darunter auf dem rechten Außenflügel die heilige Kolumba (Mittelstück 102 x 196 cm, Flügel 89 x 91 cm).[36] Das Stifterpaar sind auf Grund der Wappenschilde Johann von Questenberg, der 1503–1507 Kirchmeister von St. Kolumba war († 1538), und seine Ehefrau Christina von Aich (Aachen; † nach 1552). Die Hausmarke ist die gleiche wie in den Gewölben der südöstlichen Seitenschiffe der Kolumbakirche. Das Triptychon wird als Werk des Meisters der heiligen Sippe angesehen und in die Jahre 1503–1505 datiert. Es ist heute in der Alten Pinakothek in München zu sehen (Abb. 34).[37]

Zur gleichen Zeit wurde ein zweiter Kreuzaltar in die Kolumbakirche gestiftet. Hermann (I.) Rinck († 1496), ein Neffe Johanns (I.) Rinck, und seine Frau Gertrud von Dalen († 1496) waren die Donatoren. Ihre Bildnisse mit den Wappen wurden erst bei einer Restaurierung 1962/64 auf der Rückseite der Flügel unter einer Übermalung freigelegt. Da beide Stifter ihr Begräbnis in der Familiengruft von St. Kolumba gewählt hatten, ist von der Möglichkeit gesprochen worden, daß das Triptychon den zweiten Altar der Marienkapelle geschmückt habe. Heute ist das Werk als Dauerleihgabe der National Gallery London in der Walker Art Gallery Liverpool zu sehen. Es wird dem Meister des Aachener Altars zugeschrieben, der seinerseits in der Nachfolge des Sippenmeisters steht (Abb. 35).[38]

Zu den großen Kunstwerken der Spätgotik in St. Kolumba zählt der um 1510 entstandene Bartholomäusaltar (Eichenholz, 129 x 161 cm). Der unbekannte Meister hat nach diesem Werk seinen Notnamen erhalten. Er stammte aus dem Gelder-

---

[34] Vgl. ebd. 69 f.; Schmid, Stifter und Auftraggeber, 44–47.

[35] Beschreibung bei Schmidt, Meister des Marienlebens 187 f.; vgl. ebd. 49 ff. und Abb. 25 und 26; Herbst des Mittelalters. Spätgotik in Köln und am Niederrhein ([Ausstellungskatalog] Köln 1970), 36 f., Abb. 4.

[36] Beschreibung bei Marga Kessler-van den Heuvel, Meister der heiligen Sippe der Jüngere (Frankfurt/M. 1987), 217–224.

[37] Vgl. ebd. 212, ferner Schmid, Stifter und Auftraggeber, 233 ff. und Meister des Bartholomäusaltars (wie A. 39), 255. Vgl. KD 6/IV, 212.

[38] Vgl. Schmid, Stifter und Auftraggeber, 147–154.

land (ca. 1445–1515), hat aber den größten Teil seiner Werke in Köln geschaffen. Mal- und Ausdrucksweise in den späten Altarbildern für die Kölner Kartause und für St. Kolumba erweisen ihn nach dem Urteil der Kunsthistoriker als einen in Köln heimisch gewordenen Individualisten. Der Bartholomäusaltar bedient sich mit der Reihung der Heiligen über Mitteltafel und Seitentafeln einer bekannten Gestaltungsform. Er zeigt vor einem Brokathintergrund neben der Mittelfigur des Titelheiligen die heilige Agnes und die heilige Cäcilia, auf den Seitentafeln Johann Evangelist und Margareta bzw. Jakobus den Jüngeren und Christina. Der Reiz der Darstellung liegt in der Spannung, die durch die Zueinanderordnung der Personen und die Farbgebung bewirkt wird. Der Bartholomäusaltar gilt „als der Gipfel der kölnischen Malerei" in der „letzten noch ganz ungebrochenen spätgotischen Generation" (Abb. 36a–b).[39]

Die übermalte und erst 1949 wiederentdeckte Stifterfigur im Kartäusergewand läßt erwarten, daß der Bartholomäusaltar – wie schon vorher andere Tafeln – ursprünglich für die Kölner Kartause bestimmt und vielleicht von einem Kartäuser bestellt worden war. Aus uns unbekannten Gründen ist das Bild nicht in die Kartause, sondern als Stiftung des Arnt von Westerburg und seiner Frau Gertrud (Druitgen) von Andernach nach St. Kolumba gekommen; das Ehepaar – ihre Hausmarken befinden sich in den oberen Ecken der Mitteltafel – hatte offenbar das Retabel aufgekauft, das Bild des ursprünglichen Stifters löschen und seine eigenen Wappenschilde anbringen lassen. 1568 ist der Bartholomäusaltar in St. Kolumba urkundlich nachweisbar.[40] Da mehrere Gewölbe der südlichen Seitenschiffe ebenfalls das Wappen Westerburgs aufweisen, hat der Bartholomäusaltar vielleicht in der Nähe dieses Gebäudeteils seinen Platz gefunden.[41] Heute ist er Besitz der Alten Pinakothek München.

Es fällt auf, daß die Pfarrpatronin zwar öfter auf Seitentafeln von Triptychen dargestellt, daß ihr aber kein eigener Altar gewidmet worden ist. Sie war indes schon 1449 durch eine kostbare Statue geehrt worden, für welche die verstorbene Sophie von Bonn außer einer Geldsumme 11,6 kg Silber gestiftet hatte.[42] Gelenius erwähnt, daß die silberne Figur gleichzeitig als Behältnis für Reliquien der hl. Kolumba diente.[43] Über das Schicksal dieser Statue ist nichts bekannt.

---

[39] Vgl. Paul Pieper, in: Der Meister des Bartholomäusaltars. Der Meister des Aachener Altars. Kölner Maler der Spätgotik (Ausstellungskatalog Köln 1961), 20–43, hier 38 f.; das Zitat ebd. 41 und Abb. 57.

[40] Vgl. ebd., 38 ff.; KD 6/IV, 213.

[41] Vgl. KD 6/IV, 206 f. – Unlösbar bleibt die Bestimmung eines Altarretabels, von dem nur zwei Seitenflügel erhalten sind. Der eine Flügel (heute in Altertumsmuseum und Gemäldegalerie Mainz) zeigt den heiligen Andreas und die heilige Kolumba. Die beiden Tafeln sind nach sachverständigem Urteil dem Bartholomäusaltar verwandt und zur gleichen Zeit wie dieser entstanden. Da die Kolumbaverehrung in Deutschland hauptsächlich auf die ihr geweihte Kirche in Köln beschränkt blieb, kann die betreffende Tafel kaum anderswo als hier sich befunden haben. Vgl. Meister des Bartholomäusaltars, 103 f. und Abb. 68 und 69.

[42] AEK, Kol. A I 68; Schmid, Stifter und Auftraggeber, 39.

[43] Gelenius, De admiranda magnitudine, 393.

Abb. 36a Der Bartholomäusaltar (vor 1568) Mitteltafel mit Wappen des Stifterpaares Arnt von Westerburg und Gertrud von Andernach

Bildhauerwerke

Zu den vornehmsten Ausstattungsstücken einer Kirche gehört nächst den Altären das Sakramentshaus. In der spätgotischen Kolumbakirche wurde es zwischen den beiden nördlichen Seitenaltären an dem Halbpfeiler der Ostwand aufgestellt. Es gilt als das Werk eines Kölner Bildhauers um 1460. Über dem mit Maßwerkblenden verzierten fünfseitigen Unterbau war das eigentliche Gehäuse mit einer Kehle vorgekragt. Die durch zierliche Rundstäbe gegliederten Pfeiler des Tabernakels hatten Polygonsockel und Laubkapitäle. In den Pfeilerkehlen fanden sich Heiligenfiguren, u. a. die Apostel Petrus und Johannes, Johannes der Täufer, Maria und Kolumba. In den Kehlen über der Tabernakeltüre gab sich das Werk durch die Hausmarke als Stiftung Johann (I.) Rincks zu erkennen. Darüber baute sich das Filigran der Spitze mit ihrem Strebewerk auf. In seiner edlen Gestalt war das Kunstwerk mit dem jüngeren Sakramentshaus von St. Lambertus in Düsseldorf verwandt (Abb. 37).[44]

---

[44] Vgl. Schmid, Stifter und Auftraggeber, 43; KD 6/IV, 213 f; vgl. KD 3/I (Düsseldorf 1894), 38 ff.

Abb. 36b Der Bartholomäusaltar (vor 1568), Seitentafeln

In die gleiche Zeit (um 1460) wird die farbig gefaßte Steinfigur der stehenden und kronengeschmückten Madonna mit Kind datiert, die gleichsam als künstlerisches Pendant zum Sakramentshaus in der Nord-Westecke der Marienkapelle (von Anfang an?) ihren Platz hatte, bevor sie im 19. Jahrhundert an die Vorderseite des nördlichen Chorpfeilers versetzt wurde. Die Statue befand sich auf einem Postament, das in drei durchbrochenen Nischen die Verkündigung an Maria zeigte. Während Figur und Postament eine Einheit bildeten, ist bei dem älteren, hochgotischen Baldachin über der Madonna eine Zweitverwendung nicht auszuschließen.[45]

Das Bildwerk wird der Schule des Dombaumeisters Konrad Kuyn zugeschrieben, der in Köln den sogenannten schönen Stil ablöste. Die derbere Form des Faltenwurfs der Madonna und ihr etwas schwermütiger Gesichtsausdruck werden als Kennzeichen dieses Stils angesehen (Abb. 38).[46]

---

[45] Vgl. KD 6/IV, 216 f.

[46] Vgl. Peter Bloch, Kölner Madonnen. Die Muttergottes in der Kölner Bildnerei des Mittelalters (Mönchengladbach 1961), 23 und Abb. 33.

Abb. 37 Sakramentshaus (um 1460) nach der Restauration des 19. Jahrhunderts

Abb. 38 Stehende Madonna mit Kind (um 1460)

Abb. 39 Crucifixus (um 1400) mit Begleitfiguren Maria und Johannes sowie 6 Tafelbildern des 17. Jhs. und einer Pietà in einem Gehäuse des 19. Jhs.

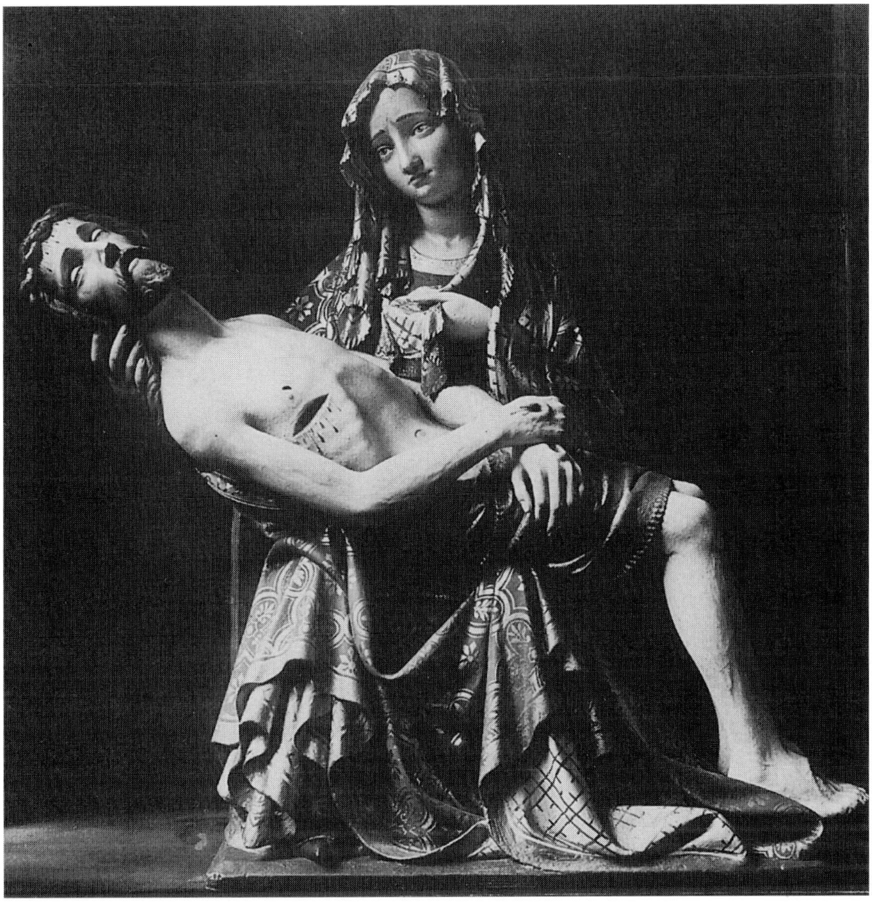

Abb. 40 Pietà (erste Hälfte des 15. Jhs.)

Unter den Bildern frommer Verehrung müssen noch ein Crucifixus (um 1400) und eine Pietà (erste Hälfte des 15. Jahrhunderts) erwähnt werden, bei denen nicht feststeht, wann sie an die Kolumbakirche gekommen sind; in den schriftlichen Quellen sind sie nirgends erwähnt. Vor der Zerstörung der Kirche waren die beiden Stücke mit zwei ergänzenden Figuren und sechs kleinen Tafelbildern des 17. Jahrhunderts in einem Holzgehäuse des 19. Jahrhunderts zusammengefügt, das im westlichen Eingangsbereich der Kirche, der sogenannten Kreuzkapelle, seinen Platz hatte (Abb. 39, 40).[47] Die Pietà befindet sich heute in der Kolumbakapelle von 1950.

[47] Vgl. KD 6/IV, 217 ff.; Rainer Palm, Kruzifixe und Kreuzigungsgruppen in der Kölner Skulptur um 1390–1440, in: Kölner Domblatt 42 (1977), 43–74, hier 51 ff.

Weiteres Kircheninventar

Während die bisher genannten Ausstattungsstücke fast alle in die Bauzeit der spätgotischen Kirche weisen, gehören Taufbecken und Chorgestühl späteren Jahrzehnten an.

Das Taufbecken war – spätestens seit 1670 – in der Wasserfaßkapelle aufgestellt.[48] Das einschließlich der Hebevorrichtung des Deckels zwei Meter hohe, kelchförmige Becken war ein Bronzeguß und trug schlichten Renaissanceschmuck am Dekkel. Es entstand vermutlich zwischen 1542 und 1557, denn es zeigt die Stifterwappen der Heimbach und Questenberg; Peter Heimbach starb 1557, seit 1542 war er mit Kunigunde von Questenberg verheiratet gewesen (Abb. 41).[49] Das Taufbecken (ohne Deckel) ist heute in der Kolumbakapelle aufgestellt.

In das zweite Viertel des 16. Jahrhunderts ist auch das für die kleine Chornische beschaffte Chorgestühl zu datieren, das stilistisch vielleicht etwas früher als das Taufbecken den Übergang von der Spätgotik zur Renaissance darstellte. Die Rinck-sche Hausmarke auf einem Wappenschild verrät die Geschenkgeberfamilie.[50]

Eine kleine Orgel, die 1513 im Bau war und bis 1605 ihren Dienst tat,[51] war an der östlichen Turmwand – zum Kirchen-Inneren hin – angebracht, und zwar über der dem Volk vorbehaltenen Empore. „Eine zierlich aus Kalkstein gearbeitete spätgotische Treppe“ führte dorthin (Abb. 42).[52] Vom Fensterschmuck ist leider nichts bekannt.

Wie schon erwähnt, wählten manche Stifter ihr Grab in der Kolumbakirche. Außer erblichen Familiengrüften gab es zwei Totenkeller. Nach Ausweis von Begräbnisbüchern des 17. und 18. Jahrhunderts waren in dem spätgotischen Gotteshaus 52 Grüfte und 138 Einzelgräber vorhanden. Eine Gruft östlich des Hochaltars war den Pfarrern von St. Kolumba vorbehalten.[53]

Der Neubau des Gotteshauses scheint nicht wenige Gemeindemitglieder auch zu Stiftungen an den Kirchenschatz motiviert zu haben. Alexander von der Ehren schenkte zwei 1,70 m hohe Chorleuchter. Eine Totenleuchte trug das Wappen des Arnt von Westerburg, ein Sängerpult das Wappen der Heimbach und Questenberg.[54] Eine spätgotische Retabelmonstranz von 70,5 cm Höhe gilt als ein Hauptwerk der Kölner Goldschmiedekunst des frühen 16. Jahrhunderts und gehört wohl ebenfalls in den Abschluß des Kirchenbaues (Abb. 43).[55] Aus der letzten Hälfte des

[48] Vgl. unten S. 294.
[49] Vgl. KD 6/IV, 216.
[50] Vgl. KD 6/IV, 214.
[51] Vgl. unten S. 212.
[52] Vgl. KD 6/IV, 208; Abb. 112.
[53] Vgl. Seiler, Ausgrabungen, 99 f. und unten S. 209. Fünf Pfarrer zwischen Ende des 15. und des 18. Jahrhunderts wählten ihre Grabstätte an anderer Stelle: Harderwijk und Nopel II im Dom, Kofferen in St. Gereon, Ulenberg und Elmpt im Kloster *zum Lämmchen* auf der Burgmauer.
[54] Vgl. KD 6/IV, 221, 214.
[55] Vgl. KD 6/IV, 222; ferner Herbst des Mittelalters, 114; Lotte Perpeet-Frech, Die gotischen Monstranzen im Rheinland (Düsseldorf 1964), 176 und Abb. 99.

Abb. 41 Taufbecken (Bronzeguß zwischen 1542 und 1557) mit Stifterwappen Heimbach-Questenberg und Hebevorrichtung

Abb. 42 Spätgotische Treppe von der Westempore zur Orgel

15. Jahrhunderts stammten Bildstickereien auf den Kreuzstäben von Meßgewändern, die in Kölner Werkstätten – in einem Fall in Flandern (Arras?) – hergestellt worden waren (Abb. 44); St. Kolumba soll im Besitz kostbarer Kunststickereien alle anderen Kirchen Kölns übertroffen haben.[56]

Die geistlichen Stiftungen

Den Schenkungen von Kirchenausstattung und Kirchengerät, von Schmuck und frommem Bildwerk folgte eine große Zahl von Messestiftungen, die für das Seelenheil des Stifters und seiner Familie bestimmt waren. Da sie mit den einzelnen Altären der Kolumbakirche verbunden waren, gaben sie der spätmittelalterlichen Frömmigkeit wie dem Gottesdienst der Pfarrkirche ein besonderes Gepräge.

Wir berühren hier das Problem der Privatisierung der Messe. Die Eucharistiefeier, Danksagung der christlichen Gemeinde an Gott für das Erlösungswerk Jesu Christi, hat ihren Mittelpunkt in der Vergegenwärtigung des Kreuzestodes des Herrn unter den Gestalten von Brot und Wein und der sakramentalen Vereinigung des Gläubigen mit dem Erlöser in der Kommunion. Seit dem frühen Mittelalter rückten die von der versammelten Gemeinde für den Vollzug der heiligen Hand-

[56] Vgl. Franz Bock, Geschichte der liturgischen Gewänder des Mittelalters, 3 Bde (Bonn 1859/71), hier I, 283.

Abb. 43 Retabelmonstranz (Köln, Anfang des 16. Jahrhunderts)

lung gespendeten Gaben das Opfern der Gläubigen neben den Opfertod Christi. „Die uralte Religionsvorstellung von Gabe und Gegengabe begann dabei in neuer Weise auf die christliche Eucharistie einzuwirken: Das dargebrachte Opfer erlaubte, in Erwartung der von Gott her fälligen Gegengabe besondere Bitten zu stellen".[57] Die Folge war, daß fortan die Danksagung für den Opfertod Christi mit

[57] Vgl. Arnold Angenendt, Missa specialis. Zugleich ein Beitrag zur Entstehung der Privatmessen, in: Frühmittelalterliche Studien. Jahrbuch des Instituts für Frühmittelalterforschung der Universität Münster, hg. von Karl Hauck 17 (1983), 155–221; derselbe, Das Frühmittelalter. Die abendländische Christenheit von 400 bis 900 (Stuttgart 1990), 332.

Abb. 44 Meßgewand mit Stab der 2. Hälfte des 15. Jahrhunderts

der Bitte ‚für jemanden' oder ‚für etwas' verbunden wurde. Die Messe wurde „das impetratorische Mittel schlechthin", aber auch – kraft der Gegenwärtigsetzung des Erlösungstodes Christi – zum Medium der Sühne für die Sünden.[58]

Die Verknüpfung des Sühnegedankens mit der Messe führte zur Vervielfältigung der Eucharistiefeier. Die Tendenz, die harte altkirchliche Bußpraxis zu mil-

[58] Vgl. Angenendt, Missa specialis, 158–163; derselbe, Frühmittelalter, 332 f.

dern durch Umwandlung der dem Sünder auferlegten Bußwerke, hatte zur Ablösung eines Bußwerkes durch Almosen für die Armen und unterstützendes Gebet und Messefeiern durch einen Priester geführt. Durch die Praxis der irischen Kirche wurde ein Zusammenhang zwischen der Höhe des Almosens und der Zahl der zu feiernden Messen hergestellt. In dieser Entwicklung liegt die Wurzel des Meßstipendiums wie des Stiftungswesens. Man konnte nunmehr durch ein Stipendium einen Priester oder eine Kirche verpflichten, die Messe in einer bestimmten Intention zu zelebrieren, man konnte Messen ‚bestellen', mittels Kapitalstiftungen sogar für ‚ewige Zeiten'.[59] Hier beginnt jenes „Sich-Einkaufen in die Verdienste Christi, die in der Messe zugewendet werden".[60] Dabei wurden die Heiligen als Fürbitter miteinbezogen.[61]

So trat neben die eucharistische Gemeindefeier die im Interesse einzelner Personen und Anliegen gefeierte ‚Privatmesse'. Sie konnte vom Priester sogar ohne Gemeinde gefeiert werden, und auch der Bittsteller brauchte nicht mehr persönlich anwesend zu sein. Es galt als pietätvolle Verpflichtung der Lebenden, Fürbitte und Sühne stellvertretend auch für die Verstorbenen zu leisten; auf diese Weise kam es zu den ‚ewigen Messestiftungen'.[62]

Die Frömmigkeitspraxis in St. Kolumba spiegelte dieses Denken in bunter Fülle wider. Der Urkundenbestand des Pfarrarchivs gibt uns Kenntnis von den ‚ewigen' Messestiftungen zugunsten Verstorbener. Da finden sich Verfügungen über Lesemessen, gesungene Messen, feierliche Messen mit Diakon und Subdiakon, solche mit Sängern und Kerzenträgern, mit und ohne Orgelbegleitung oder Glockenzeichen. Neben den Memorien – Messen an bestimmten Tagen, z. B. am Quatember – spielte das Jahrgedächtnis eine besondere Rolle. Oft mußte es nach dem Willen der Stifter durch Beten oder Singen einer Totenvigil eingeleitet werden; gelegentlich wird eigens vermerkt: mit neun Lektionen. Einige Stifter verlangten *Beimessen,* d. h. stille Messen an einem anderen Altar während des gesungenen Anniversars. Am Grab des Verstorbenen hatte währenddessen eine Kerze zu brennen. Nach der Meßfeier war der Zelebrant verpflichtet, das Grab des Verstorbenen mit Weihwasser zu besprengen, die *Commendatio,* den Psalm *Miserere* oder *De profundis* zu beten. Um das Gebet durch die Fürbitte der Heiligen zu verstärken, enthielten die Stiftungsdokumente oft die Bestimmung, daß die Messe am Marienaltar, am Adrian-, Barbara-, Bartholomäus-, Katharinen-, Markus- oder Nikolausaltar bzw. in der Michaelskapelle *auf dem Gewölb* gefeiert werden solle. Manchmal drückte sich das Vertrauen auf die Fürsprache bestimmter Heiliger darin aus, daß ein Meßformular zu ihren Ehren (Votivmesse) verlangt wurde.

Damit die irdischen Fürbitter nicht fehlten, verlangten die Stiftungsbestimmungen gelegentlich, daß gewisse offizielle Persönlichkeiten zur Teilnahme an dem

[59] Vgl. Angenendt, Missa specialis, 163–172; derselbe, Frühmittelalter, 333 f.

[60] Vgl. Joseph Andreas Jungmann, Von der 'Eucharistie' zur 'Messe', in: Zeitschrift für katholische Theologie 89 (1967), 29–40, hier 37.

[61] Vgl. Angenendt, Frühmittelalter, 334.

[62] Vgl. ebd. 195–200.

Abb. 45 Johann (I.) Rinck. Stifterportrait

gestifteten Gottesdienst einzuladen seien. Diese waren bei der Stiftung der Universitätsprofessoren Damme (1564) und Blankfordt der Rektor der Universität, die Mitglieder der theologischen Fakultät und die vier städtischen Provisoren. In anderen Stiftungstexten waren es Kölner Minoriten oder Dominikaner oder die Kirchmeister, in einem Fall der Familienälteste. Mancher Stifter erwähnte unter den Einzuladenden auch die Armen – sieben oder zwölf an der Zahl. Alle Anwesenden oder ‚Mitwirkenden' erhielten natürlich ihren abgestuften Anteil an den Zinsen des Stiftungskapitals. Die Pfarrer Damme und Blankfordt verpflichteten den jeweiligen Pfarrer von St. Kolumba, den anwesenden Universitätsmitgliedern und Provisoren im Anschluß an das Jahrgedächtnis ein bescheidenes Mittagessen zu bieten *(prandium quod D. Pastor honeste et modice instituet)*.[63]

Die erste uns bekannte Meßstiftung an St. Kolumba stammt aus dem Jahre 1172 und betrifft ein Jahrgedächtnis für Erzbischof Reinald von Dassel, an dem dreizehn Pfarrer und zwölf Kapellenpriester aus der Stadt Köln gegen eine Präsenzgebühr teilnehmen sollten.[64]

Die Messestiftungen erreichten ihren Höhepunkt zwischen der Mitte des 15. und der zweiten Hälfte des 16. Jahrhunderts[65]. Die einfachste Stiftung betraf eine Memorie oder ein Anniversar. Die umfangreichste war die des Johannes (I.) Rinck (Abb. 45) vom Jahre 1464. Sie bestand in zwei täglich am Marienaltar zu zelebrierenden Messen, einer gesungenen und einer Lesemesse, einem Anniversar mit Vigilien und drei Beimessen sowie jährlich sechs Memorien.[66]

Die Zahl der Stiftungsverpflichtungen bestimmte die Zahl der Priester und der Altäre, eine verhängnisvolle Konsequenz; denn die nur zur Meßzelebration verpflichteten Priester – Altaristen wurden sie bezeichnenderweise genannt – waren nicht für Predigt und Seelsorge bestimmt, bedurften daher keiner besonderen Bildung. Reichte der materielle Ertrag einer Stiftung nicht für ihren Lebensunterhalt, konnten sie zwei oder mehrere ähnliche Verpflichtungen übernehmen, soweit diese nicht miteinander kollidierten.[67]

Manche Stifter von St. Kolumba hatten in dieser Beziehung wohl unangenehme Erfahrungen gemacht; das geht aus entsprechenden Bestimmungen der Stiftungsbriefe hervor. Da heißt es z. B.: Bei Vernachlässigung der Stiftung soll diese an das Dominikanerkloster übertragen werden (Elsigh 1552). Sehr oft kehrt die Bemerkung wieder, daß die Stiftung ein *Officium*, ein widerrufbarer Auftrag, kein Benefizium auf Lebenszeit sei, so daß die Inhaber bei Nachlässigkeit in der Erfüllung ihrer Verpflichtungen entfernt werden konnten (Stiftung Rinck 1464). Der Verleihung der Stelle und der Person des Offizianten wurde besondere Aufmerksamkeit gewidmet. Gewöhnlich behielt der Stifter sich und seiner Familie die Wahl des Offizianten vor (Wasservass 1489); es gab aber auch zahlreiche andere Konstellationen. Der Erwählte sollte mal aus der Blutsverwandtschaft des Stifters, mal aus den Pfarrgenossen genommen werden *(filii parochiae omnibus aliis praeferendi:* Stiftung Herrl/Coppertz 1662); ein andermal wurde ein Kaplan von St. Kolumba oder ein Mitglied des benachbarten Minoritenklosters gewünscht.

Es ist bezeichnend für den Bildungsstand mancher Stifter, daß sie entsprechende Voraussetzungen oder Auflagen für den anzustellenden Altaristen machten. Während die Stiftungen Rinck (1464) und Damme (1564) forderten, daß die Stiftungs-

---

[63] Stiftung Damme.
[64] Vgl. Gescher, Der Kölner Stadtdechant, Urk. 1.
[65] Die im folgenden genannten Stiftungen finden sich in: AEK, Kol. A II, 9 (Rapiarium).
[66] AEK, Kol. Rapiarium fol. 4.
[67] Vgl. Wolfgang Müller, Die Kaplaneistiftung (praebenda sine cura) als spätmittelalterliche Institution, in: Von Konstanz nach Trient. Festgabe für August Franzen, hg. von Remigius Bäumer (Paderborn 1972), 301–315.

priester eifrig die Hl. Schrift studierten, verlangte die Stiftung Elsigh (1552) den Magister- oder Bakkalaureatsgrad für den betreffenden Altaristen; die Stiftung Hambroch (1528) wünschte sogar einen der Professoren des Laurentianums als Zelebranten.

Aufs Ganze gesehen kann man auch in St. Kolumba von einer Privatisierung des Gottesdienstes, vor allem der Messe sprechen. Die Gottesdienste wurden nicht nach den Erfordernissen der Gemeinde angesetzt, sondern einzelne Pfarrgenossen bestimmten durch ihre Stiftungen und deren Anordnungen die Zahl, die Zeit, die Art und den Ort der Meßfeiern. Selbst der offizielle Gemeindegottesdienst *(Summum Sacrum)* wurde durch private Stiftungsbestimmungen tangiert, so etwa wenn eine Memorie während des Hochamtes an einem anderen Altar oder wenn das *Summum Sacrum coram Exposito Sacramento* zelebriert werden sollte.

Luther hat sich bekanntlich energisch gegen diese unglückliche Entwicklung gewandt. Die katholischen Reformer haben sich jedoch mit Korrekturen begnügt und nur offensichtliche Mißstände abgestellt.

Vom Mittelalter zur Neuzeit

17. Humanistische Strömungen

Als der Bau der spätgotischen Kolumbakirche fertiggestellt war, hatte eine neue geistige Bewegung, der Humanismus, bereits seinen Siegeszug durch Europa angetreten. Die neue, anthropozentrische Sicht der Welt übte eine große Faszination aus. Der Mensch als Gestalter der geistigen und politischen Entwicklung – dieser Gedanke löste eine Bildungswelle und einen großartigen pädagogischen Impetus aus, und die Orientierung an den griechisch-römischen Wurzeln der abendländischen Geistigkeit befruchtete viele Zweige des kulturellen Lebens. Der Rückgriff auf die antiken Quellen hatte die Kenntnis der alten Sprachen zur Voraussetzung; sie wurden zum Vehikel für die Renaissance der Klassiker.

Die Kölner Universität, der natürliche Umschlagplatz geistiger Strömungen am Niederrhein, hat sich dem Humanismus verhältnismäßig spät geöffnet.[1] Ihre Theologische Fakultät wandte sich um 1509 in einem differenzierenden Gutachten gegen die Lektüre der antiken heidnischen Dichter, noch mehr freilich gegen die paganisierenden Autoren der Neuzeit. Von den antiken Schriftstellern empfahl sie neben Vergil die Dichter der christlichen Frühzeit.[2] Um die gleiche Zeit brachten der Reuchlin-Streit über die Zulassung jüdischer religiöser Literatur und die sogenannten Dunkelmännerbriefe (1515) die Kölner Universität in den Ruf, grundsätzliche Gegnerin des Humanismus und eine Hochburg der überwundenen Scholastik zu sein. Die in diesem Zusammenhang sich abspielende Literatenfehde war indes keine wirkliche Auseinandersetzung zwischen Scholastik und Humanismus. Im übrigen gab es in dem Streit keine geschlossenen Fronten,[3] auch nicht an der Kölner Alma Mater, wo die Albertisten das retardierende Element waren.[4] Eine Entwicklung des Humanismus in Köln kann hier nicht dargestellt werden; in unserm Zusammenhang ist vielmehr die Frage zu stellen, wie sich die humanistische Bewegung im kirchlichen und gesellschaftlichen Umfeld der Kolumbakirche gezeigt hat.

---

[1] Vgl. Justus Hashagen, Hauptrichtungen des rheinischen Humanismus, in: AHVN 106 (1922), 1–56.

[2] Vgl. Meuthen, Universität, 217.

[3] Vgl. ebd., 218–221.

[4] Vgl. Tewes, Bursen, 749.

In erster Linie ist an jene Bildungsanstalten zu denken, zu denen die Kolumbapfarrei in besonderer Beziehung stand: die Universität und speziell die Bursen. In ihnen wurden seit 1523/25 die antiken Klassiker regelmäßig gelesen und auch griechische und lateinische Sprache unterrichtet, während die Lehre der hebräischen Sprache der Theologischen Fakultät überlassen war.[5] In die Studienordnung der Universität ließ sich allerdings der humanistische Lehrstoff nur schwer einfügen. Es bedurfte neuer Vermittlungsformen und Vermittlungsinstitutionen. Es waren die Gymnasien, in denen das humanistische Lehrprogramm in „Klassen" unterrichtet wurde. Diese Organisationsform sicherte eine didaktisch konsequente Tradierung des Lehrstoffs. Auch die Kölner Bursen haben sich dem allgemeinen Trend entsprechend umgestaltet; in Köln taucht die Bezeichnung „Gymnasium" für diese Anstalten erstmals in den neunziger Jahren des 15. Jahrhunderts auf.[6] Obwohl einzelne Gelehrte für das Erscheinungsbild der Universität und deren Entwicklung von Einfluß waren – besonders in den schwierigen Jahren von 1520 bis 1555 –, erzielte der Humanismus seinen durchschlagenden Erfolg weniger an der Universität als an den Gymnasien; sie wurden zur voruniversitären Ausbildungsstätte, blieben freilich weiterhin in engem Kontakt mit der Universität.[7] Das Gymnasium Laurentianum, wie die Laurentianerburse nun hieß, trat durch seine Verlegung von der Komödienstraße an die Nordwestecke des Minoritenklosters (1569) in noch engere Beziehung zur Kolumbapfarrei.[8] In schulpolitischer Hinsicht dagegen war die 1557 erfolgte Übergabe der städtischen Bursa Kuckana an die Jesuiten von größerer Bedeutung.[9]

Die humanistischen Bestrebungen waren nicht auf die Universität und die Gymnasien fixiert, auch außerhalb der offiziellen Bildungsstätten gab es Einzelgelehrte, Interessenten und Förderer sowie Freundeskreise.[10] Die rege Mobilität der humanistischen Bildungsschichten und ihre persönlichen und brieflichen Kontakte untereinander, selbst über Sprachgrenzen hinweg, bewirkten ein ganz neues Lebensgefühl. In Persönlichkeiten und Kreisen wird der Einfluß des Humanismus auch innerhalb der Kolumbapfarrei einigermaßen greifbar.[11]

Von den bedeutenden Kölner Persönlichkeiten dieser Zeit hatten etliche ihren Wohnsitz in der Kolumbapfarrei oder sie standen in besonderer Beziehung zu ihr. Das gilt z. B. für Gerhard Wasservass, Peter und Hermann (II.) Rinck, aber auch für Hermann von Neuenahr und Georg Cassander.

Gerhard Wasservass d. Ä. war ein Freund und Förderer des italienischen Humanisten Petrus Ravennas, der von 1506 bis 1508 in Köln an der Juristischen Fakultät

---

[5] Vgl. Meuthen, Universität, 231–236.
[6] Vgl. ebd., 256 f.
[7] Vgl. ebd., 245, 258.
[8] Vgl. oben S. 67.
[9] Vgl. Josef Kuckhoff, Die Geschichte des Gymnasium Tricoronatum (Köln 1931), bes. 1. Teil.
[10] Vgl. Meuthen, Universität, 251.
[11] Vgl. zum folgenden Hashagen, Hauptrichtungen, 16–23, 29–36.

Abb. 46 Peter Rinck. Stifterportrait (um 1500)

lehrte.[12] Allerdings war Wasservass kein unbedingter Anhänger aller humanistischen Bestrebungen. Im Reuchlin-Streit unterstützte er als Bürgermeister die Universität und insbesondere die Theologische Fakultät gegen die Attacken Reuchlins wider die Begünstiger der Juden und warb für deren Bekehrung. Hier dürfte seine Nähe zu den Albertisten der Laurentianerburse zum Tragen gekommen sein.[13] Ähnliches wird für Peter Rinck gelten können.

[12] Vgl. Meuthen, Universitt, 212.
[13] Vgl. Tewes, Bursen, 759.

Dieser war gelernter Jurist und Professor an der Kölner Universität. In seinen jungen Jahren war er als Novize in die Kölner Kartause St. Barbara eingetreten, die damals von der *Devotio moderna* und einem christlichen Humanismus geprägt war. Peter Rinck war jedoch dem entbehrungsreichen Leben der Kartäuser gesundheitlich nicht gewachsen. Er hatte dann an den Universitäten Erfurt, Paris, Köln und Pavia studiert, wo er zum Dr. iur. utr. promoviert wurde. 1459 rezipierte ihn die Juristische Fakultät Köln, an der er von nun an über vier Jahrzehnte als akademischer Lehrer tätig war; dreimal amtierte er als Rector magnificus. Rinck hatte bei seinem Studium bedeutende Orte des Humanismus kennengelernt. Es verwundert daher nicht, ihn in Verbindung mit bekannten Humanisten zu sehen: mit dem Münsteraner Rudolf von Langen, mit Hermann von dem Busche, der einige Zeit an der Kölner Artesfakultät wirkte, und Petrus Ravennas. Peter Rinck ist wohl auch die Berufung des Raymund Wilhelm Mitridates, eines konvertierten spanischen Juden, als Lehrer der hebräischen, griechischen und lateinischen Sprache an die Kölner Universität (1484) zu verdanken. Auch an der Krönung des Heinrich Glareanus (Loriti) zum *poeta laureatus* war Rinck beteiligt; sie fand 1512 während eines Reichstags in Köln durch Kaiser Maximilian statt. Gepflegte humanistische Geistigkeit, die auch im Interesse für Kunst und Literatur und im Mäzenatentum zum Ausdruck kam, war das Signum seiner Persönlichkeit.[14]

Hermann (II.) Rinck, ein Sohn von Peter Rincks Vetter, war ebenfalls als Freund humanistischer Literatur, aber auch als Widerpart von Gegnern christlicher Traditionen, bekannt; er stand mit dem Luthergegner Johannes Cochlaeus (1479–1552) in Verbindung und glaubte auf dessen Veranlassung 1524 den Druck einer von William Tyndale veranstalteten englischen Bibelübersetzung verhindern zu müssen, die bei Quentel in Köln herauskommen sollte.[15]

Der große Hof, den die Grafen von Neuenahr in der Kolumbapfarrei am Schnittpunkt von Schwalben- und Langgasse besaßen, lenkt den Blick auf Hermann von Neuenahr (1492–1530), der in Köln Mittelpunkt eines Humanistenkreises war und mit Erasmus von Rotterdam in Briefwechsel stand. An der Universität lehrte er Griechisch und Hebräisch, aber sein Interessengebiet umfaßte auch die Geschichte sowie Medizin und Naturwissenschaften. Im Reuchlinstreit stellte sich Hermann zwar auf die Seite Reuchlins, äußerte sich aber bedeutend zurückhaltender als andere Humanisten. Als er 1524 Dompropst wurde, fiel ihm damit zugleich die Position des Universitätskanzlers zu, dem die offizielle Verleihung der akademischen Grade und die kirchliche Lehraufsicht über die Universität zukam.[16]

---

[14] Vgl. Franz Irsigler, Peter Rinck († 8. Februar 1501), in: RL 6 (1975), 55–69, und oben S. 98.

[15] Vgl. Severin Corsten, Kölner Kaufleute lesen Brants Narrenschiff. Humanistisch gesinnte Großbürger zu Beginn des 16. Jahrhunderts, in: Wolfgang Milde – Werner Schuder, De captu lectoris. Wirkungen des Buches im 15. und 16. Jahrhundert (Berlin 1988), 67–80, bes. 73–77; Joseph Giesen, Ein Brief des Kölner Ratsherrn Hermann Rinck an Kardinal Wolsey, in: JKGV 19 (1937), 370–376.

[16] Vgl. Meuthen, Universitt, 352.

Im Hause Hermanns von Neuenahr fand der aus der Nähe von Brügge gebürtige Georg Cassander (1513–1566) Wohnung, als er sich 1544 an der Universität Köln immatrikulieren ließ; später wohnte er im Hause Gryn auf der Brückenstraße, das dem klevischen Kanzler Heinrich Bärs genannt Oligschläger gehörte. Cassander hatte schon früh Zugang zu den humanistischen Geistesströmungen gewonnen, der durch Briefwechsel mit bedeutenden Gelehrten und Staatsmännern intensiviert wurde. Auch zu den Reformatoren Melanchthon, Butzer und Bullinger hatte er Beziehungen. Beeinflußt durch Erasmus von Rotterdam suchte er in den theologischen und kirchlichen Kontroversen seiner Zeit zu vermitteln. Er wurde daher zum geschätzten Gutachter Herzog Wilhelms von Jülich-Berg und der Kaiser Ferdinand I. und Maximilian II.[17]

Von den Ordensleuten der Kolumbapfarrei waren die Kreuzbrüder als Freunde humanistischer Bildung bekannt. In ihrer Bibliothek war die mystisch-asketische Richtung der Devotio moderna ebenso vertreten wie der Humanist Petrarca und die nominalistisch eingestellten Reformtheologen des 14. und 15. Jahrhunderts.[18]

Zählten auch Kolumbapfarrer, die ja zugleich Universitätsprofessoren waren, zu den Humanistenkreisen? Die Antwort wird offenbleiben müssen; jedenfalls wird keiner in diesem Zusammenhang genannt. Daß einige ihren Namen nach Humanistenart latinisierten – Novimola, Nopelius, Cophraeus, Froschius – besagt nicht viel und ist eher als Modeerscheinung zu werten.

18. Evangelische Bewegung und katholische Reaktion

Zehn Jahre nach dem Humanismusgutachten der Theologischen Fakultät wurde diese von der Schwesterfakultät in Löwen um ein Urteil über den 1518 in Basel erschienenen Sammelband von Luthers Ablaß-Disputationen *(Resolutiones disputationum de virtute indulgentiarum)* gebeten.[1] Die Antwort vom 30. August 1519 lautete dahin, daß er Irrtümer und bereits verurteilte Häresien enthalte; das Buch solle öffentlich verbrannt und sein Autor zum Widerruf gezwungen werden. Diese Kölner Äußerung ist die früheste amtliche Verurteilung Luthers in Deutschland. Götz-Rüdiger Tewes vermutet Albertisten der Laurentiana als treibende Kräfte.[2] Nachdem der Papst am 15. Juni 1520 in der Bulle *Exsurge Domine* mehrere von Luther vertretene Sätze verurteilt hatte, fand die angeratene Verbrennung von Luthers Buch mit Zustimmung des Kaisers, des Erzbischofs und des Rates der

[17] Vgl. Ennen, Geschichte III, 727–738; Joseph Hartzheim, Bibliotheca Coloniensis (Köln 1747), 90 f.

[18] Vgl. Robert Haaß, Devotio moderna in der Stadt Köln im 15. und 16. Jahrhundert, in: Festschrift für Erich Kuphal = JKGV 25 (1960), 133–154, hier 147 f.

[1] Zum folgenden vgl. Franz Bosbach, Köln, Erzstift und Freie Reichsstadt, in: Die Territorien des Reichs im Zeitalter der Reformation und Konfessionalisierung. Land und Konfession 1500–1650, 3. Teil (Münster 1991), 58–83; derselbe, Die katholische Reform in der Stadt Köln, in: Röm. Quartalschr. 84 (1989), 120–159; ferner Ennen, Geschichte IV, passim.

[2] Vgl. Tewes, Bursen, 782 f.

Stadt am 12. November auf dem Domhof zu Köln statt. Damit war der „Fall Luther" für Köln allerdings nicht erledigt. Sein Anliegen war hier nicht unbeachtet geblieben.

Vor allem hatten seine Ordensbrüder, die Augustiner-Eremiten, darauf angesprochen. Zwischen dem Kölner und dem Wittenberger Kloster des Ordens herrschte damals ein reger Austausch. Seit Herbst 1521 vertrat der Wittenberger Augustiner Heinrich Hummel Luthers Theologie an der Kölner Universität. Die Vorlesungen wurden ihm zwar von der Theologischen Fakultät verboten, aber sein Einfluß auf die Mitbrüder im Kölner Kloster blieb ungebrochen.[3] Da die zuständigen kirchlichen Oberen nicht imstande waren, die vom Augustinerkonvent ausgehenden Unruhen zu unterbinden, nahm sich in den Jahren 1525 bis 1532 der Rat der Stadt mehrmals der Sache an. Der städtischen Untersuchungskommission gehörten auch drei Pfarrer – unter ihnen Arnold Nikolaus von Damme von St. Kolumba – an. Sie forderte vom Ordensvikar einen neuen Konventsleiter, ein Predigtverbot für die beanstandeten Ordensleute und die Entsendung theologisch gebildeter und rechtgläubiger Ordensbrüder aus anderen Klöstern.[4]

Auch in Pfarrkirchen wurde gelegentlich im Sinne Luthers gepredigt; deswegen erhielt 1529 der Kaplan Johannes Weber von St. Jakob vom städtischen Rat Predigtverbot; da er es nicht beachtete, wurde er aus der Stadt ausgewiesen.[5] 1533 ließ der Rat die Predigten des Pfarrers von St. Peter beobachten; auch er erhielt Predigtverbot.[6]

Die evangelische Bewegung in Köln fand nicht nur in geistlichen Kreisen Widerhall, sie erfaßte auch das Bildungsbürgertum. Einer der stark engagierten Laien war der in Bologna promovierte Jurist Gerhard von Westerburg (ca. 1490–1558), dessen Wohnhaus *Zum Eichhorn* sich in der Herzogstraße, also in unmittelbarer Nähe der Kolumbakirche, befand.[7] Die Familie gehörte zu den wohlhabenden Kaufleuten der Stadt. Gerhards Vater, Arnold von Westerburg, war unter jenen Pfarrgenossen, die sich als Stifter am südlichen Neubau der Kolumbakirche beteiligt hatten. Auch Gerhard von Westerburg machte noch 1521, zusammen mit Verwandten, eine Stiftung zugunsten des Klosters *Lämmchen* auf der Burgmauer. Als Schwager von Karlstadt (ca. 1480–1541), der für den Bildersturm und andere extreme Entwicklungen in Wittenberg verantwortlich war, geriet Westerburg in dessen Bannkreis. Auch zu dem Zwickauer Nikolaus Storch ergaben sich seit dessen Aufenthalt in Köln intensive Beziehungen.

---

[3] Ennen, Geschichte IV, 180–188. Adalbero Kunzelmann, Geschichte der deutschen Augustiner-Eremiten VII (Würzburg 1976), 14 f., 30, 39, 555 f. läßt konkrete Angaben vermissen.

[4] Vgl. Ennen, Geschichte IV, 310–317.

[5] Vgl. Karl Corsten, Studien zur Pfarrgeschichte von St. Jakob in Köln, in: AHVN 158 (1956), 1–86, hier 64.

[6] Vgl. Ennen, Geschichte IV, 306.

[7] Zum folgenden vgl. Ennen, Geschichte IV, 241–263, 337 f. und Goeters, Stadt Köln (wie A. 8), 13 f.

Die *Zwickauer Propheten,* wie Luther sie nannte, waren extreme Spiritualisten, verwarfen jeden äußeren Kult und rühmten sich der inneren Führung durch den Heiligen Geist. Die Kindertaufe war daher für sie belanglos; erst der erwachsene Mensch könne das innere Wort Gottes vernehmen und es durch Glauben und Taufe annehmen. Gerhard von Westerburg unterzog sich später – 1534 – in Münster der Taufe und nahm sie in Köln an Gleichgesinnten vor. Hier hatte er schon 1523 Ärgernis durch Äußerungen gegen das Fegefeuer erregt. Er erbot sich, seine Ablehnung in einer öffentlichen Disputation vor der Theologischen Fakultät zu verteidigen. Diese hatte schon den Kolumbapfarrer von Damme zum Leiter der Disputation bestellt, als der Rat der Stadt diese verbot. Man war unschlüssig, wie man gegen Westerburg vorgehen solle, erließ aber schließlich doch einen Verhaftungsbefehl gegen ihn für den Fall, daß er sich in der Öffentlichkeit sehen lasse. Der Rat und der Pfarrer von St. Kolumba versuchten vergeblich, Westerburg zum Widerruf zu bewegen. Das erzbischöfliche Gericht verurteilte ihn daraufhin im März 1526 in absentia als Ketzer und ersuchte den Rat um Bestrafung, bei der aber Leib und Leben des Angeklagten geschont werden sollten. Westerburg, der die Stadt inzwischen verlassen hatte, erreichte einen kaiserlichen Schutzbrief, so daß er unbehelligt zurückkehren konnte. Später schloß er sich dem reformierten Bekenntnis an.

In Adolf Clarenbach (ca. 1495–1529) und Peter Fliesteden erhielt die evangelische Bewegung in Köln frühe Blutzeugen.[8] Der Student Fliesteden war wohl Anhänger von Zwinglis Abendmahlsverständnis und hatte seiner Ablehnung der katholischen Eucharistielehre während einer Messe im Dom öffentlich Ausdruck verliehen. Auch bei Clarenbach finden sich theologische Spuren von Zwingli, Karlstadt und Westerburg, doch war er in der Hauptsache von Luther beeinflußt. Clarenbach, der vom Buscherhof bei Lennep stammte, hatte als Mitglied der Laurentianerburse in Köln studiert und den Magister artium erworben. In seiner Eigenschaft als Lehrer an Lateinschulen im nördlichen Westfalen und am Niederrhein hatte er dann für seine Glaubensüberzeugung geworben, war aber überall vertrieben worden. Als er 1528 nach Köln kam, um einem in Bedrängnis geratenen Glaubensbruder beizustehen, wurde er selbst vom Rat der Stadt verhaftet, aber dann an das erzbischöfliche Hohe Gericht überstellt, das ihn als Ketzer verurteilte. Der Rat versuchte vergeblich bei Erzbischof Hermann von Wied – dem späteren Protestanten – die beschlossene Hinrichtung abzuwenden; er mußte die Durchführung des

[8] Vgl. Gerhard J. F. Goeters, Adolf Clarenbach, sein Leben, Wirken und Zeugentod im Rahmen der nordwestdeutschen Reformationsbewegung, in: Allein Gottes Wort, hg. von Axel Bluhm (Köln 1981), 32–55; derselbe, Die Stadt Köln und die Prozesse und Hinrichtung von Peter Fliesteden und Adolf Clarenbach, in: J. F. Gerhard Goeters, A. Stein, Venderbosch, Bekenner und Zeugen. Zum Gedenken an den 450. Todestag der Martyrer A. Clarenbach und P. Fliesteden (Düsseldorf 1979), 11–27. Klaus Göbel, Adolf Clarenbach, in: RL 9 (1982), 119–132. Vgl. Ennen, Geschichte IV, 270–290.

Urteils vornehmen.[9] Am 28. September 1529 zog das Hinrichtungskommando vom erzbischöflichen Hochgericht an der Hacht durch die Kolumbapfarrei – am Minoriten- und Mariengartenkloster vorbei über die Mörsergasse und Breitestraße – zum Ehrentor hinaus nach Melaten, wo Adolf Clarenbach und Peter Fliesteden den Feuertod erlitten.

Widersprüchliches Verhältnis der Stadt zu den Anhängern Luthers

Wie war das widersprüchliche Verhalten der Stadt gegenüber den Neuerern zu erklären: hier Ausweisungen von Priestern wegen lutherischer Predigten, die Todesstrafe für die Laien Clarenbach und Fliesteden, dort Gewährenlassen des als Ketzer verurteilten Westerburg?

Die Stadt Köln hat nie einen Zweifel daran gelassen, daß sie sich zur Aufrechterhaltung des katholischen Glaubens verpflichtet fühle. Die von ihr gegründete und getragene Universität mit der sie beherrschenden Theologischen Fakultät, der geistige und wirtschaftliche Einfluß von Kirche und Geistlichkeit auf das Leben der Bürger und die vielfältigen personellen Querverbindungen des Rates mit beiden Institutionen waren die Faktoren, welche die Politik der Reichsstadt bestimmten. Es war ihr Bestreben, dieses Gleichgewicht der Kräfte zu erhalten. Als bei den Unruhen von 1525 wirtschaftlich begründeter Antiklerikalismus aufflammte, verstand es der Rat, diesem seine Sprengkraft zu nehmen, indem er den Klerus an den städtischen Lasten beteiligte und dessen wirtschaftliche Tätigkeit, vor allem im Weinhandel, einschränkte.[10] Auch in der Störung der innerkirchlichen Einheit erkannte der Rat eine Gefahr einerseits für die Ruhe innerhalb der Bürgerschaft, andererseits für die politische Existenz der Reichsstandschaft. Auf den Schutz des Reichs und des Kaisers war die Stadt angewiesen; es galt, in allen Dingen, auch in der Religionspolitik, ein gutes Verhältnis zum Kaiser zu erhalten. Der Rat glaubte zunächst, durch Verbot reformatorischen Schrifttums und Ausweisung der Neuerer seiner Verpflichtung gegenüber der kaiserlichen Religionspolitik genugzutun. Westerburg jedoch hatte seine Ausweisung durch Klage beim Reichskammergericht verhindern bzw. verzögern können; die Beachtung der Entscheide und Vorschriften einer Reichsinstitution war für die Stadt verpflichtend.[11] Im Fall Clarenbach aber verbanden sich Rücksicht auf das Reich und das Drängen des Kölner Erzbischofs Hermann von Wied miteinander.[12]

Am 23. April 1529 hatte der Reichstag zu Speyer alle weiteren Neuerungen bis zum künftigen Konzil und die Verbreitung von Lehren und Sekten, die sich vor allem gegen die Eucharistie richteten, verboten; außerdem hatte er über die Wiedertäufer die Todesstrafe verhängt. Diese Vertreter einer obrigkeitsfreien Kirche und

[9] Vgl. hierzu Maria Clementine Beemelmans, Die Stellung des Hohen kurfürstlichen Gerichts zum Rate der Stadt Köln, in: JKGV 17 (1935), 1–43, bes. 11–17.

[10] Zum folgenden vgl. Bosbach, Köln, 64 ff.; derselbe, Reform 124 f.

[11] Vgl. Goeters, Stadt Köln, 14 f.

[12] Vgl. Goeters, Stadt Köln, 24 f.

eines radikalen Bibelchristentums galten als Gefahr für die überkommene Staats- und Gesellschaftsordnung. Am 31. Mai bzw. am 1. Juni bereits publizierten die Reichsstadt Köln und der Kurfürst-Erzbischof das Reichsmandat für ihre Bereiche, obwohl es in ihnen damals noch keine Täufer gab. Auch Clarenbach und Fliesteden waren nachweislich keine Täufer. Das kurfürstliche Hohe Gericht in Köln, das den Blutbann ausübte, verurteilte sie deshalb nicht als Täufer, sondern als Ketzer.[13]

Daß sich Hermann von Wied mit seinem Drängen auf Hinrichtung von Clarenbach und Fliesteden durchsetzen konnte, ist ein Zeichen für die Verhärtung der Fronten zwischen Altgläubigen und Neuerern; der Speyerer Reichtstagsbeschluß hatte dies offenbargemacht. In der Stadt Köln blieb die Hinrichtung von 1529 der einzige Fall dieser Art in der Abwehr der sich bildenden reformatorischen Bekenntnisse. Wohl traf die Todesstrafe die Anführer der Täufer, die nach 1530 in Köln festgestellt wurden; es gab bis 1565 insgesamt neun Hinrichtungen von Täufern.[14]

Kirchenreform oder Reformation?

Auf seiten der Altgläubigen hatte man mittlerweile eingesehen, daß die Kirchenkrise nicht mit Verurteilungen und Strafmaßnahmen zu überwinden war, sondern daß die Ursachen, die sie ausgelöst hatten, beseitigt werden mußten. Vermittlungsgespräche setzten seit dem Augsburger Reichstag von 1530 ein. Auch der bisher so kämpferisch vorgehende Kölner Erzbischof Hermann von Wied wandte sich seit Mitte der dreißiger Jahre unter dem Einfluß seines Beraters Johannes Gropper (1503–1559) tatkräftig innerkirchlichen Reformen zu.[15] Eine für die gesamte Kölner Kirchenprovinz einberufene Synode, die vom 6. bis 10. März 1536 unter dem Vorsitz des Erzbischofs in Köln tagte, stellte Grundsätze für eine wirkliche Reform der Kirche auf, und das 1538 mit den Konzilsbeschlüssen publizierte Handbuch des christlichen Unterrichts *(Enchiridion christianae institutionis)*[16] bot den Priestern eine vorzügliche Handreichung für die Vermittlung des Glaubenswissens. Es

[13] Vgl. Hans H. Th. Stiasny, Die strafrechtliche Verfolgung der Täufer in der Freien Reichsstadt Köln (1529–1618) (Münster 1962), 2, 5.
[14] Vgl. ebd., passim.
[15] Vgl. F. J. Gerhard Goeters, Der katholische Hermann von Wied, in: Monatshefte für evangelische Kirchengeschichte des Rheinlandes 35 (1986), 1–17; August Franzen, Bischof und Reformation. Erzbischof Hermann von Wied in Köln vor der Entscheidung zwischen Reform und Reformation (Münster 1971), 49 ff., Walter Lipgens, Kardinal Johannes Gropper 1503–1559 und die Anfänge der katholischen Reform in Deutschland (Münster 1951), 51 ff., Reinhard Braunisch, Johannes Gropper (1503–1559), in: Katholische Theologen der Reformationszeit I (Münster 1984), 116–124.
[16] Die Reformkonstitutionen, in: Georg Pfeilschifter, Acta reformationis catholicae, 6 Bde (Regensburg 1959–1974), hier II, 192–305. Vgl. Johannes Meier, Das Enchiridion christianae institutionis (1538) von Johannes Gropper. Geschichte seiner Entstehung, Verbreitung und Nachwirkung, in: ZKG 86 (1975), 289–328.

ist zu Recht als „die ausführlichste, wichtigste und klarste Dogmatik“ der vortridentinischen Theologie bezeichnet worden.[17]

Von Kaiser Karl V. betriebene Vermittlungsversuche fanden 1540/41 in Hagenau, Worms und Regensburg statt. In Hagenau wurden Erzbischof Hermann und Gropper erstmals mit dem elsässischen Reformator Martin Butzer (1491–1551) bekannt, der fortan für die kirchliche Entwicklung des Erzbischofs so bestimmend werden sollte.[18] Die Regensburger Religionsgespräche, an denen auch der Koadjutor Adolf von Schaumburg sowie der Kölner Theologe Johannes Gropper und der Universitätsprofessor Hermann Blankfordt (1505–1554) teilnahmen, scheiterten jedoch am Kirchenbegriff und an der Auffassung der Eucharistie.[19] Der Reichstagsabschied von 1541 befahl den geistlichen Fürsten, in ihren Ländern *eine christliche Ordnung und Reformation* vorzunehmen, bis das Konzil komme[20]. Hermann von Wied hoffte dabei auf die Mitarbeit Butzers. Im Februar 1542 weilte Butzer zum ersten Mal im erzbischöflichen Jagdschloß Buschhoven bei Bonn.[21] Als er am 14. Dezember wiederum auf Einladung des Erzbischofs hierher kam, erhielt er den Auftrag, in Predigten und Vorträgen das reformatorische Programm Luthers zu vertreten. Dieser Vorgang alarmierte die Kölner Universität und das Domkapitel, besonders den völlig überraschten Gropper. Sie entsandten den eben im August 1542 zum Pfarrer von St. Kolumba gewählten Professor Hermann Blankfordt nach Bonn, der Butzer entgegentreten sollte, aber in seiner Predigt mit dem Reformator nicht konkurrieren konnte[22] (Abb. 47). Anfang 1543 erhielt Butzer vom Erzbischof gegen den energischen Widerstand des Domkapitels den offiziellen Auftrag, eine Reformationsordnung auszuarbeiten, bei der ihn der nach Bonn gekommene Philipp Melanchthon unterstützte. Ende Juni war die Reformationsordnung mit dem Titel *Einfältigs Bedenken* (Einfache Gedanken) fertig. Vorgreifend hatte der Erzbischof schon Ostern 1543 die Kommunionspendung unter beiden Gestalten *(sub utraque specie)* und die Priesterehe freigegeben.[23] Sie wurden bald zum äußerlichen Unterscheidungsmerkmal zwischen Protestanten und Altgläubigen. Über die Entwicklung im Erzstift sei lediglich vermerkt, daß Hermann von Wied trotz der Unterstützung durch die weltlichen Stände des Kurstaates scheiterte. Nachdem ihn Papst Paul III. im April 1546 suspendiert und ihn daraufhin der Kaiser seiner Kurfürstenwürde für verlustig erklärt hatte, war Hermann angesichts der damals poli-

---

[17] Vgl. Lipgens, Gropper, 54–64; das Zitat bei Ennen, Geschichte IV, 390.

[18] Vgl. Franzen, Bischof und Reformation, 63 ff.

[19] Vgl. Franzen ebd., 66 ff.; Ennen, Geschichte IV, 400.

[20] Zitat im Regensburger Reichstagsabschied: Corpus Reformatorum hg. von Karl Gottlieb Bretschneider IV (Halle 1837), 628. Vgl. hierzu und zum folgenden Mechtild Köhn, Martin Bucers Entwurf einer Reformation des Erzstifts Köln. Untersuchung der Entstehungsgeschichte und der Theologie des *Einfältigen Bedenkens* von 1543 (Witten 1966), 39–66.

[21] Vgl. Franzen, Bischof und Reformation, 70–78.

[22] Vgl. Franzen ebd., 80 f.

[23] Vgl. ebd., 86, 90 ff.

tisch und militärisch starken Position des Kaisers völlig isoliert. Am 25. Februar 1547 erklärte er seinen Verzicht auf das Erzbistum.[24]

Widerstand in der Stadt Köln

Im Rahmen der Pfarrgeschichte von St. Kolumba stellt sich die Frage: Wie haben sich die Stadt Köln und ihre Pfarreien in den kritischen vierziger Jahren verhalten? Bisher war die Stadt gegen Abweichler konsequent eingeschritten; sogar gegen einige Vorschläge Groppers für die Reformsynode von 1536 hatte der Rat vorsorglich Bedenken angemeldet,[25] obwohl er kirchlichen Mißständen keineswegs blind gegenüberstand.[26] Als Butzer im Dezember 1542 von Erzbischof Hermann mit der Reformation im Erzstift beauftragt wurde, versuchte der Reformator, auch die Stadt Köln in das geplante Unternehmen miteinzubeziehen. Er bat über den ihm bekannten Stadtsyndikus Peter Bellinghausen den Rat der Stadt, ihm eine öffentliche Diskussion über die religiösen Kontroversen und eine wirkliche Kirchenreform zu ermöglichen. Hermann von Wied unterstützte das Angebot beim Rat.[27]

Solche Religionsgespräche waren ein besonders in den Städten erprobtes politisches Mittel zur Einführung der Reformation. Als Diskussionsforum hätten sie nur Sinn gehabt, wenn sie mit dem gemeinsamen Ziel der Kircheneinheit geführt worden wären. Da es aber hier um die Durchsetzung der jeweils eigenen Position ging, kam es nur darauf an, welcher Redner die publikumswirksameren Argumente vortragen und das Publikum für sich mobilisieren konnte. Eine solche Persönlichkeit war Butzer ohne Zweifel. Der Herausforderer war von vorneherein im Vorteil. Der Kölner Stadtrat erfaßte die Situation und lehnte ab.

Auch die zahlreichen Druckschriften waren wirksame Mittel der Propaganda, deren sich sowohl die Reformatoren wie die Altgläubigen bedienten.[28] Sie verbreiteten ebenfalls Unsicherheit und Unruhe in der Bevölkerung, von persönlichen Verunglimpfungen ganz abgesehen. Universität, Domkapitel und Stadtklerus verlangten daher 1545 vom Rat eine strengere Beachtung der Bücherzensur,[29] zumal Köln damals ein Zentrum des Buchdrucks und des Buchhandels war.[30] Die Universität forderte ihrerseits im gleichen Jahr bei der Immatrikulation eine eidliche Verpflichtung auf das katholische Glaubensbekenntnis und drohte jenen, die den katholischen Glauben aufgaben, mit dem Verlust der akademischen Rechte und Privilegien.[31]

---

[24] Vgl. ebd., 100–106.
[25] Vgl. Ennen, Geschichte IV, 383 f.
[26] Vgl. Ennen, Geschichte V, 343.
[27] Vgl. Franzen, Bischof und Reformation, 83 f.
[28] Vgl. dazu Wolfgang Schmitz, Buchdruck und Reformation in Köln, in: JKGV 55 (1984), 117–154.
[29] Vgl. Ennen, Geschichte IV, 494.
[30] Vgl. Severin Corsten, Die Blütezeit des Kölner Buchdruckes (15.–17. Jahrhundert), in: RVB 40 (1976), 130–149.
[31] Vgl. Ennen, Geschichte IV, 496 f.

Von der Freigabe der Priesterehe und der Kommunionspendung unter beiden Gestalten durch Hermann von Wied (1543) machten in Köln Pfarrer Matthias Küntgin von St. Maria Lyskirchen und der Minorit Johannes Meinerzhagen Gebrauch; der Jurist Johannes Oldendorp propagierte ebenfalls die Kommunion *sub utraque.* Die Pfarrer der Stadt beschwerten sich wegen dieser Neuerung beim Rat, worauf dieser eine Kommission berief, der auch die Pastoren von St. Kolumba, St. Laurenz, St. Alban und Klein-St. Martin angehörten. Sie beschloß, die bisherige Disziplin für alle Kirchen der Stadt verbindlich zu machen. Oldendorp und Meinerzhagen verließen daraufhin die Stadt; Küntgin wurde ausgewiesen. Alle drei schlossen sich den Reformatoren an.[32]

Auch der in der Kolumbapfarrei lebende und mit dem Grafen von Neuenahr befreundete Laientheologe Georg Cassander (1513–1566) trat für Kelchkommunion und Priesterehe ein, ließ aber trotz bedenklicher Äußerungen an seinem Bekenntnis zur katholischen Kirche keinen Zweifel. Ob Pfarrer Novimola von St. Kolumba ihn kurz vor seinem Tod zu einer entsprechenden schriftlichen Erklärung veranlaßt hat, wie später behauptet wurde, ist umstritten; er starb jedenfalls als frommer Katholik im Schoß der Kirche *(catholice ac pie in gremio ecclesiae:)* und fand sein Grab in der Familiengruft der Sudermanns in der Minoritenkirche.[33]

Konzil und Interim

Im Jahre 1545 begann nach mehreren vergeblichen Anläufen in Trient das längst fällige Allgemeine Konzil.[34] Köln war auf der ersten Konzilsperiode aus begreiflichen Gründen nicht vertreten – man befand sich im Abwehrkampf gegen den Reformationsversuch Hermanns von Wied. Schon 1547 wurde die Kirchenversammlung wegen einer in Trient grassierenden ansteckenden Krankheit nach Bologna verlegt und 1548 suspendiert. Der enttäuschte Kaiser sah sich gezwungen, den im sog. Schmalkaldischen Krieg (1546/47) besiegten protestantischen Landesfürsten eine Zwischenlösung anzubieten, um sie für die Teilnahme am wiederaufzunehmenden Trienter Konzil zu gewinnen. Auf dem Augsburger Reichstag von 1547/48 erließ er als Zwischenlösung *(Interim)* eine inhaltlich katholische, aber die Anliegen der Reformatoren aufgreifende Bekenntnisformel, an die sich die Protestanten bis zur Entscheidung durch das Allgemeine Konzil zu halten hätten; in disziplinärer Hinsicht wurden ihnen Kelchkommunion und Priesterehe gestattet.[35] Die Altgläubi-

---

[32] Vgl. ebd. IV, 447–452; vgl. Theodor Paas, Die Pfarre St. Maria Lyskirchen in ihrer geschichtlichen Entwicklung (Köln 1932), 48 f. Vgl. auch die beiden Studien von August Franzen, Die Kelchbewegung am Niederrhein im 16. Jahrhundert (Münster 1955), bes. 14 ff.; derselbe, Zölibat und Priesterehe in der Auseinandersetzung der Reformationszeit und der katholischen Reform des 16. Jahrhunderts (Münster 1969).

[33] Vgl. oben S. 80 sowie Ennen, Geschichte IV, 738 ff.; das Zitat bei Hartzheim, Bibliotheca Coloniensis, 90.

[34] Vgl. Hubert Jedin, Geschichte des Konzils von Trient, 5 Bde (1949–75), hier III (1970).

[35] Das Augsburger Interim von 1548. Nach den Reichstagsakten deutsch und lateinisch herausgegeben von Joachim Mehlhausen (Neukirchen 1970).

Abb. 47 Epitaph Hermann Blankfordt, Pfarrer von St. Kolumba 1542-1554

gen wurden auf eine *Formula reformationis* verpflichtet; sie betraf eine besser kontrollierte Zulassung zum Priester- und Bischofsamt, die Verpflichtung der Geistlichen zur Seelsorge – vor allem zur schriftgemäßen Predigt –, das Verbot der Pfründenhäufung und die Durchführung von Visitationen und Synoden.[36]

Nach der Absetzung Hermanns von Wied hatte Adolf von Schaumburg das Erzbistum Köln (1547–1556) übernommen. Vom 10. Oktober 1551 bis zum 11. März 1552 nahm er an der zweiten Sitzungsperiode des Trienter Konzils teil.[37] Schon vorher hatte er die Praxis der regelmäßigen Diözesansynoden wiederaufgegriffen und 1549 ein Provinzialkonzil für die gesamte Kölner Kirchenprovinz veranstaltet. Sachlich schlossen sich seine Reformbestrebungen an die kaiserliche *Formula reformationis* an. In manchen Fragen schlug er allerdings eine schärfere Gangart ein; so machte er von der päpstlichen Erlaubnis, reuige Konkubinarier zu rehabilitieren, nichtordinierten Predigern die Priesterweihe zu erteilen und ihren Klöstern entlaufene Ordensleute in der Pfarrseelsorge einzusetzen, keinen Gebrauch.[38] Als Berater bei der Provinzialsynode standen dem Erzbischof u. a. der Kolumbapfarrer Blankfordt und dessen späterer Nachfolger Novimola zur Seite.[39] Adolfs Visitationsplan mußte sich aus politischen Gründen auf das Erzstift und die Stadt Köln beschränken (1548). Auch bei Durchführung der Visitation beteiligte sich Pfarrer Blankfordt.[40] In der Stadt wurden zwar die Stifte visitiert, von den Pfarreien ist aber auffallenderweise keine Rede. Hier machten sich Vorbehalte der Stadt gegenüber der Jurisdiktion des Erzbischofs geltend, wie das auch bei der nachtridentinischen Visitation von 1569 der Fall war.[41]

Wie dem reformatorischen Vorstoß Hermanns von Wied so blieb auch dem Gegenstoß Adolfs von Schaumburg der Erfolg versagt. Seit Ende seines Episkopats nahmen die Verfallserscheinungen im Erzbistum zu, zumal die nächsten drei Nachfolger Adolfs in keiner Weise zuverlässig waren. Der eifrige Salentin von Isenburg (1567–1577) dagegen hatte den Empfang der höheren Weihen abgelehnt und schließlich sein Amt niedergelegt und geheiratet, um sein Geschlecht vor dem Aussterben zu bewahren.[42]

Auch in den stadtkölnischen Pfarreien blieb die Lage kritisch. In St. Christoph wurde 1553 der Pfarrer während des Gottesdientes von reformerisch gesonnenen Kirchenbesuchern aufgefordert, die Kanzel zu verlassen.[43] Dagegen wurde 1557 in St. Mauritius der Prediger wegen seiner an Luthers Theologie orientierten Predigt

---

36 Pfeilschifter, Acta reformationis catholicae VI, 308–345; kaiserliche Reformnotel vom 14.6.1548: ebd., 348–380.

37 Vgl. Jedin, Konzil III, 259 ff., 263, 295, 298, 333, 362, 365, 387.

38 Vgl. Hans Foerster, Reformbestrebungen Adolfs von Schaumburg (1547–1556) in der Kölner Kirchenprovinz (Münster 1925), 47, 70, 79, 86 ff., 93 f., 19 f.

39 Vgl. ebd., 43, 28 f.

40 Vgl. ebd., 22 ff., 26–29, 59–63.

41 Vgl. August Franzen, Die Visitationsprotokolle der ersten nachtridentinischen Visitation im Erzstift Köln unter Salentin von Isenburg im Jahre 1569 (Münster 1960), 80.

42 Vgl. ebd., 63 f.

43 Vgl. Ennen, Geschichte IV, 771.

abgesetzt.[44] Am meisten Aufsehen erregte in den Jahren 1553/55 der Versuch der Wahlmänner von St. Laurenz, einen lutherischen Pfarrer einzuführen. Es gelang dem Erzbischof Adolf von Schaumburg im Einvernehmen mit dem Rat der Stadt, den Intrusus Heinrich von Kempen zum Verzicht zu bewegen; aber die Pfarrgenossen hinderten den vom Erzbischof bestellten Pfarrverweser Adam Ferber mit Brachialgewalt am Predigen. Die Situation beruhigte sich nach einiger Zeit; der Rat hatte die Randalierer eingesperrt, und die Kirchmeister erklärten sich bereit, für diesmal das Pfarrerwahlrecht ruhen und den Erzbischof den Pfarrer ernennen zu lassen.[45] Mit diesem Ergebnis war die Gründung einer protestantischen Gemeinde in Köln und die Gewinnung einer katholischen Pfarrkirche für den evangelischen Gottesdienst gescheitert.

Dies war bedeutsam für die Durchführung des Augsburger Religionsfriedens von 1555. Er verpflichtete die Reichsstädte, in denen die katholische und die lutherische Konfession nebeneinander bestanden, jede in ihrem Glauben, ihren Zeremonien und Gütern zu belassen (§ 14).[46] Die Reichsstadt Köln war davon nicht betroffen, denn hier gab es zu dieser Zeit keine organisierte Gemeinde mit Kirchengebäuden und Kirchengütern, sondern nur einzelne Protestanten.

Reformierte und Lutheraner in Köln

Organisierte protestantische Gemeinden entstanden erst seit Mitte der sechziger Jahre, als Anhänger Kalvins in Köln Zuflucht suchten, um dem Schreckensregiment Herzog Albas in den südlichen Niederlanden zu entgehen. Da alte Handelsbeziehungen zwischen Köln und Flandern bestanden, lag dies nahe. Mit dem Einströmen der niederländischen Flüchtlinge erreichte eine zweite Welle der Reformation den Rhein. Der Rat duldete die Flüchtlinge, soweit sie sich ruhig verhielten, griff aber mit Strafen ein, wenn die öffentliche Ordnung gestört oder Gesetze verletzt wurden; darunter verstand der Rat u. a. *geheime Konventikel* und protestantische Predigten in Privathäusern. Solche Versammlungsorte wurden auch in der Kolumbapfarrei festgestellt.[47]

Seit 1571 verteilten sich die reformierten Flüchtlinge auf eine niederländische, französische und deutsche Gemeinde.[48] 1568 hatte man 45 einheimische und 115 eingewanderte protestantische Familien gezählt;[49] in den neunziger Jahren betrug die Gesamtzahl der niederländischen Exulanten ca. 2000. Klerus und Universität drängten auf Abschiebung der Protestanten, so daß sich der Rat in den siebziger Jah-

[44] Vgl. Adolf Thomas, Geschichte der Pfarre St. Mauritius zu Köln (Köln 1878), 132 ff.
[45] Vgl. Ennen, Geschichte IV, 764–770.
[46] Text bei Carl Mirbt, Quellen zur Geschichte des Papsttums und des römischen Katholizismus (5. Aufl. Tbingen 1934) Nr. 437.
[47] Vgl. Stiasny, Täufer, 66–69; vgl. ferner Heinz Schilling, Niederländische Exulanten im 16. Jahrhundert. Ihre Stellung im Sozialgefüge und im religiösen Leben deutscher und englischer Städte (Gütersloh 1972), bes. 59 ff., Ennen, Geschichte IV, 860 ff.
[48] Vgl. Stiasny, Täufer, 74; Ennen, Geschichte V, 321–325.
[49] Vgl. Schilling, Exulanten, 59, 114 f., 176 f.; Ennen, Geschichte IV, 856.

Abb. 48 Sebastian Novimola, Pfarrer von St. Kolumba 1554-1579

ren mehrfach veranlaßt sah, geheime Predigtversammlungen aufzulösen, Strafen zu verhängen und Ausweisungen vorzunehmen.[50] Schon 1570 hatte er versucht, die zugewanderten Reformierten insgesamt abzuschieben. Die Aktion sollte in der Kolumbapfarrei beginnen, wurde aber anscheinend nicht oder nur schleppend durchgeführt, wie aus der Wiederholung des Ratsbeschlusses im Jahre 1582 hervorgeht.[51]

[50] Vgl. Stiasny, Tufer, 70–76.
[51] Vgl. ebd., 74 f., 78 ff.; Ennen, Geschichte IV, 859, 867; V, 415.

Als Stadtherr hatte der Rat das katholische Bekenntnis als offiziell bestimmt. Von seinen Mitgliedern und den städtischen Angestellten forderte er 1562 eine eidliche Verpflichtung auf den katholischen Glauben.[52] Damit begann die Konfessionalisierung der Ratspolitik. 1576 ordnete er auch eine Überprüfung der Rechtgläubigkeit aller Elementarschullehrer an; für die Gründung von Privatschulen – Winkelschulen nannte sie der Rat – verlangte er nun seine Zustimmung. Solche Schulen waren im Laufe des 16. Jahrhunderts vielfach von zugezogenen Lehrern gegründet worden und übten durch ihre Zahl und ihre Leistungen große Anziehungskraft, aber nicht selten auch reformatorischen Einfluß aus.[53] Nachdem sich die Kölner Lutheraner 1575 zu einer *heimlichen Gemeinde* formiert hatten, gelangte im folgenden Jahr trotz einschränkender und vorbeugender Maßnahmen seitens der Stadt mit Gerhard von Honthum aus der Schildergasse erstmals ein offener Anhänger des lutherischen Bekenntnisses in den Rat. Als er zwei Jahre später starb, verweigerte ihm Pfarrer Novimola von St. Kolumba das Begräbnis.[54] 1582 wurde sogar ein Antrag auf Religionsfreiheit und Erbauung einer protestantischen Kirche an den Rat gerichtet. Das Gesuch wurde abgelehnt, ebenso der Versuch, weitere Protestanten in den Rat zu wählen.[55] Aber dieses Drängen an die Öffentlichkeit zeugte doch von der Widerstandskraft der konfessionellen Minderheit. Sie übte auf reformerische Kreise in der Stadt keinen geringen Einfluß aus. Die Nachfahren der um die Kolumbakirche so verdienten Familie Rinck haben damals auf dem in der Mauritiuspfarrei gelegenen Rinckenhof, dessen Ankauf noch Peter Rinck und sein Vetter Hermann (I.) Rinck 1473 eingeleitet hatten, Flüchtlinge aufgenommen. Es scheint, daß sie im Verkehr mit ihnen den Anschluß an das reformierte Bekenntnis gefunden haben.[56] Der Rat war gegenüber den Niederländern, die dem Bekenntnis Kalvins angehörten, nicht durch die Bestimmungen des Augsburger Religionsfriedens gebunden. Angesichts des großen Zustroms der niederländischen Flüchtlinge schlug er seit 1585 in seiner Ausweisungspolitik ein strengeres Vorgehen ein.[57] Es war mitbestimmt durch einen zweiten Versuch, die Kölner Kirche dem Protestantismus zuzuführen. Erzbischof Gebhard Truchseß von Waldburg (1577–1583) hatte sich 1582 öffentlich zum protestantischen Glauben bekannt und gleichzeitig versucht, das Erzstift in ein erbliches weltliches Fürstentum umzuwandeln. Dies war gegen § 6 des Augsburger Religionsfriedens, wonach geistliche Fürsten nur als Privatpersonen und unter Verlust der Herrschaft zum Protestantismus übertreten durften.[58] Der Schritt Gebhards verletzte zugleich die von ihm beschworene Wahlkapitulation und die Katholizitätsklausel der Erblandesvereinigung, war also auch

[52] Vgl. Ennen, Geschichte IV, 756; Meuthen, Universität, 265 f.
[53] Vgl. Ennen, Geschichte IV, 762 f.
[54] Vgl. ebd. V, 348, 388.
[55] Vgl. ebd. V, 411 f., 458.
[56] Vgl. Schmid, Stifter und Auftraggeber, 142, 172,;KD 2/IV, 536 f.; Thomas, Pfarre St. Mauritius, 140 f.
[57] Vgl. Ennen, Geschichte V, 442.
[58] Vgl. Mirbt, Quellen Nr. 437.

ein höchstpolitisches Ereignis, um dessen Folgen im sogenannten Kölnischen Krieg (1583–1588) gerungen wurde. Gebhard unterlag dabei.[59]

Katholische Reformkräfte in St. Kolumba

Nicht nur Reformierte, die wegen ihres Glaubens aus den südlichen – spanischen – Niederlanden vertrieben worden waren, suchten in Köln Zuflucht, sondern auch Katholiken, die aus dem gleichen Grund die nördlichen Niederlande hatten verlassen müssen. Unter ihnen befanden sich Ordensleute, die in der Kolumbapfarrei eine dauernde Niederlassung begründeten; es waren Franziskanerobservanten, Karmelitinnen und Klarissen. Sie wurden Stützen der kirchlichen Erneuerung.

Das Franziskanerkloster ad olivas

Die Einheit des auf Franz von Assisi zurückgehenden Ordens der Minderbrüder war schon bald nach dem Tod des Gründers über das Verständnis des Armutsideals in Gefahr geraten. Jene Ordensbrüder, welche die völlige Besitzlosigkeit auch der Gemeinschaft aufrecht erhalten wollten, erreichten 1415 eine faktische und 1517 auch eine offizielle rechtliche Trennung der franziskanischen Familie in zwei selbständige Orden: die Minoriten und die Franziskanerobservanten.[60] In der kölnischen Ordensprovinz war die Teilung im Jahre 1447 durchgeführt worden.[61] Im Kölner Raum hatten die Franziskaner seit 1491 ein Kloster in Brühl.[62] Von hier aus kamen sie gelegentlich zu seelsorglicher Aushilfe nach Köln, wo ihnen die Familie Rinck ein ständiges Absteigequartier in der Schildergasse zur Verfügung gestellt hatte.[63] In den Jahren 1525 bis 1570 waren ihnen sogar die Kölner Domkanzel und die Pönitentiarie anvertraut. Darüber hinaus vermochten sie zunächst nicht in Köln Fuß zu fassen, obwohl ihnen der Rat der Stadt günstig gesinnt war, da sie wegen ihrer Armutsverpflichtung keinen Grund und Boden erwerben und sich der städtischen Besteuerung entziehen konnten.[64] Als dann infolge der Reformation in den Niederlanden zahlreiche Franziskaner von dort vertrieben wurden, sammelte der Orden die Flüchtlinge zunächst in Köln, wo sie 1581 am Alten Graben eine vorläufige Unterkunft fanden. Der Versuch, im Minoritenkloster unterzukommen und dieses zur Annahme der Observanz zu bewegen, mißlang. Da sie sich aber

---

[59] Vgl. auch Bosbach, Köln, 70 f.

[60] Vgl. Heribert Holzapfel, Handbuch der Geschichte des Franziskanerordens (Freiburg 1909), 153–157.

[61] Vgl. Patricius Schlager, Beiträge zur Geschichte der Kölnischen Franziskaner-Ordensprovinz im Mittelalter (Köln 1904), 92–100.

[62] Vgl. Schlager, Beiträge, 122–127; ferner H. Hermann Roth, Die Klöster der Franziskanerrekollekten in der alten Erzdiözese Köln, in: AHVN 94 (1913), 68–134, hier 68 f.

[63] Vgl. Patricius Schlager, Geschichte der Kölnischen Franziskaner-Ordensprovinz während des Reformationszeitalters (Regensburg 1909), 123 f.

[64] Vgl. Patricius Schlager, Zur Geschichte der Franziskanerobservanten und des Klosters'ad olivas' in Köln, in: AHVN 82 (1907), 51–91, hier 53 f.; vgl. Roth, Franziskanerrekollekten, 102 f.

Abb. 49 Kirche der Franziskaner in der Olivengasse. Zustand beim Abbruch 1909

durch seelsorglichen Eifer schnell bei der Bevölkerung beliebt gemacht und außerdem den Kölner Nuntius Ottavio Frangipani (1587–1595) für sich gewonnen hatten, gelang es 1589 mit dessen Hilfe, den fast ausgestorbenen Terziarenkonvent an der Streitzeuggasse zu beziehen. Es handelte sich um das Haus *zum Olvunde* bzw. *zum Olivant;* die Franziskaner gaben ihm seit 1600 den an die überkommene Bezeichnung anklingenden, aber mehr biblischen Namen *Mons olivarum* oder *Ad olivas* (Ölberg, Olivenkloster).[65] Es war zwar ein baufälliges Haus, bei dem sich auch eine Kapelle befand, aber das dazu gehörige Grundstück reichte von der Hämergasse bis zur Richmodstraße und bot genug Platz für den Bau eines Klosters und einer Kirche. Die Zeitverhältnisse waren freilich wenig günstig. Der Abfall des Kölner Erzbischofs Gebhard Truchseß und der anschließende Kölnische Krieg, mehr noch der gewaltsame Tod des ersten Guardians und eines weiteren Mitbruders infolge von Mißhandlungen durch holländische Kalviner, nicht zuletzt der unrealistische Traum der Klosterinsassen von einer baldigen Rückkehr in die niederländische Heimat, lähmten für Jahre jede Initiative zum Ausbau des neuen Klosters.[66]

Erst 1598 konnte der Grundstein zum Bau einer schlichten dreischiffigen Halle in der neuen Baugesinnung des Barock gelegt werden; der Bau von Kirche und Kloster zog sich fast ein ganzes Jahrhundert hin und konnte nur durch zahlreiche Spenden finanziert werden.[67] In seelsorglicher Beziehung betätigten sich die Franziskaner als Beichtväter und Prediger in verschiedenen Kirchen und Klöstern der Stadt sowie im Erteilen von katechetischem Unterricht. In Zeiten der Pest – 1622 und 1665/66 – erklärten sich Mitglieder des Konvents zur Pflege und zum Seelsorgedienst an den Erkrankten bereit; mehrere von ihnen wurden dabei ein Opfer der Seuche. Das eifrige Wirken der Franziskaner und die gute Disziplin des Klosters brachten dem Noviziat zahlreiche Neueintritte und der Kölner Provinz weitere Klöster. Im Jahrhundert der innerkirchlichen Erneuerung waren die Franziskaner unentbehrliche Helfer in der Volksseelsorge, und auch im Jahrhundert der Aufklärung hielten sie ihr geistliches Niveau.[68]

Das Karmelitinnenkloster St. Maria und das Klarissenkloster zu den hl. Schutzengeln

Niederländische Flüchtlinge waren auch die sechs Karmelitinnen, die 1630 nach Köln kamen. Sie hatten Herzogenbusch verlassen, nachdem Prinz Friedrich Heinrich von Oranien die Stadt im Krieg zwischen Spanien und den Niederlanden erobert und das katholische Bekenntnis unterdrückt hatte. Die Nonnen waren der weibliche Zweig des kontemplativen Karmeliterordens, der im 13. Jahrhundert aus Eremitengruppen am Berg Karmel hervorgegangen war und wie viele andere

---

[65] Zum Terziarenkonvent vgl. Schlager, Franziskaner-Ordensprovinz im Reformationszeitalter, 134–141. Vgl. oben S. 77.
[66] Vgl. Schlager, Kloster ad olivas, 54–59.
[67] Vgl. KD 7/III E, 181 ff.
[68] Vgl. Schlager, Kloster ad olivas, 78, 86–90.

Abb. 50 Rückwand der Lorettokapelle in der Kupfergasse, umbaut von der späteren Karmelitinnenkirche

Abb. 51 Portal des Klarissenklosters zu den hl. Schutzengeln

Orden eine strengere und eine mildere Richtung ausgebildet hatte. Während der männliche Zweig apostolische Tätigkeit nicht grundsätzlich ausschloß, blieben die Schwestern auf das kontemplative Leben verpflichtet. Das Kölner Kloster gehörte zur strengen Observanz, die auf Fleischspeisen, Schuhwerk und Verkehr mit der Außenwelt verzichtete. 1635 übersiedelten die Nonnen aus einer vorläufigen Unterkunft am Domhof in den Neuenahrer Hof an der Ecke Schwalbengasse/Langgasse gegenüber der Einmündung der Kupfergasse. Der Hof war nach dem Tod des protestantisch gewordenen Erbvogts Adolf von Neuenahr an die Familie Binsfeld gekommen. Als eine Tochter der Familie in den Orden der Karmelitinnen eintrat, ging der Hof in das Eigentum der Nonnen über, die ihn in den Jahren 1660/66 für ihre Zwecke umbauen ließen.[69]

Als besonderer Anziehungspunkt erwies sich die Marienkapelle, die Bürgermeister Jakob Wissius 1675 auf dem Klostergelände gegenüber der Einmündung der Kupfergasse erbauen ließ; sie war eine verkleinerte Nachbildung der Gnadenkapelle des berühmten italienischen Wallfahrtsortes Loreto und zeigte im Innern eine Madonna mit Kind aus dunkelbraunem Holz, im Volksmund *Schwarze Muttergot-*

---

[69] Vgl. Theodor Paas, Das Cellitinnenkloster zur hl. Maria in der Kupfergasse zu Köln in seiner geschichtlichen Entwicklung dargesellt (Köln 1909), 93 f.

tes von der Kupfergasse genannt. Für den großen Zustrom von Betern reichte der kleine Bau nicht. In den Jahren 1705/1715 wurde eine größere einschiffige Kirche in niederländischem Barock errichtet, welche die Gnadenkapelle als abgeschlossenen Einbau zwischen den beiden Eingängen der Kirche bestehen ließ.[70]

Vor den Karmelitinnen hatten – ebenfalls aus den Niederlanden – geflüchtete Klarissen von der sogenannten Ersten Regel in Köln eine Bleibe gesucht und zwar nicht im Klarissenkloster am Römerturm, sondern als selbständiger Konvent. Nach verschiedenen Versuchen konnten sie in den vierziger Jahren des 17. Jahrhunderts Kloster und Kirche unter dem Titel der hl. Schutzengel an der Einmündung der Schildergasse in den Neumarkt bauen.[71]

19. Tridentinische Reform und kölnische Tradition

1563 war das Trienter Konzil nach 18jährigen, mehrfach unterbrochenen Tagungen beendet worden. Es hatte sich zwei großen Fragenkomplexen widmen müssen: der Feststellung des katholischen Glaubens gegenüber den Reformatoren und der längst überfälligen innerkirchlichen Reform.

Die scharfe Abgrenzung der katholischen Lehre zur protestantischen war notwendig, aber sie verursachte ebenso wie die zum Teil politisch bedingten Konfessionskriege eine fortschreitende Verhärtung des konfessionellen Gegensatzes. In der Stadt Köln vermischten sich dabei religiöse und wirtschaftliche Interessen. Für die Kölner Protestanten bedeuteten die Bestimmungen des Westfälischen Friedens (1648) die Beschränkung auf private Religionsausübung.[1] Die Protestantenpolitik des Kölner Rates blieb zwiespältig; in seinen Gesetzen vertrat er energisch den katholischen Besitzstand, in der Praxis zeigte er sich – aus wirtschaftlichen Gründen – soweit möglich entgegenkommend, bis er sich Anfang des 18. Jahrhunderts aus innenpolitischen Gründen gezwungen sah, seine Haltung zu ändern. Obwohl der Rat den Protestanten das Bürgerrecht vorenthielt und ihre wirtschaftliche Tätigkeit auf den Großhandel beschränkt hatte, mußte er 1711 dem Druck katholischer Kaufleute nachgeben und weitere Maßnahmen ergreifen, die den Handel der protestantischen Großkaufleute impraktikabel machten. Daraufhin kam es zur Abwanderung zahlreicher protestantischer Unternehmer, die der Stadt Köln erheblichen wirtschaftlichen Schaden brachte.[2]

Während die dogmatischen Äußerungen des Konzils auf katholischer Seite bestehende Unsicherheiten beseitigten und hier beruhigend wirkten, wurden die

---

[70] Vgl. KD 7/I (1911), 278 ff.; zur Legende und Geschichte des heiligen Hauses zu Loreto vgl. Stephan Beissel, Geschichte der Verehrung Marias in Deutschland während des Mittelalters (Freiburg 1909), 423–466; über schwarze Muttergottesbilder vgl. ebd. 345 f.

[71] Vgl. Gelenius, De admiranda magnitudine, 572 ff.; KD 7/III E, 305 ff.

[1] Westfälischer Friede Art. V § 2 und § 34 bei Mirbt, Quellen Nr. 520, 523.

[2] Vgl. Leo Schwering, Die religiöse und wirtschaftliche Entwicklung des Protestantismus in Köln während des 17. Jahrhunderts, in: AHVN 85 (1908), 1–42, bes. 6–9, 35–42; Hegel, in: Geschichte des Erzbistums Köln IV (1979), 134 ff.

innerkirchlichen Reformmaßnahmen keineswegs überall als zutreffend und praktikabel erkannt. Die Reformdekrete des Konzils zielten darauf ab, die hierarchische Struktur der Kirche wieder klar herauszuarbeiten und sie von den Überwucherungen durch Privilegien, Exemtionen und Gewohnheiten zu befreien. Auf pfarrkirchlicher Ebene, die hier besonders interessiert, blockierten das Benefizialwesen und das Patronatsrecht sowie die Exemtion der Orden meist eine der Seelsorge dienende Personalpolitik des Oberhirten. Das Übermaß an geistlichen Stiftungen mit ihren individualistischen Bestimmungen erschwerten die Entwicklung zu einem wirklichen Gemeindegottesdienst. Das Konzil hatte daher die Beseitigung der Pfründenkumulation verlangt[3] und gab den Bischöfen die Möglichkeit, bei übergroßer Zahl von Stiftungsgottesdiensten nach ihrem Ermessen Einschränkungen vorzunehmen.[4]

Es war freilich nicht leicht, manchmal sogar unmöglich, diese und andere Bestimmungen des Konzils in die diözesane Praxis zu überführen. Marksteine auf diesem Wege waren die Diözesansynoden und die Errichtung des Kirchenrats (1601–1615), einer kollegialen erzbischöflichen Behörde zur Förderung der Reform. Eines ihrer Mitglieder war Pfarrer Nopel von St. Kolumba. Aber weder diese noch die Synode von 1662 erreichten eine eigentliche Rezeption des Tridentinums für die Kölner Kirche.[5] Die Durchführung des Kumulationsverbots hätte ebenso wie die Reduktion von Stiftungsverpflichtungen zum wirtschaftlichen Ruin vieler Kleriker geführt, abgesehen davon, daß ein Eingriff in das Stiftungswesen das Pietäts- und Frömmigkeitsgefühl der Gläubigen sowie das Selbstbewußtsein der Stifterfamilien verletzt hätte. Das vom Konzil verlangte und für die pastorale Bildung der Geistlichen so wichtige Priesterseminar kam nach zwei Anläufen erst 1738 – also 175 Jahre nach Abschluß des Tridentinums – dauerhaft und nicht in dem vom Konzil beabsichtigten Sinn zustande.[6] Wie konnten die Pfarrer zu Predigt und Katechese verpflichtet werden,[7] wenn ihnen die entsprechenden theologischen und didaktischen Grundlagen fehlten? Universitätsbildung war nur einem geringen Teil des Klerus möglich.

Trotz des Beharrens auf traditionellen Strukturen hat das kirchliche Leben im Kölner Erzbistum seit Ende des 16. Jahrhunderts eine stetige Aufwärtsentwicklung genommen. In der Stadt Köln waren übrigens die Mißstände nicht so gravie-

---

[3] Sess. VII c. 3 de ref., in: Conciliorum Oecumenicorum Decreta (Freiburg/Rom 1962), 663.

[4] Sess. XXV c. 4 de ref., in: Conciliorum Decreta, 762 f.

[5] Vgl.Decreta et Statuta Dioecesanae Synodi Coloniensis (Köln 1667); Hansgeorg Molitor, Die untridentische Reform. Anfänge katholischer Erneuerung in der Reichskirche, in: Ecclesia militans. FS für R. Bäumer (Paderborn 1988), 399–431, bes. 414 ff., 428 f. Vgl. August Franzen, Die Durchführung des Konzils von Trient in der Diözese Köln, in: Georg Schreiber, Das Weltkonzil von Trient. Sein Werden und Wirken, 2 Bde (Freiburg 1951), hier II, 267–294, bes. 276–279; Hermann Josef Herkenrath, Die Reformbehörde des Kölner Kirchenrats 1601–1615. Eine rechtshistorische Untersuchung (Düsseldorf 1960).

[6] Sess. XXIII c. 18 de ref. in: Conciliorum Decreta 726–729. Vgl. Ernst Reckers, Geschichte des Kölner Priesterseminars bis zum Untergang der alten Erzdiözese (Köln 1929).

[7] Sess. XXIV c. 4 und 7 de ref. in: Conciliorum Decreta, 739 f.

rend gewesen wie anderswo; hier hatte man sich seit dem Spätmittelalter gebildeter und eifriger Seelsorger erfreuen können. Und wo es für eine erfolgreiche Glaubensunterweisung der Kinder wie der Erwachsenen an pädagogischer Erfahrung mangelte, verpflichteten die Pfarrer jene Ordensleute, die sich dieser pastoralen Aufgabe besonders widmeten, die Franziskanerobservanten und die Jesuiten. Der Katechismusunterricht der Jesuiten in St. Kolumba ist 1608 nachweisbar, und von 1636 an bis zur Aufhebung des Ordens (1773) sind sogar die Namen der Jesuitenkatecheten an St. Kolumba bekannt.[8] Hier wurde sogar durch Privatinitiative eines Pfarrers eine Vorbereitungsstätte für Seelsorgepraxis an Stelle des fehlenden Priesterseminars geschaffen, worüber an anderer Stelle noch zu reden ist.[9] So stand der Kölner Nuntius Giuseppe Sanfelice (1651–1659) nicht an, die Kölner Pfarrer als die besten in seinem ganzen Nuntiaturbezirk zu bezeichnen *(I parochi di Colonia (Città) sono ottimi e stò per dir non habbia altretanti sì degni tutta la Nuntiatura)*.[10] Auf dem Hintergrund dieser nachtridentinischen Entwicklung kann nun der Zustand der pfarrkirchlichen Strukturen von St. Kolumba beschrieben werden.

Die pfarrkirchlichen Strukturen von St. Kolumba in nachtridentinischer Zeit

Wie die Stellung des Bischofs im Bistum, so sollte nach dem Willen der Trienter Konzilsväter auch die des Pfarrers in seiner Gemeinde gestärkt werden. Diese Tendenz ist im Leben der Kolumbapfarrei festzustellen. Die mittelalterlichen Strukturen blieben zwar erhalten – die engen Verflechtungen zwischen Stadt und Kirche ließen kaum Änderungen zu – aber es ist doch bezeichnend, daß jetzt der Pfarrer den von den Pfarrgenossen beherrschten Gremien – der Kirchmeisterkorporation und dem Kollegium der Armenprovisoren – angehörte. Er präsidierte auch bei der Wahl eines Kirchmeisters, hatte einen der beiden Schlüssel zum Pfarrachiv in Verwahr und wirkte bei der jährlichen Rechnungsprüfung über die Geschäftsführung der Kirchmeister bzw. des von ihnen bestellten Rendanten mit.[11]

Die Laiengremien

Die Exklusivität der Kirchmeisterkorporation bestand weiterhin. Die Wahl eines Kirchmeisters war zwar ein offizieller Akt der Parochianen, zu dem die Erlaubnis des Stadtrats eingeholt werden mußte, aber die Beteiligung der Pfarrgenossen war – wenigstens im 17. und 18. Jahrhundert – nicht der Rede wert. Man war sich offenbar seiner faktischen Einflußlosigkeit bewußt. Obwohl der Wahltermin am Sonntag zuvor nach der Predigt bekanntgegeben wurde und am Wahltag von 9 bis 10

[8] Vgl. Andreas Schüller, Die Volkskatechese der Jesuiten in der Stadt Köln (1586–1773), in: AHVN 114 (1929), 34–86, hier 41, 83.
[9] Vgl. unten S. 196 f.
[10] Zitiert bei Franzen, Durchführung des Konzils von Trient, 292. Vgl. Eduard Hegel, Rechtsstellung und Tätigkeitsbereich eines Kölner Stadtpfarrers im 17. und 18. Jahrhundert, in: AHVN 155/156 (1954), 286–304 (ND in: Ecclesiastica Rhenana, 115–134).
[11] AEK, Kol. NC 12, 53, 9.

Uhr die große Glocke zu dem Ereignis einlud, fanden sich z. B. am 14. November 1689 außer den Kirchmeistern nur weitere acht Männer aus der Gemeinde ein; am 18. Februar 1697 zählte man im ganzen zwanzig Personen. Der Wahlakt fand auf der südlichen Empore der Kirche statt *(ascendi ad chorum pensilem versus pontem)*.[12]

Der einflußreichen Stellung der Kirchmeister entsprachen übrigens gewisse Ehrenrechte. Ihnen stand ein Kirchenstuhl zu, ohne daß sie dafür die übliche Taxe zu entrichten brauchten.[13] Am 2. Februar, dem Lichtmeßtag, erhielten sie auf Grund alter Gewohnheit eine einpfündige Kerze.[14] Bei der Fronleichnamsprozession, zu der eine förmliche Einladung erfolgte, die der Pfarrer durch zwei Kapläne überbringen ließ, begleiteten sie zusammen mit den Provisoren, je zwei von Station zu Station, den das Heilige Sakrament tragenden Priester.[15]

Die unstreitig wichtigste Aufgabe der Kirchmeister blieb die Vorbereitung und Durchführung der Pfarrerwahl, die sich die Pfarrgenossen Anfang des 13. Jahrhunderts erkämpft hatten; sie war ihnen 1425/29 als Privileg von Papst Martin V. nochmals bestätigt worden und blieb bis zum Ende der reichsstädtischen Zeit in Übung.

Wahl und Einführung des Pfarrers

Wir besitzen detaillierte Schilderungen über den Hergang der Wahl aus den Jahren 1689, 1711 und 1742.[16] Danach setzten die Kirchmeister nach der Beerdigung des verstorbenen Pfarrers einen Termin für die Wahl des neuen Pfarrers fest, den der älteste Kaplan den Pfarrangehörigen von der Kanzel bekanntgab.[17] Am festgesetzten Tag fand ein Hochamt zum Heiligen Geist statt. Anschließend wurde eine Stunde lang mit der großen Glocke geläutet, worauf sich die Kirchmeister und die Pfarrangehörigen auf dem sogenannten Gewölbe (so schon 1542 *uf dem neuen Gewulfs = in nova testudine)*[18] unter den Glocken einfanden, um zunächst unter Leitung des ältesten Kirchmeisters aus den ansässigen Pfarrgenossen die neun Wahlmänner zu bestellen, die zusammen mit den vier Kirchmeistern die Pfarrerwahl zu tätigen hatten. Der Notar oder der Senior las die Bulle Papst Martins V. vor, um die Rechtslage noch einmal allen bekanntzumachen.[19] Dann benannten die Kirchmeister nach dem Vorschlag des Seniors den Pfarrangehörigen die neun Wahlmänner. Im Jahr 1742 wurden sie von den anwesenden Gemeindemitgliedern ohne Widerspruch akzeptiert. Das war nicht immer so. 1711 hatte es dabei großen Tumult gegeben.[20] Dann wurden von den Kirchmeistern drei weitere Männer aus der Pfarrei vor-

---

[12] Ebd., 9 , 21.
[13] Ebd.,14.
[14] AEK, Kol. A II, 10, fol. 10.
[15] AEK, Kol. RC 65, 69.
[16] AEK, Kol. NC 3, 39, 46 f.; vgl. Ferrier, Die St. Kolumba-Pfarre 43 ff..
[17] Vgl. AEK, Kol. NC 3, 71.
[18] AEK, Kol. A I 233.
[19] AEK, Kol. NC 71.
[20] Vgl. AEK, Kol. NC 39, 46, 71.

geschlagen, die den Kirchmeistern und Wahlmännern vor der Pfarrerwahl den Eid abzunehmen hatten. Die Vereidigung erfolgte vor dem Hochaltar der Pfarrkirche, nachdem der Notar die Eidesformel vorgelesen hatte. Sodann zogen die dreizehn Wahlberechtigten zum Pfarrhaus, wo im Kirchspielzimmer die Pfarrerwahl stattfand vor dem Notar und zwei Zeugen. 1742 erfolgte die Wahl einstimmig; sie fiel auf den bisherigen Kaplan Arnold Kochs. Der Gewählte wurde vor den Hochaltar der Kirche geführt, wo der Senior der Kirchmeister den anwesenden Pfarrangehörigen das Ergebnis der Wahl bekannt gab.

Bald nach der Wahl pflegte der Erwählte beim Dompropst-Archidiakon die Investitur zu erbitten.[21] Darauf erfolgte die Amts-Einführung durch einen Domherrn; 1742 war es Weihbischof Franz Kaspar von Franken-Siersdorf; an ihn hatte der Neuernannte 100 Reichstaler an Gebühren zu zahlen.[22] Der Weihbischof und die Kirchmeister führten den neuen Pfarrer zunächst zum Pfarrhaus, wo er sich vor den Wahlmännern eidlich verpflichten mußte, stets Residenz zu halten. Dann zog man in Prozession über die Straße zum Kircheneingang unter der Schule, wo der Weihbischof den Kirchenschlüssel überreichte. Nachdem der neue Pfarrer geöffnet hatte, wurde er zum Hochaltar geführt, zum Taufbrunnen, zur Kanzel, zum Beichtstuhl, zur Sakristei, zum Chorstallum, zur Chorglocke und zum Sakramentshäuschen. Der neue Pfarrer öffnete dieses, inzensierte und gab den Segen. Sodann wurde vor dem Hochaltar das Tedeum gesungen mit Preces und Oration und abermals der Segen erteilt. Nach Beendigung der Zeremonien in der Kirche führte man den Neupfarrer in Prozession zum Pfarrhaus; der Neueingeführte öffnete es, ging in den Garten und warf hier eine Schaufel Erde aus – *et actus possessionis fuit completus*.[23] Ein Trunk im Pfarrhaus mit den Kirchmeistern und Armenprovisoren beschloß die Einführung.[24] Es mag angebracht sein, hier einen Bericht über das Pfarrhaus seit dem 16. Jahrhundert anzuschließen.

Das Pfarrhaus seit dem 16. Jahrhundert

Als der Neubau der südlichen Seitenschiffe von St. Kolumba begonnen wurde, mußte die früher erwähnte Interimspastorat (ehemaliges Haus Wesele nebst Nachbarhaus) abgerissen werden.[25] Das Kirchspiel hatte unter dem 4. Oktober und 16. November 1504 das Haus zur Lucht, vordem zum Schönewedder genannt, erworben, zusammen mit einem abgetrennten Teil des Konventes Buntouge (Ecke Brückenstraße/Bursgasse) und dem dabei gelegenen Pütz, und es für ewige Zeiten als Wedemhof bestimmt. Der Rat gab seine Genehmigung dazu unter der Bedingung, daß die alte Ehrenpforte in weltliche Hände übergehen solle. Der Vorbesitzer des Hauses zur Lucht erhielt eine Erbrente von 40 rheinischen Gulden, die das

[21] AEK, Kol. A I 56.
[22] AEK, Kol. NC 47.
[23] Ebd.
[24] Ebd. 39.
[25] Vgl. Greving, Steuerlisten, 138.

Kirchspiel in den Jahren 1514 und 1520 mit 1000 Gulden ablöste.[26] 1567 wurde ein beim nördlich anstoßenden Geburhaus gelegener Platz zum Preis von 100 Talern für den Pfarrhof hinzuerworben (vgl. Abb. 19).[27]

Das 1504 gekaufte Haus war noch im gleichen Jahr abgerissen und an seiner Stelle ein Neubau errichtet worden, der bis 1828 seinen Dienst getan hat. Wie die neue Pfarrerwohnung angelegt war, können wir nur in groben Umrissen angeben. Es war ein zweistöckiges Haus; in jedem Stockwerk befand sich je ein Zimmer, das der pfarramtlichen Arbeit diente: im Untergeschoß das Kirchspielzimmer[28] oder, wie Pfarrer Hausmann es nannte, das Kolumbazimmer,[29] in dem die Sitzungen der Kirchmeister und die Pfarrerwahlen stattfanden;[30] im Obergeschoß befand sich über dem Nebeneingang, der der Sakristei gegenüberlag, das Pfarrarchiv. Im Untergeschoß lagen u. a. die Küche und bei dieser eine kleine Stube sowie ein sog. Hängestübchen *(hypocaustum ad culinam parvum uti et cubiculum ibidem pensile)*.[31] Eine weitere Stube war unter der zum Obergeschoß führenden Treppe gelegen, die Pfarrer Hausmann aber mit dem Kirchspielzimmer zusammenlegen ließ *(pro hypocausto infra gradus alias posito ad cubiculum, ut voco, S. Columbae transferendo . . .)*. Wo die *Mittelstub* gelegen hat, geht aus unserer Quelle nicht hervor; vielleicht lag sie im Zwischengeschoß und war vom Treppenhaus zu erreichen. Im Obergeschoß befanden sich außer dem schon erwähnten Pfarrarchiv – wahrscheinlich der Brükkenstraße zugewandt – das Studierzimmer des Pfarrers *(Musaeum pastorale superius)* sowie – zum Garten hin – mehrere nicht näher bezeichnete Zimmer, vor denen Veranden herliefen *(cubicula superiora versus hortum cum ambitu)*. Auf dem Hof waren noch einige für die Haushaltsführung notwendige kleinere Bauten, Wasserbehälter usw.

Als Peter Hausmann 1689 die Pfarrstelle antrat, war das Pfarrgebäude völlig im Unstand, besonders das Dach und die Abflüsse *(in tecto et canalibus multum ruinosa)*. Er ließ in den Jahren 1689 bis 1697 das ganze Haus vom Dach bis zum Keller einer durchgreifenden Reparatur unterziehen, die steinernen Fenstergesimse auswechseln und neue Dielen verlegen. Danach wird die Pastorat mit ihren hochgestochenen Untergeschoßräumen (sonst wäre kein Hängestübchen möglich gewesen) und im Schmuck der repräsentativen Pfarrerbildnisse, die Hausmann in Auftrag gegeben hatte,[32] einen ansehnlichen Eindruck gemacht haben.

---

[26] Vgl. ebd., 139; AEK, Kol. A I 156.
[27] Vgl. AEK, Kol. A I 283 und 284.
[28] Vgl. AEK, Kol. NC 71.
[29] Vgl. ebd., 167.
[30] Vgl. ebd. u. a. 3, 39. Die folgende Beschreibung nach NC 167.
[31] Zum Hängestübchen vgl. Vogts, Wohnhaus I, 85 ff.
[32] Vgl. Josef Greving, Die Bilder der Pfarrer von St. Kolumba, in: Korrespondenzblatt der Westdeutschen Zeitschrift für Geschichte und Kunst 18 (1899), 32–40.

Die Kolumbapfarrer als Stiftskanoniker

Trotz der sicheren Einkünfte der Pfarrer durch ihr Universitätskanonikat waren die Kölner Stadtpfarreien gegen Ende des 16. Jahrhunderts nicht mehr begehrt. Die Zahlungen und Oblationen bei kirchlichen Diensten hatten während der Reformationszeit auch in der katholischen Öffentlichkeit starke Kritik gefunden und waren zurückgegangen. Die Besorgnis, es könnte deswegen zu längeren Vakanzen kommen, war nicht unbegründet.[33] In St. Kolumba ließ sich der im Januar 1580 zum Pfarrer gewählte Stiftsdechant Johannes Nopel von Kaiserswerth erst drei Jahre später einführen, als er Aussicht auf ein Kanonikat an St. Ursula hatte.[34] Seit 1577 hatte sich bereits der städtische Rat um Zuweisung eines Stiftskanonikats an elf städtische Pfarreien, die nicht durch Inkorporation in ein Kloster oder Stift finanziell abgesichert waren, bemüht. Pfarrer Melchior Braun von St. Aposteln vertrat das Ansuchen erfolgreich in Rom. Am 18. November 1580 inkorporierte Papst Sixtus IV. den gewünschten Pfarrstellen für dauernd je ein bestimmtes Stiftskanonikat;[35] der Pfarrer von St. Kolumba erhielt ein solches am Ursulastift. Auch für dieses Kanonikat war der Besitz eines akademischen Grades in Theologie oder Kirchenrecht vorgeschrieben. Rechte und Einkünfte der jeweiligen Präbende gingen auf den einzelnen Pfarrer über. Nach seiner Einführung in St. Ursula hatte der Kolumbapfarrer eine sechs Wochen dauernde Residenz zu halten, nach deren Ablauf er von weiterer Residenz freigesprochen und zum Kapitel zugelassen wurde.[36]

Die Kolumbapfarrer besaßen also, abgesehen vom letzten Inhaber der Pfarrstelle, Einkünfte aus zwei Kanonikaten, außerdem ein steuerfreies Pfarrhaus mit Garten, das von der Kirchspielsgemeinde gestellt wurde. Obwohl sie von ihren Einkünften die zwei bzw. drei Kapläne unterhalten mußten, standen sie sich recht gut. Ein Verzicht auf das Universitätskanonikat wurde weder von seiten der Kirche noch der Universität oder der Pfarrgenossen verlangt.

Die Kumulierung von Ämtern und Würden gab den Kolumbapfarrern ein erhebliches Ansehen, namentlich wenn zu alledem noch der Reihendienst des Fakultätsdekans oder des Rector magnificus der Universität anfiel.[37] Nicht alle Zeitgenossen waren mit dieser Entwicklung einverstanden. Hermann Weinsberg, der Kölner Chronist des 16. Jahrhunderts, führte bewegte Klage über die Praxis, immer *große Herren* als Pfarrer zu wählen, die *viel regierten* und nach großen Einkünften strebten. Früher habe man sich anstrengen müssen, um eine Kölner Pfarrstelle zu erhal-

---

[33] Vgl. zum folgenden Leonhard Ennen, Das alte Pfarrsystem in der Stadt Köln, in: AHVN 23 (1871), 23–45, hier 29 ff.

[34] Vgl. unten S. 301.

[35] Vgl. Nuntiaturberichte aus Deutschland, 3. Abt. Bd 1, bearbeitet von Joseph Hansen (Berlin 1901) Nr. 121; Bd. 2 (1894) Nr. 198. – Der Fundort der päpstlichen Urkunde von 1580 war nicht zu ermitteln.

[36] AEK, Kol. NC 3, 39, 47, 72.

[37] Der Inhaber des Rektorats mußte in Köln unverheiratet sein. Geistliche Professoren waren also für das Rektorat prädestiniert. Vgl. Meuthen, Universität, 35, 68 f.

ten, heute begehre man gute Präbenden an den Stiftskirchen, um müßig gehen zu können und nicht Predigt und Seelsorge ausüben zu müssen. *Wie Herren und große Rentner* wollten die Pfarrer heute leben; aber gerade dadurch arbeiteten diese *ungeistlichen Geistlichen* den Reformatoren in die Hände.[38]

Die Kapläne

Nachdem seit dem 12. Jahrhundert das Hilfspriesterwesen allgemein eingeführt worden war, um dem Mißbrauch des absoluten Weihesystems zu steuern,[39] sind auch an St. Kolumba Hilfsgeistliche festzustellen; 1286 wird ein *vicarius,* 1333 ein *Johannes vicarius S. Columbae* genannt.[40] Seit dem 14. Jahrhundert finden wir für den Hilfsgeistlichen die Amtsbezeichnung *Kaplan,* im 17. und 18. Jahrhundert auch *Sacellan.*[41]

Nach der Steuerliste von 1286 wohnte ein Kaplan in einem rückwärts gelegenen Haus an der Brückenstraße gegenüber der Kirche;[42] 1345 gab es zwei Kapläne; in Prozeßakten dieses Jahres ist nämlich die Rede von dem Hause *plebani vel capellanorum suorum.*[43] Daß es nicht mehr waren, geht aus anderen Quellen hervor.[44] Sie scheinen gemeinsam ein Haus bewohnt zu haben, während um 1410 ein Kaplan Wohnung im Pfarrhaus fand, wie aus einer Beschreibung der Pfarrhauseinrichtung im genannten Jahr hervorgeht.[45] 1611 kaufte Pfarrer Ulenberg aus Mitteln der Stiftung Beywegh zwei Stallgebäude des vor den Minoriten gelegenen Hauses *zum Hahn,* die er zu Wohnungen für zwei Kapläne herrichten ließ (Westseite der Bursgasse, kurz vor deren Mündung in die Straße vor Minoriten).[46] Im gleichen Jahr schuf Ulenberg eine dritte Kaplanstelle. Die Wohnungsfrage löste er durch Umbau der zur Pastorat gehörenden rückwärtigen Stallgebäude. Er finanzierte den Bau aus dem Verkauf eines der Pfarrei gehörenden Hauses, der allerdings rückgängig gemacht werden mußte, als sich herausstellte, daß das Haus unverkäuflich war; für den Schaden stand der Pfarrer persönlich ein.[47]

---

[38] Das Buch Weinsberg III (1897), 45.

[39] Unter absolutem Weihesystem versteht man Weihen ohne Rücksicht auf vorhandene Stellen. Vgl. Dominikus Lindner, Die Anstellung der Hilfsgeistlichen (Köln 1924), 41.

[40] Vgl. Greving, Steuerlisten, V A. 3.

[41] Vgl. AEK, Kol. A I 55, 77, 151, 168, 191, 212 u. ö.; B 1 III, 14 und B 1 IV, 83. – Die Bezeichnung Kaplan oder Sacellan für den Hilfsgeistlichen, war nicht allgemein gebräuchlich; in Ingolstadt wurde sie für die Benefiziaten gebraucht, während die in der Seelsorge tätigen Hilfsgeistlichen Cooperator genannt wurden. Vgl. Greving, Ecks Pfarrbuch, 21 A. 1; ebenso in Hilpoltstein; vgl. Johann Baptist Götz, Das Pfarrbuch des Stephan May in Hilpoltstein vom Jahre 1511 (Münster 1926), 120 ff.

[42] Vgl. Greving, Steuerlisten, 18.

[43] Vgl. ebd. V, A. 3.

[44] Hausmans Liber Sacellanorum: Joannes (!) Seinerus anno 1611 primus est in tertium sacellanum assumptus (zitiert bei Greving, Steuerlisten, VI A.3).

[45] Vgl. oben S. 51 und Vogts, Das Kölner Wohnhaus II, 656.

[46] Liber Kirchhoff (AEK, Kol. B1 IV, 83), zit. nach Greving, Steuerlisten, 137.

[47] Vgl. Solzbacher, Ulenberg (wie Kap. 20 A. 4), 60.

Für den Unterhalt der Kapläne hatte der Pfarrer zu sorgen. Daher war es recht und billig, daß er über die Auswahl seiner Mitarbeiter und deren Anstellung auf Grund eines privatrechtlichen Dienstvertrags befand. Dieses Recht war während des ganzen Mittelalters in der Kirche in Geltung und wurde auch durch das Konzil von Trient anerkannt.[48] Vor der Installation machte gewöhnlich der Pfarrer den Kirchmeistern Mitteilung von der Person des Erwählten. Ein Vetorecht der Kirchmeister bestand jedoch nicht, auch wenn Pfarrer Hausmann jedesmal gewissenhaft vermerkte, daß die Kirchmeister gegen seine Wahl keinen Widerspruch erhoben hätten.[49] Nur einmal ist seitens der Kirchmeister der Versuch gemacht worden, ein Mitbestimmungsrecht zu behaupten; es war in den Jahren 1725–27, aber der damalige Pfarrer Arnold (I.) Kochs wußte seinen Standpunkt durchzusetzen, zumal die Kirchmeister im Archiv keine Unterlagen für ihren Anspruch fanden.[50] Als Kaplan Arnold (II.) Kochs zum Pfarrer gewählt worden war, glaubte er den Kirchmeistern entgegenkommen zu müssen; er versprach, den von ihnen präsentierten Kandidaten zum Kaplan zu ernennen. Die Kirchmeister benannten diesmal dem Pfarrer sieben Geistliche, aus denen Kochs einen auswählte. Die Kirchmeister erklärten im übrigen, dem Pfarrer das ungeschmälerte Ernennungsrecht des Kaplans belassen zu wollen, in der Überzeugung, er werde keine unqualifizierte Person bestellen. Sie verlangten nur, daß er ihnen den Kandidaten vor der Installation namhaft mache.[51] Die Seelsorge-Approbation erteilte der Erzbischof.

Wie der Pfarrer über die Annahme der Kapläne zu entscheiden hatte, so stand es ihm auch zu, mit den neu antretenden Mitarbeitern Bedingungen zu vereinbaren; so wurde z. B. Kaplan Nikolaus Neissen 1745 nur auf Widerruf angestellt; falls der wegen Schlaganfalls ausgefallene Kaplan Steinheuer wieder diensttauglich werde, mußte Neissen diesem den Platz wieder freimachen. Für den erkrankten Kaplan kam die Pfarrei insoweit auf, als sie ihm aus der Stiftung Wissius jährlich 50 Reichstaler zahlte.[52] In anderen Fällen dauernder Erkrankung von Kaplänen löste man die Frage durch Einstellung von Vizekaplänen *(vicesacellanus)*.[53]

Daß die Pfarrer bei der Wahl ihrer Mitarbeiter familiäre Bande berücksichtigten, war keine Seltenheit.[54] Andere Erwählte waren dem Pfarrer als Söhne der Pfarrei oder als ehemalige Alumnen des Priesterhauses bekannt;[55] manche hatten zuvor ein Officium an St. Kolumba gehabt, einige sogar als Weihetitel.[56] Es gab auch die seit

---

[48] Vgl. Lindner, Hilfsgeistliche, 44, 46 f., 60; vgl. Greving, Ecks Pfarrbuch, 46 f. Ähnlich die Verhältnisse in Straßburg, vgl. Pfleger, Elässische Pfarrei, 212–216.

[49] AEK, Kol. NC 6, 13.

[50] Ebd. 43 f. Es gab ein solches Mitbestimmungsrecht bei Gemeinden, die zum Unterhalt der Hilfsgeistlichen beitrugen; vgl. Lindner, Hilfsgeistliche, 46.

[51] AEK, Kol. NC 48.

[52] AEK, Kol. NC 49.

[53] Ebd. 71, 73.

[54] Vgl. unten S. 305 ff. die Reihe der Kapläne (Franz Johann Hausmann, Arnold (II.) Kochs, Peter Kochs, Johann Adam Müller und Johann Joseph Müller).

[55] Vgl. die Kapläne Metternich, Kirchhoff; Belhomme, Steinheuer, Kirchhoff.

[56] Arnold (II.) Kochs, Peter Kochs, Steinheuer, Neissen, Kirchhoff.

dem Mittelalter weit verbreitete Anwartschaft auf eine Kaplanei; so wurde Gottfried Nikolaus von Holte bereits 1713 als zukünftiger Inhaber einer Kaplanei an St. Kolumba bezeichnet, die er nach dem Tode des Kaplans Metternich († 1721) erhalten sollte und auch erhielt.[57]

Nicht jeder Kaplan an St. Kolumba gelangte irgendwann einmal auf eine Pfarrstelle. Mancher blieb bis an sein Lebensende in seiner abhängigen Stellung.[58] Einige wenige erhielten eine Vikarie oder ein Kanonikat.[59]

Aufgabe der Kolumbakapläne war die Feier der zahlreichen Gottesdienste, die ihnen der Pfarrer auftrug oder die ihnen infolge von Stiftungen oblagen, ferner Teilnahme an Chorgebet und Seelsorge. Einer der Kapläne hatte täglich – auch sonntags – das Hochamt zu halten; nur an höheren Festen zelebrierte es der Pfarrer.[60] Pfarrer Müller überließ den Kaplänen auch *in festis chori et fori* die Applikationspflicht, wofür er jeweils 24 Albus auszahlte.[61] Ferner war es Aufgabe der Kapläne, etwaige Vigilien vor Exequien oder Anniversarien zu singen oder zu lesen, und als begleitende Geistliche an Beerdigungen teilzunehmen.[62] Die beiden jüngsten Kapläne hatten viermal im Jahr die Beichte der Trivialschüler zu hören.[63] Den beiden älteren Kaplänen oblag die Pflicht, am Montag nach dem Dreifaltigkeitsfest die Kirchmeister und Provisoren sowie die Minoriten und Franziskaner zur Fronleichnamsprozession einzuladen.[64] Ferner fielen ihnen die Predigten zu, die ihnen der Pfarrer auftrug; sie waren allerdings nicht zahlreich. Die religiöse Unterweisung der Kinder gehörte nicht zum Pflichtenkreis der Kapläne. Manche von ihnen waren nebenamtlich als Professoren an den Unterklassen des Laurentianums oder des Montanums tätig.[65] Als Lehrer in den unteren Klassen gehörten sie allerdings nicht zur Artistischen Fakultät. Im 17. und 18. Jahrhundert hatten Kolumbakapläne auch die geistliche Aufsicht über einige Beginenkonvente.[66]

Benefiziaten und Offizianten

Von den Kaplänen sind jene Geistlichen zu unterscheiden, die seit dem 14. Jahrhundert an vielen – besonders städtischen – Pfarrkirchen auftauchen und diese dem Personalbestand der Stiftskirchen anpassen; es sind die Benefiziaten oder Präbendare

---

[57] Vgl. unten S. 305.
[58] U. a. die Kapläne Hermanns, Helcaeus, Hagen, Metternich, von Holte, Kautz, Kirchhoff, Rangelrath, Echten, Adriani, Belhomme, Neissen.
[59] Kurth, Johann Hausmann, Bey.
[60] Vgl. AEK, Kol. RC 6.
[61] AK, Kol. NC 73.
[62] Vgl. AEK, Kol. RC 11, NC 7.
[63] AEK, Kol. RC 27.
[64] Ebd. RC 65.
[65] Am Laurentianum: Helcaeus, Hagen, von Holte, Lülsdorf, Arnold (II.) Kochs, Kautz, Decker; am Montanum: Johann Franz Hausmann.
[66] Es waren die Konvente Klein-Spiegel in der Glockengasse, Oedekoven in der Breitestraße, Lechenich in der Minoritenstraße, Vortlevus in der Streitzeuggasse. Vgl. Greving, Steuerlisten, 141; Asen, Beginen, I, 175, 149; II, 83, 102.

sowie die Offizianten. Letztere konnten aus ihrem Auftrag entlassen werden, ein Benefizium bzw. eine Präbende wurde aber für dauernd verliehen. Mit der eigentlichen Seelsorge hatten weder Benefiziaten noch Offizianten etwas zu tun; sie waren an einem bestimmten Altar der Kirche angestellt und hatten die an ihm haftenden stiftungsmäßigen geistlichen Verpflichtungen zu erfüllen: eine oder mehrere Messen oder ein Jahrgedächtnis zu zelebrieren, für bestimmte Verstorbene Gebete zu verrichten usw. Das mit den jeweiligen Altären verbundene Benefiz oder Offiz nannte man Vikarie; in St. Kolumba gab es im Spätmittelalter je eine Heilig-Kreuz-, Marien-, Nikolaus-, Katharinen- und Barbaravikarie; es konnten auch mehrere Vikarien mit einem Altar verbunden sein, z. B. die *Vicaria S. Agnetis in altari S. Barbarae.* Vom Altar bzw. von der Vikarie wurde der Titel des Stelleninhabers *Altarist* oder *Vikar* abgeleitet;[67] im 14. und 15. Jahrhundert findet sich auch der Titel *Rektor* bzw. *Altarrektor.*[68] Ein einziges Mal ist die Rede von zwei *Kaplänen* der Liebfrauenkapelle.[69] Vom 16. bis ins 19. Jahrhundert heißen die Benefiziaten durchweg *Vikare* oder *Priestervikare,*[70] auch *Chorvikare* oder *Chorisocii* (Chorgenossen), wenn sie auf Grund von Stiftungen zum Chorgebet verpflichtet waren. Wer nicht eine volle Pfründe innehatte, sondern nur gewisse geistliche Dienste, etwa einige Wochenmessen zu persolvieren hatte, galt als Offiziant.[71]

Wieviele solcher Stellen vor dem 14. Jahrhundert in St. Kolumba bestanden, entzieht sich unserer Kenntnis. Seit der durch Helena Herll verwitwete Coppertz im Jahre 1662 errichteten Stiftung gab es an St. Kolumba Benefizien für zwei *Chorisocii.* Diese waren also in erster Linie für den Chordienst bestimmt. Die Verleihung des Benefiziums oblag dem Pfarrer, der aber laut Stiftungsbestimmungen verpflichtet war, etwaige Söhne der Pfarrei allen anderen Bewerbern vorzuziehen.[72] Einen solchen Fall finden wir 1738, als Pfarrer Arnold (I.) Kochs sein Pfarrkind Chrysanthus Pütz als *Chorisocius* annahm.[73] Vorbedingung für die Übertragung des Benefiziums war die Beherrschung des Choralgesangs der Kandidaten *(qui cantum bene et exacte intelligant).* Die Übertragung des Benefiziums geschah ebenfalls durch den Pfarrer, vor dem der Bewerber Eid und Glaubensbekenntnis ablegte, bevor die Anweisung des Altars und des Chorstuhls erfolgte.[74]

Die *Chorisocii* hatten die Verpflichtung, zusammen mit den übrigen Geistlichen das Chorgebet (Matutin sowie Vesper und Komplet) in Chorkleidung zu verrichten, bei Verhinderung der Kapläne im Hochamt zu ministrieren und wöchentlich zwei Messen nach Anordnung des Pfarrers zu zelebrieren.[75] Mit der einen Choriso-

[67] Vgl. AEK, Kol. A I 39, 44.
[68] Vgl.AEK, Kol. A I, 39, 77.
[69] Vgl.AEK, Kol. A I, 161b.
[70] Vgl. AEK, Kol. A I, 193, 240, 246, 301.
[71] Vgl. AEK, Kol. A I, 242, 295.
[72] Vgl. AEK, Kol. A II, 9: Rapiarium 7.
[73] AEK, Kol. NC 45.
[74] Ebd. NC 57. Vgl. einen ähnlichen Einführungsmodus bei Greving, Ecks Pfarrbuch, 31 ff.
[75] AEK, Kol. Rapiarium 7.

cius-Stelle war die Heilig-Kreuz-Vikarie verbunden,[76] weswegen man von dem *beneficium vicarii et chorisociati S. Crucis* sprach.[77] Wahrscheinlich war auch das Beneficium des zweiten Chorisocius mit einem zusätzlichen Offizium verbunden.

Alle anderen Stiftungen, selbst die große Fundation des Johann Rinck, waren nicht als *beneficium,* sondern als *officium* errichtet, was den Vorteil hatte, daß pflichtvergessene Stelleninhaber entfernt werden konnten. Viele Stiftungsbriefe der Kolumbakirche enthalten eine entsprechende Klausel *(Sit officium et non beneficium adeo ut semper possint removeri, si fundationi non satisfaciant).*[78] In St. Kolumba hatte man also schon lange vor dem Trienter Konzil gewisse Auswüchse des Benefizialwesens zu verhindern gewußt. Die Besetzung der gestifteten Dienste richtete sich nach den vielfältigen und manchmal umständlichen Stiftungsbestimmungen. Oft waren mehrere Personen oder ein Gremium Kollator, während die Übertragung der geistlichen Vollmacht durch den Erzbischof erfolgte. Die Offizianten waren meist auch an anderen Kirchen angestellt. Manche wohnten auswärts und ließen sich für ihre wenigen Dienste durch einen Kölner Geistlichen vertreten, den sie dafür entlohnten. Ende des 17. Jahrhunderts war z. B. ein gewisser Westermann in Roermond Offiziant der 1533 errichteten *fundatio Mariae a Venlo,* die zu vier Memorien (Gedächtnisgottesdiensten) verpflichtete; Westermann ließ sie durch einen Professor des Laurentianums erfüllen.[79]

Der Schulmeister

Ein weiterer Gehilfe des Pfarrers für die ihm seit dem frühen Mittelalter obliegenden Aufgaben der Pfarrschule[80] war der 1458 erstmals erwähnte[81] Schulmeister *(ludimagister),* fast immer ein Geistlicher,[82] der gleichzeitig als Inhaber eines Offiziums oder auf Grund bestimmter Stiftungsverpflichtungen[83] an der Pfarrkirche tätig war. Zudem war der Lehrer der offizielle *Chordirektor,* d. h. Leiter des gemeinsamen Chorgebetes.

Neben dem *ludimagister,* auch *rector scholarum* oder *oberster Schulmeister* genannt, gab es an St. Kolumba schon im 16. Jahrhundert mehrere Unterschulmei-

[76] Wahrscheinlich die 1650 errichtete Stiftung des Heinrich von Groote über zwei tägliche Lesemessen (Rapiarium 34). Es hatte zwar auch Lic. Herll 1639 zwei Wochenmessen am Kreuzaltar gestiftet, doch sollten diese durch den Kaplan zelebriert werden, der die freie Woche hatte (Rapiarium 6).

[77] Vgl. Joseph Janssen – Friedrich Wilhelm Lohmann, Der Weltklerus in den Kölner Erzbistumsprotokollen, Ein Necrologium Coloniense 1661–1825 (Köln 1935/36) (zitiert JL) 1321, Nr. 910; ebd., 588, Nr. 642.

[78] So Stiftung Johann Rinck von 1464 (Rapiarium 4). Vgl. oben S. 147.

[79] Vgl. AEK. Kol. Rapiarium 32.

[80] Vgl. Lindner, Hilfsgeistliche, 9 f.

[81] AEK, Kol. A I 77.

[82] An St. Kolumba bildeten anscheinend nur Johann Lovis und Peter Frosch eine Ausnahme; vgl. unten S. 315.

[83] AEK, Kol. A I 77.

ster *(hypodidascalus).*[84] Sie wurden ebenso wie der *ludimagister* bis ins 19. Jahrhundert hinein von den Kirchmeistern – später in Gemeinschaft mit dem Pfarrer – ernannt.[85] Nach der Steuerliste von 1583 wohnte ein Schulmeister innerhalb des Kirchengrundstücks sowie *uff der schullen* noch ein Meister.[86]

Daß der Schulmeister gegenüber den Kaplänen auf einer sozial niedrigeren Stufe gestanden hätte, wie dies für Ingolstadt festgestellt wurde,[87] kann aus den Verhältnissen an St. Kolumba nicht erschlossen werden. Der Lebensunterhalt des Oberschulmeisters scheint sich aus dem Einkommen seiner kirchlichen Offizien und aus Stiftungen zusammengesetzt zu haben. Letztere bezogen den Lehrer fast regelmäßig in ihre Bestimmungen mit ein. Anders war es bei den Unterschulmeistern. Sie waren selten von den Fundatoren bedacht worden, darum wurde ihnen aus der Kirchenfabrik ein festes Gehalt gezahlt.[88] 1605 erhielt der Unterschulmeister vierteljährlich zehn Reichstaler, *so ihm die fürigen H. Kirchmeister assignieret haben* – wie die Kirchenrechnungen sagen.[89] Wohl verzeichnen die Rechnungsbücher auch für den Oberschulmeister Zahlungen, es scheint sich dabei aber um eine Art Zulage zu handeln *in behoeff eines underschulmeesters,*[90] vielleicht eines zweiten Unterlehrers, der für Bedarfsfälle vom Schullehrer zuzuziehen und dann von diesem zu besolden war.

Über die Verpflichtungen, die der Oberschulmeister mit seiner Anstellung übernahm, unterrichtet ein lateinisch abgefaßtes Formular, das der *ludimagister* bei seinem Amtsantritt zu unterschreiben hatte; es liegt in einer Niederschrift aus der zweiten Hälfte des 17. Jahrhunderts vor.[91] Danach hatte der Lehrer nicht nur den Kindern Wissensstoff zu vermitteln, sondern sie vor allem zu einem sittlichen Leben zu erziehen. Wie sehr Schule und Kirche aufeinander abgestimmt waren, zeigt die Auflage für den Schulmeister, den Choralsängern unter den Knaben zweimal in der Woche eine volle Stunde Unterricht im Gregorianischen Choral zu geben. Ferner war es seines Amtes, die Chorknaben beim Chorgottesdienst zu beaufsichtigen; sie sollten zwei und zwei bescheiden und erbaulich herantreten und Sitzen, Stehen und Knien mit den übrigen Chorteilnehmern ausführen.

Als ständiger Chorverpflichteter hatte der Schulmeister den Chor eifrig zu besuchen und ihn bezüglich des Gesanges zu leiten, damit alles gebührend und langsam gesungen werde *(ut omnia decenter et tractim canantur).* Offenbar auf Grund unliebsamer Vorkommnisse wurde vom Lehrer das ausdrückliche Versprechen ver-

---

[84] AEK, Kol. A I 264.
[85] AEK, Kol. A I 263.
[86] Vgl. Greving, Steuerlisten, 137. Vgl. Götz, Hilpoltstein, 128. Ob er seinen Tisch im Pfarrhaus hatte, wie in Ingolstadt und Hilpoltstein (Greving, Ecks Pfarrbuch, 65. Götz, Hilpoltstein, 129), steht nicht fest.
[87] Vgl. Greving, Ecks Pfarrbuch, 49 A. 2.
[88] Vgl. AEK, Kol. A II, 10, fol. 162.
[89] Vgl. ebd. A II, 14: am 11.2.1605.
[90] Vgl. ebd. im Jahre 1629.
[91] Vorgeklebtes Blatt in AEK, Kol. A II, 2, 4; vgl. Götz, Hilpoltstein, 128.

langt, zur Schulzeit nicht in anderen Kirchen oder sonstwo an musikalischen Aufführungen teilzunehmen. Ohne Erlaubnis des Pfarrers durfte der Lehrer weder die Stadt verlassen noch außerhalb seiner Wohnung übernachten.

Mit der Verpflichtung auf alle diese Punkte anerkannte der Lehrer das Recht des Pfarrers und der Kirchmeister, ihn bei Nichterfüllung seiner Obliegenheiten abzusetzen. Daß dies kein papierenes Recht blieb, zeigt der Fall des Unterlehrers Peter Schlaeger, der 1754 zunächst von Chor und Schule suspendiert und später gänzlich abgesetzt wurde.[92]

Der Küster

Mit der Kustodie der Kirche, ihrer Heiligtümer und ihrer liturgischen Geräte war anfänglich der Pfarrer selber beauftragt.[93] Für die niederen Kirchendienste, insbesondere das Glockenläuten, hatte man den Glöckner *(campanarius).* Obwohl der Umfang seiner Pflichten größer war, als die Amtsbezeichnung ahnen läßt, blieb ihm lange Zeit der Name von dieser besonders hervortretenden Dienstaufgabe. An St. Kolumba finden wir den *Campanarius*-Titel im 14. Jahrhundert ebenso wie noch Ende des 15. Jahrhunderts;[94] er wurde aber schon 1345 gleichbedeutend mit *custos* gebraucht.[95] Im 18. Jahrhundert war *aedituus* (von *aedes* = Haus, Tempel) üblich.[96] Aber auch die deutsche Bezeichnung *Offermann* bleibt vom 14. Jahrhundert bis ins 19. Jahrhundert in Brauch, weil der Küster beim Gottesdienst die Gaben der Gläubigen einzusammeln hatte.[97]

Um die Mitte des 14. Jahrhunderts waren die *Campanarii* noch Kleriker, getreu dem alten kirchlichen Grundsatz, daß alle Kirchendienste, auch die niederen, von Geistlichen verrichtet werden sollten.[98] So heißt es 1345 bei dem Streit um die Besetzung der *Campanarius*-Stelle von St. Kolumba, daß Pfarrer Mulrepesch gegen den Willen der Kirchmeister seinen *clericus* und *familiaris* Widenvest durchsetzen wolle.[99] Ende des 17. Jahrhunderts gab es dagegen zweimal Frauen als Inhaberinnen des Küsteramtes. Es ist anzunehmen, daß sie für den Altardienst einen männlichen Vertreter zu stellen hatten.

Zu den Amtsobliegenheiten des Küsters gehörte später auch die Aufbewahrung der liturgischen Gewänder und Geräte, die oftmals einen bedeutenden materiellen Wert darstellten; deshalb wurden bei jedem Küsterwechsel Inventarverzeichnisse aufgestellt. Aus diesem Grunde mußten die Küster auch bei Antritt ihrer Stelle angesehene Männer als Bürgen stellen, die beim Verlust eines Wertstückes dafür haf-

[92] Vgl. AEK, Kol. NC 53, 55.
[93] Vgl. Schaefer, Beruf des Küsters, 166 ff.
[94] Vgl. AEK, Kol. A I 25, 87.
[95] Vgl. ebd. A I 29; vgl. auch Schaefer, Küster, 171.
[96] Vgl. AEK, Kol. B 1 II, 20.
[97] Vgl. AEK, Kol. A I 45 und unten S. 318 sowie Schaefer, Küster, 171.
[98] Vgl. Lindner, Hilfsgeistliche, 7.
[99] Vgl. AEK, Kol. A I 25; vgl. Schaefer, Küster, 169.

teten.[100] Ferner hatte der Küster beim Krankendienst gegenwärtig zu sein sowie für die Totengrüfte Sorge zu tragen.[101] Über die Einnahmen aus der Verpachtung von Grabstellen oder Kirchengestühl mußte er den Kirchmeistern Rechenschaft ablegen. Bei Feuersgefahr war es seine Pflicht, die Sturmglocke zu ziehen und die Löschgeräte bereitzuhalten.[102] Als solche wurden in der Vorhalle der Kirche im Jahre 1697 48 neue und 16 alte (lederne?) Löscheimer festgestellt, die Pfarrer Peter Hausmann später im Beinhaus aufbewahren ließ.[103]

Im allgemeinen war es das Recht des Pfarrers, den Küster anzustellen.[104] Aber in den Kölner Pfarreien, in denen die Gemeinde das Pfarrer-Wahlrecht hatte, verlangten die Kirchmeister schon sehr früh auch die Bestellung des Küsters. In St. Kolumba war es 1345 darüber zu dem erwähnten Streit gekommen.[105] Der Spruch der angerufenen Schiedsrichter ist nicht erhalten, aber wir finden seitdem die Bestellung des Küsters als unangefochtenes Recht der Kirchmeister. Sie hatten sich wohl mit der Argumentation durchgesetzt, daß sie herkömmlicherweise verpflichtet seien, für die Beschaffung und Instandhaltung der kirchlichen Geräte und Ornamente aufzukommen.[106] Daß die Kirchmeister ihren Anspruch auf den Küster später übersteigerten, geht aus der Änderung des Küster-Eides hervor. Dieser war zwar vor den Kirchmeistern abzulegen, aber der Küster versprach noch 1397, an erster Stelle *dem Pastor und seinen Kaplänen zum Nutzen der Kirchspielsleute Tag und Nacht gehorsam zu sein.* 1556 dagegen hatte der Küster zu geloben, den Kirchmeistern *als seinen Prinzipalherren mit aller Gehorsamkeit und gebührlicher Ehrerbietung* sich erzeigen zu wollen. 1662 legte das Kölner Pfarrerkollegium gegen diese Formulierung Beschwerde beim Erzbischof ein, denn durch diese Formulierung verlören die Pfarrer ihre Autorität gegenüber ihrem Kirchendiener. Außerdem widersprach dieses Verfahren den Synodalstatuten von 1260 und 1362, wonach dem Pfarrer allein die Aufsicht über Führung und angemessene Kleidung des Küsters zustand.[107]

Vor Anfang des 17. Jahrhunderts scheint der Küster von St. Kolumba in der Drusgasse, im dritten Haus vor der Elstergasse, später in der Kolumbakirchhofgasse 5 (?) gewohnt zu haben.[108]

Über das Einkommen des Küsters läßt sich nichts Bündiges sagen. 1593 wird von einem Gehalt von 12 Reichstalern gesprochen,[109] aber es ist nicht ersichtlich, für welchen Zeitraum es gegeben wurde; jedenfalls bestand das Haupteinkommen

[100] Vgl. u. a. AEK, Kol. A I 47; vgl. Schaefer, Küster, 171 sowie den Treueid des Küsters von St. Kolumba vom 26.7.1397 ebd. 176 ff. Vgl. für Hilpoltstein Götz ,132.
[101] Treueid bei Schaefer, Küster, 176 ff.
[102] Vgl. ebd., 173.
[103] Vgl. Greving, Steuerlisten, 139.
[104] Vgl. Schaefer, Küster, 174; vgl. Götz, Hilpoltstein, 132.
[105] Vgl. AEK, Kol. A I 25–29; B 1 V, 1.
[106] Vgl. AEK, Kol. A I 29.
[107] Vgl. Schaefer, Küster, 175.
[108] Liber Kirchhoff bei Greving, Steuerlisten, 137.
[109] Vgl. AEK, Kol. A I 325.

in Gebühren und Stiftungen. Im Jahre 1504 wurde dem Küster die Auflage gemacht, sich an der Abtragung einer Schuld des Wedemhofes mit jährlich 40 Gulden zu beteiligen.[110] Demnach hätte er sich in guten finanziellen Verhältnissen befunden.

Seit dem 15. Jahrhundert gab es an St. Kolumba auch einen Unterküster *(subaedituus);* er hatte u. a. das Verzeichnis der zelebrierten Messen zu führen.[111]

Der Organist

Ein Organist an St. Kolumba wird erstmals 1557 erwähnt. Er wurde – wie der Küster – von den Kirchmeistern bestellt[112] und stand, da er aus Stiftungen nur wenig bezog, in festem Gehalt, das ihm im 17. Jahrhundert halbjährlich aus der Kirchenfabrik gezahlt wurde.[113] Sein notwendiger Helfer war der *Orgelbläser* oder *Balgtreter* (auch *Follist* oder *Kalkant* genannt), der jährlich für seine Mühewaltung entlohnt wurde.[114]

20. Stärkere Hinwendung der Kolumbapfarrer zur Seelsorge

Die Verbindung des Pfarramtes mit einer Universitätsprofessur oder einem Kanonikat oder mit anderen inkompatiblen Verpflichtungen blieb zwar bis zum Ende des 18. Jahrhunderts erhalten; dennoch ist im 17. Jahrhundert eine stärkere Hinwendung der Kolumbapfarrer zur Seelsorge unverkennbar. 1605 tritt mit Kaspar Ulenberg erstmals ein Priester das Pfarramt von St. Kolumba an, der sich vorher schon an zwei verschiedenen Stellen als Pfarrseelsorger bewährt hatte. Sein übernächster Nachfolger Kaspar Frosch war vor seiner Wahl zum Pfarrer Kaplan an St. Kolumba gewesen; das gleiche trifft zu für Johannes Hausmann, Arnold (II.) Kochs und Peter Kochs im 18. Jahrhundert. Der Bruder und Vorgänger des letztgenannten hatte als Kaplan an St. Brigida und später an Klein-St. Martin seelsorgliche Erfahrungen sammeln können, Adam Müller war fünf Jahre Kaplan an St. Maria-Ablaß und neun Jahre in gleicher Eigenschaft an St. Kolumba tätig gewesen.[1] In dem Maße, wie die Kolumbapfarrer bei ihrem Amtsantritt eine seelsorgliche Vorbereitungszeit nachweisen konnten, zogen sie sich aus den Verwaltungs- und Repräsentationsämtern der Universität zurück.[2] Nach 1643 finden wir die Kolumbapfarrer nicht mehr als Dekane der Artistischen Fakultät tätig; nach 1709 ist nur noch einer von ihnen Dekan der Theologischen Fakultät gewesen. Als Rector Magnificus amtierte ein Kolumbapfarrer zuletzt 1666. Am Anfang und am Ende des

[110] Vgl. ebd., A I 156.
[111] AEK, Kol. B 1 II, 20.
[112] Vgl. ebd., A I 265.
[113] Hausmann im Liber festorum et memoriarum (AEK, Kol. A II, 10 fol. 164). Vgl. Kirchenrechnungen zum 16.4.1605, 15.1.1609 u. a. (A II, 14).
[114] AEK, Kol. A II, 10 fol. 165. Vgl. ebd. A II, 14, 10 etwa zum 24.2.1606.

[1] Vgl. die Pfarrer-Biogramme unten S. 297–303.
[2] Vgl. die Tabelle S. 88 f.

17. Jahrhunderts verfügte Kölns älteste Pfarrei über zwei gebildete und erfolgreiche Seelsorgerpersönlichkeiten an ihrer Spitze: Kaspar Ulenberg (1605–1617) und Peter Hausmann (1689–1710). Ulenberg ist der einzige Kolumbapfarrer, der bald nach seinem Tode eine literarische Würdigung erhielt.[3]

Kaspar Ulenberg

Die Kirchmeister und Neunmänner von St. Kolumba bewiesen einen guten Blick, als sie Anfang des Jahres 1605 den Regens des Laurentianums, Kaspar Ulenberg, zum Pfarrer wählten.[4] Ulenberg stand damals im 56. Lebensjahr, hatte also die Höhe seines Lebens schon überschritten. Dafür war ihm eine besondere Sensibilität für die reformatorischen Anliegen und Gefahren zu eigen. Er war nämlich Konvertit und hatte als Lutheraner zur katholischen Kirche gefunden.

Ulenberg wurde am 24. Dezember 1548 in Lippstadt geboren, zu einer Zeit, da die Einwohner der Stadt sich schon seit nahezu zwanzig Jahren in der Mehrzahl zum Luthertum bekannten.[5] Nach dem Wunsch der Eltern sollte Ulenberg evangelischer Pfarrer werden. So führte ihn sein Bildungsweg über die Elementarschule seiner Heimatstadt an die höheren Schulen in Soest und Braunschweig und dann 1569/70 an die Wiege der Reformation, die Universität Wittenberg. Es waren jene Jahre, in denen die dortige Theologische Fakultät durch heftige Kämpfe um die Abendmahlslehre zwischen der lutherischen Orthodoxie und den Kryptokalvinisten erschüttert wurde. Erschrocken über diese innere Zerrissenheit verließ der strenggläubige Lutheraner Ulenberg die Universitätsstadt, um in Lunden/Dithmarschen eine Lehrerstelle anzunehmen. Lange scheint er hier nicht geblieben zu sein; ein Familienproblem rief ihn nach Köln: Ein Verwandter war hier vom Luthertum zum Katholizismus übergetreten; Ulenberg sollte ihn zurückgewinnen. Er entledigte sich seiner Aufgabe mit Erfolg; offenbar war er eine starke Persönlichkeit, die zu überzeugen verstand.[6]

Daß Ulenberg in Köln blieb, nachdem er seinen Auftrag ausgeführt hatte, ist zwei Landsleuten aus Lippstadt zu verdanken, die er hier kennenlernte: Johann Nopel (1548–1605) und Gerwin Calenius (ca. 1524–1600). Besonders mit dem gleichaltrigen Nopel verband ihn bald eine lebenslange Freundschaft. Calenius aber wurde später der Verleger seiner Bücher.[7] Durch seine Landsleute wurde Ulen-

---

[3] Arnoldus Meshovius, De vita et moribus et obitu Caspari Ulenbergii ... pastoris vigilantissimi ... (Köln 1638).

[4] Vgl. Joseph Solzbacher, Kaspar Ulenberg. Eine Priestergestalt aus der Zeit der Gegenreformation in Köln (Münster 1948).

[5] Vgl. Alois Schröer, Die Reformation in Westfalen. Der Glaubenskampf einer Landschaft, 2 Bde (Münster 1979/83), hier I, 294–310.

[6] Vgl. Solzbacher, Ulenberg, 5 ff.

[7] Zu Nopel vgl. Peter Weiler, Die kirchliche Reform im Erzbistum Köln (1583–1615) (Münster 1931), 163 f. und Hartzheim, Bibliotheca Coloniensis 189 f.; Hermann Keussen u. a., Matrikel der Universität Köln, 7 Bde (Bonn 1892 ff., ND bzw. Weiterführung Düsseldorf 1979/81) hier II, 1097. – Zu Calenius vgl. Otto Zaretzky, Ein Quentelsches Rechnungsbuch aus der zweiten Hälfte des 16. Jahrhunderts, in: AHVN 93 (1912), 55–102, hier 58 ff.

Abb. 52 Kaspar Ulenberg, Pfarrer von St. Kolumba 1605-1617. Gemälde von Geldorp Gortzius (1597)

berg mit dem katholischen Glauben bekannt, der ihm bisher nur in verzerrter Gestalt bekannt geworden war. Die entscheidenden Motive und einzelnen Phasen seiner Hinwendung zur katholischen Kirche sind nicht bekannt. Der offizielle Übertritt wurde 1572 vollzogen.[8] Danach setzte Ulenberg sein in Wittenberg abgebrochenes Studium in Köln fort. Am 19. August 1572 wurde er in der Artesfakultät immatrikuliert.[9] Offenbar waren ihm wegen seines fortgeschrittenen Alters gewisse Vergünstigungen gewährt worden, denn innerhalb von anderthalb Jahren hatte er es bis zum *Magister artium* (11. März 1574) gebracht.[10] Er konnte jetzt als Lehrer am Laurentianum tätig werden. Nachdem er am 22. Dezember 1575 die Stellung eines vollberechtigten *Professor publicus* und Zutritt zum *Consilium,* dem Fakultätsrat der Artesfakultät, erhalten hatte,[11] empfing er Anfang 1576 die Priesterweihe. Noch im gleichen Jahr wurde Ulenberg Kanonikus und Pfarrer in Kaiserswerth. Er wird diese Stellen Johannes Nopel zu verdanken gehabt haben, der seit 1574 Dechant des dortigen Stiftskapitels war.[12] Es wird auch kein Zufall gewesen sein, daß Ulenberg 1583 vom Kölner Kunibertstift zum Kanonikus und Stiftspfarrer gewählt wurde, nachdem Johannes Nopel 1580 Pfarrer von St. Kolumba geworden war. So waren die beiden Freunde wieder vereint. Ulenberg behielt seine Stellung an St. Kunibert elf Jahre bis 1594. In diesem Jahr resignierte er, da er 1592 zusätzlich das Amt des Regens der Laurentianerburse übernommen hatte und ihm die doppelte Arbeitslast zu schwer war.[13]

Ulenberg hatte hier Cornel Schulting abgelöst, einen zwar gelehrten, aber in Verwaltungsgeschäften untüchtigen Mann, der durch seine Mißwirtschaft dem Ruf der Burse geschadet hatte; auch die Disziplin hatte gelitten. Man traute es Ulenberg wohl zu, daß er die Schäden beheben könne. In der Hauswirtschaft der Burse unterstützte ihn seine Schwester Katharina, die schon seit Kaiserswerth seine Hausgenossin gewesen war; sie leitete, nachdem Ulenberg 1594 zusätzlich ein Kanonikat Erster Gnade an St. Gereon erhalten hatte, vorübergehend auch den Haushalt in Ulenbergs dortiger Kurie; er war für die hier wohnenden jugendlichen Markgrafen Wilhelm und Hermann von Baden sowie den Grafen Jost Hermann von Schauenburg eingerichtet worden, die in den Jahren 1600 bis Ende 1606 Ulenberg zur Erziehung anvertraut worden waren.[14]

Die Stellung als Regens des Laurentianums und das Ansehen, das Ulenberg in Köln genoß, brachten es mit sich, daß er sich Aufgaben der Universität nicht entzie-

[8] Vgl. zum folgenden Solzbacher, Ulenberg, 7–12.
[9] Vgl. Keussen, Matrikel IV, 78.
[10] Vgl. Solzbacher, Ulenberg, 9.
[11] Vgl. Meuthen, Universität, 28 ff.
[12] Vgl. Solzbacher, Ulenberg, 12 f.
[13] Vgl. ebd. 22, 27.
[14] Vgl. ebd. 46–51; ferner Hermann Keussen, Kaspar Ulenberg in Köln als Erzieher der badischen Markgrafen Wilhelm und Hermann 1600–1606), in: Joseph Hansen (Hg.) Beiträge zur Geschichte vornehmlich Kölns und der Rheinlande. Festschrift für Gustav von Mevissen (Köln 1895), 206–221.

hen konnte. Die Übernahme des Dekanats der Artesfakultät hatte er ablehnen können, wohl im Hinblick auf seine Absicht, in die Theologische Fakultät einzutreten. Zu diesem Zweck hatte er bereits am 30. Juni 1594 den theologischen Bakkalaureat erworben und 1595 mit den vorgeschriebenen Vorlesungen über biblische Bücher und über den Sentenzenkommentar begonnen. Am 13. April 1598 wurde der mittlerweile 49jährige zum Lizentiaten der Theologie promoviert.[15]

In den Jahren 1610–1612 bekleidete Ulenberg, der inzwischen (1605) auch zum Pfarrer von St. Kolumba gewählt worden war, als Rector Magnificus das höchste Amt der Universität. Während seiner Rektoratszeit gab Ulenberg im Oktober 1611 – nach mehr als 19 Jahren – die Leitung des Laurentianums ab.

Ulenbergs Stärke lag nicht in der wissenschaftlichen Theologie oder im administrativen Bereich, sondern in der Seelsorge. Es steht fest, daß er als Prediger geschätzt war. Besonderen Wert legte er auf katechetische Unterweisung in den christlichen Grundwahrheiten und auf Anleitung zu einem religiösen Leben. Als Pfarrer von St. Kunibert hielt er regelmäßig am Sonntag-Nachmittag Katechese für die Kinder. Um diese Einrichtung für die Dauer zu erhalten, machte er 1589 eine eigene Stiftung zugunsten des jeweiligen Katecheten.[16] Um die Kolumbakirche, ihren Gottesdienst und die Anstellung eines dritten Kaplans war er eifrig bemüht.[17] Vor allem suchte er durch seine Schriftstellerei die persönliche Frömmigkeit zu fördern sowie den katholischen Glauben zu festigen und zu verteidigen. Es gelang ihm u. a., seine Pfarrgenossen Eberhard (III.) Jabach (1567–1636), der bis 1615 am Neumarkt wohnte, und den Bürgermeister Caspar Kannengiesser (1526–1605), die dem Protestantismus zuneigten, beim katholischen Glauben zu halten.[18]

Schon 1582 hatte er in Kaiserswerth mit einer Übertragung sämtlicher Psalmen in deutsche Verse begonnen, die er auch mit Melodien versah.[19] Damit machte Ulenberg die Praxis der Reformation, die sich mit ihren deutschen Liedern in die Herzen des Volkes hineingesungen hatte, zu einer positiven Reaktion der alten Kirche. Seine Psalmenlieder fanden ihren Platz in den Volksandachten und in den Gottesdiensten der Bruderschaften und Kongregationen.[20] Eine weitere Frucht seines Psalmenstudiums war die *Einfältige Erklärung der sieben Bußpsalmen* (Köln 1586). Eine seiner schönsten Pastoralschriften ist das *Trostbuch für die Kranken und Sterbenden* (Köln 1590), das aus der Praxis Ulenbergs hervorgegangen und zuletzt

[15] Vgl. Solzbacher, Ulenberg, 51 f.

[16] Vgl. ebd. 23 f.

[17] Vgl. oben S. 178 und unten S. 219 (Ulenbergs Chorordnung von 1612).

[18] Vgl. Meshovius (wie Anm. 3), 101 f., Peter Paul Trippen, Jabach. Die „Fuggerfamilie" des Westens (1938), 28 f., 37; zu Kannengiesser vgl. Anton Fahne, Geschichte der kölnischen, jülichschen und bergischen Geschlechter, 2 Bde (Köln-Bonn 1848/53) hier I, 213.

[19] Die Psalmen Davids in allerlei teutsche Gesangreimen bracht (Köln 1582). Vgl. Solzbacher, Ulenberg, 15–19. Vgl. Johannes Overath, Untersuchungen über die Melodien des Liedpsalters von Kaspar Ulenberg (Köln 1959).

[20] Vgl. Solzbacher, Ulenberg, 19 ff.; Andreas Müller, Die Kölner Bürgersodalität 1608–1908 (Paderborn 1909), 57 f.

1835/36 neu aufgelegt worden ist.[21] *Allen geistlichen und andächtigen Herzen zu Nutz und Liebe* übersetzte Ulenberg zwei kleine lateinisch verfaßte Schriften des Thomas von Kempen unter dem Titel *Liliental* (Köln 1586).[22]

Neben der Gruppe erbaulicher Schriften stehen apologetische Veröffentlichungen. Bereits seinem Psalmenbuch von 1582 hatte Ulenberg einen kurzgefaßten Katechismus beigefügt.[23] Auch hier folgte er dem Beispiel reformatorischer Gesangbücher. Zu einer umfangreicheren Darstellung von Glaubensfragen war Ulenberg durch Fragen aus dem Publikum veranlaßt worden. Sie trug den Titel *Erhebliche und wichtige Ursachen, warum die altgläubige katholische Christen bei dem alten wahren Christentum . . . verharren* (Köln 1589). Ohne logischen Zusammenhang wurden in 22 Kapiteln katholische Positionen gegenüber den Protestanten verteidigt. Sachlich bot der Verfasser nichts, was nicht schon von der zeitgenössischen kontroverstheologischen Literatur abgehandelt worden war. Originell jedoch war die verständliche und anschauliche Darbietung sowie die Verwendung protestantischer Literatur. Für Ulenberg war diese Schrift ein Mittel der Seelsorge; er wollte die katholischen Christen in ihrem Glauben bestärken und ihnen Material bieten, auf Einwendungen Andersgläubiger zu antworten.[24] Ulenbergs Biograph nannte ihn zu Recht einen „wachsamen Hirten“ *(pastor vigilantissimus)*.[25]

Polemischer Natur war die Auseinandersetzung mit dem Kalviner Johannes Badius, der Anfang April 1590 in Köln verhaftet und im Frankenturm vorübergehend festgesetzt worden war. Da er die vom städtischen Rat verlangten Auskünfte über seine Kölner Glaubensbrüder aus Gewissensgründen nicht geben wollte, wurde Ulenberg gebeten, diese in einer Unterredung mit dem Verhafteten zu zerstreuen. Dies gelang zwar nicht, wohl kam ein Gespräch über theologische Fragen, besonders die Transsubstantiation und die Konzilien zustande, das als *Summarische Beschreibung eines ungefährlichen Gesprächs* (Köln 1590) von Ulenberg veröffentlicht wurde. Die Schrift löste unergiebige Auseinandersetzungen mit Badius und dem hessischen Superintendenten Georg Nigrinus aus.[26]

Auch geschichtliche Darstellungen standen damals unter apologetischen Vorzeichen. Der Kölner Kartäuser Laurentius Surius (1523–1578) hatte einen kurzen Kommentar zur Zeitgeschichte verfaßt, der die Jahre 1500–1565 umfaßte; er wurde von seinem Mitbruder Heinrich Fabritius ins Deutsche übersetzt.[27] Das Werk

---

[21] Vgl. Solzbacher, Ulenberg, 36.

[22] Vgl. ebd. 30. Das Zitat ist dem Titel des Büchleins entnommen.‘

[23] Kurzer Bericht der ganzen christlichen katholischen Religion (1582). Vgl. Solzbacher, Ulenberg, 20 f.

[24] Vgl. ebd., 31–34.

[25] Vgl. Anm. 3.

[26] Dazu Solzbacher, Ulenberg, 37–43.

[27] Laurentius Surius, Commentarius brevis rerum in orbe gestarum ab anno 1500 usque ad annum 1565 (Köln 1566). Die deutsche Übersetzung durch Fabritius erschien zuerst Köln 1568. Vgl. Paul Holt, Laurentius Surius und die kirchliche Erneuerung im 16. Jahrhundert, in: JKGV 6/7 (1925), 52–84, hier 59.

wurde von Michael von Isselt bis 1586 fortgesetzt; Ulenberg übersetzte diese Fortsetzung ins Deutsche und gab das ganze Werk neu heraus (1586).[28]

Unvollendet blieben Ulenbergs Lebensbeschreibungen der Reformatoren.[29] Die einzelnen Viten sind von unterschiedlichem Wert. Bei der Darstellung des Matthias Flacius Illyricus konnte Ulenberg als ehemaliger Anhänger dieses Vorkämpfers des extremen Luthertums aus dem Vollen schöpfen. Die Luther-Vita ist sogar von einem katholischen Lutherforscher als die beste katholische Biographie des Reformators im Zeitalter der Gegenreformation bezeichnet worden.[30] Natürlich hat auch dieses Werk eine apologetische Tendenz; es will dem Leser dartun, daß die Trennung von der katholischen Kirche den Zerfall des Glaubens und weitere Spaltungen im Gefolge habe.[31]

Das wohl bedeutendste Werk Ulenbergs ist die Übersetzung der gesamten Bibel ins Deutsche.[32] Sie erfolgte auf Drängen des Kölner Erzbischofs Ferdinand von Bayern. Es gab zwar außer der Lutherbibel noch andere deutsche Übersetzungen der Heiligen Schrift. Aber die von Hieronymus Emser und Johannes Dietenberger angefertigte (1527 bzw. 1534) war ein mehr oder weniger purgierter Luthertext; Johannes Eck (Deutsche Bibel, 1537) und Melchior Braun waren einem solchen Werk sprachlich nicht gewachsen. Für den Kölner Erzbischof war Ulenberg ein *in der Heiligen Schrift von Jugend auf, sonderlich aber in der reiner teutschen Sprachen wohlerfahrner und geübter theologus*,[33] von dem man eine solide und allseits befriedigende Übersetzung erwarten konnte. Ulenberg stellte alle anderen Arbeiten zurück und machte sich Ende 1614 ans Werk. Eine Überarbeitung vorhandener deutscher Übersetzungen lehnte Ulenberg ab. Grundlage für seine Arbeit war der von Papst Sixtus V. revidierte Vulgatatext. Ulenberg orientierte sich an der Arbeitsweise Luthers und verlangte, daß nur einer für die Übersetzung verantwortlich sein dürfe, damit die Ausdrucksweise gleich bleibe. Es müßten ihm aber Fachleute zur Beratung und Überprüfung beigegeben werden. Sie fanden sich in Jakob Hutter, Adolf Schulcken und Heinrich Franken-Siersdorf.[34] Ulenberg hat trotz der ihn stark behindernden Krankheit seine Arbeit kurz vor seinem Tode noch vollenden

---

[28] Michaelis ab Isselt Amersfortii sui temporis historia ... usque ad annum 1586 (Köln 1586). Vgl. Hartzheim, Bibliotheca Coloniensis, 252. Kasper Ulenberg, Kurze teutsche Chronik vom Jahre 1575 bis auf das Jahr 1586 (Köln 1586).

[29] Vitae haeresiarcharum Lutheri, Melanchthonis, Majoris, Illyrici, Osiandri. Das Fragment wurde 1522 durch Arnold Meshov herausgegeben. Vgl. Solzbacher, Ulenberg XI, 66.

[30] Adolf Herte, Die katholische Luther-Literatur unter dem Einfluß des Cochläus in der Zeit von 1600 bis 1750 (Munster 1938), 99–106.

[31] Vgl. Solzbacher, Ulenberg, 66–71.

[32] Vgl. dazu Solzbacher, Ulenberg, 61–66.

[33] So nach Mitteilung von Heinrich Franken-Siersdorf im Vorwort zur Deutschen Bibel.

[34] Jakob Hutter aus Kempen (1548–1637), Professor am Laurentianum, 1579–1626 Pfarrer an St. Peter, Kanonikus an St. Cäcilien, 1596 Domherr. Vgl. Weiler, Reform, 161.
Adolf Schulcken aus Geldern (1569–1626), Professor am Montanum, 1606 Pfarrer an Klein St. Martin, 1616–1626 Generalvikar. Vgl. August Franzen, Der Wiederaufbau des kirchlichen Lebens im Erzbistum Köln unter Ferdinand von Bayern, Erzbischof von Köln

können. Die Herausgabe durch Franken-Siersdorf konnte allerdings erst 1630 erfolgen. Die Ulenbergsche Übersetzung ist in späteren Überarbeitungen und Ausgaben unter dem Namen *Katholische Mainzer Bibel* für lange Zeit das sprachliche Gewand geblieben, in welchem den deutschen Katholiken die Heilige Schrift vermittelt wurde.[35] Ulenberg wurde auf seinen Wunsch in der Kirche der Augustinerinnen *zum Lämmchen* auf der Burgmauer beigesetzt; er war Beichtvater der Klosterfrauen gewesen. Heinrich von Francken-Siersdorf setzte ihm hier ein Epitaph, das sich bis zum Zweiten Weltkrieg im Gebäude des Kölner Generalvikariats in der Marzellenstraße befand.[36]

Peter Hausmann (1689–1710)

Um die Wende vom 17. zum 18. Jahrhundert stand 21 Jahre lang Peter Hausmann an der Spitze der Kolumbapfarrei[37]. Der am 25. Februar 1654 in Osterrath Geborene war ebenfalls eine bedeutende Seelsorgerpersönlichkeit, wenn auch von anderer Prägung als Ulenberg. Wie die meisten Kolumbapfarrer war er den üblichen Weg über das Laurentianum gegangen, dem er von 1675 bis 1690 als Professor angehörte. Während dieser Zeit widmete er sich dem Studium der Theologie, das er 1679 mit dem Lizentiatengrad abschloß. 1678 hatte er die Priesterweihe empfangen.[38] Nachdem er am 24. Februar 1689 zum Pfarrer von St. Kolumba gewählt, am 7. März investiert und zwei Tage später als Kanonikus an St. Ursula installiert worden war, wandte er sich vorrangig der Pfarrseelsorge zu. Aus diesem Grunde gab er 1690 seine Lehrstelle am Laurentianum auf.[39] Auf Zureden anderer entschloß er sich jedoch im September des gleichen Jahres zur theologischen Doktorpromotion. Sie fand am 14. November 1690 statt. Offensichtlich wollte sich Hausmann damit für ein zusätzliches Universitätskanonikat qualifizieren. Im Januar 1691 begann er mit den theologischen Vorlesungen.[40] Das erstrebte Ziel ließ sich allerdings nicht sogleich erreichen. Die Gründe hierfür kennen wir nicht. Immerhin brauchte Hausmann seit 1697 nicht unentgeltlich zu lesen. In diesem Jahr erhielt er die 1655 von Jakob von Groote gestiftete und mit 150 Reichstalern dotierte Professur, die ihn zu einer täglichen Vorlesung und zur Katechese in den Sonntagsschulen der Stadt ver-

---

1612–1650 (Münster 1941), 86–99; Hartzheim, Bibliotheca Coloniensis, 7 f. Heinrich Francken-Siersdorf (1580–1654) Regens des Laurentianums als Nachfolger Ulenbergs. Vgl. Keussen, Universität, 537; Friedrich Wilhelm Lohmann, Arnold Meshov, Beiträge zur Kölnischen Chronik, in: JKGV 22 (1940), 38–272, hier 184.

[35] Vgl. Solzbacher,Ulenberg, 61–66.

[36] Vgl. ebd., 81 und KD 7/I, 175.

[37] Vgl. Eduard Hegel, Rechtsstellung und Tätigkeitsbereich eines Kölner Stadtpfarrers im 17. und 18. Jahrhundert, in: AHVN 155/156 (1954), 286–304, ND in: derselbe, Ecclesiastica Rhenana, 115–133; Keussen, Universität, 438, 539.

[38] Zum Lebenslauf vgl. auch Greving, Die Bilder der Pfarrer von St. Kolumba, 36 f. ; Greving stützte sich auf das curriculum vitae, das Hausmann selbst im Liber sacellanorum gegeben hatte. Vgl. ferner JL 554, Nr. 344.

[39] AEK, Kol. NC 4.

[40] Ebd., 4 f.

pflichtete.[41] Aber erst am 3. April 1699 wurde er zum *Consilium* seiner Fakultät zugelassen; er gehörte nun zu den *professores regentes,* deren Lehrveranstaltungen verpflichtend waren.[42] Schon seit Februar dieses Jahres veranstaltete er dienstags im oberen Stockwerk der Kolumbakirche theologische Übungen, vielleicht ein Repetitorium, zusammen mit seinen Fakultätskollegen, den beiden Augustinern Reiner Burscheid und Anno Schnorrenberg sowie Hilger Krautwig, den Hausmann schon vom Laurentianum her kannte.[43] Im Jahre 1700 erhielt er dann ein Kanonikat Erster Gnade an Mariengraden, das er fünf Jahre später gegen eine entsprechende Präbende an St. Gereon tauschen konnte.[44] In den Jahren 1707/09 verwaltete er das Dekanat der Theologischen Fakultät.[45]

Als Hausmann seine Pfarrstelle angetreten hatte, brachte er zunächst deren Verwaltung in eine feste Form, wobei ihn der Kirchmeister Heinrich von Groote unterstützte. Er visitierte sofort die ganze Pfarrei und legte eine schriftliche Beschreibung des Pfarrbezirks an.[46] Ebenso machte er eine Aufzeichnung über die innerhalb der Pfarrei befindlichen Kapellen und Oratorien.[47] 1693 legte er ein Buch über Namen, Vereidigung und Verpflichtungen der an St. Kolumba tätigen Kapläne an.[48] Auch ein Pfarrarchiv-Inventar und die Beschaffung eines Archivschranks (1691) gehen wahrscheinlich auf ihn zurück.[49] Mit Hilfe von Grootes prüfte er das gesamte Stiftungswesen, um später die einzelnen Posten nach genauer Revision in Spezialbücher aufzuteilen.[50] Über die Einkünfte der Pfarrei an Häusern und Grundstücken orientiert ein Allgemeines Einnahmebuch, das Hausmann 1694 anfertigte.[51] Oft werden die der Verwaltung des kirchlichen Finanzwesens dienenden Angaben durch eingestreute persönliche Bemerkungen unterbrochen. Eine Fülle von Namen wird mit interessanten Daten und Fakten versehen.

Es überrascht nicht, daß ein so auf Ordnung bedachter Mann bald nach seinem Amtsantritt eine Pfarrchronik anlegte; er gab ihr den Titel *Notarius Columbanus*.[52] Sie ist mit den Fortsetzungen seiner Amtsnachfolger die beste Quelle für die Geschichte der Pfarrei im 17. und 18. Jahrhundert. Sie unterrichtet über Veränderungen im Kirchenraum, im gottesdienstlichen Leben, über Veränderungen im Pfarramt, den Kaplaneien, Benefizien und im Kirchmeisterkollegium; sie verzeich-

---

41 Ebd., 5. Vgl. Keussen, Universität, 227 f.; Meuthen, Universität, 342 f.

42 AEK, Kol. NC 24; Keussen, Universität, 438; vgl. Meuthen, Universität, 28 ff.

43 AEK, Kol. NC 24; zu den Genannten vgl. Keussen, Universität, 437 f.

44 Vgl. Keussen ebd., 438.

45 Vgl. ebd., 420.

46 Limites parochiae S. Columbae 1689, AEK Kol. B 1 VII, 10.

47 Sacella et oratoria intra parochiam S. Columbae 1691, AEK, Kol. B 1 VII, 13.

48 Sie ist bis 1799 fortgeführt worden: AEK, Kol. B 1 VII, 14.

49 AEK, Kol. B 1 III, 9.

50 Siehe unten S. 198 f.

51 Liber generalis pro redditibus S. Columbae recipiendis per pastorem 1694 = AEK, Kol. B 1 III, 10.

52 Notarius Columbanus, liber designans ea, quae subinde ad S. Columbam vel alias annotanda occurrunt; AEK, Kol. A II 25 (abgekürzt NC).

net den Tod der großen Wohltäter der Pfarrkirche, wie sie überhaupt eine bunte Fülle von biographischen Notizen bringt. Auch mit der Geschichte seiner Vorgänger beschäftigte sich Hausmann. Im Kopiar der Stiftungsurkunden von 1597 hat er die Reihenfolge der Kolumbapfarrer vom 15. Jahrhundert an aufgezeichnet.[53] Er ließ außerdem Bilder von ihnen anfertigen.[54]

Eine bedeutende Quelle, die wir Hausmann verdanken, ist das 1690 begonnene *Rituale Columbanum*.[55] Dieses Buch enthält mehr, als sein Titel besagt, und ist weniger Zeremonialbuch als *Pfarrbuch* oder *Liber ordinarius*, welches das ganze gottesdienstliche Leben und den Ablauf des Kirchenjahres wiedergibt. Obwohl formell nur die Zeit seit 1690 und – durch die Zusätze seiner Nachfolger bis zum Ende des 18. Jahrhunderts – beschreibend, hat Hausmann hier traditionelle gottesdienstliche Gewohnheiten kodifiziert, die weit zurückreichen. Ein Vergleich mit Johann Ecks Pfarrbuch für U. L. Frau in Ingolstadt, das 165 Jahre früher begonnen wurde (1525), zeigt nicht nur Übereinstimmung im wesentlichen, sondern auch zahlreiche Parallelen im einzelnen[56].

Um der Würde des Gottesdienstes willen drängte Hausmann auf eine gute äußere Ordnung. Das geht aus dem Druck der Gottesdienstordnung von 1696 und der ebenfalls gedruckten *Anordnung, wie in der Pfarr S. Columbae das heiligste Sakrament zu den Kranken zu begleiten* ist (1697),[57] hervor. Um im Gotteshaus selbst Störungen und lautes Lärmen zu verhüten, ließ er die Segnung und Austeilung des Weihwassers am Karsamstag und die Kräuterweihe an Mariä Himmelfahrt in der Vorhalle der Kirche vornehmen. Aus demselben Grund wurden die Fahnen für die Fronleichnamsprozession im Hof des Pfarrhauses verteilt. Bei der Prozession selbst ließ Hausmann an jeder Straßenecke einen Ordner Aufstellung nehmen und zwar so, daß einer den anderen sehen und Zeichen geben konnte; so hoffte er die Ordnung des Zuges wahren zu können.[58]

Der Sorge um den Gottesdienst entsprach das Bemühen um Erhaltung und Verschönerung des Kirchengebäudes. 1693 wurde der Markusaltar konsekriert, 1699 der Barbara-Altar errichtet und 1703 der Grundstein für den Hochaltar gelegt. 1699 war bereits der Platz vor dem Hochaltar verbreitert und der ganze Chorraum mit Platten belegt worden.[59] Hinter der Kirche, in der Bursgasse, hatte Hausmann

[53] AEK, Kol. B 1 I, 2.
[54] Siehe unten S. 299; vgl. Greving, Bilder.
[55] Rituale Columbanum ab anno 1690 ordinatum, 1708 confirmatum: AEK, Kol. A II 26 (abgekürzt: RC); vgl. Eduard Hegel, Stadt Kölnischer Pfarrgottesdienst zwischen Barock und Aufklärung. Peter Hausmanns Pfarrbuch von St. Kolumba, in: Zur Geschichte und Kunst im Erzbistum Köln. FS für Wilhelm Neuß, hg. von Robert Haaß und Joseph Hoster (Düsseldorf 1960), 204–232 (ND in: Hegel, Ecclesiastica Rhenana, 135–163.
[56] Siehe unten Kap. 22.
[57] Gedruckte Beilage zum RC.
[58] Vgl. AEK, Kol. RC 51, 85, 71, 67.
[59] AEK, Kol. NC 24.

1697 die Sieben Fußfälle errichten lassen. Die Pastorat wurde – wie schon erwähnt – zwischen 1689 und 1696 weitgehend erneuert.[60]

Einen völligen Neubau (1707) für das von ihm ins Leben gerufene Priesterhaus bestritt Hausmann teils aus eigenen Mitteln, teils mit finanzieller Unterstützung des Domherrn Christoph Friedrich von Geyr.[61] Es erhielt seinen Platz an der Stelle des 1689 eingegangenen Beginenkonvents Buntouge. Seitdem das Interesse an der Ausbildung von Seelsorgern zugenommen hatte, waren solche Institute, die jungen Priestern Einführung in die pastorale Praxis vermitteln sollten, auch anderswo entstanden.[62] Zu Hausmanns Zeit gab es in Köln kein Priesterseminar. Diese vom Trienter Konzil 1563 geforderte Anstalt war in Köln erst 1615 begründet worden, hatte es aber nur auf ein Dasein von 30 Jahren gebracht (1615–1645). Nach ihrer Wiederbegründung waren ihr nur 15 Lebensjahre (1659/60–1675) vergönnt.[63] Die Privatinitiative Hausmanns entsprach also durchaus einem Bedürfnis.

Die Zweckbestimmung, die Hausmann seiner Gründung gab, waren Erziehung junger Kleriker zu vorbildlichem priesterlichem Leben und Einübung in die pastorale Praxis.[64] Es waren vor allem jene angesprochen, welche die Weihen bereits empfangen hatten, jedoch keine Cura-Erlaubnis und keine Seelsorgestelle besaßen. Über die Aufnahme der Bewerber sollte der Pfarrer von St. Kolumba entscheiden. Die Erziehung im Priesterhaus sollte im wesentlichen Selbsterziehung sein an Hand einer von Hausmann aufgestellten, sehr strengen Tagesordnung, die gemeinsames Gebet, privates Studium und moraltheologische Konferenzen unter Leitung eines Magisters vorsah. Die Einübung in die seelsorgliche Praxis bestand lediglich in der Ministration bei sakramentalen Handlungen, im Besuch von Predigten und in der Anfertigung von Predigtentwürfen. Von selbständiger pastoraler Tätigkeit, von Probepredigten und Predigtkritik war nicht die Rede.

Das große Manko dieser Konzeption war das Fehlen eines geistlichen Leiters. Ohne eine hauptberuflich tätige und prägende priesterliche Persönlichkeit konnte das Institut seine Aufgabe schwerlich erfüllen. In Kreisen der erzbischöflichen Kurie scheint man nicht viel von diesem Priesterhaus gehalten zu haben. Es wurde bemängelt, daß die Alumnen lediglich im Priesterhaus wohnten, *sonsten aber nichts erlernen, sondern außer dem Haus mit Messelesen und anderen geistlichen oder weltlichen Diensten sich die Kost verschaffen müssen.* Allerdings stammt dieses ablehnende Urteil aus dem Jahre 1739, als gerade eine abermalige Neugründung

[60] Vgl. AEK, Kol. NC 22, 167. Zu den Fußfällen vgl. unten S. 214.

[61] Zum Priesterhaus vgl. Hegel, in: Geschichte des Erzbistums Köln IV, 180 ff.: Christoph Friedrich von Geyr (1625–1697) stammte aus Warburg im südlichen Westfalen; er gehörte 1664–1697 als Priesterherr dem Kölner Domkapitel an. Auf ihn geht eine größere Anzahl Kölner Stiftungen zurück. Vgl. JL 468 f. Nr. 195; ferner Max Braubach, Das Kölner Domkapitel und die Wahl von 1688, in: AHVN 122 (1933), 51–117, hier 88 f.

[62] Z. B. in Blankenheim/Eifel; vgl. Hegel, in: Geschichte des Erzbistums Köln IV, 182.

[63] Vgl. Reckers, Geschichte des Kölner Priesterseminars, Kap. 3–4.

[64] Vgl. die von Hausmann verfaßten Statuten: AEK, Kol. B 1 II, 16.

des Diözesanseminars vollzogen worden war.[65] Tendenziöse Übertreibung ist daher nicht ausgeschlossen. Es ist auch damit zu rechnen, daß das Priesterhaus nach dem Tod des Gründers nicht mehr das Interesse seiner Nachfolger fand. Leider sind wir nicht über die Frequenz und über die Auswirkungen des Priesterhauses orientiert, nachdem 1749 der Besuch des Diözesanseminars verpflichtend geworden war.

Neben seinem tätigen Anteil an der Heranbildung von Seelsorgern widmete sich Hausmann besonders der Armenfürsorge, wobei er nicht an den Grenzen seiner Pfarrei Halt machte. Er plante die Errichtung eines öffentlichen Armenhauses. Am 13. März 1696 berief er dieserhalb die angesehensten Männer der Stadt *(principaliores civitatis)* zusammen. Er schlug vor, die Mittel zum Bau durch Sammlungen zu beschaffen. Für den weiteren Unterhalt sollten die stadtkölnischen Kapitel, Abteien und Klöster sich zu einem jährlichen Beitrag verpflichten. Hausmann fand Zustimmung, und jeder der 19 Anwesenden erklärte sich bereit, 100 Reichstaler zu sammeln. Hausmann selbst besuchte innerhalb von neun Tagen alle Häuser seiner Pfarrei. Es wurden ihm insgesamt 3000 Reichstaler versprochen, die tatsächlich bis zum Juni eingingen, so daß der geplante Bau auf dem Holzmarkt ins Werk gesetzt werden konnte.[66]

21. Barocke Ausstattung der Kolumbakirche

Mehr als die äußere Gestalt eines Kirchengebäudes ist dessen Inneres, die Ausstattung mit liturgischem Mobiliar und ansprechendem Schmuck, dem Wechsel unterworfen. Der Wunsch, sich neuen theologischen Erkenntnissen und modernen künstlerischen Ausdrucksformen anzuschließen, fand in St. Kolumba im Laufe des 17. Jahrhunderts und bis in das dritte Jahrzehnt des 18. Jahrhunderts seine Erfüllung. Durch Aussagen des Konzils von Trient waren wesentliche Vorgänge des kirchlichen Lebens neu hervorgehoben worden: die Wertschätzung der heiligen Messe und die nun stark betonte eucharistische Verehrung sowie die Verkündigung in Predigt und Katechese. Dies hatte Folgerungen für den Kirchenraum; er mußte gute Sicht auf den Hochaltar mit Tabernakel und Ostensorium bieten sowie gute Kommunikationsmöglichkeiten mit dem Prediger und Katecheten herstellen. Bei Neubauten in nachtridentinischer Zeit konnte man diesen Forderungen eher entsprechen, als wenn man an einen vorhandenen Raum gebunden war. Die Kolumbakirche mit ihren fünf schmalen Schiffen auf unregelmäßigem Grundriß, dazu der kleine, für die Aufstellung eines Hochaltars ungeeignete Chorraum bot für eine Neuausstattung in tridentinischem Geiste die größten Schwierigkeiten. Eine völlige Neugestaltung des Innenraums von St. Kolumba war auf Grund der Gegebenheiten nicht möglich. Man mußte sich hier darauf beschränken, die älteren Ausstattungsstücke durch solche der neuen Kunstrichtung des Barock zu ersetzen.

[65] Vgl. Reckers, Priesterseminar, 141.
[66] AEK, Kol. NC 17, 21.

Stifterfamilien der Barockzeit

Auch im 17. und 18. Jahrhundert zählte die Kolumbapfarrei angesehene Familien, die sich als Stifter von geistlichen Diensten und von Altarbauten für ihre Pfarrkirche engagierten. Aber es waren – mit einer Ausnahme – nicht mehr die erfolgreichen Kaufleute, sondern der niedere Adel, die Patrizier, Beamtenfamilien und Geistliche. Einige von ihnen seien hier genannt.

Eine alte Kölner Familie aus der Rheingasse waren die von Geyr. Mitglieder der Familie wohnten später in der Glockengasse und in der Breitestraße; hier bauten sie 1752 das bedeutendste Barockpalais Kölns.[1] Im 17. Jahrhundert gingen mehrere Domherren aus der Familie hervor. Andere ihrer Mitglieder waren als Armenprovisoren und Kirchmeister von St. Kolumba tätig. An Franz Joseph Melchior Amand von Geyr wird Pfarrer Peter Hausmann eine besondere Stütze gehabt haben, hebt er ihn doch in seiner Chronik als großen Wohltäter der Kirche hervor *(inter ceteros patronos meos unus ex maximis . . . magnus ecclesiae benefactor).*[2] Der Generalsteuereinnehmer Rudolf Adolf von Geyr und seine Frau Anna Maria von Groote aus der Glockengasse waren die Stifter des barocken Hochaltars.[3] Ein weiterer Angehöriger der weitverzweigten Familie, Franz Joseph von Geyr-Schweppenburg, schenkte 1736 auf Wunsch der verstorbenen Gattin Maria Anna Helena von Strevesdorf und seiner Schwiegermutter Anna Katharina von Dehmen den Kreuzaltar neben dem Familiengrab.[4]

Kurkölnischer Statthalter im Vest Recklinghausen war Franz von Nesselrode-Reichenstein (1635–1707), der zusammen mit seiner Gattin Maria von Wylich (Winnendal) 1699 den Barbara-Altar als Epitaph für ihren verstorbenen Sohn errichten ließ.[5]

In der Glockengasse hatte auch die schwäbische Grafenfamilie von Königsegg-Rotenfels ihren Wohnsitz. Ein Sproß der Familie, Max Friedrich, wurde 1763 Erzbischof und Kurfürst von Köln. Er war in St. Kolumba getauft worden; andere Spuren hat seine Familie an ihrer Pfarrkirche nicht hinterlassen.[6]

Mit den von Groote treffen wir noch einmal auf im internationalen Handelsgeschäft tätige Kaufleute. Die Anfänge der Kölner Familie gehen auf Nikolaus von Groot zurück, der 1580 aus religionspolitischen Gründen aus Flandern nach Köln gezogen war. Seit 1647 war das Haus Glockengasse 3 im Besitz der Familie.[7] Einer der Söhne des Nikolaus von Groot, der Bürgermeister Heinrich von Groote

---

[1] Vgl. Fahne, Geschlechter I, 110 f.; II, 47; zum Palais vgl. Vogts, Wohnhaus I, 52 (Erdgeschoßgrundriß) u. passim. Vgl. ebd. II, 566 f.

[2] Vgl. AEK, Kol. NC 48.

[3] Vgl. KD 6/IV, 209.

[4] Vgl. ebd. 212; vgl. Inschriften S. 324.

[5] Vgl. KD 6/IV, 211; zu den Stiftern vgl. Fahne, Geschlechter II, 101 f.

[6] Vgl. Hegel, in: Geschichte des Erzbistums Köln IV, 62.

[7] Zur Genealogie der Familie vgl. Adolf Giesen, Eberhard von Groote. Ein Beitrag zur Geschichte der Romantik am Rhein (Köln 1929), 13 f. Zum Haus in der Glockengasse vgl. auch oben S. 100 und unten S. 275.

Abb. 53 Sitzende Madonna mit Kind von Jeremias Geisselbrunn (um 1650)

(1629–1694), wurde eifriger Mitarbeiter Peter Hausmanns bei der Ordnung des kirchlichen Archivs und des Stiftungswesens *(archivi et ecclesiae renovator, pauperum praecipuus benefactor, vir omnibus gratus)*[8]. Ein anderer Sohn, Jakob von Groote, schenkte seiner Pfarrkirche 1677 eine Alabasterfigur der Madonna mit Kind, die Jeremias Geisselbrunn geschaffen hatte; er war der bedeutendste Repräsentant kölnischer Bildhauerei im 17. Jahrhundert; die Figur wurde in der Chornische aufgestellt. Diese ließ von Groote übrigens auf seine Kosten wölben. Außerdem stiftete er sieben Katechistenstellen für die religiöse Unterweisung der Jugend.[9]

[8] Vgl. AEK, Kol. NC. 8.
[9] Vgl. H. P. Hilger, in: Grosche, Altarbau (wie unten Anm. 29), 116; Elfriede Rössler-Mergen, Jeremias Geisselbrunn und die kölnische Plastik des 17. Jahrhunderts (Bonn 1942), 67 ff.; vgl. unten S. 257; ferner Keussen, Universität, 227.

Eine Reihe von Bürgermeisterfamilien und Ratsherren treffen wir im 17. Jahrhundert als Stifter und Freunde ihrer Pfarrkirche, z. B. Jakob Wissius (1619–1688), der in der Breitestraße wohnte. Der Unverheiratete ließ in der Kupfergasse die Lorettokapelle mit dem Bild der *Schwarzen Muttergottes* bauen,[10] vermehrte die von Grootesche Katechistenstiftung um eine achte Stelle und setzte die Armen zu seinen Erben ein.[11] Ein anderer Bürgermeister, Johann von Cöln, schenkte zusammen mit seiner ersten Ehefrau Lucretia del Prato 1626 den barocken Kolumba-Altar; zusammen mit seiner zweiten Gattin Johanna von Mecheln ließ er 1652 den neuen Marienaltar bauen.[12] Noch ein weiterer Altar, der Katharinenaltar (1658), geht auf die Schenkung eines Bürgermeister-Ehepaares zurück, des Martin Heinrich von Strevesdorf und seiner Frau Katharina von Mecheln.

Zu den Bürgermeisterfamilien gehörten auch die Beywegh. Die Geschwister Peter (1563–1634) und Cäcilia Beywegh, Witwe von Wilhelm Kessel, dotierten 1610 das viermalige Singen der Passion in der Karwoche.[13] Cäcilia Beywegh hinterließ außerdem ein bedeutendes Vermögen zugunsten der Kirche.[14] Katharina Heimbach, Witwe des Bürgermeisters Kaspar Kannengiesser in der Glockengasse, stiftete 1613 den Gesang der Kleinen Horen während der Fronleichnamsoktav. Gertrud Baas, Witwe von Johann Lützenkirchen, begründete 1664 (?) die Exposition des heiligen Sakraments sowie die Ministration durch Diakon und Subdiakon im Sonntags-Hochamt samt dem kleinen Umgang zum Sakramentshaus nach dem Hochamt.[15] Katharina Schmitz dotierte die Donnerstags-Laudes de Venerabili Sacramento.[16] Eine bedeutsame Stiftung war die der Helena Herll, Witwe von Peter Coppertz *(magni benefactores et fundatores ecclesiae)*;[17] sie begründete 1662 zwei Benefizien für Chorsänger *(chorisocii)*.[18]

Von den an St. Kolumba tätigen Geistlichen stifteten Kaspar Ulenberg die Kleinen Horen am Feste der Verkündigung an Maria,[19] Pfarrer Frosch je ein Hochamt mit Ministration und Orgel an den Festen der Verklärung Christi und der Compassio BMV,[20] Kaplan Johannes Breuer den Gesang des *Laudate* an den drei Vorfastensonntagen;[21] Kaplan Hermann Echten (1679–1707) setzte die Armen zu seinen

---

[10] Vgl. oben S. 170.
[11] Vgl. AEK, Kol. A I 439.
[12] Vgl. AEK, Kol. NC 25; die Inschriften in: KD 6/IV, 211.
[13] Vgl. Fahne, Geschlechter I, 29; zur Stiftung der gesungenen Passion vgl. AEK, Kol. A II, 10 fol. 11.
[14] Vgl. Testament von Cäcilia Beywegh vom 2.5.1605 und dazu gehörigem Kodizill vom 11.6.1610, in: AEK, Kol. A II, 7.
[15] AEK, Kol., Rapiarium 77 f.
[16] Ebd. 52.
[17] Ihr Name fand sich auf der Tafel am südlichen Choreingang; vgl. Inschrift unten S. 322.
[18] AEK, Kol. A I 414 und Rapiarium 7.
[19] AEK, Kol. A II, 10 fol. 12.
[20] Vgl. AEK, Kol. Rapiarium 53.
[21] Ebd. 54.

Erben ein.[22] Es gehörte offenbar zum guten Ton, daß die Geistlichen ihre Kirche zumindest im Testament bedachten; das Gegenteil wurde in der Chronik einmal unangenehm vermerkt: (Jakob Kirchherten) *nihil pro ecclesia ad S.Columbam, in qua fuit Vicarius Beneficii Daass, relinquens.*[23]

Es fällt auf, daß die Bestimmung der geistlichen Stiftungen in nachtridentinischer Zeit eine andere Tendenz aufweist: neben die Sorge für das Seelenheil einzelner Personen ist die Verschönerung des pfarrkirchlichen Gottesdienstes getreten, wobei die eucharistische Anbetung eine besondere Rolle spielte, diese allerdings den Kern der Eucharistiefeier überlagerte. Auch die Tendenz zur katechetischen Unterweisung sollte nicht übersehen werden.

Die Barockaltäre

Die „Barockisierung" der Kirche begann nicht, wie meist üblich, mit dem Hochaltar, sondern mit den Nebenaltären. Sie behielten ihre bisherige spätgotische Mensa bei, ebenso ihren bisherigen Standort an der – nur durch die kleine Chornische unterbrochenen, aber nicht gegliederten – Ostwand.[24] Zunächst wurde 1626 an Stelle des Nikolausaltars (des zweiten Altars von links) ein Kolumbaaltar errichtet (vgl. Abb. 22); das Patrozinium des hl. Nikolaus wurde auf die gegenüberliegende Seite (den zweiten Altar von rechts) verlegt, der bis 1616 hier befindliche Bartholomäusaltar kam auf die nördliche Empore. 1652 wurde der Marienaltar (der erste von links) in barocken Formen neu errichtet. Wenige Jahre später – 1658 – erhielt der Katharinenaltar (der erste von rechts) seinen neuen Aufbau. In einer Inschrift findet sich neben der Widmung an die hl. Katharina eine weitere an die Mutter Gottes, den hl. Joseph und den Evangelisten Johannes.[25] Die Erwähnung des hl. Joseph hängt wohl mit der damals aufkommenden Josephsverehrung zusammen; 1621 hatte Papst Gregor XV. den Josephstag zum gebotenen Feiertag erklärt.[26] Einen Johannesaltar hatte es schon in der romanischen Kolumbakirche gegeben, der aber später nicht mehr erwähnt wird.[27] Der letzte Altar der Ostwand (der zweite von rechts) wurde erst 1699 erneuert. Das Patrozinium des hl. Nikolaus, das erst 1626 auf ihn übertragen worden war, wurde bei dieser Gelegenheit unterdrückt; die mit ihm verbundenen Stiftungen wurden auf den Kolumbaaltar übertragen. Der neue Altar wurde der hl. Barbara geweiht; sie wurde als Vermittlerin einer guten Sterbestunde angesehen. Dementsprechend stellte das Altargemälde die Heilige dar, wie sie der heiligsten Dreifaltigkeit den sterbenden Sohn der Stifter empfiehlt, wie er gerade die Wegzehrung empfängt.[28]

---

[22] Vgl. AEK, Kol. NC 31.
[23] Vgl. ebd. 57.
[24] Vgl. KD 6/IV, 211.
[25] Ebd.
[26] Vgl. Kellner, Heortologie, 207; zum Johannesaltar vgl. unten S. 323.
[27] Vgl. oben S. 47.
[28] Vgl. KD 6/IV, 211; vgl. AEK, Kol. NC 13 und oben S. 49.

Abb. 54 Altarfigur (Hl. Markus, letztes Viertel des 17. Jhs.)

Der Aufbau dieser vier Altäre war der gleiche; es war der frühbarocke Bildrahmenaltar, der den ca. 2,8 m hohen und 1,6 m breiten Altargemälden, mit denen damals die Rubensschule die Kölner Kirchen versorgte, ein passendes Gehäuse bot. Die Grundform dieses Altartyps war ein einfacher Bildrahmen, den dunkle steinerne Säulen einfaßten und den eine geschweifte Verdachung mit liegenden Figuren bekrönte. Dieser Altartyp ist von den Niederlanden nach Köln gekommen. In ihrer Gleichartigkeit wirkten diese nebeneinander aufgereihten Altäre etwas langweilig.[29]

Bereits vor dem letzten frühbarocken Ostwandaltar hatte mit dem Markusaltar der Hochbarock seinen Einzug in die Kolumbakirche gehalten. Er wurde 1693 konsekriert.[30] Nebenpatrone waren der hl. Bartholomäus, die heiligen Dreikönige, der hl. Adrian und der hl. Severin. Mit Ausnahme des letzteren hatten diese Heiligen ihre Altäre zuletzt auf der Empore gehabt. Bei der Kirchenrestauration von 1670 wurden sie dort beseitigt.[31] Der Aufbau des Markusaltars dürfte demnach zwischen 1670 und 1693 erfolgt sein. Damit stimmt eine in anderem Zusammenhang geäußerte Meinung Hans Peter Hilgers überein, wonach stilistische Merkmale der Altarskulptur in die zweite Hälfte des 17. Jahrhunderts weisen.[32] Den ausführenden Künstler kennen wir nicht. Der Altar fand seinen Platz in Schrägstellung an der südlichen Außenwand bei dem in den Kirchenraum eingezogenen Strebepfeiler. Da der Markusaltar keine Inschrift aufweist, wissen wir nicht, ob er eine Stiftung war oder nicht; der hl. Markus galt als Patron gegen einen jähen Tod.[33] In seinem Aufbau zeigt der Altar eine Abwandlung des Bildrahmenaltars; an die Stelle des Gemäldes ist eine Skulpturennische getreten. Das Schwarz der Säulen und des Rahmens ist ersetzt durch grauen Marmor für das Architektonische und weißen Marmor für das Figürliche.[34] Von den älteren Wandaltären hebt sich der Markusaltar durch die Bewegtheit der Skulptur auffällig ab.

Das Gegenstück zum Markusaltar war der ähnlich gestaltete Kreuzaltar im nördlichen Seitenschiff. Hier war durch Verschiebung der Außenmauer an das Ende der Strebepfeiler eine Nische entstanden, in die sich der schräggestellte Kreuzaltar gut einfügte. Seine Mensa ist anscheinend schon 1704 aufgebaut worden, denn in diesem Jahr wurde der Kreuztitel vom Hochaltar hierher übertragen.[35] Die Ausführung der Architektur erfolgte nach Ausweis der Inschrift im Jahre 1736. Es han-

---

[29] Vgl. Robert Grosche, Der Kölner Altarbau im 17. und 18. Jahrhundert. Mit Beiträgen von Christian Pesch und Hans Peter Hilger (Köln 1978), 37–40.

[30] AEK, Kol. NC 6; Der Bearbeiter in KD 6/IV, 212 läßt den Altar im zweiten Viertel des 18. Jahrhunderts entstanden und vom Kreuzaltar abhängig sein.

[31] Vgl. Aufzählung der Altäre in AEK Kol. RC 100.

[32] Hans Peter Hilger, Der Grabaltar Geyr-Strevesdorf in St. Kolumba in Köln. Ein Spätwerk Johann Franz van Helmonts, in: Wallraf-Richartz-Jahrbuch 36 (1974), 159–176, hier 172 f.

[33] Vgl. Torsy, Lexikon der Heiligen, 385.

[34] Vgl. Grosche, Altarbau, 38 ff.

[35] *Altare S. Crucis translatum e medio ad latus versus coemeterium, ubi chori extensio facta anno 1704 in Junio;* Notiz in: *AEK,* Kol. RC 100.

Abb. 55 Kreuzaltar von Franz van Helmont (1736)

delte sich um einen Grabaltar.[36] Diesem Tatbestand entsprach die Darstellung des Bildwerks: Der Chronos mit Sense und Stundenglas zu Füßen des gekreuzigten Christus verkörperte den Tod, der im Kreuzestod des Herrn überwunden ist; dies wurde durch die seitwärts angebrachten allegorischen Figuren von Glaube und Hoffnung zum Ausdruck gebracht. Hans Peter Hilger hat auf Grund stilistischer Merkmale den Grabaltar Geyr/Strevesdorf dem Kölner Hofbildhauer Johann Franz van Helmont zuschreiben können, der ja auch den Hochaltar geschaffen hat.[37]

In ihrer Wirkung wurden die Bildrahmen- und Skulpturaltäre bei weitem übertroffen durch den neuen Hochaltar, der als Tabernakel- oder Baldachinaltar gestaltet und, wie sein Vorgänger, vor der Chornische errichtet worden war. Er war neben dem monumentalen Wandaltar, wie er rund hundert Jahre früher für die Kirche St. Maria-Himmelfahrt aufgebaut worden war, ein weiterer Typ, der im Barock Epoche gemacht hat. Er ging auf italienischen Einfluß zurück. Der Tabernakelaltar in St. Kolumba hatte sein Vorbild in der römischen Kirche S.Maria Traspontina, für die der Berninischüler Carlo Fontana den Hochaltar entworfen hatte; er wurde aber von seiner Kölner Nachbildung an Schwung, Leichtigkeit und Durchsichtigkeit der Gestaltung weit übertroffen. Sein Meister war der Niederländer Johann Franz van Helmont (vor 1690 – vor 1756).[38]

Robert Grosche hat den Altar folgendermaßen beschrieben: Auf hohem kreisförmigem Unterbau von schwarzem Marmor, der sich vorn zur rechteckigen Mensa erweiterte, erhoben sich auf einfachen Postamenten vier schlanke Säulenpaare aus weißem Marmor. Auf ihren korinthischen Kapitellen ruhte „kräftig profiliertes, durch Verkröpfung und Schweifung lebhaft bewegtes Gebälk". Von den vier äußeren Ecken sprangen Volutengiebel einwärts, auf denen vier (silberfarbene) schlanke Engel, mit wehendem Lendentuch bekleidet, halb sitzend halb emporschwebend eine vergoldete durchbrochene Krone hielten. „Unter der Krone die Taube des Heiligen Geistes in einem Strahlenkranz". Auf der Brüstung knieten rechts und links zwischen den Säulen je ein bekleideter Engel, – silberüberzogene Holzfiguren – mit Kerze. Im Mittelpunkt des Tabernakelzeltes erhob sich ein pyramidenartig geschweifter Aufbau, der eine Weltkugel und Miniaturfiguren von Kaiser und Kaiserin in Gebetsgestus trug; darüber ein Wolkengebilde mit knienden Engeln in anbetender Haltung; zwischen ihnen eine kleine Plattform zur Aufnahme der Monstranz mit der Hostie.[39] Die Idee des *Triumphes der Eucharistie,* den Rubens malerisch in den dem Kölner Dom geschenkten Teppichen gestaltet hatte, fand in diesem Altar ihren monumentalen Ausdruck.[40]

---

[36] Vgl. Hilger, Grabaltar; vgl. KD 6/IV, 211 f.
[37] Vgl. oben A. 32.
[38] Vgl. KD 6/IV, 209; Grosche, Altarbau, 49 f. Zu Helmont vgl. Hugo Rahtgens, Johann Franz van Helmont. Ein Bildhauer des 18. Jahrhunderts in Köln, in: Mitteilungen des Rheinischen Vereins für Denkmalpflege und Heimatschutz 5 (1911), 64–81.
[39] Vgl. Grosche, Altarbau, 49 f. Die Zitate ebd.
[40] Vgl. Viktor H. Elbern, Die Rubensteppiche des Kölner Domes. Ihre Geschichte und ihre Stellung im Zyklus 'Triumph der Eucharistie', in: Kölner Domblatt 10 (1955), 43–88.

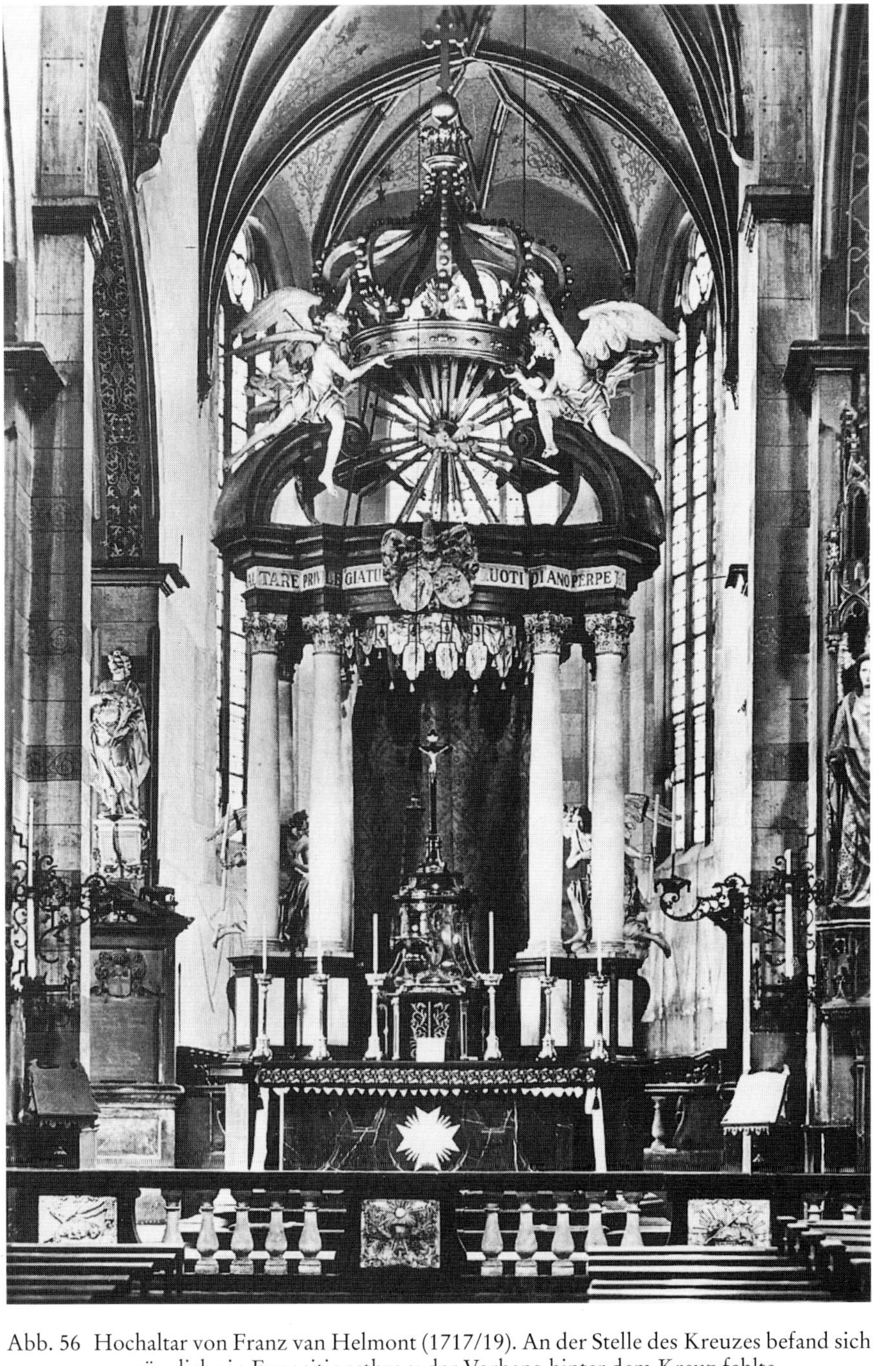

Abb. 56 Hochaltar von Franz van Helmont (1717/19). An der Stelle des Kreuzes befand sich ursprünglich ein Expositionsthron; der Vorhang hinter dem Kreuz fehlte.

Hans Peter Hilger hat außerdem darauf aufmerksam gemacht, daß mit dem anbetenden Kaiserpaar vor der Weltkugel eine barock akzentuierte „Ikonologie des Kaisertums“ zum Ausdruck kam. „Der Kaiser als irdischer Repräsentant des Weltherrschers Christus, der hier in der Hostie gegenwärtig ist, kniet mit seiner Gemahlin zuseiten des Erdballs, über dem die Monstranz auf einer Wolkenbank erscheint“.[41] Mit seinem universalen Anspruch auf das irdische Reich sieht sich der Kaiser als Kniender im Dienste Christi und des jenseitigen Reichs, durch die Wolkenbank – die Wolke ein biblisches Symbol für das Transzendentale! – von der Erdkugel abgehoben (Abb. 57).

Helmonts Werk paßte sich vorzüglich in die schwierige Raumsituation der Kolumbakirche ein. Der Altar wirkte durch die vier hohen Säulenpaare schlank. Die auf die Voluten aufgesetzte Krone unterstützte die vertikale Richtung und entsprach damit der Höhenwirkung des Mittelschiffs. Der offene Mittelteil des Altars gab den Blick frei in den angefügten kleinen Chor, der auf diese Weise optisch in den Kirchenraum einbezogen wurde und ihm mehr Tiefe gab. Da das spätgotische Sakramentshaus seine Funktion behielt, konnte beim Hochaltar auf ein eigenes Tabernakel verzichtet werden. Die Konzeption des Hochaltars war allein auf die Verehrung des Altarssakramentes ausgerichtet.

Die Errichtung des Hochaltars bis zu seiner endgültigen Gestalt zog sich lange Zeit hin. 1703 legten die Stifter laut Chronogramm den Grundstein zum Bau des Altars. 1704 wurde der bisherige Heilig-Kreuz-Titel auf den Nebenaltar an der Nordwand der Kirche verlegt, da der neue Hochaltar das Patrozinium der hl. Kolumba erhalten sollte. Helmonts Tätigkeit für den Hochaltar ist erst ab 1717 bezeugt. Da aber das Werk eine Gesamtplanung voraussetzt und Helmont erst 1715 um Aufnahme als Kölner Bürger und Zulassung als Meister nachgesucht hat, dürfte nach diesem Jahr mit der Ausführung des Hochaltaraufbaues begonnen worden sein. 1717 wurden die knienden Engel angefertigt, 1719 die Krone mit den schwebenden Engeln aufgesetzt.[42] Die Konsekration des Altars zu Ehren der heiligsten Dreifaltigkeit und der heiligen Kolumba erfolgte am 8. Juni 1727 durch Weihbischof Franz Kaspar von Franken-Siersdorf.[43]

Weitere Veränderungen im Kirchenraum

Die neuen Altäre waren nicht die einzigen Veränderungen des 17. und 18. Jahrhunderts in und an der Kolumbakirche. 1606 hatte Pfarrer Ulenberg das *neue Gewölbe* bauen lassen;[44] damit war der Raum gemeint, der sich westlich vor dem Turm und

---

[41] Vgl. Hans Peter Hilger, Der barocke Hochaltar aus St. Kolumba in Köln als Monument kaiserlicher Pietas Eucharistica, in: Wallraf-Richartz-Jahrbuch 47 (1986), 91–100, hier 96 f.

[42] Der Vertrag zwischen Pfarrer Arnold (I.) Kochs und Helmont ist auf den 19.1.1719 datiert. Der Altar sollte 240 Reichstaler kosten. Vgl. AEK, Kol. A I, 452, weiterhin KD 6/IV, 209; Hilger, Hochaltar, 93 und oben S. 198.

[43] Vgl. Jakob Torsy, Die Weihehandlungen der Kölner Weihbischöfe 1661–1840 nach den weihbischöflichen Protokollen (Düsseldorf 1969), 313.

[44] Vgl. AEK, Kol. A II, 14: Kirchenrechnungen.

Abb. 57 Expositionsthron des Hochaltars

unmittelbar über dem Hauptportal der Kirche befand; hier wurde z. B. die Wahl der Neunmänner vorgenommen.[45] Eine größere Restaurierung soll 1670 stattgefunden haben. Das Äußere des Turmes erfuhr eine Veränderung durch Erhöhung des obersten Geschosses und eine leichte „Barockisierung" des Turmhelms, wie sie auf einem Kupferstich des 17. Jahrhunderts zu sehen ist.[46] Damals ist anscheinend eine Turmuhr mit außen angebrachten Zifferblättern beschafft worden. Auch der

[45] Vgl. oben S. 174.
[46] Vgl. KD 6/IV, 202, 228.

Abb. 58 Die Kolumbakirche mit barockisiertem Turmhelm und Turmuhr. Ausschnitt aus einem Kolumbabild vom Ende des 17. Jhs.

barocke Dachreiter mit der kleinen Chorglocke dürfte aus dieser Zeit stammen, denn unter Pfarrer Peter Hausmann (seit 1689) war sie schon vorhanden.[47]

Im Innern der Kirche wurden bei den Restaurierungsmaßnahmen von 1670 u. a. die auf der Empore befindlichen Altäre beseitigt.[48] Andere Veränderungen ergaben sich bei Gelegenheit. Daß Jakob von Groote († 1681) die kleine dreiseitige Chornische wölben ließ, wurde bereits erwähnt.[49] Der Fußboden der Kirche mußte mehrmals erneuert werden, da er durch Begräbnisse innerhalb der Kirche ständig beschädigt wurde. Um diesen Übelstand zu beheben, wurde 1726 unter der Sakristei ein neuer Totenkeller mit einem Eingang neben dem Katharinenaltar angelegt.[50] 1748 ließ Pfarrer Arnold (II.) Kochs den gesamten Fußboden aufnehmen, gemauerte

[47] Vgl. AEK, Kol. RC 3.
[48] Siehe oben S. 119 f. und AEK, Kol. RC 100.
[49] Vgl. KD 6/IV, 201.
[50] AEK, Kol. NC 44.

Grüfte *(cellae subterraneae)* unter ihm anlegen und die 1704 erfolgte Erhöhung um einen Fuß wieder beseitigen.[51] Wo sich die um 1734 von Heinrich Nave ausgeführten Freskogemälde[52] befunden haben, ist nicht bekannt.

Die Ausstattung der Kirche wurde um eine marmorne Kommunionbank bereichert (vgl. Abb. 23); Helmont, dem der großartige Hochaltar zu verdanken ist, schuf sie in den Jahren 1726 bis 1730; sie zeigte in ihren Füllungen den eucharistischen Kelch sowie alt- und neutestamentliche Opfersymbolik.[53] Zwischen 1748 und 1751 wurde die Kommunionbank als Ballustrade an den Seiten der Altarinsel und vor den Ostwandaltären weitergeführt,[54] eine Maßnahme, die einen optisch zwiespältigen Eindruck hinterließ.

Kanzel und Beichtstuhl, die 1616 durch Ulenberg beschafft worden waren,[55] wurden 1710 bzw. 1711 durch neue Stücke ersetzt oder ergänzt. Die Kanzel war im Gegensatz zum anderwärts üblichen Aufwand schlicht gehalten. Nur die Kanzeltüre, die Treppenbrüstung und die Pfeilerverkleidung waren reich verziert. Auf einer sechseckigen Grundform zeigte der Kanzelkorb an der Brüstung die vier Evangelisten mit ihren Symbolen und auf dem Schalldeckel den Erzengel Michael mit dem gefesselten Drachen.[56]

Der Beichtstuhl von 1616 ist vermutlich in St. Kolumba die erste als dreiteiliges Gehäuse gebaute *sedes confessionis* gewesen. Bis zum Konzil von Trient gab es in den Kirchen den offenen *Kirchenstuhl* für das Sündenbekenntnis. Im Auftrag des Konzils gab dann Karl Borromäus, der Erzbischof von Mailand, Erläuterungen zu den Konzilsbeschlüssen, die u. a. genaue Anweisungen für die Gestaltung eines geschlossenen, mit Gitter versehenen Beichtstuhls enthielten.[57] Während Borromäus von einem zweiteiligen Gehäuse ausging, entwickelte sich im 17. Jahrhundert unter dem Einfluß der Jesuiten der dreiteilige Beichtstuhl.[58] In St. Kolumba war er eine einfache handwerkliche Arbeit; Beichtvater und Pönitent hatten in entgegengesetzter Richtung nebeneinander ihren Platz.[59] Der 1711 beschaffte – wahrscheinlich zusätzliche – Beichtstuhl war dagegen mit reichem Dekor geschmückt. Sein trapezförmiger Grundriß war kurvig abgewandelt; die für den Pönitenten bestimmte

---

[51] Ebd. 51, 44 und Seiler, Ausgrabungen, 110.

[52] Vgl. KD 6/IV, 208; Johann Jakob Merlo, Kölnische Künstler in alter und neuer Zeit (Düsseldorf 1895), 613.

[53] Vgl. die Kirchenrechnungen in AEK, Kol. A II, 19, 62 und KD 6/IV, 211.

[54] AEK, Kol. NC 51.

[55] Vgl. die Kirchenrechnungen 1616 in AEK, Kol. A II, 14.

[56] KD 6/IV, 215.

[57] S. Caroli Borromaei Instructionum fabricae ecclesiasticae et superlectilis ecclesiasticae libri duo ...c. 23, abgedruckt bei Wilhelm Schlombs, Die Entwicklung des Beichtstuhls in der katholischen Kirche. Grundlage und Besonderheiten im alten Erzbistum Köln (Düsseldorf 1965), 134–137.

[58] Vgl. ebd., 99–106.

[59] Vgl. ebd., 110 und Abb. 94 und 95.

Abb. 59 Die Kanzel (um 1710)

Abb. 60 Beichtstuhl (1711)

Kniestufe war diagonal verschoben, so daß sie eine leichtere Hinwendung zum Beichtvater erlaubte.[60]

Mit der Orgel hatten Pfarrer und Kirchmeister sowohl im 17. als auch im 18. Jahrhundert Schwierigkeiten. Die von Johann Braurock und Hermann Keil 1632 gebaute Orgel hat trotz Reparaturen in den Jahren 1695 und 1711 anscheinend

[60] Vgl. ebd., 110, 113 und Abb. 100. Der in KD 6/IV, 215 erwähnte zweite 'Barock'-Beichtstuhl ist eine Nachbildung aus späterer Zeit.

nicht befriedigt.[61] Jedenfalls entschloß sich Pfarrer Arnold (II.) Kochs im Jahr 1759, eine völlig neue Orgel anzuschaffen. Der Orgelbauer Johann Kronenberg wurde beauftragt, für 3125 Reichstaler das Orgelwerk zu schaffen. 1000 Reichstaler waren für das Orgelgehäuse ausgeworfen, das der Bildhauer Johann Appel für 700 Reichstaler zu liefern hatte, während 300 Reichstaler auf Schlosserarbeiten entfielen.[62] Bei Abnahme der Orgel stellte sich jedoch heraus, daß sie nicht einwandfrei war. Da die Kirchmeister sämtliches Material gestellt hatten, sahen sie sich genötigt, gerichtlich gegen Kronenberg vorzugehen. Der Prozeß zog sich bis 1766 hin. Kronenberg wurde verurteilt, die Orgel in guten Stand zu setzen. Es gelang ihm aber nicht. So wandte man sich schließlich 1771 an den damals berühmten und in der Kolumbapfarrei wohnenden Orgelbauer Nikolaus König, der auch die Orgeln in St. Maria im Kapitol, in der Jesuitenkirche und in St. Aposteln gebaut hatte. König erhielt die von Kronenberg gebaute Orgel und dazu noch 1800 Reichstaler in bar. Dafür hatte er eine völlig neue Orgel mit zwei Manualen und einem angehängten Pedal von anderthalb Oktav und 21 Registern zu schaffen.[63]

Nach der Fertigstellung umfaßten die beiden Manuale folgende Register:[64]

Hauptmanual:
1 Prinzipal 16 Fuß
2 Prinzipal 8 Fuß
3 Viola digamba 8 Fuß
4 Hohlflöte 8 Fuß
5 Oktave 4 Fuß
6 Superoktave 4 Fuß
7 Flaute 4 Fuß
8 Sexquialter 3fach
9 Mixtur 4fach
10 Posaunenbaß 16 Fuß
11 Trompete 8 Fuß
12 Claronbaß 4 Fuß

Positiv oder Klein-Manual:
1 Prinzipal 4 Fuß
2 Hohlflöte 8 Fuß
3 Flaute travers 8 Fuß discant
4 Flaute douce 4 Fuß
5 Oktav 2 Fuß
6 Mixtur 3fach
7 Vox humana 8 Fuß
8 Clarinette 8 Fuß discant
9 Quintflöte 1 1/3 Fuß discant

Das Werk fiel gut aus. Als es am 23. August 1774 durch den Organisten des Olivenklosters, fr. Cassianus Jacobi, und den Domorganisten Philipp Woestmann in Gegenwart von Pfarrer Peter Kochs und der Kirchmeister Jakob von Groote, F.A.T. von Stattlohn und Johann Friedrich Franz von Beywegh abgenommen wurde, gaben sie zu Protokoll, daß es nach fachmännischer Prüfung für gut befunden worden sei und *nicht allein wir, sondern ein jeder, so diese Orgel höret und sehet, sein völliges Vergnügen habe.*[65]

---

[61] AEK, Kol. NC 13, 41.
[62] Vgl. Johann Siegen, Zur Geschichte der Orgel in hiesiger St. Kolumbakirche (handschriftlich 1886) in: AEK, Kol. A II, 20.
[63] Kontrakt vom 14.12.1771 in: AEK, Kol. C IV, 5.
[64] Siegen, Geschichte der Orgel. (wie A. 62).
[65] AEK, Kol. C IV, 5.

Schließlich sei noch das Geläute erwähnt, das aus vier Glocken bestand. Die größte (156 cm weit, 5075 Pfund schwer) wurde 1677 in Köln von dem Nürnberger Glockengießer Johann Lukas Dinckelmayr gegossen. Helena Herll verwitwete Coppertz hatte aus dem Erbe des Engelbert von Heimbach und Jakob von Groote aus eigenem Vermögen je 1000 Reichstaler für ihre Anschaffung gegeben.[66] Der damals in der Kolumbapfarrei wohnende Kölner Nuntius Opitius Pallavicini weihte die Glocke am 21. September 1677.[67] Von den drei anderen Glocken (129 cm bzw. 114 cm weit, die kleinste unbekannt) waren zwei im Jahre 1601 bzw. 1607 gegossen worden; 1771 wurden sie durch den aus Malmédy stammenden bekannten Glockengießer Martin Legros umgegossen und gleichzeitig eine vierte Glocke hinzugefügt.[68]

Außerhalb des Kirchenraumes – in der Bursgasse – ließ Pfarrer Peter Hausmann 1697 die schon erwähnten Sieben Fußfall-Bildstöcke aufstellen, ein Vorläufer der vierzehn Kreuzweg-Stationen.[69] Seitdem hat sich für den Weg die Bezeichnung *Bussgässchen* eingebürgert.

Nachteilige Eingriffe in die künstlerische Ausstattung

Seit Ende der siebziger Jahre des 18. Jahrhunderts wurde die Kolumbakirche wieder einer für notwendig gehaltenen Restaurierung unterzogen. Die Kosten dafür wurden nicht von der Kirchenfabrik übernommen, sondern sollten durch Kollekten gedeckt werden.[70] Die Renovierung erfolgte im Geschmack der Aufklärungszeit und wurde anscheinend nicht von Fachleuten durchgeführt. Die „Ausmalung" wird in einem weißen Anstrich bestanden und die uns unbekannten Freskogemälde des Heinrich Nave[71] wieder beseitigt haben. Nach einer Aufzeichnung von Kaplan Kirchhoff[72] wurden auch neue, farblose Gläser in den Fenstern eingesetzt. Eine ungünstige Veränderung erfuhr 1776 Helmonts Hochaltar: Die Krone wurde zwar neu vergoldet, aber ansonsten bevorzugte man weiße Farbe. Die Engel zwischen den Säulen (und auf dem Gebälk?) verloren ihren Silberschmuck zugunsten eines weißen Anstrichs und Firnisüberzugs. Die Weltkugel mit den Figuren des anbetenden Kaiserpaares und das darüber angebrachte Wolkengebilde mit der Standfläche für die Monstranz wurde entfernt; sie paßten nicht in den nüchternen Stil der Aufklärung. Stattdessen wurde in den zwischen den Säulen befindlichen pyramidenartigen Aufbau ein Tabernakel zur Aufbewahrung der konsekrierten

[66] Vgl. die Inschriften unten #, ferner AEK, Kol. A I, 430 und KD 6/IV, 221 f. sowie Organ für Christliche Kunst 8, S. 221 f.
[67] AEK, Kol. Rapiarium 8.
[68] Vgl. KD 6/IV, 222.
[69] Vgl. Hegel, in: Geschichte des Erzbistums Köln IV, 385 f.; Matthias Zender, Spätmittelalterliche Frömmigkeit und Volksbrauch. Das Beten der sieben Fußfälle im Rheinland, in: Festschrift Joseph Quint (Bonn 1964), 291–303.
[70] Vgl. AEK, Kol. NC 77.
[71] Vgl. KD 6/IV, 208.
[72] Vgl. AEK, Kol. NC 78.

Abb. 61 Sakramentshaus, Zustand Ende des 18. Jhs.

Hostien eingebaut und die Pyramide selbst mit einem schlanken Standkreuz bekrönt,[73] das bei Exposition des Allerheiligsten leicht durch die Monstranz ausgewechselt werden konnte (Abb. 56). Das Sakramentshaus hatte mit der Einrichtung eines Altartabernakels seine Funktion verloren. Der Abbruch seines hochstrebenden gotischen Turmaufsatzes wurde von späteren Generationen mit Recht als eine barbarische Tat empfunden; sie kann nur aus der Verachtung der Aufklärungszeit gegenüber der gotischen Kunst erklärt werden. Die „Verzierung" des verbliebenen Restes mit einem Pelikan bewies keinerlei künstlerische Einfühlsamkeit und hatte angesichts des Funktionsverlustes des Sakramentshauses ohnehin keinen Sinn.

St. Kolumba war nicht die einzige Kölner Kirche, die auf solche Weise dem Zeitgeschmack huldigte. Auch im Dom war 1770 das gotische Sakramentshaus abgebrochen worden, und in der Kirche St. Mariä Himmelfahrt verschwand der reiche Gold- und Farbschmuck unter weißer Farbe.[74] Trotz der geschilderten Veränderungen blieb der Charakter von St. Kolumba als einem spätgotischen Gotteshaus mit barocker Ausstattung erhalten.

---

[73] Vgl. KD 6/IV, 209.
[74] Vgl. Hegel, in: Geschichte des Erzbistums Köln IV, 260 f., 263.

22. Der Gottesdienst in St. Kolumba vom Spätmittelalter bis zum Ausgang des 18. Jahrhunderts

Das bereits erwähnte, von Peter Hausmann begonnene *Rituale Columbanum* (1690) gibt uns die Möglichkeit, ein genaues Bild vom täglichen Gottesdienst und von der Feier des Kirchenjahres in St. Kolumba zu geben.[1] Der Reichtum und die Vielfalt der Dienste, wie sie sich hier zeigen, stehen kaum hinter der Praxis der Stiftskirchen zurück. Sie sind Vorbild für die Pfarrkirche geworden: ein zahlreicher Klerus mit gemeinsamem Chorgebet – zum Teil bepfründet oder mit Anteil an den Präsenzgeldern –, eine große Zahl von gestifteten Gottesdiensten, die Pfarrschule, die der Bildung eines Singchores und der Motivierung der Bürgerkinder für den geistlichen Beruf dienen konnte, – das alles waren Elemente, die früher nur den Stiftskirchen zu eigen gewesen waren.

Die Eucharistiefeier

Das Gerüst des täglichen Gottesdienstes in St. Kolumba bildeten die Frühmesse, das Hochamt sowie am Nachmittag Vesper und Komplet. Der Gottesdienst begann sonntags wie werktags um 5 Uhr, die letzte Messe wurde um 11 Uhr zelebriert. Um 6 Uhr werktags bzw. 7 Uhr sonntags war die gesungene Frühmesse, um 9 Uhr bzw. sonntags um 9,30 Uhr das Hochamt. Zwischen den genannten Gottesdiensten war eine große Anzahl von Messen angeordnet, teilweise an den Seitenaltären zelebriert, die Anfang des 18. Jahrhunderts zwanzig betrug.[2] Obwohl es nicht zu vermeiden war, daß mehrere Messen gleichzeitig stattfanden, wünschte das *Rituale Columbanum,* man solle eine solche Koincidenz, abgesehen von Exequien, vermeiden; zum mindesten solle man mit dem Beginn einer Messe warten, bis die Wandlung der vorhergehenden Messe vorüber sei.[3] Vesper und Komplet fanden nachmittags um 3 Uhr (zeitweilig um 2 Uhr) statt; in der Fastenzeit wurde die Vesper unmittelbar an das Hochamt angeschlossen, die Komplet in diesem Falle aber erst um 3 Uhr persolviert.[4] Dies entsprach der mittelalterlichen Fastendisziplin; man nahm die einzige Mahlzeit des Tages nach der Vesper ein.

Das Hochamt *(Summa missa* oder *Summum sacrum)* wurde an Sonn- und Festtagen vor der ausgestellten Hostien-Monstranz *(coram Exposito)* gehalten. Einer der Kapläne (Hebdomadar) zelebrierte, die beiden anderen ministrierten als Diakon und Subdiakon oder bei deren Verhinderung die Chorisocii.[5] Der Pfarrer feierte das Hochamt nur an höheren Festtagen.[6] Wenn Exequien stattfanden, wurde das

---

[1] Vgl. oben S. 195 und Hegel, StadtKölnischer Gottesdienst.
[2] Vgl. Schaefer, Regesten, 224 Bemerkung zu Nr. 453.
[3] Ordo missarum 1692 (Beilage zu AEK, Kol. RC).
[4] Vgl. ‚Ordnung über den Gottesdienst der Pfarrkirche S. Columbae' vom Jahre 1696 (Beilage zu AEK, Kol. RC).
[5] AEK, Kol. RC 17 und Stiftung Herll-Coppertz (Rapiarium 7).
[6] AEK, Kol. RC 6.

Hochamt als *missa lecta* gehalten.[7] Es bestand offenbar zeitweilig der Mißbrauch, beim Hochamt die Präfation nicht ganz auszusingen und den Gesang der *Communio* zu unterlassen. Das *Rituale Columbanum* drängte auf korrekte Ausführung aller Teile.[8] Alle an St. Kolumba zum Chordienst verpflichteten Geistlichen hatten auch am täglichen Hochamt teilzunehmen.[9]

Die Predigt

An den Sonn- und Feiertagen wurde gepredigt, und zwar unmittelbar im Anschluß an die Frühmesse. Die Predigt dauerte eine Stunde (7,30 Uhr bis 8,30 Uhr). Auch am Aschermittwoch, am Gründonnerstag, Karfreitag und an Allerseelen war Predigt. Wer am Sonntag die Predigt hatte, mußte auch an den in die Woche einfallenden Feiertagen predigen.[10] Während der Adventszeit und an vier Fastensonntagen (2.–5. Fastensonntag) übernahmen Ordensleute die Predigt, und zwar der Reihe nach ein Mitglied des Augustiner-, des Minoriten-, des Dominikaner- und des Karmelitenordens.[11] Dieser Brauch stammte aus Zeiten, da man in den Pfarrkirchen selten predigte;[12] durch die Bestellung von Ordensleuten für die Sonntage der Advents- und Fastenzeit hatte man wenigstens in diesen ernsten Zeiten des Kirchenjahres die Predigt sicherstellen wollen. Nach der Predigt wurde das Totenregister verlesen und für die namentlich Aufgeführten gebetet.[13] Ferner wurden die in die kommende Woche einfallenden Memorien angekündigt.[14] Christenlehre für die Kinder wurde sonntags mittags um 1 Uhr auf der nördlichen Empore der Kirche gegeben. Lehrer und Unterlehrer mußten frühzeitig anwesend sein, um für Ruhe und Ordnung zu sorgen.[15] Für die religiöse Unterweisung in der Pfarrschule schrieb die Diözesansynode von 1662 den Katechismus des Petrus Canisius vor.[16]

Sakramentenempfang

Gelegenheit zum Empfang der Sakramente der Buße und Eucharistie war sonntäglich von 5 bis 11 Uhr. Die hl. Kommunion sollte besonders vor und nach dem *Sacrum Marianum* (7 Uhr) gespendet werden.[17] Daß davon größerer Gebrauch gemacht wurde, ist nicht ersichtlich. Während des 17. Jahrhunderts waren die wichtigeren Kommuniontermine in St. Kolumba Palmsonntag, Ostern, Pfingsten,

---

[7] Ebd.

[8] Ebd. RC 17.

[9] Ebd. RC 3.

[10] Ebd. RC 6, 17, 41, 49, 97.

[11] Ebd. RC 17, 41.

[12] Ebd. RC 42 (Bemerkung von späterer Hand).

[13] Liber fundationum minorum sive festorum et memoriarum eorumque, quae ad computum spectant: AEK A II, 10; vgl. RC 17.

[14] Beilage zu RC (nach S. 100).

[15] AEK, Kol. RC 19.

[16] Vgl. Decreta et Statuta Dioecesanae Synodi Coloniensis (Köln 1667), Pars III, tit. 9, c. 1 § 3.

[17] AEK, Kol. RC 17 und Gottesdienstordnung von 1696 (wie Anm. 4).

Mariä Himmelfahrt, Allerheiligen und Weihnachten.[18] Neben Palmsonntag und Ostern scheinen während des 18. Jahrhunderts auch Gründonnerstag und Karsamstag beliebte Termine zum Empfang der jährlichen Pflichtkommunion gewesen zu sein.[19] Die Beteiligung am Kommunionempfang außerhalb des Ostertermins läßt sich erschließen aus dem Vergleich der jeweils gebrauchten Menge an Kommunikantenwein.[20] Danach fanden sich an Weihnachten etwa die Hälfte der Osterkommunikanten zum Kommunionempfang ein und an den drei übrigen Terminen etwa ein Fünftel bis ein Drittel. Wenn man voraussetzen darf, daß zu Ostern nahezu alle Pflichtigen das Sakrament empfingen, so kann man sagen, daß sich der Pfarrangehörige von St. Kolumba darüber hinaus noch wenigstens ein zweites Mal im Laufe des Jahres an der Kommunionbank einfand. An den Hauptkommuniontagen wurden auch die Trivialschüler regelmäßig zur Kommunion geführt; die beiden jüngeren Kapläne hatten zwei bis drei Tage vorher deren Beichte zu hören.[21] Nach dem Willen der Diözesansynode von 1662 sollte die Erstkommunion stattfinden, sobald die Kinder das Unterscheidungsalter erreicht hatten; die Vorbereitung darauf war Sache der Eltern.[22] Am Passionssonntag wurde bei der Predigt auf den Beginn der österlichen Zeit am kommenden Palmsonntag hingewiesen.[23]

Die Kommunion wurde außerhalb der Messe gespendet. Selbst am Gründonnerstag und am Karsamstag wurde die Kommunionspendung nicht mit dem offiziellen Gottesdienst verbunden. An diesen beiden Tagen, die an sich nur einen einzigen eucharistischen Gottesdienst kennen, wurde während des *Summum Sacrum* eine stille Messe am Marienaltar zelebriert *pro Communione danda* und am Karsamstag sollten während des ganzen Vormittags Geistliche in der Sakristei bereitstehen zur Austeilung der Kommunion bzw. des Kommunikantenweins.[24] Den Kranken wurde die Osterkommunion am Osterdienstag zwischen 7 bis 8 Uhr gebracht, und zwar in feierlicher Prozession, bei welcher der Lehrer die Bußpsalmen und die Litanei sang.[25] In der gleichen Weise wurde das *Viaticum* überbracht.[26] Über die Spendung der übrigen Sakramente sind wir nicht unterrichtet.

---

[18] Vgl. Kirchenrechnungen von 1616 in: AEK, Kol. A II, 14.
[19] AEK, Kol. RC 27, 43, 49, 51.
[20] Wie Anm. 18.
[21] AEK, Kol. RC 27.
[22] Decreta et Statuta (wie Anm. 16), Pars II, tit. 7, c. 2 § 2.
[23] AEK, Kol. RC 43.
[24] Ebd. RC 49, 51.
[25] Ebd. 57. Vgl. Ludwig Andreas Veit, Volksfrommes Brauchtum und Kirche im deutschen Mittelalter (Freiburg 1936), 185 f.; Ludwig Andreas Veit – Ludwig Lenhart, Kirche und Volksfrömmigkeit im Zeitalter des Barock (Freiburg 1956), 135.
[26] Vgl. gedruckte 'Anordnung, wie in der Pfarre S. Columbae das hochwürdigste Sakrament zu den Kranken zu begleiten, vom 24. Februarii 1697' (Beilage zu RC, beschlossen in der Kirchmeistersitzung vom 21.2.1697): AEK, Kol. NC 21. Vgl. Veit, Brauchtum, 185.

Das Chorgebet

Neben den genannten Gottesdiensten ist das kanonische Stundengebet zu erwähnen. Vesper und Komplet wurden täglich vom Pfarrklerus und den oben genannten Benefiziaten und Offizianten verrichtet; an den Sonntagen, an den 38 Feiertagen sowie 35 weiteren Kirchenfesten, insgesamt also an 125 Tagen, auch Matutin und Laudes,[27] so daß an mehr als einem Drittel aller Tage des Jahres der größte Teil des kanonischen Stundengebetes gemeinsam *in choro* zu verrichten war. An 20 Tagen des Jahres wurden auch die kleinen Horen gemeinsam persolviert.[28] Matutin und Laudes wurden morgens um 5 Uhr gebetet oder gesungen, die Prim pflegte man an die Laudes anzuschließen, Terz und Sext wurden nach der Predigt und vor dem *Asperges* gesungen, die Non unmittelbar nach dem Hochamt.[29]

Pfarrer Ulenberg hatte die Chorordnung 1612 neu geordnet; um die Anwesenheit beim anscheinend vernachlässigten Tagzeitengebet zu heben, fundierte er die Großen Horen aus der Stiftung Beywegh, so daß Präsenzgelder verteilt werden konnten.[30] Die erwähnte Persolvierung der Kleinen Horen war von verschiedenen Stiftern dotiert worden.[31]

Der Ablauf des Kirchenjahres

Kirchenjahr und Festkalender brachten Auflockerung und Farbigkeit in das gottesdienstliche Leben. Der Festkalender, wie er in St. Kolumba in Erscheinung tritt, geht auf die allgemeine Feiertagsregelung Papst Urbans VIII. vom 13. September 1642 zurück, die das bisherige Recht der Bischöfe, Feiertage anzuordnen, faktisch unwirksam machte. Sie schrieb als *festa fori* („gebotene" Feiertage) vor: Weihnachten, Beschneidung und Erscheinung des Herrn, Ostermontag und -dienstag, Christi Himmelfahrt, Pfingstmontag und -dienstag, Fronleichnam und Kreuzauffindung; die Feste Mariä Reinigung, Verkündigung, Himmelfahrt und Geburt; ferner sämtliche Feste der Apostel sowie der Heiligen Michael, Johannes der Täufer, Laurentius, Stephanus, Silvester, Joseph, Anna, der Unschuldigen Kinder, Allerheiligen und des Landes- und Ortspatrons. Insgesamt waren es 37 Festtage.[32] Das Fest der Empfängnis Mariens wurde allgemein erst 1708 eingeführt, während es für Köln bereits die Synode von 1662 vorschrieb, die im übrigen die Beobachtung der Feiertagsbulle Urbans VIII. einschärfte.[33] Das Kirchweihfest war bereits 1536 für das ganze Erzbistum Köln auf den Sonntag nach Kosmas und Damian (27. Septem-

---

[27] AEK, Kol. RC 1 und Ulenbergs Chorordnung von 1612 sowie RC 3.
[28] Ebd. 7 und Ulenbergs Chorordnung.
[29] Ebd. 2, 25, 29, 31.
[30] AEK, Kol. Rapiarium 38; PAK C II, 1.
[31] AEK, Kol. A II, 10: Liber fundationum 12, 14–22.
[32] Vgl. Kellner, Heortologie, 18; Engelhart Eisentraut, Die Feier der Sonn- und Festtage seit dem letzten Jahrhundert des Mittelalters (Würzburg 1914), 186 f.; Wolfgang Herborn, Fast-, Fest- und Feiertage im Köln des 16. Jahrhunderts, in: Rheinisches Jahrbuch für Volkskunde 25 (1983/89), 27–61, hier 29 ff.
[33] Kellner, Heortologie, 198, Eisentraut, Feier, 135.

ber, Tag der Domweihe) verlegt worden, die Anordnung mußte aber 1550 erneut angemahnt werden.[34] In St. Kolumba behielt man trotzdem den eigenen Kirchweihtermin am 29. August bei; 1693 verlegte man dann das Kirchweihfest von St. Kolumba auf den dem 29. August vorhergehenden Sonntag, selbst wenn der 29. August auf einen Sonntag fiel.[35] Das Fest des Kirchenpatrons hatte schon die Diözesansynode von 1549 als Feiertag abgeschafft;[36] in St. Kolumba fiel es (31. Dezember) mit dem ohnehin gebotenen Silvesterfeiertag zusammen. Unter den *festa chori,* den nicht zum Gottesdienstbesuch verpflichtenden Kirchenfesten, finden wir solche ehemaligen Feiertage, die laut Provinzialsynode von 1308 im Erzbistum Köln gehalten wurden: Oster- und Pfingstmittwoch, Nikolaus, Georg, Katharina, Maria Magdalena, Martin,[37] Agnes, Cathedra und Vincula Petri, Pauli Bekehrung, Kreuzerhöhung, Gereon, Severin, Kunibert, Cäcilia, ferner für die Stadt Köln *Translatio trium Regum.*[38] Ferner finden sich unter den *festa chori* zwei Marientage: Heimsuchung und Opferung Mariens; beide sind als Feiertage erst im Spätmittelalter aufgekommen, die Provinzialsynode von 1308 kannte sie noch nicht, wohl die erwähnte Synode von 1549;[39] doch scheinen sie der Feiertagsreduktion Urbans VIII. wieder zum Opfer gefallen zu sein. Wie die Feste des hl. Sebastian und der hl. Barbara (letzteres seit 1706)[40] unter die *festa chori* geraten sind, ist nicht bekannt.

Kirchliches Brauchtum und Frömmigkeitsformen

Für die Festfeier im einzelnen waren die von Erzbischof Ferdinand herausgegebenen liturgischen Bücher maßgebend: das *Missale Coloniense* von 1626 und das *Breviarium Coloniense* von 1618. Trotz ihrer Verbindlichkeit für die Kirchen des Erzbistums wurden sie nicht überall angenommen; teils erhielten sich Sonderriten, teils ging man nach dem Konzil von Trient zum *Missale Romanum* über.[41] Soweit das *Rituale Columbanum* Einblick gewährt, sind die Abweichungen von den kölnischen Büchern nicht allzu groß; das Alleluia nach der Epistel des Karsamstags sollte *more Romano* gesungen werden, und für die Vesper am Josephsfest nahm man den Hymnus aus dem römischen Brevier.[42]

---

[34] Eisentraut, Feier, 134.
[35] AEK, Kol. RC 87.
[36] Vgl. Kellner, Heortologie, 153.
[37] Diese finden sich unter den beibehaltenen Festtagen der Feiertagsreduktion des Kardinallegaten Campeggio vom Jahre 1524; vgl. Eisentraut, Feier, 68.
[38] Vgl. Kellner, Heortologie, 19, ferner Weiler, Reform, 49. Das von beiden Autoren genannte Fest des hl. Pantaleon befindet sich auffallenderweise nicht unter den *festa chori* in St. Kolumba, während Johannis Enthauptung mit dem Kirchweihfest zusammenfällt und seit dessen Verlegung dann unter den *festa chori* erscheint.
[39] Vgl. Kellner, Heortologie, 200 ff., 18.
[40] AEK, Kol. RC 1.
[41] Vgl. Franz Joseph Peters, Beitrge zur Kölnischen Meßliturgie (Köln 1951), 31 ff.
[42] AEK, Kol. RC 51, 43.

Aus dem Ablauf des Kirchenjahres in St. Kolumba ist folgendes bemerkenswert: Am Schluß der ersten Weihnachtsmesse wurde nach einem in Deutschland verbreiteten Ritus als letztes Evangelium das Initium des Matthaeusevangeliums *(Liber generationis)* von den beiden Lehrern gesungen.[43] Die zweite Weihnachtsmesse wurde in St. Kolumba am Marienaltar als Hochamt gefeiert.[44] Am Aschermittwoch verhüllte man die Altäre, und in der Mitte der Kirche vor dem Chor wurde das große Hungertuch aufgehängt; vor dem Passionssonntag wurden auch die übrigen Bilder und Kreuze verhüllt.[45] An allen Freitagen der Fastenzeit zog man vor dem Hochamt unter Absingen der Allerheiligenlitanei durch die Kirche; der Ritus schloß mit der Antiphon *Media in vita,* Vers und Oration.[46] Besonders reich an sprechenden Zeremonien ist bis heute die Liturgie der Karwoche. Der Ritus der Palmprozession am Palmsonntag folgte in St. Kolumba mit kleinen Änderungen den Anordnungen der kölnischen Missalien von 1626 und 1756. Die Prozession zog zunächst in die Vorhalle der Kirche; voraufging der Totengräber, der den sogenannten Palmesel zog, eine aus Holz gefertigte Figur mit dem auf dem Esel sitzenden Christus; sie stellte den Einzug Jesu in Jerusalem dar (Abb. 62). In der Vorhalle war ein Kreuz niedergelegt, vor dem der Offiziant mit Diakon und Subdiakon niederkniete, dreimal den Gesang des *Ave Rex noster* anstimmend, den der Chor fortsetzte. Dann warfen die Chorknaben, unter dem Gesang des *Pueri Hebraeorum* zwei und zwei vortretend, ihre Palmzweige auf das Kreuz.[47] Offiziant und Leviten blieben währenddessen knien und sangen nach Beendigung der Zeremonie dreimal *O crux ave,* dann erhob man das Kreuz und trug es in Prozession über den Friedhof und den Hof des Pfarrhauses. Am Ostertag fand vor der Matutin eine Auferstehungsfeier statt, bei der das am Karfreitag vor dem Kreuzaltar niedergelegte Kreuz (Heiliges Grab) erhoben und unter dem Gesang lateinischer Hymnen und Antiphonen durch die Kirche zum Hochaltar getragen wurde. Vor dem Hochamt des Ostertages wie aller Sonntage der Osterzeit zog die sogenannte *Processio Paschalis* unter Mitführen eines großen hölzernen Kreuzes über den Friedhof und den Hof des Pfarrhauses.[48] Am Christi Himmelfahrtstag war das Kreuz mit Blumen geschmückt, und nach der Rückkehr zur Kirche wurde die Himmelfahrt des Herrn

---

[43] Der Brauch ist schon im 11. Jahrhundert bekannt und ist 1499 speziell für Köln bezeugt in: Cronica van der hilliger stat van Coellen (1499 gedruckt bei Johann Koelhoff) in: Die Chroniken der deutschen Städte vom 14. – 16. Jahrhundert, Bd. 14 (Leipzig (1877), 876. Auch die Kölnischen Missalien von 1626 und 1756 kennen diesen Ritus.

[44] AEK, Kol. RC 29.

[45] Ebd. 41, 43.

[46] Ebd. 43. Die Kölner Missalien von 1520, 1626 und 1756 kennen diese Prozession auch am Aschermittwoch; der Ritus war umfangreicher als der in St. Kolumba übliche; vgl. Franz Joseph Peters, Liturgische Feiern des St. Cassiusstiftes in Bonn (Essen 1952), 67.

[47] AEK, Kol. RC 45; vgl. Luzian Pfleger, Die Zeremonie des Palmenschießens, in: Archiv für elsässische Kirchengeschichte 5 (1930), 371 f.; derselbe, Kirchengeschichte der Stadt Straßburg im Mittelalter (Kolmar 1941), 55; Veit, Brauchtum, 98. Die Kölnischen Missalien von 1626 und 1756 kennen einen umfangreicheren Ritus; vgl. Peters, Liturgische Feiern, 69 f.

[48] AEK, Kol. RC 53, 57.

Abb. 62 Der „Palmesel" (Darstellung Jesu beim Einzug in Jerusalem), um 1500; er wurde der Prozession am Palmsonntag voraufgeführt.

symbolisch dargestellt, indem der Priester mit dem Kreuz Stufe für Stufe zum Altar emporschritt, wobei er dreimal, jeweils in höherem Ton, die Antiphon *Ascendo ad patrem* anstimmte. Am letzten Sonntag nach Ostern trug man bei der Prozession ein silbernes Kreuz, das mit seinem metallenen Glanz wohl den verklärten Christus symbolisieren sollte.[49] Nur bei der letzten dieser Sonntagsprozessionen, am Pfingsttag, wurde das Sanctissimum mitgetragen.[50] Das gleiche war merkwürdigerweise der Fall bei der Friedhofsprozession nach der Totenvesper am 1. November und nach dem Amt an Allerseelen.[51] Die am Markustag und an den drei Tagen vor Chri-

[49] Ebd. 61.
[50] Ebd. 63.
[51] Ebd. 95, 97.

sti Himmelfahrt üblichen Bittprozessionen finden sich an St. Kolumba nicht. Auf Grund des ehemaligen Abhängigkeitsverhältnisses der Kolumbakirche vom Dom mußte sich der Pfarrer an diesen Tagen bekanntlich an der Prozession der Domkirche beteiligen.[52]

Die großen Sakramentsprozessionen fanden an Fronleichnam und seinem Oktavtag statt; diese Doppelung war vielerorts üblich.[53] Die Festtagsprozession nahm den weiteren Weg um die Grenzen der Pfarrei; der Segen wurde erteilt – jeweils nach den vier Himmelsrichtungen – an der Antoniterkirche in der Schildergasse, an der Dominikanerinnenkirche St. Gertrud am Neumarkt, an der Klarissenkirche auf dem Berlich und Unter Fettenhennen. Bei der zweiten Prozession machte man Statio an der Klosterkirche „*Marientempel*" in der Glockengasse, bei den Observanten in der Streitzeuggasse, beim *Lämmchen* auf der Breite Straße und bei dem Haus Zum Pütz in der Nähe des Minoritenklosters.[54] Auch beim Überschreiten einer Querstraße wurde in diese hinein der Segen gegeben.

Die eucharistische Frömmigkeit hatte einen besonderen Niederschlag in der Auszeichnung des Donnerstags gefunden als des Wochentags, an dem die Eucharistie von Christus eingesetzt worden war. An jedem Donnerstag wurde in St. Kolumba um 7 Uhr am Marienaltar, der unmittelbar neben dem Sakramentshaus stand, ein ministriertes *Sacrum de Venerabili coram Exposito* zelebriert. Während der Sequenz *Lauda Sion* wurde – ebenso wie während der Fronleichnamsoktav – das *Ecce panis*[55] dreimal vom Priester angestimmt und danach der sakramentale Segen gegeben. Nachmittags um 5 Uhr (im Winter um 4 Uhr) wurden die *Laudes de Beata Virgine* mit Lauretanischer Litanei und anschließend das *Discubuit* gesungen. Diese Donnerstagsfeier gehörte seit dem Spätmittelalter zu den beliebtesten Volksandachten.[56] Der Verehrung der Eucharistie diente außerdem die Einrichtung des vierzigstündigen Gebetes, das 1591 in Köln, 1610 im ganzen Erzbistum eingeführt worden war und in St. Kolumba anscheinend während der Fastenzeit und noch ein zweites Mal während des Jahres begangen wurde.[57]

Besondere Mittel gottesdienstlicher Gestaltung

Als „Mittel" zur Erhöhung der gottesdienstlichen Feierlichkeit wurde die *Expositio Sanctissimi Sacramenti* angesehen. Sie geschah nicht nur während der Messe, sondern auch während des Chorgebetes, und zwar nach genau festgesetzten Regeln je nach Rang der einzelnen Feste. An Ostern und Fronleichnam und seinem Oktav-

---

[52] Ebd. 59; vgl. oben S. 33.

[53] Vgl. Peter Browe, Die Verehrung der Eucharistie im Mittelalter (München 1933), 106.

[54] AEK, Kol. RC 65–81.

[55] Von Septuagesima bis Ostern stattdessen *Defensor noster*.

[56] AEK, Kol. RC 21, 23. Zum Donnerstag als Sakramentstag vgl. Veit – Lenhart, Volksfrömmigkeit, 141 f.; Browe, Verehrung, 141.

[57] AEK, Kol. RC 13, 15. Vgl. zum Termin "Fastenzeit" NC 3, 8 , 11 f., 16. Ende des 18. Jahrhunderts begegnen auch andere Termine für das 40stündige Gebet; vgl. NC 72 f. und Veit – Lenhart, Volksfrömmigkeit, 205 ff.

tag, Kirchweih, Kolumbafest und an den drei Tagen des vierzigstündigen Gebetes blieb das Sanctissimum den ganzen Tag ausgesetzt; an den übrigen Tagen, an denen man schon bei der Matutin exponierte, wurde nach dem Hochamt reponiert.[58] Die Repositio nach dem sonntäglichen Hochamt war mit einem kleinen Umgang um den Chorraum zum Sakramentshaus verbunden.[59]

Die konsekrierten Altäre der Kolumbakirche wurden an den Tagen ihres Patroziniums besonders ins Blickfeld gerückt, indem an ihnen das Hochamt gefeiert wurde.[60]

Ein weiteres liturgisches Mittel, die Feierlichkeit des Gottesdienstes zu erhöhen, war die *Thurificatio* oder *Incensatio* der einzelnen Altäre beim Hochamt und in der Vesper.[61] Am Osterfest und in der Osteroktav wurde statt dessen der Taufbrunnen in dreimaligem Umschreiten inzensiert.[62] Das Mitführen von brennenden Fackeln, mehrfach abgestuftes Glockengeläute und Orgelspiel dienten fernerhin dazu, den Rang des jeweiligen Festes auszudrücken.[63] An allen Festtagen, an denen das Sanctissimum exponiert war, wurde auch die Orgel in der Ersten Vesper, in der Matutin und den Laudes gespielt, an den übrigen Sonn- und Festtagen während des Sacrum Marianum, des Hochamtes und der Zweiten Vesper; an den *festa chori* nur im Hochamt. An einem Tag des Jahres, am Kolumbafest, wurde *musikalisches Hochamt* gehalten *(Summum Sacrum est musicum).* Offenbar war damit eine Orchestermesse gemeint. Während der Komplet dieses Tages sangen die Musici die Psalmen.[64] Seit 1779 wurde auch das Fest der Bruderschaft vom Allerheiligsten Altarsakrament am Sonntag innerhalb der Fronleichnamsoktav durch ein *musikalisches Hochamt* ausgezeichnet.[65] In der Adventszeit und von Septuagesima bis zum Ende der Fastenzeit schwieg die Orgel; ausgenommen waren der Sonntag *Laetare* und höhere Feste; merkwürdigerweise wurde sie jedoch beim Requiem benutzt.[66]

An einzelnen Wochentagen wie an den Hochfesten des Kirchenjahres wurde der Gottesdienst vermehrt oder der Ablauf der Liturgie unterbrochen durch das Tages- oder Festgeheimnis feiernde Hymnen oder Antiphonen. Während die Antiphonen den jeweiligen Festinhalten gewidmet waren, handelt es sich bei den Hymnen, die

---

58 AEK, Kol. RC 7.

59 Ebd. 19.

60 Ebd. 23, 25, 59, 99. Vgl. auch Veit, Brauchtum, 95.

61 AEK, Kol. RC 7.

62 Ebd. 55. Dieser alte, ehemals im Rom des 7. Jahrhunderts und seit dem 9. Jahrhundert im Frankenreich verbreitete Brauch scheint noch während des 18. Jahrhunderts im ganzen Erzbistum Köln üblich gewesen zu sein. Vgl. Breviarium Coloniense (1780) Pars Vernalis, 369 f. Vgl. auch Peters, Liturgische Feiern, 79, Greving, Ecks Pfarrbuch, 152 f., ferner Balthasar Fischer, Formen gemeinschaftlicher Tauferneuerung im Abendland, in: Liturgisches Jahrbuch 9 (1959), 89 f.

63 AEK, Kol. RC 9, 11.

64 Ebd. 35.

65 Ebd., vorgeklebtes Blatt vor S. 1; vgl. ebd., 78.

66 Ebd. 41, 43, 6.

auch bei Erteilung des sakramentalen Segens genommen wurden,[67] um ein bis zwei Strophen aus den Vesper- oder Laudeshymnen des kölnischen Breviers in dessen Ausgaben von 1618 und (teilweise) 1780; z. B. sang man in der Weihnachtsoktav besonders oft den Hymnus *Enixa est* (fünfte Strophe des Vesperhymnus von Weihnachten), in der Karwoche *Rex Christe factor,*[68], an Ostern *O vere digna, quaesumus autor, Ad coenam Agni,*[69] an Christi Himmelfahrt *Oramus Domine conditor inclite* und *Praesta hoc genitor,*[70] an Pfingsten *Hostem repellas* und *Per te sciamus,* an Kirchweih *Hic salus aegris.*[71] An weiteren Gesängen, die das Brevier nicht enthielt, erwähnt das *Rituale Columbanum* für die Weihnachtszeit *Puer nobis nascitur, Omnis mundus, Magnum nomen Domini, Resonet in Laudibus, Christe qui nos propriis manibus fecisti* und *Dies est laetitiae;*[72] für die Osterzeit die auch anderswo übliche und schon im 10. Jahrhundert nachweisbare Antiphon *Cum rex gloriae.*[73] An Ostern erklang der Hymnus des Venantius Fortunatus *Salve festa dies,*[74] an Fronleichnam *O salutaris hostia.*[75] Von Septuagesima bis Ostern, wenn die Orgel schwieg, wurde im Hochamt nach der Wandlung das *Ave verum corpus* gesungen; bei den Exequien und bedeutenderen Anniversarien stimmte man stattdessen *Pie Jesu* an.[76] Von deutschem Gesang ist nur zweimal die Rede: in der Fronleichnamsoktav und bei der Donnerstagskomplet wurde nach dem *Nunc dimittis* die *Cantilena germanica O Christ hie merk* eingeschaltet.[77] Ob die erwähnten *Cantilenae,* die in der Weihnachtszeit im *Sacrum Marianum* an Stelle des Offertoriums und nach den

---

[67] Ebd. 31, 37 u.ö.

[68] Laudeshymnus vom Passionssonntag: Breviarium Coloniense von 1618. Vgl. Wilhelm Bäumker, Das katholische deutsche Kirchenlied in seinen Singweisen von den frühesten Zeiten bis gegen Ende des 17. Jahrhunderts I (1886), Nr. 203.

[69] Vesperhymnus vom Weissen Sonntag: Breviarium Coloniense 1618 und 1780.

[70] Vesperhymnus: Breviarium Coloniense 1618.

[71] Ebd.

[72] Sie leben z. T. in deutscher Sprache fort und finden sich bei Philipp Wackernagel, Das deutsche Kirchenlied von der ältesten Zeit bis zum Anfang des 17. Jahrhunderts I (1864) (zitiert: W) und bei Bäumker (wie A. 68) zitiert: B). Im einzelnen vgl. zu *Puer nobis nascitur* (Uns ist geborn ein Kindelein): W Nr. 327 ff., B Nr. 95; *Omnis mundus iocundetur* (Nun seid fröhlich, überselig): W Nr. 358, B Nr. 49; *Magnum nomen Domini:* W Nr. 348, B Nr. 47; Resonet in laudibus (Singen wir mit Fröhlichkeit): W Nr. 350–354, B Nr. 48; *Dies est laetitiae* (Der Tag, der ist so freudenreich): W Nr. 332, 340–342, B Nr. 43; *Christe, qui nos propriis manibus fecisti* ist die neunte Strophe des vorhergehenden Liedes. Prof. Balthasar Fischer (Trier) bin ich für diese Hinweise zu Dank verpflichtet.

[73] Vgl. Peters, Liturgische Feiern, 17, 73.

[74] Clemens Blume – Guido Maria Dreves, Analecta hymnica medii aevi 50 (1907), 79 f.; vgl. Bäumker, Kirchenlied, I, Nr. 246.

[75] Aus dem Laudes-Hymnus von Fronleichnam, den das Breviarium Coloniense von 1618 und 1780 nicht enthält. Vgl. Bäumker, Kirchenlied I, Nr. 40–410.

[76] AEK, Kol. RC 6.

[77] Ebd. 81, 77. Text von Friedrich von Spee, Melodie Köln 1623. Seit 1712 wurde ferner nach dem Salve Regina das deutsche Lied Meine Zuflucht alleine (Text und Melodie Münster 1677) eingeschaltet (RC 78).

Abb. 63 Titelbild zu einem Gebetbuch der Sakramentsbruderschaft an St. Kolumba (nach 1779)

Nachmittags-Laudes des Donnerstags gesungen wurden,[78] lateinische oder deutsche Gesänge waren, ist nicht auszumachen. An jedem Freitag erklang zur Erinnerung an den Kreuzestod Christi nach dem Hochamt das *Tenebrae*.[79] Der gelegentlich erwähnte Gesang des *Salve Regina* wird wahrscheinlich am Samstag stattgefun-

[78] AEK, Kol. RC 23, 31.

[79] Ebd. 23. Text im Anhang des Breviarium Coloniense von 1780. Zum Brauch vgl. Veit, Brauchtum, 170,. Veit – Lenhart, Volksfrömmigkeit, 133 f.

den haben.[80] Bei Begräbnissen wurde nach der Ersten Vesper oder vor dem Amt die Totenvigil gelesen oder gesungen.[81]

Es fällt auf, daß der Gottesdienst in St. Kolumba im allgemeinen frei war von volkstümlichen Beigaben. Es fehlten – von der erwähnten Ausnahme abgesehen – die deutschen Lieder; von einer *Visitatio sepulcri* am Ostersonntag mit ihrer Möglichkeit zu dramatischer Gestaltung[82] war nicht die Rede, obwohl sie das kölnische Brevier von 1618 noch kannte. Sosehr der gesamte Gottesdienst durch Exposition des heiligen Sakraments überlagert war, in die Grablegungszeremonie des Karfreitags und die Auferstehungsfeier am Ostermorgen ist das eucharistische Element nicht – wie anderswo[83] – eingedrungen, und auch die Osterprozessionen waren keine theophorischen Umgänge. Die Sakramentsbruderschaft trat als einzige der nach dem Trienter Konzil besonders gepflegten Konföderationen in Erscheinung. 1530 erstmals an St. Kolumba erwähnt,[84] war sie bis ins 19. Jahrhundert hinein aus dem religiösen Leben nicht wegzudenken. An deutschen Andachten tauchte erst gegen Ende des 18. Jahrhunderts der Rosenkranz auf, der an Ferialtagen morgens um 5 Uhr vor der Matutin gebetet wurde.[85] Ablaß scheint nur am Kolumbafest, am Kirchweihtag und am Sonntag in der Fronleichnamsoktav üblich gewesen zu sein.[86] Von sonst bekanntem Brauchtum begegnet außer dem bereits erwähnten *Palmesel* nur die Austeilung des *Johannesweins* am Festtag des Evangelisten, das *Mailäuten* und das *Seelenbrot;*[87] letzteres erhielten die Schulkinder am Allerseelentag, ein Überrest der Oblation von Brot und Naturalien bei Exequien und Anniversarien.[88]

Ein Vergleich mit anderen, den städtischen Pfarrgottesdienst beschreibenden Handbüchern des 16. Jahrhunderts[89] zeigt eine weitgehende Übereinstimmung. Diese Feststellung und die Tatsache, daß die Pfarrbücher durchweg eine seit langem überkommene Praxis kodifizieren, berechtigt zu dem Schluß: das Rituale Columbanum von 1690 bietet die gottesdienstliche Tradition, wie sie seit dem Spätmittelalter in St. Kolumba üblich war, vermehrt um typisch barocke Frömmigkeitsäußerungen, vor allem die eucharistischen.

---

80 Vgl. AEK, Kol. A I, 51.

81 AEK, Kol. RC 11.

82 Vgl. Peters, Liturgische Feiern, 74 f.; Franz Arens, Der Liber Ordinarius der Essener Stiftskirche (1908), 73–76.

83 Vgl. Veit, Brauchtum, 99.

84 Vgl. AEK, Kol. A I, 210 und unten S. 261. Zum Bruderschaftswesen nach dem Konzil von Trient vgl. Hansgeorg Molitor – Heribert Smolinsky, Volksfrömmigkeit seit der frühen Neuzeit (Münster 1994).

85 AEK, Kol. RC 14.

86 Ebd. 29, 87, 77.

87 Ebd. 33, 58, 97. Der Johanneswein galt als Sicherung gegen den Teufel; vgl. Veit, Brauchtum, 185; Veit – Lenhart, Volksfrömmigkeit, 150.

88 Vgl. Veit, Brauchtum, 199; Veit – Lenhart, Volksfrömmigkeit, 231.

89 Vgl. Franz Falk, Die pfarramtlichen Aufzeichnungen (Liber consuetudinum) des Florentius Diel zu St. Christoph in Mainz (1491–1508) (1904); Karl Müller, Die Esslinger Pfarrkirche im Mittelalter, in: Württembergische Vierteljahreshefte für Landesgeschichte NF 16 (1907); Greving, Ecks Pfarrbuch; Götz, Pfarrbuch Hilpoltstein.

St. Kolumba hatte, wie im späten Mittelalter, das Gepräge einer vom Bürgertum getragenen Kirche. Wie ihr spätgotischer Umbau der tatkräftigen Beihilfe der eingesessenen Patrizierfamilien zu verdanken war, so ging auch das reiche gottesdienstliche Leben auf freigebige Stiftungen angesehener Bürger der Pfarrei zurück. Und diese Freigebigkeit hielt bis ins 17. und 18. Jahrhundert an. Die neue Barockausstattung des Gotteshauses war ebenso wie die neue Fundierung von Benefizien und Gottesdiensten ein Zeugnis des Glaubens der alten Bürgerfamilien, „ihrer unwandelbaren Treue zur Kirche, aber auch ihres Reichtums und ihres selbstbewußten Sinnes für repräsentativen Prunk ... Das noch immer machtvolle Bürgertum ... offenbart auch hier noch einmal im Glanze seines Absterbens seine Kraft, um dann zu versinken“.

Jüngste Zeit

23. Zwei Jahrzehnte unter französischer Herrschaft

Köln am Ende der reichsstädtischen Zeit

Im Laufe des 18. Jahrhunderts stagnierte das politische und wirtschaftliche Leben in Köln. Die Einwohnerzahl war zwar die gleiche geblieben, stand aber jetzt hinter Hamburg und Frankfurt zurück. Der Handel hatte sich auf die Küsten- und Messestädte verlagert. Der Rhein als Transportweg wurde wegen der zahlreichen Zölle gemieden. Die politische Verfassung Kölns war überholt, die wirtschaftliche Entwicklung durch die Zünfte blockiert. In der Politik der Territorialstaaten spielte die Reichsstadt keine Rolle mehr; Köln verschanzte sich hinter seiner Neutralität. Neuen geistigen Strömungen gegenüber verhielt man sich abwehrend. Die Universität hatte ihren einstigen Ruf eingebüßt; sie sah tatenlos zu, wie sich in ihrer unmittelbaren Nachbarschaft – Bonn – eine neue Hochschule etablierte. Der soziale Abstieg war mit all dem vorprogrammiert. Ausländische Reisende schilderten den Zustand der Stadt in düsteren Farben.[1] Mögen sie auch übertrieben gewesen sein, jedenfalls war Köln in jeder Hinsicht unvorbereitet, als mit der Französischen Revolution eine neue Zeit anbrach.

Als am 6. Oktober 1794 der Regierende Bürgermeister von Klespe mit Abgeordneten des Rates und der Bürgerschaft auf der Aachener Straße zwischen Melaten und Müngersdorf die alte Reichsstadt der zum Rhein vordringenden französischen Armee übergab,[2] waren bereits fünfeinhalb Jahre seit dem Ausbruch der Französischen Revolution vergangen. Frankreich hatte aufwühlende Ereignisse erlebt: die Ausrufung der Republik, die Hinrichtung des Königs und zahlreicher Gegner der Revolution; Mitglieder des Adels und des Klerus waren eingekerkert oder sahen sich zur Auswanderung gezwungen. Die Kirche war durch Gründung der sogenannten konstitutionellen Kirche gespalten worden. Mit dem Sturz des fanatischen Machtpolitikers Robespierre Ende Juli 1794 schien die Terrorherrschaft in Frank-

---

[1] Vgl. Max Braubach, Beiträge zur Geschichte der Stadt Köln im 18. Jahrhundert, in: JKGV 12 (1930), 99–117; Clemens von Looz-Corswarem, Das Finanzwesen der Stadt Köln im 18. Jahrhundert. Beitrag zur Verwaltungsgeschichte einer Reichsstadt (Köln 1978); Dietrich Ebeling, Bürgertum und Pöbel, Wirtschaft und Gesellschaft Kölns im 18. Jahrhundert (Köln-Wien 1987). Die Reisebeschreibungen aus der Zeit seit 1770 sind veröffentlicht bei Josef Bayer (Hg.), Köln um die Wende des 18. und 19. Jahrhunderts (Köln 1912).

[2] Vgl. Josef Bayer, Die Franzosen in Köln. Bilder aus den Jahren 1794–1814 (Köln 1925), 3.

reich überwunden und der Weg für eine gemäßigtere Politik frei geworden zu sein. Die Macht war auf eine gesetzgebende Körperschaft und eine Exekutive von fünf gewählten Direktoren übergegangen. Aber der Staatsstreich vom 4. September 1797, durch den die gemäßigten Mitglieder der Regierung ausgebootet wurden, bedeutete einen Rückschlag. Der Radikalismus erstarkte wieder; es kam auch zu einer neuen Terrorwelle, die freilich nicht das Ausmaß der früheren Schreckensherrschaft annahm.

Die rheinische Bevölkerung hatte bereits durch Kontakte zu den Emigranten Erfahrungen mit den Auswirkungen der Französischen Revolution sammeln können. Bis 1794 wollte man in der Stadt Köln insgesamt 26 000 durchreisende französische Flüchtlinge gezählt haben.[3] Daß die interventionistische Haltung Österreichs und Preußens zum Reichskrieg mit Frankreich (1792–1797) und zur Angliederung der linksrheinischen deutschen Gebiete an das Land der Revolution führen würde, war nicht vorauszusehen. Aber die junge Republik hatte ernsthafte Verteidiger, und sie hatte das politische Ziel ihrer früheren Könige übernommen, den Rhein zur Ostgrenze ihres Staates zu machen.

Mit der Ankunft der Franzosen am Rhein sollte nicht nur für die politische Welt des deutschen Reiches, sondern auch für die deutsche Kirche eine neue Welt heraufziehen. Vorerst freilich verhielten sich die neuen Herren zurückhaltend; verwaltungsmäßige Folgen wurden erst seit 1798 gezogen, die endgültige Eingliederung in den französischen Staatsverband erfolgte noch später – 1801 –, und die radikalsten kirchenpolitischen Gesetze wurden nicht auf die Rheinlande ausgedehnt. An der konstitutionellen Kirche zeigte die Republik seit 1795 kein Interesse mehr. Vielmehr versprach man den Rheinländern zunächst den Schutz der hergebrachten Einrichtungen und des Eigentums sowie die Achtung der einheimischen Gesetze und der Religionsübung.[4] Durch feierliche Errichtung von Freiheitsbäumen wollte man das Bewußtsein wachrufen, daß nun die wahre Freiheit gekommen sei. Die Bewohner der Kolumbapfarrei konnten diesen Vorgang zweimal – 1795 und 1798 – vor dem Gebäude der Rechtsschule erleben.[5] Allerdings ließen die Franzosen keinen Zweifel an der antichristlichen, zumindest säkularistischen Tendenz des neuen politischen Systems aufkommen.

Die neue religionspolitische Gesetzgebung

Als erste der dahin zielenden Maßnahmen wurde im Dezember 1794 der Republikanische Kalender eingeführt, der den Sonntag und die christlichen Feste unterdrückte. 1798 wurde die christliche Datierung ausdrücklich verboten; nur der

[3] Vgl. Hermann Cardauns (Hg.), Köln in der Franzosenzeit. Aus der Chronik des Anno Schnorrenberg (1789–1802) (Bonn und Leipzig 1923), 63 f.
[4] Vgl. Bayer, Franzosen in Köln, 3 f.
[5] Vgl. ebd., 7.

Dekadi hatte als Ruhetag zu gelten, während die republikanischen Festtage durch die Kirchenglocken eingeläutet werden mußten.[6]

Die 1795 erklärte Trennung von Staat und Kirche verlangte nach Ansicht der französischen Regierung die Ausschaltung aller religiösen Äußerungen aus dem öffentlichen Leben, die umgekehrt von der Kirche als Eingriff in ihr inneres Leben aufgefaßt werden mußte. So wurden am 7. Juni 1797 alle Prozessionen, öffentlichen Versehgänge, jedes Beten und Singen außerhalb des Gotteshauses untersagt. Die Begleitung des Begräbniszuges in liturgischer Kleidung wurde den Geistlichen nicht mehr gestattet, sie durften nur in ihrer schwarzen Straßenkleidung mitgehen.[7] Beerdigungen in Kirchen wurden 1805 verboten, die innerstädtischen Kirchhöfe aufgelassen zugunsten eines Zentralfriedhofs in Melaten.[8]

Die ständig wiederholten Verbote zeigten jedoch, wie groß der Widerstand gegen die Verfügungen war. Pfarrer Müller und andere Geistliche von St. Kolumba scheinen zu jenen gehört zu haben, die sich *in ihrem Kirchengewande auf den Straßen sehen zu lassen erkühnten;* bei den Akten von St. Kolumba findet sich eine Mahnung des Polizeikommissars vom 20. Juni 1799, der eine bessere Beachtung der Vorschriften forderte und bei Nichtbefolgung Verhaftung androhte.[9] Dieselbe Drohung wurde wegen des von Regierungskommissar Rudler inhibierten Oster-Rundgangs ausgesprochen: *Mit Mißvergnügen erfahre ich,* so schrieb er an den Pfarrer von St. Kolumba, *daß Sie nach altem Brauch die Kommunikanten Ihrer Pfarrei aufzuzeichnen im Begriffe sind.*[10] Überhaupt scheint Müller den Behörden gegenüber nachlässig gewesen zu sein. Das Wohltätigkeitsbüro, dem er schon lange die Rechenschaftsablage über die Verwaltung der Armenstiftungen an St. Kolumba schuldig war, hielt ihm einmal unzweideutig vor, daß er sich unter allen Rechnungspflichtigen *durch immerwährende Verzögerungen bis auf den heutigen Tag* auszeichne.[11]

Die Verfügung vom 7. Juni 1797 hatte auch die Beseitigung aller religiösen Zeichen und Embleme angeordnet, die an Straßen und Häusern angebracht waren; sie sollten in die Pfarrkirchen gebracht werden, die zum Bezirk jener öffentlichen Plätze gehörten.[12] Nach einer entsprechenden Aufforderung an den Pfarrer von St. Kolumba vom 15. März 1798 ließ dieser die Fußfälle im Bußgäßchen und das

[6] Vgl. ebd., 9–13, 65 ff.

[7] Vgl. Joseph Hansen (Hg.), Quellen zur Geschichte des Rheinlandes im Zeitalter der Französischen Revolution 1780–1801, 4 Bde (Bonn 1931–1938), hier IV, Nr. 124, 135; vgl. Hegel, in: Geschichte des Erzbistums Köln IV, 488.

[8] Vgl. Jakob Torsy, Geschichte des Bistums Aachen während der französischen Zeit (1802–1814) (Bonn 1940), 250, 252.

[9] PAK C I/1.

[10] Der Magistrat hatte das Verbot am 21.2.1799 erlassen; vgl. Cardauns, Chronik Schnorrenberg, 184; Torsy, Bistum Aachen, 27.

[11] 2.3.1802: PAK C IV/2.

[12] Vgl. Hansen IV, Nr. 124; Torsy, Bistum Aachen, 23; Justus Hashagen, Das Rheinland und die französische Herrschaft. Beiträge zur Charakteristik ihres Gegensatzes (Bonn 1908), 147.

Kreuz des Großen Friedhofs am 9. August 1798 abbrechen und in der Vorhalle der Kirche aufstellen. Offenbar waren von den Monumenten noch einige Reste stehen geblieben, die den Präsidenten der Munizipalverwaltung, Dominikus Oestges, veranlaßten, dem Pfarrer Beschlagnahme des Friedhofsgrundstücks und Anklage beim Friedensgericht anzudrohen, falls er nicht binnen drei Tagen alle religiösen Symbole beseitigt habe. Daraufhin wurde auch das Kreuz des Kleinen Friedhofs beseitigt; eine Aktennotiz bemerkt: *um alles getan zu haben, wurden* [selbst] *die Kniebänke an den Fußfällen abgebrochen.*[13]

Die säkularistische Tendenz der Revolutionsgesetzgebung hat natürlich auch in der staatlichen Ehegesetzgebung ihren Niederschlag gefunden; die Verfassung von 1791 hatte die Ehe als bürgerlichen Vertrag definiert.[14] Es wurde streng darauf geachtet, daß der Zivilakt der kirchlichen Segnung voraufging und daß er als ehebegründender Akt nicht diskreditiert wurde.[15] Der Kolumbapfarrer mußte sich einmal vom zuständigen Polizeikommissar Johann Joseph Schöning vorhalten lassen, daß er verbotswidrig von den Brautleuten Dispense für die kirchliche Trauung verlangt hatte, nachdem die Registrierung der Eheschließung vor der staatlichen Behörde bereits erfolgt war.[16] Das galt als Mißachtung des zivilen Vorgangs.

Eine die Kirche wie die Stadt bedrückende Maßnahme waren die zu zahlenden Kriegstributionen und der Sequester der kirchlichen Güter. Die Kirchen, Stifte und Klöster in Köln mit ihrem zahlreichen Personal waren von nicht zu unterschätzender Bedeutung für das wirtschaftliche Leben der Stadt wie für die soziale Fürsorge an den Bedürftigen gewesen. Die rigorose Besteuerung und dann die Konfiszierung der kirchlichen Güter brachten beides auf einen Schlag zum Erliegen.

Schon bald nach dem Einzug der Franzosen hatte die Geistlichkeit einschließlich der Ordensleute beiderlei Geschlechts die Macht der neuen Herren besonders zu spüren bekommen; von ihnen wurde mehr als die Hälfte der von der Bürgerschaft zu zahlenden Kontributionen verlangt. Nicht gegen die Heranziehung zur Steuer wehrte sich der Klerus, sondern gegen die Ungleichbehandlung. Pfarrer Müller von St. Kolumba, der die auferlegte Kontribution nicht zahlen konnte, erging es wie vielen seiner Amtsbrüder; ihm wurde Ende 1795 ein französischer Soldat zur Bewachung ins Haus gelegt, dem er obendrein noch die Kost und täglich einen Reichstaler geben mußte. Er konnte sich jedoch der militärischen Aufsicht entziehen und fand Unterschlupf im Minoritenkloster.[17] Der stadtkölnische Klerus gründete alsbald einen Verband, der seine Interessen gegenüber der Besatzungsmacht vertreten und für gegenseitige Hilfe seiner Mitglieder sorgen sollte. Die von den Franzosen anerkannte Organisation schoß die verlangte Summe vor und repar-

---

[13] Das Zitat in PAK C I/1. Zu Oestges siehe Bayer, Franzosen, 18.

[14] Titel II, Artikel 7, in: Günther Franz, Staatsverfassungen (München 2. Aufl. 1964), 312 f.

[15] Beschluß der Zentralverwaltung vom 24.8.1797; vgl. Torsy, Bistum Aachen, 50.

[16] 14.1.1799: PAK C I/1.

[17] Vgl. Konrad Eubel, Tagebuchartige Aufzeichnungen des Minoriten Tilmann Thelen über die Besetzung Kölns durch die Franzosen (Oktober 1794 bis März 1796), in: AHVN 80 (1906), 103–122, hier 122.

tierte sie von den einzelnen Mitgliedern nach Maßgabe ihres Pfründeneinkommens. Sobald die Gesamtsumme erlegt war, wurden die Posten aus den Häusern abgezogen. Dennoch wurde im Frühjahr 1796 eine neue Kontribution gefordert, die nurmehr durch Leihgelder und Vorschüsse aufgebracht werden konnte.[18]

Es kam noch schlimmer: Am 8. Juni des gleichen Jahres wurden im gesamten linksrheinischen Gebiet die Güter der Geistlichen, die Zehnten, Erbzinsen und Renten jeder Art zum Nationaleigentum erklärt. Die Einkünfte aus ihnen gingen unmittelbar in die Kasse der Besatzungsmacht, die dafür den Geistlichen den Lebensunterhalt zu zahlen versprach.[19] Da die Zahlungen ausblieben, übertrug General Hoche im März 1797 den Geistlichen vorübergehend wieder die Verwaltung ihrer Güter,[20] bis am 26. März 1798 das gesamte Kirchenvermögen unter Zwangsverwaltung gestellt wurde.[21]

Säkularisation der Klöster

Es war zu erwarten, daß in den linksrheinischen Landen die Klöster aufgehoben würden, wie es in Frankreich geschehen war. Ihre Säkularisation kündigte sich durch Runderlaß des Regierungskommissars F. J. Rudler vom 9. Februar 1798 an. Er verbot allen Klöstern, Novizen aufzunehmen und den bereits im Noviziat befindlichen Ordensleuten die Ablegung von Gelübden. Jedes Kloster hatte den französischen Behörden ein Verzeichnis seiner Insassen, seines Inventars und seiner Besitzungen einzureichen. Im April wurden alle Klosterbibliotheken versiegelt. In Köln ließen die Franzosen außerdem öffentlich bekanntgeben, daß es jetzt schon allen Ordensleuten gestattet sei, ihr Kloster zu verlassen. Mit einem Präsent von 400 Gulden und durch persönliche Werbung französischer Kommissare in den Klöstern versuchte man, hierfür Stimmung zu machen, allerdings mit verschwindend geringem Erfolg.[22] Am 28. April 1798 wurde die Universität aufgehoben, und am 3. Oktober kam das Ende für die Gymnasien.

Mit der offiziellen Eingliederung der linksrheinischen Gebiete in das französische Staatsgebiet am 9. März 1801 rückte der Termin der Säkularisation näher. Im gleichen Monat wurden alle Klosterarchive versiegelt.[23] Das am 15. Juni 1801 unterzeichnete Konkordat zwischen Papst Pius VII. und Napoleon enthielt keinen Artikel zum Schutz der Klöster und der vielen kirchlichen Institutionen, die sich im Lauf der Jahrhunderte entwickelt hatten. Hier hatte der französische Staat nunmehr auch in den annektierten Gebieten freie Hand. Am 9. Juni 1802 erfolgte ein Konsularbeschluß, der alle geistlichen Korporationen und Orden in den rheinischen Departements unterdrückte;[24] ausgenommen waren unterrichtende und kran-

[18] Vgl. Hegel, in: Geschichte des Erzbistums Köln IV, 487.
[19] Vgl. Hansen, Quellen III, Nr. 222.
[20] Vgl. ebd. III, Nr. 252, 253, 280.
[21] Vgl. ebd. IV, Nr. 118.
[22] Vgl. Hegel, in: Geschichte des Erzbistums Köln IV, 489; Hansen, Quellen IV, Nr. 105.
[23] Vgl. Cardauns, Chronik Schnorrenberg, 207.
[24] Vgl. Torsy, Bistum Aachen, 198.

kenpflegende Gemeinschaften. In Köln wurde am 12. August mit der Räumung der Klöster begonnen. Die Ordenspersonen erhielten die Weisung, sich nurmehr in weltlicher Kleidung in der Öffentlichkeit sehen zu lassen.[25]

Innerhalb der Pfarrei St. Kolumba waren 14 Klöster von der Aufhebung betroffen: Die Männerklöster der Minoriten, der Franziskaner und der Kreuzbrüder, die Frauenklöster der Zisterzienserinnen, beide Klarissenkonvente, Dominikanerinnen und Karmelitinnen, fünf Klöster der Franziskanerterziarinnen, die im 15. Jahrhundert aus Beginenkonventen hervorgegangen waren, und ein Augustinerinnenkloster; krankenpflegende Genossenschaften gab es in St. Kolumba nicht. Die Klosterkirchen und in der Pfarrei gelegene Kapellen – ausgenommen die Heilig-Kreuz-Kapelle in der Breitestraße – wurden geschlossen. Von den 16 noch vorhandenen Beginenkonventen war die Mehrzahl bereits 1798 an die Armenverwaltung übergegangen, die anderen folgten erst in preußischer Zeit; der Konvent Bischof in der Breitestraße existierte als Versorgungshaus noch 1927. Auch die Hospitäler wurden von der Armenverwaltung übernommen.[26]

Mit der Beseitigung der säkularisierten Kloster- und Kirchenbauten hatte es die französische Verwaltung sehr eilig. Die großen Gebäudekomplexe wurden alsbald versteigert und abgebrochen (Klarissen- und Kreuzbrüderkloster 1804, Mariengarten 1805, St. Gertrud 1808)[27], die kleineren zu Wohnungen hergerichtet oder anderen Zwecken zugeführt. Das Klarissenkloster zu den Heiligen Schutzengeln am Neumarkt wurde Frauengefängnis.[28] Das Observantenkloster diente zunächst französischen Veteranen und deren Familien als Unterkunft, die Kirche wurde später für militärische Zwecke benutzt; nach Ende der französischen Herrschaft diente das ganze Anwesen seit 1818 als preußische Kaserne. Erst 1910 wurden die Kirche und die noch vorhandenen Klosterbauten abgebrochen.[29] In den Gebäuden der Minoriten hatte die Stadt die Errichtung eines Arbeitshauses geplant; sie wurden jedoch am 17. Juli 1808 von Napoleon der Armenverwaltung zugesprochen, in deren Besitz sie auch in preußischer Zeit blieben. 1849 kam die Minoritenkirche als Annexkirche an den Dom, während die ehemaligen Klostergebäude mit Ausnahme eines Teils des alten Kreuzgangs abgebrochen wurden.[30] Erhalten blieben die Klostergebäude und die Kirche der Karmeliterinnen St. Maria in der Kupfergasse.[31]

Verlust an kirchlichem Kunst- und Kulturgut

Dem Abbruch so vieler kirchlicher Gebäude war ein Kunstraub von großem Ausmaß vorangegangen. Schon bald nach ihrem Einzug in Köln hatten französische

[25] Vgl. Cardauns, Chronik Schnorrenberg, 220.
[26] Auszählung nach Asen, Beginen, in: AHVN 111 (1927), 141–180 und 112 (1928), 71–105.
[27] Vgl. KD 7/III E, 325, 282, 217, 271.
[28] Im Volksmund Bleche Botz genannt (nach dem beim Umbau beschäftigten Maurermeister Johann Butz und dem Blechschläger Alexander Hittorf). Vgl. KD 7/III E, 306.
[29] Vgl. KD 7/III E, 183 f.
[30] Vgl. Braun, Minoritenkloster, 142 f.
[31] Vgl. Paas, Cellitinnenkloster, 95 f.; Bayer, Franzosen, 129.

Kommissare sämtliche Klosterbibliotheken visitiert und seltene Werke entnommen. Am 16. Juli 1801 wurde die gesamte Bibliothek der Minoriten weggeschleppt.[32] Wertvolle Handschriften und Bücher, Gemälde und Skulpturen finden sich heute in zahlreichen Archiven, Bibliotheken und Museen deutscher Städte, zum Teil auch in ausländischen Sammlungen. Weniger wertvolle gottesdienstliche Gebrauchsgegenstände und Denkmäler der Frömmigkeit kamen an Kirchen der Stadt Köln oder der näheren Umgebung. Es ist hier nicht der Ort, dem geraubten Kunstgut der Klöster nachzugehen. Hier muß vielmehr darauf hingewiesen werden, welche Verluste die Pfarrkirche St. Kolumba bei dem großen Raubzug erlitten hat. Seit dem 4. Juli 1802 waren nämlich auch die Kirchenschätze und Zierate der Pfarrkirchen versiegelt, inventarisiert und auf ihren Wert taxiert worden. Nach Möglichkeit suchten die Pfarrer manches der Inventarisation vorzuenthalten und sicherzustellen.[33] Da Pfarrer Müller von St. Kolumba offenbar keinerlei Schritte in dieser Hinsicht unternahm, ergriff Kaplan Kirchhoff die Initiative und brachte verschiedenes Silberwerk und wertvollere Paramente, in Tücher eingewickelt und mit Nummern versehen, bei den Lehrern der Kolumbaschule und anderen Pfarrangehörigen unter. Er ordnete an, daß nichts von den sichergestellten Sachen zurückgeholt oder geöffnet werden dürfe außer in seiner und des Kaplans Müller und des Küsters Aldenrath Gegenwart, die auch bei der Sicherstellung geholfen hatten. Auf diese Weise hoffte er, Unordnung und Verluste zu vermeiden. Indes hielt sich Kaplan Müller nicht an diese Anordnung, sondern holte einiges Silberwerk im September 1802 ohne Vorwissen der übrigen Verantwortlichen heraus und verkaufte es für 503 Reichstaler und 50 Stüber.[34] Zu welchem Zweck der Verkauf erfolgte, ist nicht bekannt. Seit dem 14. Mai 1803 wurden dann die anderen versteckten Sachen nach und nach zurückgeholt und dem kirchlichen Gebrauch wieder zugeführt, da die Gefahr der Entfremdung vorüber war. Indes war doch mancher Verlust zu beklagen.

Schon im September 1794 war es zu Veräußerungen gekommen; die im Rückzug aus Frankreich begriffene kaiserliche Armee hatte für ihren Unterhalt *alles Silbergerät der Kirchen* angefordert. Dazu ist es anscheinend nicht gekommen. Trotzdem hatten es die Kirchmeister für ratsam gehalten, das *überflüssige Silber* zu verkaufen;[35] dazu gehörten eine silberne Kolumbastatue – offenbar jene, die 1449 gestiftet worden war,[36] – ferner silberüberzogene Statuen der Heiligen Sebastian, Rochus

[32] Vgl. Cardauns, Chronik Schnorrenberg, 80, 211.

[33] Zum folgenden vgl. Bericht Kirchhoffs in: AEK, Kol. A II, 12. Zu den Sicherstellungen vgl. auch Arnold Stelzmann, Laurenz Fürth und die Erhaltung der Jesuitenkirche in Köln, in: JKGV 21 (1939), 142–163.

[34] Wie A. 32 und Inventarium der Paramente usw., welche bei der Schließung der Pfarrkirche St. Kolumba im Jahre 1802 zur Aufbewahrung verteilt worden sind (hg. von Peter Paul Trippen), in: Alt-Köln 1926, S. 30–33.

[35] Verkauf von Silbergerät der Kirche St. Kolumba und was mit dem Erlös geschehen (hg. von Peter Paul Trippen), in: Alt-Köln 1926, S. 29 f.

[36] Vgl. oben S. 133.

und Barbara; sie wurden in die Kirche der Exjesuiten gebracht, wo sie ihres Silberschmuckes beraubt wurden. Der Gesamterlös von rund 14 109 Reichstalern wurde den Kaplänen zur Bestreitung der französischen Kontribution und – in den Jahren 1796–1803 – zur Verteilung an Arme gegeben.

Was den Franzosen bei ihrem späteren Raubzug durch Klöster und Kirchen entgangen war, geriet durch deutsche Kunstsammler in die Museen. Dabei spielten die Brüder Sulpiz und Melchior Boisserée eine große Rolle. Die Familie stammte aus dem Lütticher Land, aber die beiden Brüder waren in Köln aufgewachsen und von Haus aus für den Kaufmannsberuf bestimmt. Als sie nach auswärtigen Bildungsaufenthalten 1804 nach Köln zurückkehrten, hatte ihr Lebensplan eine andere Richtung genommen. Das Bewußtsein für die künstlerischen und religiösen Werte des Mittelalters war in ihnen erwacht und veranlaßte sie, die durch die Säkularisation vieler Kirchen und Klöster heimatlos gewordenen und als unmodern angesehenen kirchlichen Kunstwerke der Gotik zu sichern und den Zeitgenossen neu zu erschließen.[37]

So wurden sie nach Franz Ferdinand Wallraf und dem Großhändler Jakob Johann Nepomuk Lyversberg zu den bedeutendsten Sammlern der Kunst des Mittelalters. Leider blieb die Sammlung Boisserée nicht in Köln; 1810 verlegten die Brüder den Sitz ihrer Tätigkeit nach Heidelberg, und 1827 verkauften sie ihre Sammlung an den kunstsinnigen König Ludwig I. von Bayern, dem sie als Grundstock für die Alte Pinakothek in München hochwillkommen war.[38] Hier finden sich heute die wertvollsten Altarbilder aus St. Kolumba: der Dreikönigenaltar Rogiers van der Weyden und der Bartholomäusaltar; die Brüder Boisserée hatten sie 1808/09 von der Kolumbakirche erworben.[39] Der schon genannte Kaplan Müller war dabei die wichtigste Mittelsperson.[40] Auch der sogenannte Beschneidungsaltar des Sippenmeisters ist über die Boisserées an die Alte Pinakothek gekommen.[41] Hier befindet sich ebenfalls das Bild von der Krönung Mariens – vom Meister des Marienlebens.[42] Die von demselben Meister geschaffenen Bilder Tempelgang und Tod Mariens, die einst zu dem von Pfarrer Hülshout gestifteten Altar gehört hatten, sind heute Besitz des Germanischen Nationalmuseums in Nürnberg.[43]

Ein weiteres Werk des Marienleben-Meisters, die Heimsuchung Mariens, ist vermutlich über die Sammlung Wallraf in den Kunsthandel und schließlich nach Rotterdam in das Museum Boymans-van-Beuningen gelangt.[44] Der zum Kreis dessel-

---

[37] Vgl. Otto H. Foerster, Kölner Kunstsammler vom Mittelalter bis zum Ende des bürgerlichen Zeitalters (Berlin 1931), 86–89, 92 ff.
[30] Vgl. ebd., 96 f.
[39] Vgl. ebd., 94.
[40] So Sulpiz Boisserée an seinen Bruder Melchior (20.10.1821) bei: Eduard Firmenich-Richartz, Sulpiz und Melchior Boisserée als Kunstsammler. Ein Beitrag zur Geschichte der Romantik (Jena 1916), 71.
[41] Vgl. Kessler-van den Heuvel, Meister der hl. Sippe, 103, 218.
[42] Vgl. Schmidt, Meister des Marienlebens, 69.
[43] Vgl. KD 6/IV, 213.
[44] Vgl. Ausstellungskatalog Herbst des Mittelalters, 36 f.

ben Meisters gehörende und von dem Ehepaar Rinck/Dalen gestiftete Kreuzaltar ist ebenfalls ins Ausland gekommen und befindet sich heute als Dauerleihgabe der Londoner National Gallery in der Walker Art Gallery zu Liverpool.[45]

Das Konkordat von 1801 und seine Folgen für die Kolumbapfarrei

Für die Kölner Kirche brachten die Eingliederung der linksrheinischen Gebiete in den französischen Staat und das Konkordat von 1801 umstürzende Veränderungen. Das Erzbistum Köln hörte links des Rheins auf zu bestehen, der Kölner Dom wurde einfache Pfarrkirche. Ein neuer bischöflicher Sitz wurde am Grabe Karls des Großen in Aachen errichtet, in dessen Nachfolge Napoleon einzutreten beabsichtigte. Dieses neue Bistum umfaßte die beiden Départements Roer und Rhin et Moselle. Köln lag im Roerdépartement.[46]

Am Sonntag, dem 16. Mai 1802, wurde den Katholiken des Roerdépartements das von Napoleon abgeschlossene Konkordat vom Balkon des Kölner Rathauses öffentlich bekanntgemacht.[47] Eine Woche zuvor hatte Napoleon den ersten Oberhirten des neugeschaffenen Bistums Aachen ernannt, Markus Antonius Berdolet.[48] Am 25. Juli fand seine Inthronisation in der Aachener Münsterkirche statt. Eine wichtige Organisationsaufgabe des Bischofs bestand in der Neuumschreibung der Pfarreien, die Artikel 9 des Konkordates angeordnet hatte.[49] Die einseitig von Napoleon angefügten *Organischen Artikel* sahen für jeden Kanton bzw. Stadtbezirk wenigstens eine Pfarrkirche vor; bei seelsorglichem Bedarf konnten weitere Hilfspfarrkirchen (Sukkursalen) in dem Bezirk eingerichtet werden. In Köln sollte es vier Hauptpfarreien geben, die alle ihren Sitz in der alten Römerstadt hatten (Dom, St. Maria im Kapitol, St. Kolumba, St. Peter). Als Hilfspfarrkirchen innerhalb der Hauptpfarrei St. Kolumba wurden bestimmt: St. Andreas, St. Ursula, St. Gereon, St. Aposteln und St. Maria in der Kupfergasse. Mit Ausnahme der letztgenannten waren lauter ehemalige Stiftskirchen als Sukkursalen genannt worden. Der Kölner Stadtrat, unterstützt durch Professor Franz Ferdinand Wallraf, der zudem das Vertrauen des Bischofs Berdolet besaß, hatte sich nämlich dafür eingesetzt, die vom Untergang bedrohten großen und denkmalwerten Gotteshäuser der Stifte und Klöster als Pfarrkirchen zu erhalten, wogegen sie die bisherigen meistenteils unansehnlichen Pfarrkirchen der französischen Domänenverwaltung zur Ver-

---

[45] Vgl. Schmid, Stifter und Auftraggeber, 211.

[46] Das Konkordat und die von Napoleon einseitig angefügten Organischen Artikel, in: Zaccaria Giacometti, Quellen zur Geschichte der Trennung von Staat und Kirche (Tübingen 1926), Nr. 15. Päpstliche Bestätigung der durch den Kardinallegaten Caprara verfügten Circumscription der Bistümer (29.12.1801) in: Bullarii Romani Continuatio, hg. von Andrea Barberi, Bd. XI (Rom 1846), 251–257.

[47] Vgl. Torsy, Bistum Aachen, 35 f.

[48] Vgl. Klaus Friedrich, Marc Antoine Berdolet (1740–1809), Bischof von Colmar, erster Bischof von Aachen. Sein Leben und Wirken unter besonderer Berücksichtigung seiner pastoralen Vorstellungen (Mönchengladbach 1973).

[49] Vgl. dazu Edmund Kahlenborn, die Neuumschreibungen der Pfarren im Roerdepartement unter der Herrschaft Napoleons I., in: AHVN 91 (1911), 15–62.

fügung stellen wollten. Die maßgebende Instanz war eine bereits am 3. August 1802 eingesetzte *commission épiscopale séante à Cologne,* der auch Wallraf angehörte. Die bischöfliche Behörde in Aachen ging auf deren Vorschläge ebenso ein wie die französische Regierung.[50] Alle Abtei- und Stiftskirchen – ausgenommen St. Maria ad gradus – sowie eine Reihe stattlicher Klosterkirchen konnten auf diese Weise vor dem Abbruch gerettet werden.

In der Pfarrei St. Kolumba waren die Minoritenkirche und die Kirche der Karmelitinnen in der Kupfergasse als erhaltenswert genannt worden, in letzterem Falle wohl mit Rücksicht auf das von der Bevölkerung geschätzte Bildwerk der *Schwarzen Muttergottes.* Diese beiden Gotteshäuser sollten für die Zukunft der Kolumbapfarrei bedrohlich werden. Die Minoritenkirche war geräumiger und für den Gemeindegottesdienst übersichtlicher als die Kolumbakirche. So wurde die Minoritenkirche zunächst unter dem Patrozinium der hl. Kolumba als Pfarrkirche und die bisherige Kolumbakirche wegen angeblicher Baufälligkeit zum Abbruch vorgesehen. Am 17. September 1802 war der Pfarrgeistlichkeit von St. Kolumba mitgeteilt worden, daß die Kirche am folgenden Tag geschlossen werde. Tatsächlich erfolgte die Schließung erst am 10. Juli 1803. Von St. Kolumba waren nur die Kapläne Assenmacher und Kirchhoff anwesend, als der Pfarrgottesdienst in Minoriten eröffnet wurde. Auf Zureden des letzteren erschienen am 13. Juli auch Lehrer Bollig, Chorvikar Dederichs und die anderen in der Pfarrei wohnenden Geistlichen. Vier Monate dauerte die Schließung der alten Pfarrkirche. Der Kirchenvorstand erreichte beim Bischof von Aachen und beim Präfekten des Roer-Départements die Rückverlegung des Pfarrsitzes in die angestammte Kirche. Am 12. November 1803 zelebrierte Kirchhoff still in St. Kolumba, *um zu konsekrieren,* am Nachmittag gab man öffentliche Beichtgelegenheit, und am 13. November wurde die alte Pfarrkirche wieder feierlich in Besitz genommen. Kaplan Pastors hielt dabei die Festpredigt.[51]

Nicht so einfach ließ sich das Verhältnis der Kolumbapfarrkirche zu der ehemaligen Karmelitinnenkirche St. Maria in der Kupfergasse lösen. Diese war als Pfarrkirche vorgesehen. Das ihr zuzuweisende Territorium konnte nur auf Kosten von St. Kolumba geschaffen werden. Anscheinend spielte bei der neuen Grenzziehung der Pfarrsprengel auch die Seelenzahl eine Rolle; offenbar sollte sie zwischen 1500 und 3000 Seelen je Pfarrei liegen. St. Kolumba hatte bisher rund 8000 Pfarrgenossen gehabt. So ist es wohl zu erklären, daß auch der neugeschaffenen Dompfarrei und der Apostelnpfarrei Teile des großen Territoriums von St. Kolumba zugewie-

---

[50] Vgl. Torsy, Bistum Aachen, 59, 80; Kahlenborn, Neuumschreibungen, 28; Bayer, Franzosen, 98–104, 106; Zu Wallraf vgl. Foerster, Kölner Kunstsammler, 79–83.

[51] Bericht Kirchhoffs (wie A. 33); Johann Wilhelm Joseph Pastors, Rede bei Gelegenheit der Wiedereröffnung der Pfarrkirche zur hl. Kolumba in Köln am Kirchweihfeste, dem 13. November 1803 (Köln bei Leonhard Kauffmann). Zum Engagement des Kirchmeisters von Geyr vgl. Peter Paul Trippen, Hauptsächliche Begebenheiten der Jahre 1802–1816. Aus dem Journal des letzten kurkölnischen Generaleinnehmers Cornel Joseph Freiherrn Geyr von Schweppenburg (1754–1832), in: JKGV 19 (1937), 312–335, hier 315.

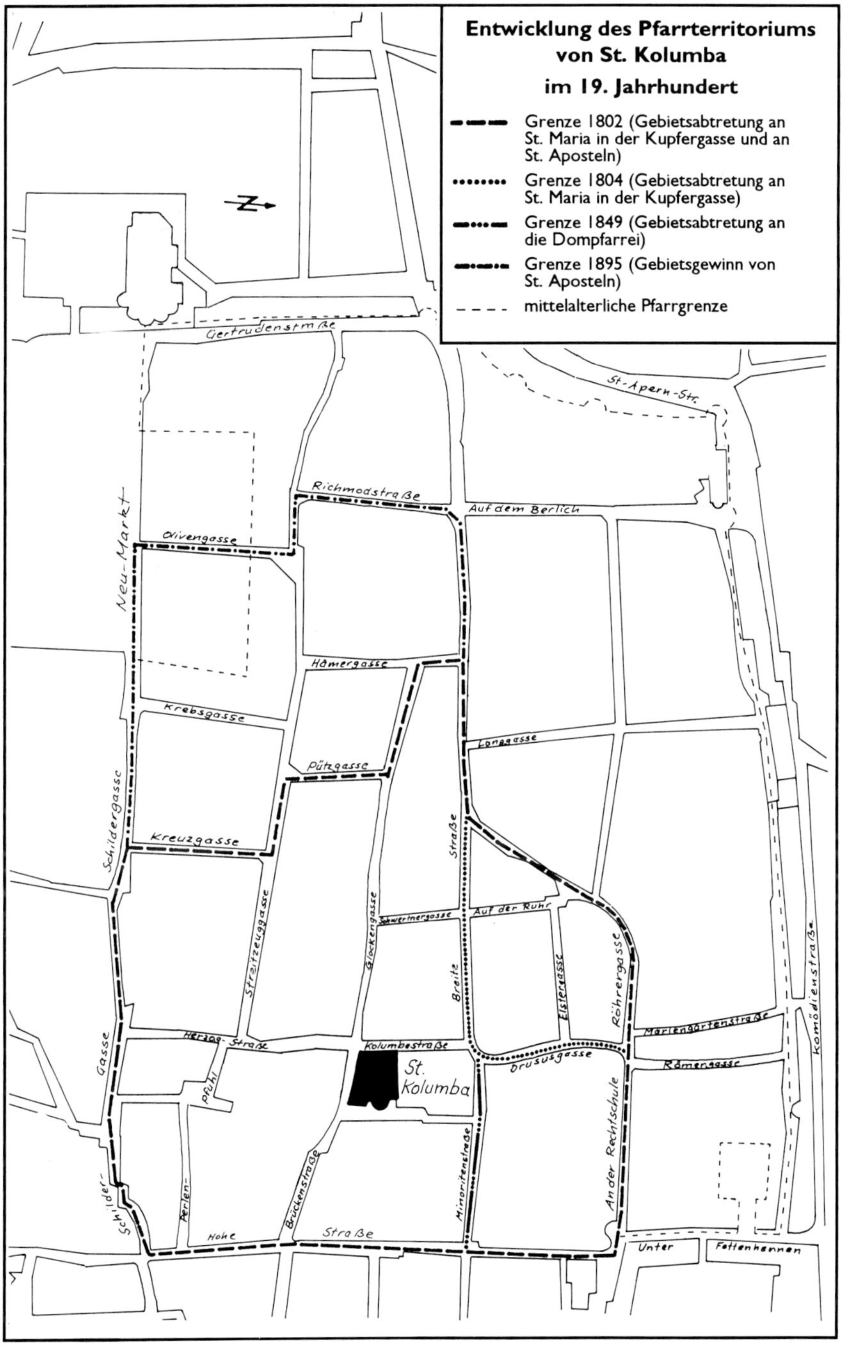

Abb. 64 Entwicklung des Pfarrterritoriums von St. Kolumba im 19. Jahrhundert

sen wurden, und zwar St. Aposteln im Südwesten, dem Dom im Nordosten. Der Nordwesten zwischen Berlich und Mörsergasse wurde Pfarrgebiet von St. Maria in der Kupfergasse. Die Grenzen von St. Kolumba verliefen nun von der Ecke Hohestraße-Schildergasse über die Straßenachsen Schildergasse-Kreuzgasse-Streitzeuggasse-Pützgasse-Glockengasse-Hämergasse-Breitestraße-Mörsergasse-Röhrergasse-An der Rechtsschule bis zur Ecke Unter Fettenhennen – von da über die Hohestraße bis zum Ausgangspunkt.[52] Das war weniger als die Hälfte jenes Territoriums, das beinahe 1000 Jahre zu St. Kolumba gehört hatte. Die Pfarrei zählte nurmehr 2300 Seelen. Ehedem die größte Pfarrei Kölns, wurde sie jetzt in der Seelenzahl von sieben anderen Pfarreien übertroffen. Allerdings muß man zugeben, daß die getroffene Umgrenzung vom seelsorglichen Standpunkt aus nicht ungünstig war; die Pfarrkirche lag im Mittelpunkt ihres Territoriums, und die Seelenzahl war für damalige Verhältnisse angemessen.

Bei der genannten Umgrenzung sollte es jedoch nicht lange bleiben. Da die neue Sukkursalkirche in der Kupfergasse noch keine ausreichende Dotation besaß, entschloß sich Bischof Berdolet bei der zweiten Organisation der Kölner Pfarreien im Jahre 1804, das Viertel zwischen Mörsergasse-Auf der Ruhr-Drususgasse-Breitestraße von St. Kolumba abzutrennen und der Hilfspfarrkirche in der Kupfergasse zuzuweisen. Ein kaiserliches Dekret vom 12. Juli 1806 genehmigte die Grenzveränderung.[53] Nach dieser neuerlichen Einbuße zählte St. Kolumba weniger Pfarrgenossen als ihre Sukkursale in der Kupfergasse. Die Zahl der Häuser war von 961 in reichsstädtischer Zeit auf 363 zurückgegangen.[54] Das Pfarrgebiet stellte nunmehr ein unregelmäßiges Gebilde dar, und die Pfarrkirche lag nicht mehr in seinem Mittelpunkt. Hatte man die erste Aufteilung der alten *parochia primaria* im allgemeinen stillschweigend hingenommen, so erhob sich jetzt eine durch ein ganzes Jahr sich hinziehende Protestbewegung. In einem von 64 Pfarrmitgliedern unterzeichneten Schreiben wandten sich die Bewohner des neuerdings abgetrennten Viertels an die Kirchmeister von St. Kolumba. *Urteilen Sie selbst, Herren Kirchmeister,* so heißt es da, *wie niederschlagend uns diese Ankündigung war, welch unangenehme Empfindung sie in uns wecken mußte. Diese alte, uralte Pfarre, die ihren Ruhm, in jedem Betrachte die erste zu heißen, bis auf unsere Tage brachte und ihn nur leider in diesem Zeitenwirbel verlor. Diese Pfarre, die, nachdem sie ein Dritteil schon eingebüßt, noch eine der ersten Stellen unter ihren Geschwistern behauptete, nun aber zum zweiten Male eines Teils ihrer Pfarrkinder beraubt, an Zahl unter manche Sukkursale herabsinken sollte . . . Sollten wir, darin erzogen und geboren, sie jetzt verlassen? Gegen eine neue eintauschen, die aus einem Nichts hervorgewachsen, die Zahl ihrer Pfarrgenossen nicht zu fassen vermag? Nein, nein, bei unserer alten Mutter müssen wir bleiben . . .*[55]

---

[52] Vgl. Kahlenborn, Neuumschreibungen, 110.
[53] Maire Wittgenstein an die Kirchmeister von St. Kolumba 18.11.1806, in: PAK C I/1.
[54] Kirchhoff an Bochem o. D., in: PAK C III/1.
[55] o. D., in: PAK C I/1.

Die Kirchmeister von St. Kolumba wandten sich auf Grund dieser – vermutlich von ihnen selbst veranlaßten – Stimme aus dem Volk über den Präfekten des Roerdépartements, General Lameth, an den Bischof von Aachen mit der Bitte, die neue Beschneidung der Pfarrgrenzen rückgängig zu machen,[56] aber dieser ließ ihnen am 23. März 1807 durch den Subpräfekten des Arondissements Köln bedeuten, die Delimitation sei notwendig gewesen, weil die Marienpfarrei in der Kupfergasse noch keine Kirchenfabrik habe, während St. Kolumba gut dotiert sei.[57] Das wollten freilich die Kirchmeister nicht gelten lassen, weil die reichen Stiftungen an ihrer Kirche Revenüen für bestimmte geistliche Dienste seien, im übrigen habe die Pfarrei durch die Säkularisation auf dem rechten Rheinufer große Verluste gehabt. Vor allem – und damit griffen sie die Klage der Pfarrgenossen auf – könnten sie es nicht mit der Würde der ältesten Pfarrkirche der Stadt vereinbaren, daß sie nun weniger Pfarrgenossen habe als der Emporkömmling in der Kupfergasse; man möge es wenigstens bei den Grenzen der ersten Organisation belassen.[58]

Bischof Berdolet ging auf diesen Wunsch nicht ein. Aber die Kolumbaner ließen nicht locker. Als im Frühjahr 1808 davon die Rede war, die Andreaspfarrei zu unterdrücken, hofften die Kirchmeister von St. Kolumba, durch einen Ringtausch zwischen St. Andreas, St. Maria in der Kupfergasse und St. Kolumba ihr Pfarrgebiet in dem Umfang der ersten Organisation wiederherstellen zu können.[59] Aber der Präfekt des Roerdépartements dementierte am 18. Juni 1808 das Gerücht.[60] Auf einen erneuten Versuch der Kirchmeister am Ende des Jahres[61] scheint keine Antwort erfolgt zu sein.

Der Übergang des linksrheinischen Gebietes an Preußen

Die militärische Auseinandersetzung der alliierten Mächte Preußen, Rußland, Schweden und Österreich mit Napoleon brachte das Ende der Zugehörigkeit Kölns zu Frankreich. Die Pfarrangehörigen von St. Kolumba wurden unmittelbar Zeugen der abziehenden Franzosen. Am 2. November 1813 passierte der Bruder Napoleons, der „Westfalenkönig" Jérôme, Köln, wo er sich eine Nacht lang im von Geyr'schen Hause (Breitestraße 92) einquartierte. Am 11. Januar 1814 fand im Gartensaal desselben Hauses der letzte Kriegsrat der aufbrechenden französischen Garnison statt, bevor diese am 14. Januar abmarschierte. Am Tage darauf kamen die russischen Verbündeten in Köln an; der zum vorläufigen Stadtkommandanten ernannte russische Major von Klemmert nahm Wohnung im von Grooteschen Hause (Glockengasse 3).[62]

---

[56] o. D. ebd.
[57] Ebd.
[58] Kirchmeister von St. Kolumba an den Bischof von Aachen 15.4.1807, in: PAK C I/1.
[59] Schreiben an den Maire von Köln und an den Bischof von Aachen 23.5.1808, in: PAK C I/1.
[60] Schreiben an die Kirchmeister: ebd.
[61] Vom 8. bzw. 9.11.1808: ebd.
[62] Vgl. Bayer, Franzosen in Köln, 157, 160, 162.

Durch den Wiener Kongreß (1815) kamen Köln und ein großer Teil der linksrheinischen deutschen Lande an Preußen. Die territoriale Neuordnung hatte auch Folgen für die kirchliche Organisation auf der oberen Ebene. So stellte die zwischen Rom und Berlin vereinbarte Circumscriptionsbulle *De salute animarum* (1821) das Erzbistum Köln wieder her.[63] Das Recht des französischen Staatschefs, die Bischöfe zu ernennen, wich der Bischofswahl durch das Domkapitel; die Mitwirkung der Regierung war auf ein Vorverfahren beschränkt. Das umfangreiche Dokument befaßte sich jedoch nicht mit der unteren Ebene der Pfarreien und mit der Ernennung der Seelsorgegeistlichen. Hier galt die bisherige Praxis weiter; speziell im bisher französischen linksrheinischen Gebiet blieben das napoleonische Konkordat von 1801, die Organischen Artikel und andere staatskirchliche Gesetze in Kraft.[64] Pfarrer und Kapläne wurden vom Erzbischof frei ernannt und die Grenzumschreibung der Pfarrei St. Kolumba von 1804 blieb bestehen, von kleineren Austauschvorgängen abgesehen.

24. Das pfarrkirchliche Personal seit Beginn des 19. Jahrhunderts

Pfarrer und Kapläne

Als Inhaber einer kanonischen Pfarrei (Hauptpfarrei) führte der Pastor von St. Kolumba – wie seine Kollegen im linksrheinischen – seit 1854 den Titel *Oberpfarrer.* Als Erinnerung an ihre frühere Inkorporation in eine Stiftspfründe trugen alle Kölner Stadtpfarrer auch weiterhin den weißen, grau umrandeten Pelzkragen der Stiftsherren über dem Rochett (vgl. Abb. 48 und 52).

Als am 3. Juli 1803 die neuernannten Pfarrer von Köln vor dem Vertreter des französischen Staates den vom Konkordat verlangten Treueid ablegten,[1] befand sich der bisherige, nunmehr 64jährige Pfarrer von St. Kolumba, Adam Müller, nicht unter ihnen. Er teilte mit acht anderen seiner Kölner Amtskollegen das Los der Absetzung. Er überlebte den Untergang der alten Kolumbapfarrei nur um ein Jahr. Mit ihm wurde zum letzten Mal ein Pfarrer in der Kolumbakirche beigesetzt.

Müllers Nachfolger wurde der bisherige Pfarrer des aufgehobenen Sprengels St. Maria im Pesch, Johann Friedrich Frangenheim. Am 6. Juli 1803 hatte ihn Bischof Berdolet zum Pfarrer von St. Kolumba ernannt; Dompfarrer Werner Marx führte ihn in sein Amt ein.[2]

[63] Lateinischer Text in: Angelo Mercati, Raccolta di Concordati su materie ecclesiastiche tra la Santa Sede e le Autorità Civili, 2 Bde (Rom 2. Aufl. 1954), hier I, 648–665; deutsche Übersetzung in: Ernst-Rudolf Huber – Wolfgang Hubert, Staat und Kirche im 19. und 20. Jahrhundert. Dokumente zur Geschichte des deutschen Staatskirchenrechts, 4 Bde (Berlin 1973/88), hier I, Nr. 91.

[64] Zu den Texten siehe oben –. Zur Weitergeltung des französischen Staatskirchenrechts vgl. Hubert Lentz, Die Konkurrenz des französischen und preußischen Staatskirchenrechts 1815–1850 in bezug auf die katholische Kirche in den damals preußischen Landesteilen westlich des Rheins (Bonn 1961), besonders die Zusammenfassung, 340–347.

[1] Konkordat, Art. 7.

[2] Vgl. Ferrier, St. Kolumba, 58.

Auf Grund der Aachener Diözesanordnung standen dem Pfarrer von St. Kolumba zwei Kapläne zu.[3] Diese Regelung galt – von Ausnahmen abgesehen – auch nach Wiedererrichtung des Erzbistums Köln bis zum Jahre 1888. Danach blieb die zweite Kaplanstelle vakant; seit 1902 wurde ein nebenamtlich tätiger Subsidiar beauftragt; dieser Zustand hielt sich bis 1943.[4] Frangenheim übernahm 1803 zwei Mitarbeiter, die schon lange in St. Kolumba gewirkt hatten: Christian Assenmacher und Theodor Kirchhoff. Beide blieben bis zu ihrem Tode in ihrer Stellung an St. Kolumba. Der bisherige dritte Kaplan, Johann Joseph Müller, der seit 1798 an St. Kolumba tätig war, wurde von Frangenheim nicht angestellt, anscheinend aber zum Chordienst zugezogen und, um seinen Lebensunterhalt zu sichern, von den Kirchmeistern zum Rendanten bestellt.[5] Er empfand diese Lösung als eine *Zurücksetzung ohne Ursache* und war erst recht verbittert, als er 1809 die bis dahin innegehabte Kaplanswohnung räumen sollte.[6] Er wurde im gleichen Jahr Kaplan der Dompfarrei. Seit 1802 war Johann Wilhelm Pastors, ein Vetter Frangenheims, als Kaplan an St. Kolumba tätig, wohl als Nachfolger Assenmachers. Er blieb bis 1816.[7] Von seinem Mitbruder Kirchhoff wurde er als *recht frommer und aufrichtiger Herr* geschildert, der aber, weil mit dem Pfarrer verwandt und überdies unerfahren, sich sehr zurückhalte und nur das tue, was er tun müsse.[8]

Das Verhältnis zwischen Pfarrer und Kaplänen wurde – nach der Aussage Kirchhoffs – durch die gegebene Über- und Unterordnung bestimmt, worüber sich indes – anders als bei den Kirchmeistern – kein Widerspruch erhob, weil – wie Kirchhoff zu sagen pflegte – *alle zu forchtsam* waren.[9]

Abbau der Benefiziaten-Stellen

Zur Geistlichkeit von St. Kolumba gehörten weiterhin die beiden Chorvikare, die schon aus den früheren Verhältnissen bekannt sind;[10] sie waren Benefiziaten und nur zu gemeinsamem Chordienst, nicht zur Seelsorge verpflichtet. Diese nicht mehr zeitgemäße Einrichtung wurde im Laufe des 19. Jahrhunderts allmählich abgebaut. Durch einen erzbischöflichen Erlaß vom 17. Oktober 1851 wurden dem auf eine Meßstiftung ernannten Vikar auch Seelsorgeaufgaben zugewiesen.[11] 1859 taucht die Bezeichnung *Sakristanpriester* auf, die in den siebziger Jahren wieder ver-

---

[3] Die Diözesanordnung gewährte einer Pfarrei über 600 Seelen einen Kaplan, für jedes weitere Tausend einen zusätzlichen Kaplan. Der Kirchenvorstand hatte über die Notwendigkeit der Anstellung zu entscheiden. Vgl. Oberbürgermeister an Kirchenvorstand 18.11.1819, in: PAK, C III/1.

[4] Vgl. die Listen im Anhang.

[5] Kirchhoff an Bochem o. D., in: PAK, C III/1.

[6] Kaplan Müller an die Kirchmeister 29.3.1809, in: PAK, C IV/3.

[7] PAK, C V/7.

[8] Kirchhoff an Bochem o. D., in: PAK, C III/1.

[9] Ebd.

[10] Siehe oben S. 181.

[11] Schreiben des Kirchenvorstandes (verfaßt von Schnepper) an GV vom 3.4.1861, in: PAK, C, LA.

schwand.[12] Vielleicht handelte es sich um eine Übergangslösung für einen der beiden Chorvikare; seine Funktion bestand wohl in der Sorge um ordnungsgemäße Durchführung der Gottesdienste. Er verwaltete auch als erster die Pfarrbücherei. Als 1861 eine der beiden Chorvikariestellen durch den Tod des Inhabers frei wurde, wünschte Oberpfarrer Schnepper die Reduzierung der Stiftungsverpflichtungen und stattdessen die Beauftragung des neu zu ernennenden Geistlichen mit Schulkatechese und Unterrichtung des Männer- und Knabenchors in Choral und Kirchenmusik.[13] Der Plan scheiterte aus Mangel an musikverständigen Geistlichen. Darauf erbat Schnepper einen bei der erzbischöflichen Rechnungskammer beschäftigten Geistlichen zur Übernahme der Stiftungsverpflichtungen;[14] für ihn begegnet um 1872 der Amtstitel *Subsidiar*.[15]

Ende der Priesterhaus-Stiftung

Eine weitere Einrichtung, die mit St. Kolumba in Verbindung stand, fand im 19. Jahrhundert ihr Ende; es war die Priesterhaus-Stiftung.[16] In französischer Zeit war die von Geyrsche Stiftung nicht flüssig gewesen, und später fanden sich nicht genug Geistliche für die vorhandenen Plätze;[17] 1824 genossen nur drei Priester die Vorteile des Priesterhauses.[18] Erzbischof Ferdinand August von Spiegel hob es daher am 3. Dezember 1825 auf und überwies das Vermögen der Stiftung samt seinen Lasten dem erzbischöflichen Seminar. Dieses übernahm damit die Verpflichtung, der Kirche St. Kolumba Aushilfe beim Pfarrgottesdienst zu leisten, *insoweit es für nötig und mit der Einrichtung dieser Anstalt für verträglich erachtet* werde.[19] Konkret bestand die Aushilfe in der Gestellung von Diakon und Subdiakon bei den Levitenämtern an Sonn- und Feiertagen. Über die Ausdehnung der Ministration auch auf das Levitenamt am Donnerstag kam es zu Differenzen zwischen Seminar und Pfarrei. Erzbischof Spiegel gestattete sie nicht, weil die Seminarordnung dadurch gestört werde.[20] Sein Nachfolger Droste-Vischering konzedierte sie dagegen, soweit sie ohne Versäumnis der Vorlesungen geschehen könne. Außerdem gestattete er, daß zwei Priester-Alumnen sonntags in St. Kolumba eine Messe zelebrierten.[21] Die Ministrationsverpflichtung des Seminars scheint erst mit dessen Verlegung nach Bensberg (1929) in Abgang gekommen zu sein.

---

[12] Moreau an Polizeipräsident Geiger 16.6.1859: PAK, C, LA.
[13] Wie Anm. 11.
[14] KV (Schnepper) an GV o. D. (1861, Entwurf): PAK, C, LA.
[15] Handbuch der Erzdiözese 1872.
[16] Vgl. oben S. 196 f.
[17] KV an GV 21.9.1825: PAK, C IV/12.
[18] KV an Oberbürgermeister (auf Anfrage) 28.9.1824: PAK, C IV/12.
[19] GV an KV 16.12.1825: PAK,C IV/12.
[20] GV Hüsgen an KV 14.2.1827: PAK, C I/1.
[21] Erzbischof Droste-Vischering an Seminarpräses Weitz 31.12.1836 (Abschrift): PAK, C I/1.

Lehrer und Küster

Zum geistlichen Personal an St. Kolumba gehörten ferner die Lehrer der Pfarrschule. Sie war in französischer Zeit samt ihrem Personal erhalten geblieben.[22] Noch am 3. März 1815 hatte der Kirchenvorstand den Priester Augustin Demmer als Lehrer angestellt; zu seinen dienstlichen Pflichten gehörte es auch, die Kinder täglich um 11 Uhr zur heiligen Messe zu führen und außerdem acht diensttaugliche Meßknaben zu stellen.[23] Ein Lehrer namens Frielingsdorf, der jeden Vormittag um 11 Uhr in St. Kolumba die Messe zelebrierte, ist noch 1819 erwähnt.[24] Mit dem Übergang der Schulen an die Stadt verschwanden die geistlichen Volksschullehrer.

Als Frangenheim seine Stelle antrat, erhoben fünf Männer Anspruch auf die Küsterstelle der neuen Hauptpfarrkirche, unter ihnen der Sakristan der Minoritenkirche und der bisherige Custos Frangenheims an St. Maria im Pesch. Da Frangenheim darauf bedacht war, den Chordienst wieder in Übung zu bringen, außer dem Schulmeister aber kein Chorsänger vorhanden war, ließ er unter den fünf Bewerbern unter Aufsicht des Domchordirektors Horn einen Konkurs abhalten mit besonderer Berücksichtigung der musikalischen Qualitäten der Bewerber. Die Wahl fiel auf Andreas Demmer[25] und Ignaz Burrenkopf, die auch vom Bischof bestätigt wurden. Den bisherigen Küster von St. Kolumba, Heinrich Aldenrath, hatte der Pfarrer wegen seiner Taubheit und seiner Unfähigkeit zum Singen schon bei der Einrichtung des Pfarrgottesdienstes in der Minoritenkirche nicht in Dienst gestellt. Als dieser bei der Rückkehr in die Kolumbakirche am 13. November 1803 seine Funktionen wiederaufnehmen wollte, hatte Frangenheim dies nicht zugelassen. Besonders bitter empfand es der alte Mann, der seit dem 31. Dezember 1778 seinen Dienst verrichtet hatte, daß ihm einer vorgezogen wurde, der als Angestellter eines säkularisierten Instituts bereits eine staatliche Pension von 500 frcs bezog.[26] Er nahm seine Zuflucht zu den Kirchmeistern, denen die Anklage gegen den anscheinend sehr eigenmächtig handelnden Pfarrer nicht ungelegen kam. Sie bestritten diesem das Recht zur Absetzung des Küsters, da Aldenrath ihnen den Treueid geleistet habe und den derzeitigen Kirchmeistern die Ausübung ihrer bisherigen Rechte bis zur Ernennung neuer Kirchmeister verblieben sei. Auch der Subpräfekt Klespe und der Bischof von Aachen wurden mit der Sache befaßt; letzterer wünschte, daß Aldenrath als dritter Küster angestellt und ihm *wegen seines hohen*

[22] Vgl. Torsy, Bistum Aachen, 273, 275.

[23] Protokoll des KV 3.3.1815: PAK, C, LA.

[24] Protokoll des KV 19.2.1819, PAK, C, LA.

[25] Bis 1821, als er die Chorsängerstelle der Kirdorffschen Stiftung übernahm. Vgl. Kirchenvorstandsprotokoll vom 29.5.1821, in: PAK, C. LA.

[26] Den Küstern, Organisten, Offizianten usw. aufgehobener geistlicher Institute hatte der französische Staat ebenso eine Pension ausgeworfen wie den geistlichen Insassen aufgelöster Klöster. Vgl. Torsy, Bistum Aachen, 199 f.

Alters einige Revenüen gegeben würden. Frangenheim ließ sich darauf ein, und auch Aldenrath mußte sich nach erfolglosem Widerstand fügen.[27]

Während der Pfarrer die an St. Kolumba adskribierten Geistlichen zur Ordnung im Gottesdienst anhielt, sah der Kirchenrat den übrigen kirchlichen Angestellten mehr auf die Finger, was Kaplan Kirchhoff nicht wenig tröstete. *Daß die Herren Kirchmeister dem Organist, Follist auch pulsantibus iz mehr zugesetzt, freuete mich; diese Leute wissen ihre bestimmte Zeit anzufangen und aufzuhören; der Kaplan* – so fügte Kirchhoff hinzu – *muß augenblicklich ad nutum pastoris bereit sein.*[28]

Im Jahre 1812 erließen die Kirchmeister eine neue Dienstvorschrift für die Küster von St. Kolumba.[29] Sie schloß sich im allgemeinen an die bekannten mittelalterlichen Vorschriften an. Wie seit Jahrhunderten hatten die Küster auch jetzt eine Kaution, und zwar in der Höhe von 3000 frcs, zu stellen und bei Antritt ihrer Tätigkeit ein Inventarverzeichnis zu unterschreiben, das jährlich verglichen wurde. Die Schlüssel zum Kirchenschatz und zu den Paramenten wurden ihnen nur zu den Feiertagen vom Pfarrer ausgehändigt. Einer der Küster mußte vormittags ständig in der Sakristei anwesend sein. An den Nachmittagsgottesdiensten mußten beide Küster in Chorkleidung teilnehmen. Sie hatten ferner darauf zu achten, daß alle Stiftungen pünktlich erfüllt wurden, und zu diesem Zweck am Vortage den betreffenden Priester an seine Stiftungsverpflichtungen zu erinnern gemäß der in der Sakristei angeschlagenen Quartaltabelle. Im Nichterfüllungsfalle hatten sie Anzeige beim Kirchmeisterbüro zu erstatten. Außerdem hatten die Küster dafür zu sorgen, daß jede halbe Stunde eine Messe begann, und die adskribierten Geistlichen zu ersuchen, etwaige bestellte Messen zu Zeiten zu zelebrieren, die noch nicht von Stiftungsmessen besetzt waren. Gegen Ende des Jahrhunderts scheint nur noch ein Küster amtiert zu haben. Von einem Organisten ist nur gelegentlich die Rede.

Die Lebensverhältnisse der Pfarrgeistlichen und der kirchlichen Angestellten

In französischer Zeit

Für die Lebensverhältnisse der Geistlichen hatten Säkularisation und Konkordat einschneidende Änderungen gebracht. Pfarrer Müller klagte dem Maire am 14. Juni 1801: *Durch Sequester oder Aufhebung des Zehnten ist für mich Pastor Sanctae Columbae als Besitzer eines der Pastorat inkorporierten Kanonikat zu St. Ursulen, worin die ganze Pastoratkompetenz bestehet, für meinen Anteil verloren gegangen. Der Verlust zwei der sonst gewöhnlichen Renten ausmacht.*[30] Auf Grund des Konkordats erhielten dann die Pfarrer als Entschädigung für die einge-

---

[27] Gutachten der Kirchmeister (Entwurf), 2 Schreiben Aldenraths an die Kirchmeister o. D. (prs. 17.8. bzw. 29.11.1805); Aldenrath an Klespe (Kopie); Frangenheim an die Kirchmeister o. D., in: PAK, C III/1.

[28] Kirchhoff an Bochem o. D., in: PAK, C III/1.

[29] Reglement für die Opferleute vom 12.11.1812, in: PAK, C I/1.

[30] Auskunft vom 14.6.1801 über die Einkünfte der Geistlichen an St. Kolumba (auf Anfrage des Maire): PAK, C III/2.

zogenen Kirchengüter Staatsgehalt; es betrug für den Pfarrer von St. Kolumba 1500 frcs, wie Frangenheim angibt.[31] Diese Summe war kein Äquivalent für die bisherigen Einnahmequellen, hatte doch allein die Präbende an St. Ursula jährlich 800–1000 Reichstaler eingebracht. Die Stolgebühren waren infolge der Verminderung der Seelenzahl auf 2300 und der geringeren Achtung, deren sich die Geistlichkeit erfreute, auf ein Fünftel des früheren Betrags zurückgegangen. Desgleichen die Entschädigung seitens der Pfarrangehörigen beim Oster-Rundgang.[32] Die Honorare für gestiftete Dienste betrugen wegen der verschiedenen nicht mehr flüssigen Renten auf die Stadt Köln und auf aufgehobene oder auf der rechten Rheinseite (also im Ausland) liegende Korporationen nur zwei Drittel des ehemaligen Ertrags.[33] Frangenheim eröffnete daher seinen Kaplänen, daß die bisher zwischen ihm und seinen Mitarbeitern gehandhabte gleiche Teilung der Kirchengefälle aufhören müsse. Auch werde der Pfarrer in Zukunft die Hälfte der beim sogenannten Handschuhgang gegebenen Ostergeschenke für sich behalten, während die beiden Kapläne jeweils ein Viertel bekommen sollten. Auf dringende Vorstellungen der Kapläne, welche die Ostergaben als einen Hauptteil ihrer Einkünfte bezeichneten, stimmte Frangenheim seine Forderungen wenigstens auf anderthalb Drittel herunter. Jedoch waren die Kapläne auch damit nicht einverstanden und baten, jeder der Pfarrgeistlichen solle den Oster-Rundgang allein machen. Als der Pfarrer sich darauf nicht einlassen wollte, wandten sie sich an den Generalvikar mit der Bitte um Entscheidung.[34] Eine Antwort der Behörde wurde bei den Akten nicht gefunden.

In einem anscheinend vor 1809 geschriebenen Brief an den Rendanten Bochem beklagte sich Kaplan Kirchhoff über seine damals geringen Einkünfte:[35] 200 Frcs seien als Salär für jeden Kaplan bestimmt, *dafür ist er Kaplan, bei Tag und Nacht hat er keine sichere freie Stund ... Sooft nur eine Glock geläutet wird, muß er ... erscheinen ... er ist anhaltend ein Diener des H[errn] Pastor und muß auf das willkürige Glockenzeichen passen ... er muß die andere Woche ... morgens früh (wenn andere, welche mehr Einkünfte haben, noch schlafen) aufstehen, den Rosenkranz laut vorbeten ... das, was andere nicht tun wollen, muß der Kaplan tuen. Vespern, Metten, Kompleten mithalten – er muß Donnerstags, auch sonntags in der zweiten Woche alle, auch die neueingeführte Andachten halten.* Daß alles dies nun zum Dienste eines Kaplans gehören sollte und dafür ein fixes Gehalt festgesetzt sei, wollte ihm, der an das alte System gewohnt war, daß jedem Dienste ein spezielles Einkommen entsprechen müsse, nicht in den Sinn. So ist die bewegliche Klage zu verstehen, daß er sogar die vom Pfarrer neu eingeführten Andachten *für nichts* halten müsse, wenn er nicht beim Bischof angezeigt werden wolle. Das *Discubuit* bei

---

[31] PAK, C III/1.

[32] Beim Osterrundgang oder Handschuhgang der Pfarrgeistlichen wurden die Pfarrangehörigen zum Empfang der Ostersakramente eingeladen. Dabei pflegte man einen seiner Handschuhe auf den Tisch zu legen, in den die Besuchten ein Geldstück steckten.

[33] Kirchenvorstand (Bochem) an Oberbürgermeister 17.3.1819: PAK, C III/1.

[34] 18.3.1807: ebd.

[35] o. D.: PAK, C III/1.

der Donnerstagsandacht sei 1802 zuletzt bezahlt worden. Manche gestifteten Dienste fänden überhaupt nicht mehr statt, z. B. die Vigilien vor den Bruderschaftssonntagen sowie die Chorpräsenz zur Montagsmesse nach dem Bruderschaftssonntag; 1803 sei zuletzt das Stipendium hierfür ausgezahlt worden. Von jedem Anniversar, das er halte, müsse er 18 Stbr an den Pfarrer abführen. Insgesamt erhalte er etwas mehr als der Schullehrer Bollig. Kirchhoff vermißte auch schmerzlich die früher üblichen Bewirtungen beim Pfarrer, die er als Teil seines Einkommens ansah. *Zudem wurden wir vorhins vom Laetaretag bis Donnerstag einschließlich* [der Zeit des Osterrundgangs] *herrlich vom H[errn] Pastor traktieret, indessen bliebe er zuhaus und bekam nur den dritten Teil, und wenn wir ihm seinen dritten Teil trugen, hatten wir wieder eine Abendrekreation, und ein jeder bekame ein Präsent ad zwei kr[on]th[aler]. Das ganze Jahr hindurch hatten wir beim H[errn] Pastor viele vertrauliche Rekreationen, das ist auch Geld wert; um Neujahr gabe H[err] Pastor jedem Kaplan einen Dukat. Wäre das auch eingeführt, daß die Kapläne auch zweimal mit dem Handschuh durch die Pfarre gingen wie der Offermann, könnte auch nicht schaden. Es ist aber nicht.*

In der Tat war die materielle Lage der Kapläne zunächst sehr unsicher. Nachdem seit 1805 die noch nicht veräußerten Stiftungsgüter zurückgegeben worden waren, wurden sie vorzugsweise den Kaplänen und Vikaren zugewandt, bis für sie auf andere Weise gesorgt würde.[36] Sie erhielten an St. Kolumba das gut fundierte *Officium Sancti Nicolai* zugewandt.[37] Das Gesetz vom 30. Dezember 1809 setzte dann für die Hilfsgeistlichen ein Mindestgehalt von 300 frcs und ein Höchstgehalt von 500 frcs fest, das aus der Kirchenfabrik zu zahlen war.[38] Die Kirchmeister von St. Kolumba bewilligten daraufhin jedem ihrer Kapläne, die bisher nur 200 frcs erhalten hatten, das Höchstgehalt. Stiftungen wurden in das Gehalt eingerechnet; es setzte sich nunmehr zusammen aus 330 frcs aus dem Fabrikfonds, 170 frcs aus gestifteten Diensten (Anniversarien, Chordienst, Rosenkranz usw.); hinzu kamen das Handschuhgeld, Stolgebühren und Manualstipendien. Nominell hatten sich die Einkünfte der Kapläne gegenüber früher nicht vermindert. Es ist jedoch zu beachten, daß die Kosten für die Lebenshaltung seit dem Einzug der Franzosen auf das Doppelte angestiegen waren.[39] Die übrigen an St. Kolumba Dienst tuenden Geistlichen – zwei Chorvikare – erhielten ihr Einkommen aus den Stiftungen, für deren Persolvierung sie angestellt waren. Sie waren zur Residenz verpflichtet, zum Chorhalten und zur Persolvierung zweier Wochenmessen.[40] Der Vikar Peter Klein berichtet, daß er dafür aus liegenden Gütern 760 frcs erhielt. Zeitweilig gingen

---

[36] Vgl. Torsy, Bistum Aachen, 151 ff.
[37] Kirchenvorstand an Generalvikar o. D. (um 1822), Entwurf: PAK, C, LA.
[38] Oberbürgermeister an Kirchenvorstand 18.2.1819: PAK, C III/1. Vgl. Torsy, Bistum Aachen, 153. Auf Grund eines kaiserlichen Erlasses vom 8.11.1810 wurden die Vikarswohnungen, die noch nicht veräußert waren, zurückgegeben (Torsy, 154); das traf auch für St. Kolumba zu.
[39] Kirchenvorstand an Oberbürgermister 17.3.1819: PAK, C III/1.
[40] Kirchmeister an kommissarischen Oberbürgermeister von Mylius 6.6.1816: PAK, C I/1.

jedoch, nach seinen Angaben, etwa zwei Drittel der jährlichen Einkünfte für Steuern fort.[41] Später scheinen die Vikare ein garantiertes Einkommen gehabt zu haben, das sich aus dem Erträgnis bestimmter Stiftungen ergab.[42]

Das Gehalt des Organisten wurde von 1814 an, mit Rücksicht auf die Erweiterung des Dienstes, besonders durch die Einrichtung einer musikalischen Sonntagsmesse, auf 230 frcs festgesetzt, war demnach vorher um einiges geringer gewesen.[43]

Die Einkünfte des Schullehrers bestanden in freier Wohnung und dem Schulgeld der Kinder[44] sowie den Einkünften von Stiftungen; sie waren vor 1809 etwas geringer als die eines Kaplans.[45]

Die Franzosen hatten zunächst das ganze Schul- und Stiftungsvermögen eingezogen. Das Gesetz vom 13. Juli 1796 machte dies wieder rückgängig, und Regierungskommissar Rudler beauftragte nun das Professorenkollegium der *Ecole centrale* mit der Verwaltung des Vermögens, bis diese im Jahre 1800 an eine eigene Kommission überging, die auch die notwendige Trennung von Schulvermögen und Stiftungsfonds durchführte. Die Verwaltung war sehr korrekt, die Gelder für gestiftete Dienste wurden – mit Ausnahme der Stiftung Novimola – regelmäßig und pünktlich ausgezahlt.[46]

Nach Neuordnung der kirchlichen Verhältnisse (1821)

Als 1845 eine entsprechende Anfrage des Oberbürgermeisters beantwortet werden mußte, waren die Verhältnisse wieder stabiler und günstiger. Auf Grund der Auskunft erhielt der Oberpfarrer von St. Kolumba außer Wohnung und Garten, die vielleicht 500 Taler Miete einbringen konnten, jährlich an Staatsgehalt 393 Taler, 22 Silbergroschen und 6 Pfennig, an Chorgehalt 36 Taler, an Stipendien und Stiftungen wenigstens 60 Taler, eventuell noch mehr, wenn er täglich für Stipendien zelebrierte. An Stolgebühren nahm er nach Abzug dessen, was er den Kaplänen davon zukommen ließ, wenigstens 50 Taler ein, auch einiges an sonstigen zufälligen Honoraren bei Sterbeereignissen, teils in Geld teils in Wachs.[47] Alles in allem werde ein Oberpfarrer von St. Kolumba – so hieß es weiter – *wenn er stets dienstfähig bleibt, seiner Stelle sich nützlich zu machen weiß und des Wohlwollens der Pfarrangehörigen sich erfreut*, jährlich bis 800 Taler einnehmen können.[48] Um 1880 waren es jährlich 3.834 Mark an Pfarrgehalt ohne Stiftungen, Stolgebühren, Stipendien und

[41] Die Kirchmeister gaben 1816 als Einkünfte für beide Vikare nur je 260 frcs an: PAK, C I/1.
[42] Vgl. Beschluß der Kirchmeister vom 12.11.1812 lt. Protokoll: PAK, C, LA.
[43] PAK, C III/1.
[44] Pfarrer Müller an den Maire 14.6.1802: PAK, C III/2.
[45] Vgl. Kirchhoff an Bochem o. D.: PAK, C III/1.
[46] Übersicht über die Gelder, die der Verwaltungsrat des Schul- und Stiftungsfonds aus verschiedenen von ihm verwalteten Stiftungen an die Kirche St. Kolumba für Anniversarien, Messen usw. jährlich zu zahlen hat (31.3.1828): PAK, C I/1.
[47] So auch schon 1816; vgl. Verbesserung und Verminderung des Kirchenvermögens 1816–1829: PAK, C I/1.
[48] KV an Oberbürgermeister 27.1.1845: PAK, C I/2.

Wachs.[49] Es ist verständlich, wenn der Erzbischof unter diesen Verhältnissen den Pfarrern das Einkassieren des Festtagsopfers nicht mehr gestattete.[50] Wohl erlaubte Erzbischof Paulus Melchers am 21. Dezember 1868 wieder den sogenannten Handschuhgang.[51]

Auch die Kapläne standen sich anscheinend besser als in französischer Zeit. Seit 1816 bezog jeder der beiden Kapläne aus der Kasse der Kirchenfabrik 132 Taler Gehalt. An Stolgebühren bekam jeder etwa 25 Taler.[52] Um 1880 waren es 700 Mark Gehalt pro Jahr, dazu Stipendien aus Messen, Stiftungen, Ministrationen und dergleichen, so daß der erste Kaplan (Vosen) auf 1.341 Mark (ohne Stolgebühren und Manualstipendien), der zweite Kaplan (Köllen) ebenso auf ein Einkommen von 1.468 Mark kam.[53] Dazu kam freie Wohnung. Allerdings waren die Wohnverhältnisse der beiden Kapläne lange Zeit höchst unbefriedigend. 1829 klagten sie über Baufälligkeit, Feuchtigkeit und Wanzenbefall. Der Kirchenvorstand war aber nicht zum Kauf eines anderen Hauses oder zu einem Neubau bereit, bis sich Generalvikar Hüsgen einschaltete.[54] 1835 wurden die alten Kaplaneien abgerissen zugunsten eines Schulhausbaues am selben Platz. Stattdessen wurden an Stelle des 1821 abgerissenen Schulhauses in der Kolumbastraße Wohnungen für die beiden Kapläne gebaut. Auch dies war keine befriedigende Lösung. Noch 1870 hatten die Kapläne keinen Anschluß an die städtische Wasserleitung und waren auf den nächsten Brunnen in der Minoritenstraße angewiesen.[55]

Über die Bezüge der Kapläne auf Grund des Chordienstes hatte es 1822 Auseinandersetzungen mit dem Kirchenvorstand gegeben, in die auch der Generalvikar eingeschaltet wurde. Die Kapläne Kerp und Küpper hatten sowohl die Ministration bei den Pfarrhochämtern als auch den hergebrachten Chordienst aufgegeben. Daraufhin wollte ihnen der Kirchenvorstand Abzüge vom Gehalt (= 500 frcs) machen, da er den Standpunkt vertrat, die gestifteten Chordienste könnten in das Gehalt eingerechnet werden; außerdem seien die Nebeneinkünfte aus dem *Officium S. Nicolai* (3 Jahresmessen mit 360 Frcs Stipendium jährlich) und den Anniversarien, Ostergaben und Stolgebühren, die der Pfarrer – die Kopulationsgebühren ausgenommen – mit seinen Kaplänen teile, so reichlich (1500 frcs jährlich für jeden Kaplan), daß sie *competentiam vivendi* hätten, ohne Anspruch auf die kleinen Stiftungen zu machen.[56] Dagegen aber erklärte Generalvikar Fonck am 14. Mai 1822, zu den Pfarrdiensten gehöre wohl das Hochamt mit Ministration, die tägliche

---

49 PAK, C, LA.

50 GV an die Pfarrer 2.5.1839: PAK, C I/2.

51 PAK, C, LA.

52 Verbesserung und Verminderung (wie Anm. 47).

53 PAK, C, LA.

54 Briefwechsel der Kapläne Beckers und Steinhausen mit dem KV vom Jahre 1829; GV an KV 30.11.1830, in: PAK, C V/ 7.

55 PAK, C V/10.

56 KV an GV o. D. (Entwurf), GV an Verwaltung der Kirchenfabrik St. Kolumba 16.4.1822: PAK, C, LA.

Applikationsverpflichtung, Predigt und Katechese, Beicht- und Kommunionspendung sowie der Krankenbesuch, nicht jedoch der Chordienst. Für den genannten Pfarrdienst stünden jedem Kaplan 500 frcs Gehalt zu ohne alle Messen und sonstigen Lasten. Würden gestiftete Messen und Wochendienste von Kaplänen übernommen, soweit sie mehr als die gewöhnliche Taxe abwürfen, so könne lediglich dieses Plus ins Gehalt eingerechnet werden.[57] Dem Chordienst beizuwohnen, könne kein Kaplan verpflichtet werden; gebe es Fundationen, mit denen Chorpräsenz verbunden sei, so müsse diese aus dem Fundationsfonds besonders honoriert werden, *und wer nicht zugegen ist, verlieret seinen ratierlichen Anteil, ohne jedoch das Gehalt von 500 frcs zu schmälern; denn dieses hat nichts gemeinschaftliches mit der Chorpräsenz*.[58]

Die Chorvikare erreichten ein ähnliches Jahreseinkommen; sie erhielten 1816 jeder 365 Taler, dazu kamen Gebühren und Reichnisse. Der letzte Chorvikar (Dürscheidt) wohnte in einem Hinterbau des Pfarrhauses (Kolumbakirchhof 3).[59] Dem Sakristanpriester wurden 1874 167 Taler aus der Kirchenkasse gezahlt; einschließlich Stipendien kam er auf 1.075 Mark, der Subsidiar auf 1.561 Mark jährlich.[60]

Die Besoldung der geistlichen Lehrer blieb bis 1828 wie bisher. Den Küstern scheint es nicht schlecht gegangen zu sein. Als sich der Küster Franz Scheer 1835 über zu geringes Einkommen beschwerte, rechnete ihm der Kirchenvorstand vor, daß sein Jahreseinkommen auf mehr als 2.000 Mark komme.[61] Gleichwohl erhielt Scheer noch einmal eine jährliche Zulage von 150 Mark für das Schmücken der Kirche mit lebenden Blumen zu den Festen sowie für die Bedienung des Ewigen Lichtes vor dem Bild der immerwährenden Hilfe. Damit sollten aber Sonderleistungen ein für allemal abgegolten sein.[62] Die Küsterwohnung befand sich im Hause Kolumbakirchhof 5.[63] Das Einkommen des Organisten betrug 1892 1.409 Mark – 700 Mark an Gehalt, 709 Mark an Diensten und Stiftungen.[64] Die Meßdiener wurden bis 1875 von den Kaplänen besoldet, wofür diese 4 Taler auszuwerfen hatten. Am 9. Januar 1876 richtete Kaplan Vosen an den Kirchenvorstand die Bitte, diese Summe auf das Budget der Kirche zu übernehmen.[65] Im Jahre 1880 figuriert eine Summe von 80 Mark auf der Einkommensnachweisung des Küsters, der davon offenbar die Ministranten zu besolden hatte.[66]

---

57 GV an KV 14.5.1822: PAK, C, LA.

58 GV an Verwaltung der Kirchenfabrik St. Kolumba 16.4.1822: PAK, C, LA.

59 KV an Oberbürgermeister 18.5.1839, in: PAK, C I/3.

60 Wie Anm. 47; ferner Budget der Oberpfarrkirche zur hl. Kolumba in Köln pro 1874: PAK, C, LA.

61 Ein 'Nachweis über das Einkommen des Küsters an St. Kolumba auf Grund der Rechnung pro 1880' (PAK, C, LA) errechnete 1108 Mark, dazu für Wohnung 450 Mark.

62 KV an Küster Franz Scheer 7.12.1891: PAK, C IV/20.

63 KV an Oberbürgermeister 18.5.1839, in:PAK, C I/ 3.

64 PAK, C IV/20.

65 PAK, C, LA.

66 PAK, C, LA.

25. Die Finanzierung der kirchlichen Aufgaben und die Verwaltung des Kirchenvermögens

Schwierigkeiten zu Anfang der französischen Zeit

Durch das Dekret Napoleons vom 2. Juni 1802, das den gesamten kirchlichen Besitz zugunsten des Staates eingezogen hat, war auch das Pfründenwesen unterdrückt worden.[1] Dafür waren, wie schon erwähnt, die Gehälter der Pfarrer auf die Staatskasse übernommen worden. Dagegen war für den Unterhalt der Hilfsgeistlichen, der Kirchengebäude und des Gottesdienstes nicht gesorgt; für sie gab es keinen finanziellen Fonds. Die Regierung entschloß sich daher, durch Konsularbeschluß vom 26. Juli 1803 die noch nicht veräußerten Kirchenfabrikgüter zurückzugeben und die Fabrikgüter der unterdrückten Kirchen mit ihnen zu vereinigen. Auch die Renten und Stiftungen, die mit geistlichen Diensten belastet waren, wurden, soweit sie einen Teil der Kircheneinkünfte ausmachten und nicht zur Dotierung eines Benefiziaten dienten, zurückgegeben.[2] Die karitativen Stiftungen und die für das Schulwesen bestimmten sollten künftig von den Wohltätigkeitsämtern verwaltet werden.[3]

Das große Problem war die Baulast für Pfarrkirche und Pfarrhaus. Ein Gesetz über die Kirchenfabriken vom 30. Dezember 1809 hat bei Nichtgenügen des Fabrikfonds die Zivilgemeinde für die Baulast haftbar gemacht und als letzte Möglichkeit eine Umlage auf die Pfarrgenossen vorgesehen (Artikel 92, 99–100).[4]

Die Verwaltung des Pfarrkirchenvermögens hatte der Präfekt des Roerdépartements Alexander Méchin am 16. Januar 1804 einem Gremium von drei Kirchmeistern *(marguillers)* auf Pfarrebene übertragen; der Präfekt sollte sie aus einer vom Maire und dem Pfarrer erstellten Sechserliste auswählen; der Pfarrer hatte in diesem Gremium nur beratende Stimme.[5] Auf Einspruch des Bischofs schränkte Méchin seinen Erlaß am 14. November 1804 insofern wieder ein, als nun neben dem staatlichen Kirchenrat ein zweiter, bischöflicher Kirchenrat gegründet werden durfte. Während dem ersten die Verwaltung der Güter und Renten zukam, sollte das zweite Gremium über die Kollekten, Kultuskosten und Almosen sowie die Gehälter der niederen Kirchenangestellten befinden. In diesem Gremium führte der Pfarrer den Vorsitz.[6]

Daß es bei solchem Nebeneinander zweier Kirchenvermögensverwaltungen zu Unzuträglichkeiten kommen mußte, ließ sich voraussehen. In St. Kolumba kam es zum Streit über der Frage: Wer sind die Kirchenangestellten niederen Grades? Frangenheim verstand darunter *alle diejenigen, welche einen Dienst, es betreffe die*

---

[1] Vgl. Torsy, Bistum Aachen, 124, 129.
[2] Vgl. ebd., 132.
[3] Vgl. ebd., 132 ff.
[4] Das Gesetz, in: Giacometti Quellen, Nr. 22. Vgl. Lentz, Konkurrenz, 51.
[5] Vgl. Torsy, Bistum Aachen, 134.
[6] Vgl. ebd., 135 f.

Lesung gewisser Messen oder andere Gegenstände zu verrichten haben.[7] Dementsprechend protestierte er gegen die durch die Kirchmeister geschehene Vergabe des *Officium Sti. Nicolai.*[8] Die Kirchmeister vertraten den Standpunkt, daß der Erlaß des Präfekten von Anstellung der Kirchendiener spreche und nicht vom Vollzug des Stifterwillens; diesen zu vollziehen sei Sache der Verwaltung.[9]

Frangenheim beklagte sich ferner darüber, daß ihm außerhalb der Sitzungen nicht die gehörige Einsicht in die Kirchenbücher gewährt werde. *Die Einsicht der Kirchenbücher, Anniversarien und überhaupt aller Stiftungen gibt mir die Anleitung zu beurteilen, ob Stellen vacieren, ob Subjekte vorzuschlagen sein, worin die Revenüen und Schuldigkeiten bestehen, welche Renten flüssig oder nicht flüssig seien etc. etc. Überdies kann der Pfarrherr die Tagen und Stunden nicht bestimmen, wo ihm ein ruhiger Augenblick zur Untersuchung übrig bleibe ... Sollte mir aber wider alles Vermuten nicht gelingen, meinen Zweck von den angeführten Beschwerden zu erreichen, so werde ich mich in den höchst unangenehmen Notfall gesetzt finden, nicht aus Leidenschaften oder Nebenabsichten, sondern nur zu meiner Dekkung und Beruhigung andern Mitteln zu ergreifen, wodurch ich glaube, entweder denselben zu erreichen oder wenigstens der mir obliegenden Schuldigkeit genug zu tun ...*[10] Die Antwort der Kirchmeister war eine glatte Ablehnung: Wenn man des Beirats des Pfarrers bedürfe und er dann etwa die Einsicht einer auf den Gegenstand der Verhandlung bezügliche Urkunde verlange, so werde ihm diese nicht verweigert werden. Im übrigen wollten sie ihre Rechte streng gewahrt wissen: *Die Herren Kirchmeister werden zur Verwahrung aller ihrer Administrationsrechten, also in keinem dergleichen Fällen sich vorgreifen lassen.*[11] Im Jahre 1809 beschwerten sich die Herren sogar beim Bürgermeister über die Ansprüche des Pfarrers.[12] Es war letzten Endes eine starke Bejahung der französischen Staatskirchenhoheit, wenn sich die Kirchmeister immer wieder hinter den staatlichen Gesetzen verschanzten und nur rein religiöse Betätigung des Pfarrers als erlaubt erklärten, aber auch da noch hineinredeten.

Ein anderer Streit ging um das bei Exequien gestiftete Wachs. Frangenheim beanspruchte es als *portio canonica,* die Kirchmeister verlangten es für die Kirchenfabrik. Der Pfarrer holte schließlich am 13. Dezember 1805 die Entscheidung des Bischofs ein. Dieser sprach im Einvernehmen mit dem Staatsrat-Präfekten ein Viertel des gestifteten Wachses dem Pfarrer zu.[13] Trotzdem bediente sich dieser nach Gutdünken und überließ der Kirchenfabrik den Rest.[14] Generalvikar Fonck ord-

---

[7] Frangenheim an die Kirchmeister o. D., in: PAK, C IV/1.
[8] Schreiben an die Kirchmeister 22.10.1805, in: PAK, C IV/7.
[9] Kirchmeister an Frangenheim 15.10.1805, in: ebd.
[10] Schreiben an die Kirchmeister 22.10.1805, in: ebd.
[11] Kirchmeister an Frangenheim 15.10.1805, in: ebd.
[12] Kirchmeister an den Maire 4.9.1809, in: ebd.
[13] Bischof von Aachen an die Kirchmeister 18.4.1806, in: PAK, C III/2.
[14] Beschwerdeschrift der Kirchmeister an Subpräfekt Klespe (nicht abgegangen), in: PAK, C III/2.

nete daher an, daß der Küster am Tage vor Exequien einen Kirchmeister einzuladen habe, in dessen Gegenwart nach dem Seelenamt die Verteilung des Wachses stattzufinden habe.[15] Als auch diese Anordnung nicht fruchtete, griff die Bischöfliche Behörde energisch durch und beauftragte Pfarrer Peter Anth von St. Maria im Kapitol und L. Klew am 7. April 1807 mit der endgültigen Bereinigung der Angelegenheit. Die Kirchmeister konnten daraufhin ein neuerliches Protestschreiben mit dem Bemerken ad acta legen: *Ist nicht abgegangen; ein von Aachen gekommenes Donnerwetter hat solches unnötig gemacht.*[16]

Wie weit die Befugnisse der Kirchmeister auf Grund des Nebeneinanders von staatlichen und kirchlichen Rechtsordnungen und Verwaltungskompetenzen sich ausdehnen konnten, erhellt daraus, daß das Kirchmeisterbüro quartaliter bestimmte, welche Paramente und Kirchenschätze zu welchen Tagen gebraucht werden durften, wieviele Kerzen anzuzünden seien und auf welche Art im Winter der Kronleuchter zu besetzen sei. Auch das Öffnen der Opferstöcke durfte nur im Beisein des Trésorier geschehen.[17] Ebenso lagen die Verwaltung des Priesterhauses und die Aufnahme von Kandidaten jetzt in der Hand des Kirchenrates.[18]

Die weitere Entwicklung von 1809 bis 1905

Infolge vieler Unzuträglichkeiten erfolgte am 30. Dezember 1809 ein kaiserliches Dekret über die Organisation der Kirchenfabriken, das die Doppelverwaltung beseitigte.[19] St. Kolumba erhielt, entsprechend der Seelenzahl, einen Kirchenrat (Kirchenvorstand) aus fünf Pfarrangehörigen, dem Pfarrer und dem Bürgermeister bzw. dessen Stellvertreter. Alle drei Jahre sollten die ältesten Mitglieder durch Neugewählte ersetzt werden.[20] Die eigentliche Verwaltung führte ein Kirchmeisterbüro, das aus drei vom Kirchenrat gewählten Mitgliedern und dem Pfarrer bestand.[21] Die Verwaltungsarbeit, die dieser neue Kirchenrat an St. Kolumba leistete, war aller Anerkennung wert. Selbst Bischof Berdolet zögerte nicht, die gute Ordnung im Rechnungswesen hervorzuheben.[22] Sie ging in der Hauptsache auf den vom Kirchenrat beauftragten Rendanten Johann Christian Bochem zurück, der als Nachfolger von Kaplan Johann Joseph Müller diese Arbeit von 1809 bis 1828 mit großer Sachkenntnis und Akribie durchführte.[23]

---

[15] Schreiben an Frangenheim 11.2.1807, ebd.
[16] Wie Anm. 14.
[17] Vgl. Torsy, Bistum Aachen, 135 f.
[18] Vgl. Aufnahmegesuch Mockel o. D.: PAK, C III/1.
[19] Vgl. Torsy, Bistum Aachen, 138.
[20] Das Gesetz von 1809 (§§ 3–9), in: Giacometti, Quellen, Nr. 22.
[21] Vgl. Torsy, Bistum Aachen, 138. Die Mitglieder, die jährlich aus dem Kirchmeisterbüro hätten ausscheiden müssen, wurden jedesmal wiedergewählt. Vgl. Kirchmeister an den kommissarischen Oberbürgermeister 4.9.1818 (auf Anfrage), in: PAK, C I/1.
[22] Bischof Berdolet an die Kirchmeister 23.7.1813. Vgl. Kirchenvorstandsprotokoll 23.7.1813, in: PAK, C, LA.
[23] Ernannt am 13.9.1809: PAK, C IV/3.

In veränderter Form war die überkommene Verwaltung des Pfarrkirchenvermögens durch ein Laiengremium, wie sie seit dem Hohen Mittelalter bestanden hatte, wiederaufgelebt. Die von der französischen Regierung eingeführte Praxis wurde auch unter der preußischen Regierung weitergeführt. Eine vorübergehende Änderung erfolgte durch das Kulturkampfgesetz vom 20. Juni 1875, das dem Kirchenvorstand eine Gemeindevertretung überordnete, dem kein Geistlicher angehören durfte. Sie hatte die Beschlüsse des Kirchenvorstandes zu prüfen und gegebenenfalls zu bestätigen.[24] Seit 1924 lag die Verwaltung des Pfarrkirchenvermögens wieder ganz in der Hand des Kirchenvorstandes.[25]

In der Finanzierung der pfarrkirchlichen Aufgaben traten um die Wende zum 20. Jahrhundert wichtige Änderungen ein. 1880 wurde die subsidiäre Heranziehung der politischen Gemeinde zur Baulast aufgegeben.[26] Das preußische Gesetz vom 14. Juli 1905 ermöglichte die Erhebung von Kirchensteuern in katholischen Gemeinden und Gesamtverbänden; dadurch wurde die Finanzierung der pfarrkirchlichen Verpflichtungen auf eine neue, dauerhafte Grundlage gestellt. Schon vorher hatte das Gesetz vom 2. Juli 1898 eine Mindestgehaltsgarantie für alle Pfarrer festgesetzt und bei Einkommensschwankungen oder Unvermögen der Ortskirchengemeinde staatliche Zuschüsse gebilligt.[27]

Benachteiligung der kirchlichen Karitas

Über der Sorge für die materiellen Bedürfnisse der Pfarrkirche und ihrer Diener ist die Verpflichtung gegenüber den Armen zunächst ganz der Kirche genommen worden. Die zahlreichen für die Armen gemachten Stiftungen waren der Kirche verloren gegangen. Die französische Verfassung von 1791 hatte die Armenpflege als Aufgabe des Staates erklärt.[28] Die praktische Folge war die Zentralisation des Armenwesens und die Nationalisierung bzw. Säkularisierung der bestehenden Einrichtungen. In der Zeit der französischen Militärverwaltung, d. h. in den Jahren 1794–1798, war in Köln die überkommene Armenpflege-Organisation noch bestehen geblieben. Anfang Januar 1799 begann dann hier die Neuordnung des Armenwesens mit der Gründung einer städtischen Hospizienkommission *(commission des hospices civils)* und eines Wohltätigkeitsbüros *(bureau de bienfaisance)*. Der Kommission wurde die Güterverwaltung aller Hospitäler sowie die Einweisung und Entlassung der Bedürftigen übertragen; dem Büro oblag die Verwaltung jener

[24] Gesetz vom 20.6.1875 bzw. 7.6.1876, in: Huber-Huber, Staat und Kirche II, Nr. 313 und 316.

[25] Gesetz vom 24.7.1924, in: Huber-Huber, Staat und Kirche IV, Nr. 129.

[26] Vgl. August Knecht, Kirchensteuer, in: Staatslexikon 3, (5. Aufl. 1929), 297–300.

[27] Gesetz vom 14.7.1905, in: Huber-Huber, Staat und Kirche III, Nr. 26; das Gesetz vom 2.7.1898, in: AkKR 78 (1898), 757–794. Vgl. Hegel, in: Geschichte des Erzbistums Köln V, 194 f.

[28] Titel I Nr. 3, Abs. 12; vgl. Franz, Staatsverfassungen, 311; Ulrike Dorn, öffentliche Armenpflege in Köln von 1794 bis 1871 (Köln-Wien 1990), 40.

Renten und Stiftungen, die zugunsten der Hausarmen gemacht worden waren.[29] Durch organisatorische Anlehnung an die Pfarreien (*bureau auxiliaire* für jeden Pfarrbezirk) und beratende Stimme des zuständigen Pfarrers im Büro und in der Kommission hatte die Kirche einen gewissen Einfluß auf die Armenpflege.[30] Krankenpflegende Orden und Genossenschaften waren zwar von der Aufhebung verschont geblieben, unterstanden jetzt aber in ihrer karitativen Tätigkeit der Hospizienkommission als deren Angestellte.[31] In der Kolumbapfarre gab es keine religiöse Genossenschaft für Krankenpflege. 1802 wurden in der gesamten Stadt zwei Alexianerbrüder und acht Wartenonnen wieder für die Hausarmenpflege zugelassen. Seit 1809 stellte das Büro den Pfarrgeistlichen eine geringe Summe für akute Notfälle in der Armenbetreuung zur Verfügung. Ansonsten war die Kirche auf Kollekten innerhalb des Gotteshauses angewiesen.[32] Erst die preußische Verfassung von 1850 ermöglichte wieder eine freie Karitastätigkeit,[33] die allerdings – um größerer Effizienz willen – in überpfarrlichem Rahmen organisiert wurde.

26. Das Kirchengebäude im 19. Jahrhundert

Ein Kirchengebäude bedarf ständig der baulichen Kontrolle und – wenn nötig – der Erneuerung. In den Jahren 1835/36 mußte der Turm der Kolumbakirche renoviert werden; dabei wurden die Aufmauerung des 17. Jahrhunderts und die Attika mit dem Zifferblatt der Turmuhr wieder entfernt; der Turmhelm erhielt jene Form zurück, wie sie aus dem Stadtprospekt des Anton Woensam bekannt ist. 1900/1903 mußten die verwitterten Tuffsteine des Turmes völlig saniert werden.[1] 1823 hatte das rissige Gewölbe über der Orgel erneuert werden müssen.[2]

1824 war das Innere der Kirche *von neuem illuminieret und in Ölfarbe gesetzt* worden.[3] Eine umfassende Innenrenovierung begann 1873 mit der Taufkapelle (ehemalige Wasserfaßkapelle). Aus Anlaß des 25jährigen Ortsjubiläums von Oberpfarrer Schnepper brachten die Pfarrmitglieder in einer Sammelaktion die Kosten dafür auf. Das vermauerte östliche Fenster der Kapelle wurde wieder geöffnet und erhielt

---

[29] Vgl. Dorn, Armenpflege, 45, 48, 52; vgl. Eberhard Gothein, Verfassungs- und Wirtschaftsgeschichte der Stadt Köln vom Untergang der Reichsfreiheit bis zur Errichtung des Deutschen Reiches, in: Die Stadt Köln im ersten Jahrhundert unter preußischer Herrschaft 1815–1915, 2 Bde (Köln 1915/16), hier I/1, 45 f.; Georg Neuhaus, Die Entwicklung der Stadt Köln von der Errichtung des Deutschen Reiches bis zum Weltkriege, in: Die Stadt Köln, hier I/2, 543.

[30] Vgl. Dorn, Armenpflege, 62.

[31] Vgl. Hegel, in: Geschichte des Erzbistums Köln IV, 301.

[32] Vgl. Dorn, Armenpflege, 59 ff.; Torsy, Bistum Aachen, 157.

[33] Preußische Verfassung v. 31.1.1850, Artikel 13 und 15 (Huber-Huber, Staat und Kirche II, 37).

[1] Vgl. Aktenheft betr. den Reparaturbau des Turmes der Hauptpfarrkirche zur hl. Kolumba in Köln: PAK, C V/1; ferner KD 6/IV, 202.

[2] Protokoll des KV vom 8.7.1823, in: PAK, C, LA, vgl. PAK, C IV/5.

[3] AEK, Kol. A I, 463.

zusammen mit dem nördlichen Fenster Glasgemälde.[4] Schon 1815 war die Taufkapelle durch ein schmiedeeisernes Gitter des 18. Jahrhunderts gegen das Kirchenschiff abgetrennt worden; es war aus der Apostelnkirche erworben worden.[5] Es folgten die Beschaffung neuer Glasgemälde, eines Plattenbelags für den Fußboden und schließlich die Ausmalung der ganzen Kirche, die in einer einfachen Abtönung bestand (alte Farbfassung fand sich nur an den Gewölberippen: rote Bossen, blaue Hohlkehlen, vergoldete Rundstäbe). Die Entwürfe für diese Renovierung stammten von Kaplan Matthias Goebbels und Architekt Lange.[6]

Seit 1882 war die Frage akut, ob und wie die Altäre nach neugotischen Vorstellungen zu erneuern seien. Die Architekten Rüdell und Odenthal wollten die Nebenaltäre der Ostwand beseitigt wissen und die in ihnen enthaltenen Ölgemälde neben neuzugestaltenden neugotischen Altären aufhängen. Sie schlugen weiterhin vor, den barocken Hochaltar in die kleine Chornische zu versetzen und das mittlere Chorfenster zuzumauern.[7] Architekt August Lange wünschte ebenfalls neugotische Nebenaltäre mit Schnitzwerk oder Bildern, trat aber in der Hochaltarfrage für eine radikalere Lösung ein; er riet, die Chornische abzubrechen und für Helmonts Hochaltar ein neues zehneckiges Chorhaus zu bauen.[8] Der Kirchenvorstand dagegen entschied sich für Beibehaltung des bisherigen Zustandes und begnügte sich mit der notwendigen Aufpolierung des Marmors der Altäre und der Neuvergoldung der Hochaltarbekrönung. Die Kosten für die Restaurierung des Hochaltars wurden durch die Sakramentsbruderschaft und die Familien der ursprünglichen Stifter von Geyr und von Groote aufgebracht.[9]

Im Jahre 1900 wurde anläßlich des Goldenen Priesterjubiläums von Oberpfarrer Bruckmann das im Aufklärungszeitalter arg demolierte Sakramentshaus nach einem Entwurf des Regierungsbaumeisters Heinrich Krings wiederhergestellt.[10] Die meisten originalen Bauteile und Fialen hatten sich noch in Abstellräumen der Pfarrkirche gefunden.[11]

Im gleichen Jahr erfuhr der Marienchor eine geglückte Umwandlung seines Bildrahmenaltars. An die Stelle des schadhaften Gemäldes trat die Alabasterfigur der sitzenden Madonna mit Kind, die Jakob von Groote 1677 gestiftet hatte.[12] Die spätgotische Standfigur der Madonna mit Kind war schon 1824 aus der äußersten Ecke des Marienchors – nach Neubemalung – an jenen Langhauspfeiler versetzt wor-

---

4 Aktenstücke zur Jubelfeier des H. Dechant Schnepper, in: PAK, C II/7.
5 KD 6/IV, 221.
6 PAK, C V/8.
7 Rüdell und Odenthal an KV 22.7.1891, in: PAK, C V/9.
8 August Lange an KV 20.2.1882, in: PAK, C V/10.
9 Denkschrift über die Renovierung des Hochaltars in hiesiger Kolumbakirche vom November 1890, in: PAK, C V/9.
10 KD 6/IV, 213.
11 Gutachten Krings vom 18.8.1900, in: PAK, C II/10.
12 KD 6/IV, 211. Vgl. oben S. 199.
13 AEK, Kol. A I, 463; die Bearbeiter von KD 6/IV, 217 verlegen den Vorgang in das Jahr 1857.

den,[13] an dem sie, leicht beschädigt, die Zerstörungen des Zweiten Weltkrieges überlebte.

Von dem neugotischen Gehäuse für die Kreuzigungsgruppe der zweiten Hälfte des 15. Jahrhunderts war schon die Rede.[14] Die Orgel, von Ludwig König 1771 erbaut, wurde 1842/44 von dessen Schüler Engelbert Maass überholt und erweitert. Als das Regierwerk 1881 reparaturbedürftig war, ließ der Kirchenvorstand die Orgel durch Wilhelm Scheben umbauen; dabei engagierte sich der Rendant der Pfarrei, Johannes Siegen, der nach seiner eigenen Äußerung *ein Freund des Orgelspiels sowohl wie Kenner des Orgelwerks* war; von den Kosten des Umbaues – 4.664 Mark – trug er persönlich 2.210 Mark.[15] Ein abermaliger Umbau erfolgte durch den Orgelbaumeister Ernst Seifert (Köln) zwischen September 1913 und Februar 1914; die Kosten betrugen diesmal 10.777 Mark.[16]

Schließlich muß noch erwähnt werden, daß 1828 ein neuer Pfarrhausbau notwendig wurde.[17] Der Entwurf für das klassizistische Haus stammte von Stadtbaumeister Johann Peter Weyer. Die fünfachsige Fassade mit ihrem von einer römisch-dorischen Ordnung gerahmten Portal erinnerte an französische Vorbilder.[18]

27. Kirchliches Leben

Aufklärerische Tendenzen und traditionelle Frömmigkeit

Eine Folge des Konkordats bzw. der Organischen Artikel war es, daß seit dem 8. April 1802 der Sonntag wieder in seine alten Rechte eingesetzt wurde. Seitdem wurden die christlichen Daten neben den republikanischen gebraucht, bis der Revolutionskalender mit dem 31. Dezember 1805 überhaupt abgeschafft wurde.[1] Die zahlreichen kirchlichen Festtage dagegen blieben abrogiert. Das Volk versuchte zwar, ihnen die Anhänglichkeit zu bewahren,[2] aber der Bischof verbot am 15. November 1805 alle Prozessionen, Predigten und Expositionen, Vespern und dergleichen an den abgeschafften Feiertagen.[3] Den Vollkommenen Ablaß am Kolumbafest z. B., den Papst Pius VI. am 17. Juni 1794 gewährt hatte, verlegte Berdolet am 26. Dezember 1805 auf den folgenden Sonntag.[4] Das vierzigstündige Gebet durfte künftig nur noch einmal im Jahre abgehalten werden,[5] Prozessionen

---

[14] Siehe oben S. 139.

[15] Vgl. Johannes Siegen, Zur Geschichte der Orgel in hiesiger Kolumbakirche (hs 1886), in: AEK, Kol. A II, 20.

[16] Vertrag zwischen KV und Firma Seifert vom 19.6.1913, in: PAK, C V/11.

[17] Die Gründungsurkunde, in: AEK, Kol. A 465.

[18] Klaus Pfeffer, in: Kunst des 19. Jahrhunderts im Rheinland, 5 Bde, hg. von Eduard Trier und Willy Weyres (Düsseldorf 1980/81), hier II, 393. Zum Architekten vgl. Konrad (III.) Adenauer, Johann Peter Weyer 1794–1864, in: RL 13 (1993), 115–136.

[1] Vgl. Bayer, Franzosen, 12.

[2] Vgl. Torsy, Bistum Aachen, 217.

[3] Vgl. ebd., 219.

[4] Vgl. ebd., 221 f.

[5] Vgl. ebd., 246.

und Expositionen lediglich, wenn Titel und Stiftung nachgewiesen wurden und die Erlaubnis dazu vom Generalvikariat erneuert worden war.[6] Bezüglich der Prozessionen setzte sich bald die gemäßigtere Richtung der napoleonischen Regierungsbehörden durch.[7] Indes blieb die Ausübung der Religion in der Öffentlichkeit weiterhin an jenen Orten verboten, an denen sich Kirchen anderer Konfessionen befanden. Das traf auch für Köln zu.[8] 1802 war das Brauerzunfthaus in der Schildergasse, 1805 die Antoniterkirche den Lutheranern und Reformierten zu gemeinsamem Gebrauch zugewiesen worden.[9] Die Osterprozessionen und die liturgischen Prozessionen durften allerdings erhalten bleiben.[10] Auch die Beschränkungen bei Beerdigungen fielen wieder.[11] Die Fußfallstationen im äußeren Kirchenbereich konnten 1812 wieder aufgebaut werden.[12] Ein einschneidendes Ereignis im gottesdienstlichen Leben wie in seiner Auswirkung auf die Öffentlichkeit war die Einschränkung des Glockengeläutes. Nach der Glockenverordnung Berdolets vom 4. Juni 1806 war es außer dem täglich dreimaligen Angelusläuten werktags nur zur Hauptmesse und sonntags je dreimal vor Amt und Vesper gestattet; ferner bei Beerdigungen und Exequien. Zu allen übrigen gottesdienstlichen Funktionen war höchstens ein kurzes Anschlagen mit der kleinen Glocke gestattet.[13]

Pfarrgottesdienst und Nebenandachten

Im Gotteshaus selbst ging das Leben zunächst in den gewohnten Bahnen weiter. Täglich fanden vierzehn fundierte Messen statt und außer diesen noch einige andere.[14] Ihre Zahl wurde im Laufe des 19. Jahrhunderts reduziert. Immerhin fanden noch 1875 an Sonntagen acht Messen in der Zeit von fünf bis elf Uhr statt, davon zwei als Hochamt.[15] 20 Jahre später war die Zahl der Sonntagsmessen auf fünf zurückgegangen;[16] um 1940 genügten drei.

Der Hauptgottesdienst am Sonntag wurde als Levitenamt gefeiert, an das sich der Umgang anschloß;[17] auch donnerstags war Levitenamt; dieser Wochentag war seit langem der Verehrung der heiligen Eucharistie gewidmet.[18]

---

6 Vgl. ebd., 247.
7 Vgl. Torsy, Bistum Aachen, 228.
8 Vgl. Torsy, Bistum Aachen, 222 f.
9 Vgl. KD 6/IV, 96.
10 Vgl. Torsy, Bistum Aachen, 226.
11 Ebd. 258 f.
12 Notizen Kirchhoffs über Reliquien in St. Kolumba in: AEK, Kol. B VII a, 5.
13 Vgl. Torsy, Bistum Aachen, 257 ff. über die Widerstände gegen diese Verordnung und Gegenmaßnahmen des Bischofs vgl. Torsy ebd., 260 ff.
14 Vgl. Reglement für die Opferleute ...: PAK, C I/1.
15 AEK, GVA Köln überhaupt 16 I: Gottesdienstordnung in St. Kolumba an Sonn- und Festtagen; Bericht von Pfr. Schnepper 14.9.1875.
16 AEK, GVA Köln überhaupt 16 I: Bericht vom 10.2.1895.
17 PAK, C IV/1.
18 Vgl. oben S. 227.

Als einen Nachhall der Aufklärungszeit kann man es bezeichnen, wenn Oberpfarrer Frangenheim sonntags statt der Matutin während der Frühmesse deutsche Lieder und ebenfalls um 11 Uhr Deutsche [Sing-] Messe halten ließ.[19] Sicher war sie besser besucht als die an gewissen Tagen zu singenden Kleinen Horen, wenn auch Kaplan Kirchhoff klagte: *Durch die sonntägliche 11-Uhren-Sangmesse bleibt viel schöner Gottesdienst aus als zum Beispiel die fundierte horae minores ... Diese verherrlichen den Gottesdienst vorhins weit mehr als iz der Schwarm ungezogener Menschen unter der Orgel.*[20]

Über den Sakramentenempfang zu Anfang des 19. Jahrhunderts läßt sich nur wenig sagen, da wir keine näheren Anhaltspunkte haben. Jeden Sonn- und Feiertag wurden in der ersten Messe Hostien konsekriert für den Kommunionempfang. Das eucharistische Sakrament wurde – wie bisher – außerhalb der Messe gespendet. Die Sakristane hatten darauf zu achten, daß ein Priester gebeten wurde, das Sakrament zu reichen, sobald sich jemand an der Kommunionbank einfand.[21]

Auch nach dem Ende der französischen Zeit versuchte man in St. Kolumba, den Gottesdienst in den herkömmlichen Formen weiterzuführen. Dennoch waren Veränderungen unumgänglich. Predigt, Christenlehre und schulischer Religionsunterricht hatten schon seit der Aufklärungsperiode des ausgehenden 18. Jahrhunderts einen neuen Stellenwert bekommen. Die muttersprachlichen Elemente des Betens und Singens beanspruchten ebenfalls seit dieser Zeit ihren Platz im Pfarrgottesdienst.[22] Demgegenüber erschien das lateinische Chorgebet der Priester für die pfarrliche Gottesdienstgemeinde überholt. Dennoch drängten 1806 sowohl Pfarrer Frangenheim als auch die Kirchmeister darauf, das Singen der Mette und Vesper wiederaufzunehmen. An Sonntagen hielt man die Vesper jetzt um drei Uhr, die Komplet, getrennt davon, um fünf Uhr.[23]

Wie schon erwähnt, erfolgte 1822 ein erster Vorstoß gegen den Chordienst seitens der Kapläne, die eine Beteiligung daran ablehnten.[24] Er erhielt sich jedoch, solange es dotierte Stellen dafür gab oder Stiftungskapital vorhanden war. 1866 scheint er – bis auf die sonntägliche Vesper und Komplet – offiziell abgeschafft worden zu sein.[25] Bis zu diesem Zeitpunkt ist man auch bei der sogenannten kölnischen Liturgie geblieben, d. h. dem Missale Romano-Coloniense von 1756, der Sonderregelung der Perikopen und dem kölnischen Eigenkalender, also noch neun Jahre über das Abschaffungsdatum hinaus.[26]

---

[19] Vgl. Hegel, in: Geschichte des Erzbistums Köln IV, 299 f.
[20] Kirchhoff an Bochem o. D., in: PAK C III/1.
[21] Reglement für die Opferleute: PAK, C I/1.
[22] Vgl. Hegel, in: Geschichte des Erzbistums Köln IV, 386.
[23] Vgl. A. 20.
[24] Vgl. oben S. 250.
[25] Vgl. GV Baudri an Schnepper 28.12.1866, in: PAK, C, LA.
[26] Vgl. Peters, Kölnische Meßliturgie, 13.

Die Sakramentsbruderschaft

Seit jeher hatte die Sakramentsfrömmigkeit in St. Kolumba eine besondere Rolle gespielt, die durch die Sakramentsbruderschaft wesentlich gefördert und getragen wurde; sie existierte bereits 1530.[27] Bei Wiedereröffnung der Kolumbakirche hatten sich die Mitglieder verpflichtet, die monatliche Bruderschaftsversammlung durch feierlichen Umzug in der Kirche zu begehen und ihr *mehr Aufnahme und der Kirche zugleich einen nützlichen Zulauf zu verschaffen.*[28] Die Bruderschaftsmitglieder wollten das heilige Sakrament beim Umzug mit Fackeln begleiten.

Die Bruderschaftsversammlung fand jetzt jeweils am zweiten Sonntag im Monat statt an Stelle der sonntäglichen Komplet.[29] Am gleichen Tag war morgens gemeinschaftlicher Kommunionempfang der Bruderschaftsmitglieder.[30] Am Montag darauf wurde eine Messe für die Lebenden und Verstorbenen der Bruderschaft zelebriert. Diese zählte 1826 200 Mitglieder. Von ihren jährlichen Beiträgen wurde jedem Mitglied nach dem Tode eine Seelenmesse gewidmet.[31] Im Jahre 1909, als der Internationale Eucharistische Kongreß in Köln stattfand, stieg die Mitgliederzahl der Bruderschaft auf 813,[32] die allerdings in der Folge nicht gehalten werden konnte.

Einen staatlichen Angriff auf die Existenz der Bruderschaft in französischer Zeit hatten deren Mitglieder erfolgreich abwehren können. Staatlicherseits waren am 18. September 1804 alle Bruderschaften aufgehoben und durch kaiserliches Dekret vom 17. Juli 1805 die nichtveräußerten Güter und Renten den zuständigen Kirchenfabriken überwiesen worden.[33] Daraufhin verlangten die Kirchmeister die Ablieferung aller Papiere und Gelder von den Provisoren der Bruderschaft, Effertz und Nelles.[34] Diese lehnten das Ansinnen ab mit dem Hinweis, die Bruderschaft sei nichts anderes als *eine fromme Vereinbarung einiger Mitglieder.*[35] Sie mußten sich allerdings auf ein Schreiben des Maire J. J. von Wittgenstein[36] insoweit fügen, daß die Kirchmeister die Verwaltung der Bruderschaftsgelder übernahmen und jeder Rang oder Unterschied zwischen den Bruderschaftsmitgliedern aufhörte. Dagegen lehnten sie es ab, den monatlichen Umgang in einen vierteljährlichen abzuändern; bei Einrichtung der Konföderation hätten sich Pfarrer und Vorstand der Gemeinde gegenüber darauf verpflichtet. Im übrigen heiße ein solches Beginnen *das Ganze verfallen zu machen.* Sie sprachen vielmehr den Wunsch aus, beim Umzug möch-

---

27 AEK, Kol. A I 210.
28 J. J. Effertz an die Kirchmeister 30.10.1805: PAK, C II/2.
29 J. J. Effertz an Oberbürgermeister 20.2.1826 (auf Anfrage), PAK, C I/1.
30 Kirchhoff an Bochem o. D.: PAK, C III/1.
31 Wie Anm. 29.
32 Vgl. Namensverzeichnis der zur größeren Verehrung des hl. Sakramentes in der Hauptpfarrkirche St. Kolumba zu Köln verbündeten Mitglieder der Konförderation vom allerheiligsten Altarssakrament für das Jahr 1910 (Köln 1910, gedruckt bei Heinrich Theissing).
33 Vgl. Torsy, Bistum Aachen, 133, 262; vgl. auch Hashagen, Rheinland, 143.
34 Schreiben vom 15.10.1805: PAK, C II/2.
35 Am 30.10.1805.
36 An Effertz o. D. (prs. 13.12.1805) (Kopie): PAK, C II/2.

ten die Glocken geläutet werden und die Kirchmeister das Allerheiligste begleiten.[37] Generalvikar Fonck bestätigte dem Pfarrer am 23. Januar 1808, daß niemand wagen dürfe, den Umgang innerhalb der Kirche zu hindern, sofern der Kirchenfabrik keine neuen Kosten auferlegt würden.[38]

Der wöchentliche Sakramentstag

Die traditionelle Gedenkfeier am Donnerstag als dem Tag der Einsetzung der Eucharistie wurde auch im 19. und 20. Jahrhundert beibehalten. Außer dem bereits erwähnten Levitenamt am Vormittag war nachmittags um 5 Uhr Sakramentsandacht. Pfarrer Frangenheim legte Wert darauf, sie möglichst feierlich zu gestalten; er ließ auch das althergebrachte *Discubuit* wieder singen.[39] Selbst der dem Pfarrer kritisch gegenüberstehende Kaplan Kirchhoff gab zu, daß die früher donnerstags nachmittags um 4 Uhr stattgefundene Andacht nicht so glänzend gehalten worden sei als jetzt die Bruderschaftsandacht um 5 Uhr. *Vorhins brauchte nur ein Kaplan diese Andacht zu halten, iz verlangt H*[err] *Pastor, daß wir beiden* [Kapläne] *in habitu cum stola zugegen sind, dies gefällt mir.*[40]

Der Verehrung der hl. Eucharistie diente auch die Feier der Fronleichnamsoktav, welche die Witwe Theresia Flamm geborene Thurieux 1867 stiftete. Sie bestimmte, daß in der liturgischen Fronleichnamsoktav drei levitierte Hochämter (am Freitag, Samstag und Montag) mit Applikation für die Stifterin und acht Abendandachten mit Predigt gehalten werden sollten. Zu diesem Zweck übergab sie der Kolumbakirche ein Kapital von 2.400 Talern pr. Cour. Der Erzbischof genehmigte die Stiftung am 5. März 1867.[41]

Daß die eucharistische Anbetung die Messfeier unzulässig überlagerte, wird an der Wiederbelebung oder Weiterführung der zahlreichen Expositionen während der Meßfeier deutlich. In diesem Punkte hatten sich weder die Bestrebungen der Aufklärung noch die Verordnungen Bischof Berdolets[42] durchgesetzt. Bei einer Befragung im Stadtdekanat Köln vom Jahre 1829 wurde festgestellt, daß in St. Kolumba das heilige Sakrament an Sonn- und Festtagen während des Hochamtes und während der Elf-Uhr-Messe, der Vesper und der Komplet ausgesetzt werde und zum Schluß des Gottesdienstes der sakramentale Segen gegeben werde. An den Wochentagen wurde während der Frühmesse exponiert. Außer den genannten Tagen gab es eine Fülle von Anlässen, bei denen die Meßfeier mit der *expositio Sanctissimi* verbunden war.[43]

---

[37] Bruderschaft an Kirchmeister o. D.: PAK, C II/2; vgl. AEK, Kol. A II, 31.
[38] Kopie: PAK, C II/2.
[39] Siehe oben S. 247.
[40] Wie A. 20.
[41] PAK, C II/3.
[42] Vgl. oben S. 258 f.
[43] Nachweise über die Aussetzung des hochwürdigsten Gutes, Bericht Stadtdechant Filz 1.1.1829, in: AEK, GVA Köln überhaupt 16 I.

Auf Pfarrer Frangenheim, dem die Aufrechterhaltung der traditionellen Gottesdienste und Frömmigkeitsformen am Herzen lag, geht auch die Einführung weiterer Andachten zurück, die dem Geist der barocken Religiosität entsprachen. So führte er eine tägliche Andacht in der Kreuzkapelle (westliche Vorhalle der Kirche) ein, die er (seit 1815) selber durchführte und die aus dem Klingelbeutel bestritten wurde.[44]

Walburgaverehrung

Einen auffallenden Raum nahm die von Frangenheim begonnene Walburgaverehrung ein. Der Kult dieser angelsächsischen Äbtissin von Heidenheim bei Eichstätt († 779) hatte innerhalb des Kölner Erzbistums in Walberberg seinen Platz gefunden; hier befanden sich bedeutende Reliquien der Heiligen. Auch einige Kirchen der Stadt Köln besaßen solche,[45] so die Pfarrkirche St. Laurenz. Hier bestand auch eine von der Familie Herwegh gestiftete Walburga-Andacht.[46] Als die Laurenzkirche 1803 aufgehoben wurde, gelangte deren Walburgareliquie am 5. Februar 1804 an die Kolumbakirche.[47] Dies war für Frangenheim der Anlaß, an seiner Kirche eine besondere Verehrung der Heiligen zu inaugurieren. Sie hielt während des ganzen 19. Jahrhunderts an. Um 1840 wurde nicht nur das Walburgafest am 4. Mai feierlich begangen, sondern es wurden auch sogenannte Quartalsfeste gefeiert, d. h. der 25. Februar (der Todestag der Heiligen), der 4. August und der 12. Oktober, sofern diese Tage Sonntage waren, andernfalls an den diesen Tagen folgenden Sonntagen. Um 1890 gab es jährlich acht sogenannte Walburga-Sonntage, die man in St. Kolumba feierte.[48] Außerdem wurde jeden Donnerstag um 10 Uhr eine Singmesse *coram exposito* zu Ehren der hl. Walburga gehalten. Die *Gesänge und Gebete zur Verehrung der hl. Walburga,* die 1841 bei Du Mont-Schauberg gedruckt worden waren, fanden während der Messe statt ohne Rücksicht auf den Verlauf der Eucharistiefeier. Was von der Aussetzung des hl. Sakramentes gesagt wurde, gilt auch von der Heiligenverehrung: Sie überlagerte Liturgie und Kirchenjahr.

Ein weiteres Frömmigkeitsmotiv, das schon im Barockzeitalter beliebt war, wurde in St. Kolumba mit der sogenannten Allerseelen-„Oktav" aufgenommen. Sie war eine Stiftung der Rentnerin Gertrud Tepper vom 11. September 1857 und bestand in einem feierlichen Amt am Vormittag der Oktav und einer Abendandacht, bei der am ersten und am letzten Tag eine Predigt zu halten war. Als Stiftungskapital wurden der Kirche 1500 Taler und auf Grund des Testaments der Stifterin nochmals 500 Taler übergeben.[49]

---

[44] KV-Protokoll 3.11.1815 und 2.2.1816, in: PAK, C, LA.

[45] Gelenius, De admiranda magnitudine Coloniae, nennt S. 264, 372, 508, 397 f. St. Gereon, St. Pantaleon und die Jesuitenkirche.

[46] KV an GV 10.12.1832, in: PAK, C II/4.

[47] Vgl. Leonhard Korth, Die Patrozinien der Kirchen und Kapellen im Erzbistum Köln (Düsseldorf 1904), 223 f.

[48] KV an Küster Scheer 7.12.1891, in: PAK, C, LA.

[49] KV an GV 21.9.1869, in: PAK, C I/2.

Die Kirchenmusik

Seit dem Barockzeitalter hatten „Orchestermessen" einen festen Platz im Gottesdienst besonderer Feiertage. Noch 1813 wurde dem Musikdirektor Bensberg versichert, daß er jährlich über hundert Reichstaler zu ihrem Unterhalt verfügen könne.[50] Die materielle Grundlage für die orchestrale Kirchenmusik schien durch das kaiserliche Dekret vom 20. Juli 1803 gesichert; danach hatte die Kirchenfabrik von St. Kolumba Anspruch auf den von Groote'schen Musikfonds, der an der aufgehobenen Kreuzbrüderkirche bestanden hatte. Er war zu einigen Festmessen und *alldonnerstäglichen Kompletorien* verpflichtet.[51] Weil auch die Domkirche Anspruch auf den Musikfonds erhob, entschied eine preußische Kabinettsorder am 19. Juli 1818, die Stiftung sei der Domkirche zu übergeben, doch habe diese jährlich an sechs Festtagen auch St. Kolumba mit musikalischem Gottesdienst zu versehen. Der Kirchenvorstand von St. Kolumba hatte das Kolumbafest (31. Dezember), das Fest der hl. Walburga (4. Mai), den Tag St. Odilia (13. Dezember), das Fest Kreuzerhöhung (14. September), Fronleichnam und den Sonntag in der Fronleichnamsoktav (Pfarrprozession) vorgesehen. Da aber das Domorchester aus Liebhabern bestand, die man nicht nach St. Kolumba zwingen konnte, entschied die Berliner Regierung am 24. Juni 1819, daß die Domkirche für die genannten Fälle verpflichtet sei, ein volles Orchester zu stellen, das *der Würde des Gottesdienstes angemessen* sei und *die dazu fehlende besoldete Musikanten noch anzunehmen*.[52] Da dies kein Zustand von Dauer sein konnte, bot Domdechant Hüsgen am 5. Februar 1827 der Kirchenfabrik von St. Kolumba 1000 Taler als Ablösung der Musikverpflichtung des Domes an, die seitens des Kirchenvorstandes akzeptiert wurde.[53] Für St. Kolumba bedeutete dies das Ende der barocken Kirchenmusik.

Als Oberpfarrer Schnepper Anfang der sechziger Jahre das Problem der Kirchenmusik wieder aufgriff, waren der Wert der Gregorianik und das A-capella-Ideal neuentdeckt worden. Das Kölner Provinzialkonzil von 1860 hatte inzwischen der altklassischen Polyphonie bei mehrstimmigem Gesang das Wort geredet und den Ersatz der Frauenstimmen durch Knabenstimmen verlangt.[54] Es wurde bereits berichtet, wie Schnepper durch Umwandlung einer Chorvikarstelle in die eines geistlichen Chorleiters den neuen Bestrebungen Rechnung tragen wollte. Fachlich gebildete Priester waren jedoch nicht vorhanden.[55]

---

[50] Kirchenvorstandsprotokoll vom 28.8.1813: PAK, C, LA.

[51] Franz Ferdinand Wallraf, Das Verschwinden der Kirchenmusik zu Köln, in: Ausgewählte Schriften, hg. von J. H. Richartz, Festgabe zur Einweihung des Wallraf-Richartz-Museums (Köln 1861), 166.

[52] Protokoll 20.11.1818, 7.5.1819, 23.7.1819, in: PAK, C, LA.

[53] Protokoll 5.2.1827, in: PAK, C, LA.

[54] Vgl. Hegel, in: Geschichte des Erzbistums Köln V, 367, 179.

[55] Vgl. oben S. 244.

Die Predigt

Es fällt auf, daß mit der Stiftung der Allerseelen- und der Fronleichnamsoktav, aber auch mit der Andacht am Sonntag-Nachmittag eine Predigt verbunden war. Die öftere Predigt war ein Reformanliegen der kirchlichen Aufklärungsbewegung, das sich hier ebenso wie mit der Deutschen Singmesse und entgegen der sonstigen restaurativen Kirchlichkeit in St. Kolumba geltend machte.

Der seit dem Mittelalter bekannte Brauch, nur einmal am Sonntag zu predigen,[56] hat sich bis weit ins 19. Jahrhundert hinein gehalten. Nicht einmal das Vorlesen der sonntäglichen Perikopen war in allen Messen üblich. Bei einer Rundfrage im Stadtdekanat Köln vom Jahre 1851 wurde aus St. Kolumba berichtet, daß das Sonntagsevangelium vor der (einzigen) Predigt, und zwar aus der Perikopensammlung von Allioli, die Epistel jedoch nie vorgelesen werde.[57]

Nach wenig erfolgreichen Bemühungen Erzbischof Spiegels Ende der zwanziger Jahre wurde der Wunsch des Erzbischofs Geissel und des Kölner Provinzialkonziels von 1860 in St. Kolumba akzeptiert, es möchte außer im Hochamt auch in der einen oder anderen Messe gepredigt oder eine Homilie gehalten werden; das gleiche galt für die Anordnung von Erzbischof Melchers, in den Predigten die katholische Glaubens- und Sittenlehre nach der Ordnung des Katechismus zu verkünden.[58] Dies bestätigt ein Bericht von Oberpfarrer Schnepper aus dem Jahre 1875.[59] In vier der oben erwähnten Sonntagsmessen wurde eine Homilie oder ein *katechetischer Vortrag* gehalten, bei zwei weiteren Messen wurden wenigstens Epistel und Evangelium vorgelesen. Die *Hauptpredigt* aber fand jetzt am Abend um 7 Uhr statt im Anschluß an die Komplet und die damit verbundene deutsche Andacht.

Die Jugendlichen versuchte man durch spezielle Verkündigung anzusprechen. Um 8 Uhr vormittags war deutsche Singmesse mit Predigt für die Schüler der Realschule in der Kreuzgasse. An die übrige Schuljugend richtete sich ein *katechetischer Vortrag* im Hochamt um 9 Uhr; zunächst war er mit der gestifteten Vesper am Nachmittag um 3 Uhr angesetzt, dann aber auf den Vormittag verlegt worden, weil die Vesper keine *besondere Frequenz seitens des Publikums* aufwies. Für die Lehrlinge führte Kaplan Weiser 1857 eine Andacht mit Katechese um 4 Uhr ein.

In Kaplan Matthias Wilhelm Kerp (1816–1824), der später auch für kurze Zeit (1846/47) Pfarrer von St. Kolumba war, hatte die Pfarrei übrigens einen zu seiner Zeit gerühmten Kanzelredner, der *durch seine Wohlredenheit und schöne Predigten den Zulauf der Andächtigen zu der Kolumbakirche beispiellos vermehret* hat.[60] Jedoch wurde von anderer Seite bemerkt, daß seine Beredsamkeit, durch die er auf

[56] Vgl. oben S. 217.

[57] AEK, GVA Köln überhaupt 16 I: Bericht des Stadtdechanten Filz vom 30.1.1851. Herausgeber der Perikopensammlung war Joseph Franz von Allioli (1793–1873), Univ.-Professor für Bibelwissenschaften in München.

[58] Vgl. Wilfried Evertz, Seelsorge im Erzbistum Köln zwischen Aufklärung und Restauration, 1825–1835 (Köln 1993), 276–281; Hegel, in: Geschichte des Erzbistums Köln V, 386.

[59] Vgl. Anm. 15.

[60] Protokoll 21.9.1869, in: PAK, C I/2

die Massen wirkte, zwar volkstümlich, aber etwas rührselig, gelegentlich auch demagogisch gewesen sei.[61] Ein gutes Jahrhundert später machte sich Oberpfarrer Bertram Kastert (1916–1927) über den Kreis seiner Pfarrei hinaus als Prediger bekannt.

Die Pfarrschule und ihr Untergang

Wenn vom kirchlichen Leben in St. Kolumba gesprochen wird, kann man nicht an der Pfarrschule vorübergehen. Sie spielte in der Weitergabe des Glaubens eine wichtige Rolle.

Seit der zweiten Hälfte des 18. Jahrhunderts war die religiöse Volksbildung als Aufgabe des Seelsorgers innerhalb der Kirche erneut bewußt geworden.[62] Eine Pfarrschule besaß die Kolumbapfarrei mindestens seit Mitte des 15. Jahrhunderts.[63]

Die Trennung von Kirche und Schule, wie sie in Frankreich im Gefolge der Revolution durchgeführt worden war, kam in den annektierten Rheinlanden nur vorübergehend und vorwiegend an den höheren Schulen zum Zuge.[64] Die vorrevolutionären Verhältnisse an den Elementarschulen blieben auch in preußischer Zeit zunächst weiterbestehen, da die Regierung bei der Neuordnung des Schulwesens auf die Hilfe der Kirche angewiesen war. Obwohl die Pfarrschulen aus Mangel an fachlich vorgebildeten Lehrern nicht in zeitgemäßer Verfassung waren, übten sie eine notwendige Funktion aus. Die Kolumbaschule gehörte nach dem Urteil des bedeutenden Kölner Schulmanns Karl August Friedrich Grashoff zu jenen, die in leidlichem Zustande waren.[65]

Zwei Entscheidungen waren für die künftige Schulentwicklung grundlegend: erstens die Zuständigkeit der öffentlichen Autorität bzw. der Kommune für die Elementarschulen (1815 bzw. 1850), zweitens die Beibehaltung des konfessionellen Charakters dieser Schulen (1821/22).[66] Da es zunächst unmöglich war, aus städtischen Mitteln öffentliche Elementarschulen ins Leben zu rufen, wurden vorerst (1816) die bestehenden Pfarrschulen als öffentliche anerkannt.[67] Diese Entscheidung brachte der Kirche nicht nur Vorteile, denn die Sorge für die Einrichtung des Schullokals und die Baulast blieben bei der Pfarrkirche,[68] und die Besoldung der

[61] Vgl. Heinrich Schrörs, Die Kölner Wirren (1837). Studien zu ihrer Geschichte (Berlin/Bonn 1927), 272.

[62] Vgl. Hegel, in: Geschichte des Erzbistums Köln IV, 404 ff.

[63] Vgl. oben S. 109, 182.

[64] Vgl. Torsy, Bistum Aachen 273–276; Hegel, in: Geschichte des Erzbistums Köln IV, 532 f.

[65] Vgl. Gothein, in: Die Stadt Köln I/1, 205; vgl. Josef Martin Kames, Das Elementarschulwesen in Köln von 1815–1850 (Köln 1992), 39; zu Grashoff vgl. Wilhelm Kahl, Die Volksschule, das mittlere und höhere Schulwesen, in: Stadt Köln II, 31 f.

[66] Vgl. Hegel, in: Geschichte des Erzbistums Köln V, 389 f. Die Schulartikel der Preußischen Verfassung (Art. 21–25) in: Huber-Huber, Staat und Kirche II, 38.

[67] Vgl. Verfügung des Oberpräsidenten an den Oberbürgermeister von Köln 21.7.1816 bei Kahl, Volksschule, in: Stadt Köln II, 34; vgl. auch Kames, Elementarschulwesen, 37 f.

[68] Rundschreiben der städtischen Schulkommission an die Schulvorstände 5.2.1819, in: PAK, C III/1.

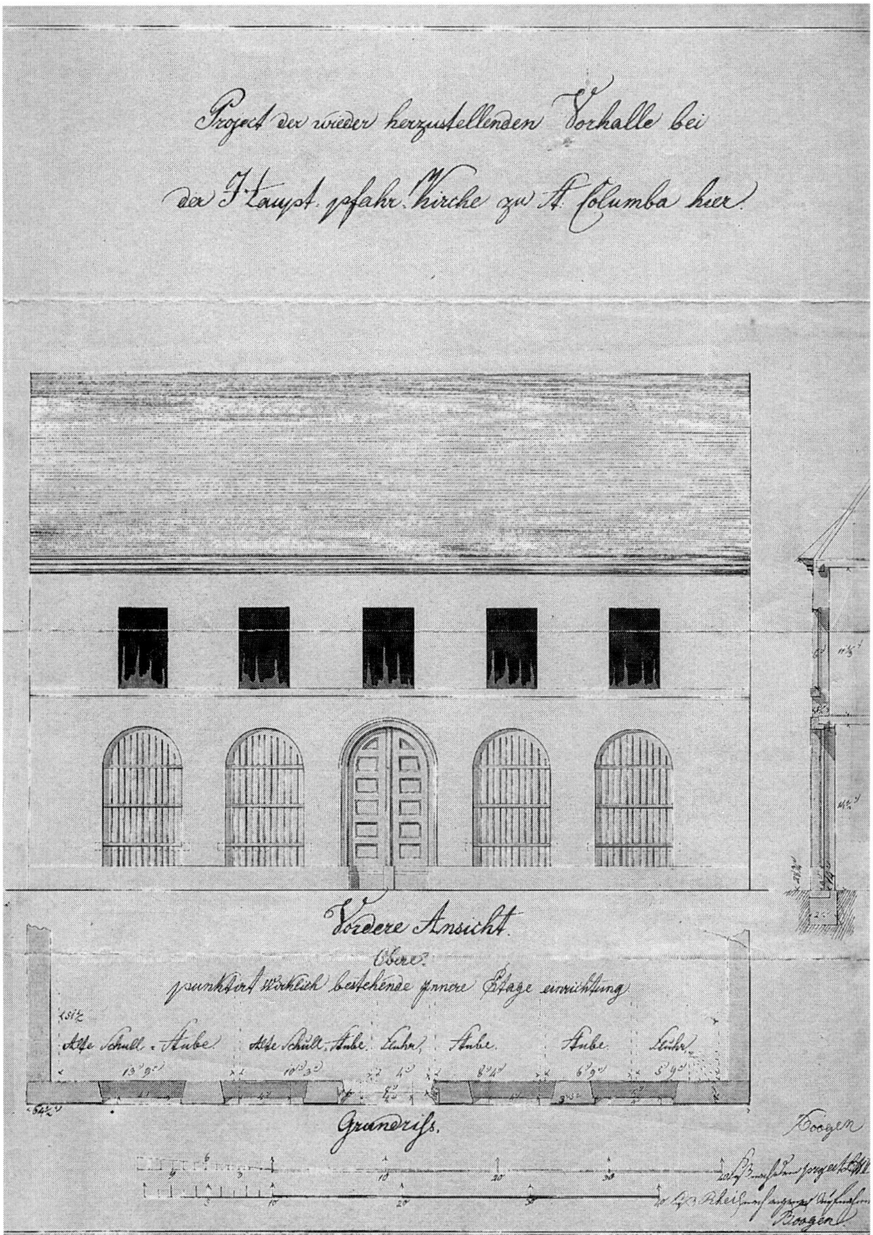

Abb. 65 Vorhalle an der Westseite von St. Kolumba mit der Pfarrschule im Oberstock. Entwurf zu ihrer Wiederherstellung (1821)

Lehrer wurde erst 1828 von der Stadt übernommen.[69] Trotzdem mußte weiterhin Schulgeld entrichtet werden.[70]

Jede der städtischen Sektionen in Köln erhielt 1816 einen geistlichen Schulinspektor, der seine Aufgaben im Auftrag der politischen Autorität wahrnahm. Von ihm wurde ein Schulvorstand gebildet, der aus einem Pfarrer und zwei Bürgern bestand und Lehrer vorschlagen konnte, die dann von der städtischen Schulkommission ernannt wurden.[71] 1852 wurden die Sektionsschulvorstände in Pfarrschulvorstände aufgeteilt.[72] Erzbischof Spiegel begrüßte die Lösung der Schulfrage und mahnte die Pfarrer, den täglichen Messebesuch der Schulkinder zu urgieren und besondere Sorgfalt auf die Erteilung des Religionsunterrichts in den Schulen zu verwenden. Als Unterrichtsbuch führte er den im Sinn der kirchlichen Erneuerungsbewegung wirkenden Katechismus von Bernhard Overberg ein.[73] Da der Kirche auch auf die Lehrerausbildung Einfluß gewährt wurde, bestanden auf dem Bildungssektor keine Kontroversen zwischen Staat und Kirche. Sie wurden erst im Laufe des Kulturkampfes virulent. Als das preußische Gesetz vom 11. März 1872 die staatliche Aufsicht über alle Erziehungsanstalten forcierte, wurden die Pfarrschulvorstände mit den Pfarrern als Lokalschulinspektoren zunächst nicht angetastet.[74] Im Jahre 1874 indes verlangte die Regierung die Auflösung der Pfarrschulvorstände, weil sie sich nicht bewährt hätten. Die Schulaufsicht übte seit 1875 die städtische Schuldeputation aus, der die Pfarrer aber immer noch als geborene Mitglieder angehörten.[75]

Solange der Schulbesuch nicht verpflichtend gewesen war, hatten die sogenannten Sonntagsschulen noch eine gewisse Rolle gespielt. In der Kolumbapfarrei gab es schon seit dem 17. Jahrhundert zwei solcher Einrichtungen; die eine – in der Streitzeuggasse – war von Wissius, die andere auf dem Berlich durch von Geyr gestiftet worden. Sie waren für Kinder und Jugendliche aus armen Familien gedacht, die von ihren Eltern durch Lohnarbeit zum Broterwerb veranlaßt wurden. Die preußische Schulverwaltung legte auf die vorläufige Weiterführung der Sonntagsschulen großen Wert, vereinigte allerdings die beiden genannten Schulen gegen den Willen des Kirchenvorstandes zu einer einzigen und bestimmte als deren Schulbezirk die beiden Pfarreien St. Kolumba und St. Maria in der Kupfergasse.[76] Der Unterricht – vormittags und nachmittags je drei Stunden – sollte vom Lehrer der Pfarrschule in deren Gebäude an der Kolumbastraße erteilt werden. Dieser hatte dafür zu sorgen,

---

[69] Vgl. Gothein, in: Stadt Köln I/1, 210.
[70] Vgl. Kahl, in: ebd. II, 36 f.
[71] Vgl. ebd. II, 35; ferner Walter Lipgens, Ferdinand August Graf Spiegel und das Verhältnis von Kirche und Staat 1789–1835. Die Wende vom Staatskirchentum zur Kirchenfreiheit (Münster 1965), 432 f.
[72] Vgl. Kahl, in: Stadt Köln II, 41.
[73] Vgl. Evertz, Seelsorge im Erzbistum Köln, 212–222; Lipgens, Spiegel, 434.
[74] Das Gesetz bei Huber-Huber, Staat und Kirche II, 530.
[75] Vgl. Kahl, in: Stadt Köln II, 43–47, 54.
[76] KV an Schulvorstand der 3. Sektion (Entwurf o. D.) in: PAK, C, LA. Vgl. Gothein in: Stadt Köln I/1, 206 f.

daß die Kinder vorher unter seiner Aufsicht die Messe besuchten. Für seine Tätigkeit erhielt er eine Vergütung aus der Stiftung Wissius.[77] Der Erfolg der Sonntagsschulen blieb allerdings gering, wie die Klagen über mangelnden Besuch nahelegen.[78] Mit dem Arbeiterschutzgesetz von 1853, das die Fabrikarbeit von Kindern bis zum vollendeten 12. Lebensjahr verbot, wurden die Sonntagsschulen zum großen Teil überflüssig.[79]

Außer diesen gab es seit 1827 sogenannte Armenschulen für solche Kinder, deren Eltern das Schulgeld nicht zahlen konnten. Für Jungen existierte eine Armenschule im ehemaligen Minoritenkloster, für Mädchen im früheren Brauerzunfthaus in der Schildergasse.[80] Diese diskriminierende soziale Spaltung wurde erst 1889 beseitigt.

Am 1. Januar 1829 wurde in Köln der Schulzwang durchgeführt. Die schulpflichtigen katholischen Kinder wurden auf den Besuch der in den einzelnen Kölner Pfarreien bestehenden Elementarschulen hingewiesen.[81] Wie bereits erwähnt, befand sich damals die zweiklassige Knabenschule über der Vorhalle der Kirche. Für Mädchen gab es seit vielen Jahren zwei auf Stiftungen beruhende Schulen: die älteste, aber unbedeutende, befand sich in der Herzogstraße (sie ist 1812 eingegangen); die andere sogenannte Französische Schule mit Internat hatte ihr Domizil in der Breitestraße 9.[82]

Anfang der dreißiger Jahre kam Bewegung in die Frage der Schulorganisation. Die Stadt plante, die beiden Schulbezirke St. Kolumba und St. Maria in der Kupfergasse wegen der geringen Kinderzahl zusammenzulegen; dabei sollte das Schulhaus in den Pfarrsprengel der Marienpfarrei kommen. Das entsprach ganz und gar nicht den Absichten des Kolumbapfarrers Grosmann. Die geplante Zusammenlegung war nur zu vermeiden, wenn der Kirchenvorstand von St. Kolumba zur Erhaltung einer eigenen Pfarrschule finanzielle Opfer brachte. Gegen den wohlmeinenden Rat des Rendanten Bochem war Grosmann bereit, die Stiftung Echten für einen Schulneubau herzugeben.[83] Die Existenz dieser Stiftung, deren Erträge den Armen und der Unterstützung bedürftiger Schulkinder zugute kamen, war bei Errichtung der städtischen Armenpflege in französischer Zeit anscheinend verschwiegen worden. Der Kirchenvorstand machte nun der Stadt das Angebot, mit dem Stiftungskapital von 7.668 Talern sowie weiteren 5000 Talern, die der Verkauf der bisherigen Mädchenschule bringen werde, den Neubau der Schule innerhalb der Kolumba-

---

77 Städtische Schulkommission an den Schulvorstand der 3. Sektion 26.11.1816; Erlaß des Kgl. Konsistoriums 20.11.1816, in: PAK, C, LA; vgl. Kames, Elementarschulwesen, 42–47.

78 KV an Schulvorstand der 3. Sektion (Entwurf o. D.), in: PAK, C, LA.

79 Vgl. Gothein, in: Stadt Köln I/1, 214 f.

80 Vgl. Kahl: ebd. II, 39. 50 .; Gothein ebd. I/1, 210 .; Kames, Elementarschulwesen, 86 ff., 97 f.,

81 Gedruckte Bekanntmachung des Kgl. Oberbürgermeisteramtes Köln vom 12.12.1828, in: PAK, C, LA.

82 Kirchmeister an den Präfekten des Roerdepartements 5.7.1812, in: PAK, C V/6.

83 Pfr. Grosmann an Rendant Bochem 19.2.1831; Bochems Antwort 20.2.1831, in: PAK, C V/5; vgl. Gothein, in: Stadt Köln I/1, 212 f.

Abb. 66 Kolumbakirchhof(gasse), rechts die Knabenschule von 1837, im Hintergrund die Kaplanei sichtbar (Zustand 1941)

pfarrei zu finanzieren.[84] Die Stadt nahm das Angebot an. Im März 1837 waren die Knaben- und die Mädchenschule zu je drei Klassen fertiggestellt; die Knabenschule lag in der Kolumbakirchhofgasse 2–4 an der Stelle der beiden bisherigen Kaplaneien, die Mädchenschule auf dem früheren Kleinen Kirchhof.[85] Stadtbaumeister Weyer hatte die Pläne entworfen. Die von ihm gebauten Schulhäuser galten allgemein als nüchtern, licht- und luftarm, aber als praktisch und billig.[86]

[84] KV an Oberbürgermeister 18.1.1833 und 26.8.1835, in: PAK, C V/5.
[85] PAK, C I/3.
[86] Vgl. Gothein, in: Stadt Köln I/1, 213.

Trotz des finanziellen Engagements der Kolumbapfarrei machte die unterschiedliche Bevölkerungsentwicklung in den einzelnen Stadtteilen das Zusammenfallen von Pfarr- und Schulbezirksgrenzen auf die Dauer unmöglich. Letztere wurden 1875 neu geordnet; an die Stelle der Pfarrschulen traten Bezirksschulen. Nachdem 1888 Schulgeldfreiheit eingeführt und die Armenschulen beseitigt worden waren, konnte man die Elementarschulen mit Recht als *Volksschulen* (seit 1889) bezeichnen.[87]

In diesem Entwicklungsprozeß verlor auch St. Kolumba seine Pfarrschule. 1876 wurden die bisherigen Pfarrschulen von St. Kolumba und St. Maria in der Kupfergasse zu einem sechsklassigen System vereinigt. Die Jungen hatten nun ihr Schulhaus in der Schwalbengasse, die Mädchen im Kolumbakirchhof 1–3. Auch dieser Zustand war nur von kurzer Dauer. Seit 1880 wurden sowohl Jungen wie Mädchen im Schulgebäude Schwalbengasse unterrichtet. Dies bedeutete das Ende einer eigenen mit der Pfarrei verbundenen Schule in St. Kolumba.[88]

Die Verlegung der Schule hatte insofern noch ein Nachspiel, als die Kirchengemeinde die Stadt auf Herausgabe der beiden Schulhäuser im Kolumbakirchhof oder auf eine entsprechende finanzielle Entschädigung verklagte. Nun machte es sich nachteilig bemerkbar, daß der Kirchenvorstand in den dreißiger Jahren auf eine formelle Vereinbarung mit der Stadt verzichtet hatte, nur um die Schule im Pfarrgebiet zu erhalten. Die Herausgabe der Stiftung Echten war ohnehin gesetzliche Pflicht der Kirchengemeinde gewesen. Abgesehen davon hatte diese keinen Widerspruch erhoben, als sich die Stadt auf Anweisung der Regierung ausdrücklich das Eigentum an den Neubauten vorbehielt. Die Kirchengemeinde verlor den Prozeß in zwei Instanzen. Das Oberlandesgericht erklärte den Grund und Boden der ehemaligen Schulhäuser als städtisches Eigentum, weil er früher Friedhof gewesen sei.[89]

28. Die kirchenpolitischen Ereignisse der jüngsten Zeit und ihr Widerhall in der Kolumbapfarrei

Mit Beginn des 19. Jahrhunderts war in Deutschland das Ende des konfessionell bestimmten Staates gekommen. Das Zusammenleben der verschiedenen Bekenntnisse in einem Staatswesen brachte allerdings manche Schwierigkeiten für die jeweilige Minderheit mit sich. Sie wurden auf der obersten Ebene ausgetragen: zwischen der Staats- und der Kirchenführung.

---

[87] Vgl. Kahl, in: Stadt Köln II, 46 f., 50 ff.
[88] Notizen von Oberpfarrer Schnepper über die Schulfrage mit der Stadt Köln 1878, in: PAK, C IV/19.
[89] Vgl. Gutachten des Rechtsanwalts Janssen II vom 23.4.1878; Oberbürgermeisteramt an KV 4.10.1878, in: PAK, C IV/19. Das Urteil des Landgerichts, in: PAK, C, LA.

Die Kölner Wirren

In der ersten großen Auseinandersetzung, die unter der Bezeichnung *Kölner Wirren* in die Geschichte eingegangen ist, ging es um die Grenzen des Staates in der Ordnung des Mischehenrechts und das Verhältnis von kirchlicher Lehrautorität und staatlicher Schulhoheit. Die zweite Frage ist in der Literatur mit dem Begriff *Hermesianismus* belegt worden.

Die politischen Vorgänge sind bekannt und sollen hier nicht wiederholt werden.[1] An dieser Stelle interessieren vielmehr die Auswirkungen der Streitigkeiten auf die untere Ebene, die Pfarrei. Hier waren weder die Mischehenfrage noch die kirchlichen Entscheidungen über die Lehrweise des ehemaligen Bonner Professors Georg Hermes umstritten. Hinter dem Begriff *Hermesianismus* verbarg sich allerdings auch ein innerkirchlicher Richtungsstreit zwischen konservativen und fortschrittlichen Kreisen, und der konnte auf die untere Ebene durchschlagen.

Die fortschrittlichen Geistlichen waren vielfach von Hermes und jener Universitätstheologie geprägt, die ein ängstliches Sichabschließen gegenüber modernen Geistesströmungen ablehnte und eine kritische Auseinandersetzung mit ihnen forderte. In ihrer pastoralen Praxis fiel die didaktische Note auf; die „Fortschrittlichen" legten Wert auf volkssprachliche Elemente im Gottesdienst und betonten die Wichtigkeit von Predigt und Katechese. Im Umgang mit Andersgläubigen übten sie Toleranz. Die Anerkennung der öffentlichen Gewalt und des konkreten preußischen Staates war ihnen selbstverständlich. Die Konservativen zeigten sich weniger aufgeschlossen für den Fortschritt der Theologie; sie lehnten Reformen im Gottesdienst ab und appellierten in der Predigt mehr an das Gefühl. Dem entsprach auch die Pflege des religiösen Brauchtums. Sie mieden nach Möglichkeit Kontakte zu Protestanten, und zum preußischen Staat hatten sie vielfach ein gestörtes Verhältnis.[2]

Die Konfrontation der beiden Richtungen wurde durch ein päpstliches Breve von 1835 ausgelöst, das die Bücher von Hermes († 1831) indizierte. In Mißdeutung dieses Bücherverbots als Verurteilung von Hermes' Person und Lehre und alles dessen, was man den Fortschrittlichen als Hermesianismus in die Schuhe schob, löste das päpstliche Breve ein scharfes Vorgehen gegen die angeblich unkirchlichen Hermesfreunde aus. Der Kölner Erzbischof Clemens August Droste zu Vischering, der das Verwirrspiel der verschiedenen Parteien und Hintermänner nicht durchschaute, war in diesem Fall selbst Partei und glaubte, alle des Hermesianismus Verdächtigten auf personalpolitischem Wege ausschalten zu müssen.[3] Auf diesem Hintergrund ist ein Vorgang zu sehen, der sich in der Pfarrei St. Kolumba abspielte.

---

[1] Vgl. Schrörs, Kölner Wirren; Rudolf Lill, Die Beilegung der Kölner Wirren 1840–1842 (Düsseldorf 1962) sowie Hegel, in: Geschichte des Erzbistums Köln V, Kap. 13.

[2] Vgl. ebd. V, 249 ff.

[3] Vgl. ebd. 469–474; Hermann H. Schwedt, Das römische Urteil über Georg Hermes (1775–1831). Ein Beitrag zur Geschichte der Inquisition im 19. Jahrhundert (Rom-Freiburg-Wien 1980).

Hier standen sich Hermesgegner und Hermesfreunde in der Person des Oberpfarrers Grosmann und des Kaplans Weber gegenüber. Aber es war eine vornehme und leidenschaftslose Gegnerschaft.

Affäre Kaplan Weber

Grosmann war 13 Jahre lang Professor für Moraltheologie am Kölner Priesterseminar gewesen, bevor er die Pfarrei St. Kolumba übernahm (1826–1845). Seiner theologischen Einstellung nach gehörte er der konservativen Richtung an; er war während der Kölner Wirren Anhänger Erzbischof Drostes. Führend oder gar parteibildend war er jedoch nicht.[4]

Kaplan Johannes Joseph Weber (1802–1888), ein durch wissenschaftliche Bildung, sein amtliches Wirken und seine persönliche Lebensführung ausgezeichneter Priester war nach seiner Priesterweihe sechs Jahre als Kaplan an St. Kolumba tätig gewesen, als er sich 1837 um die Pfarrstelle St. Vith in der Eifel bewarb. Seine fortschrittliche Einstellung hatte er in seiner seelsorglichen Tätigkeit nie hervorgekehrt, und auch Grosmann war edel und gerecht genug, ihm das Zeugnis auszustellen, daß er *stets einen priesterlichen Wandel geführt und in seinen Vorträgen immer orthodox gelehrt* habe.[5] Auch andere Autoritäten, die sein Wirken kennengelernt hatten, stellten ihm die besten Zeugnisse aus. Doch Erzbischof Droste wollte Weber die begehrte Pfarrstelle nur geben, wenn er die vom Oberhirten anläßlich der hermesianischen Streitfragen aufgestellten Thesen unterschreibe. Weber hatte Bedenken gegen einige dieser Thesen und trug diese dem Oberhirten vor.[6] Daraufhin verzichtete dieser auf die Unterzeichnung seiner Thesen und versetzte Weber auf die schlecht dotierte Eifelvikarie Gemünd. Der Verlust von zwei Dritteln seiner Einkünfte war deswegen ein schwerer Schlag für Weber, weil er die Söhne seines verstorbenen Bruders bei sich erzog. Als Weber von privater Seite materielle Hilfe zugesagt worden war und dieser den Erzbischof bat, ihn vom Antritt der Gemündener Stelle zu entbinden und zu beurlauben, lehnte der Oberhirte schroff ab: weil Weber auf den Unterhaltstitel der Diözese geweiht sei, müsse er jede Stelle annehmen. Ein wohlhabender Pfarrangehöriger erbot sich nun, einen Unterhaltstitel zu stellen und Weber auf diese Weise von der auf den Weihetitel begründeten Gehorsamspflicht zu befreien. Dies reizte den eigenwilligen Erzbischof noch mehr; er entzog Weber die allgemeine Seelsorgeerlaubnis *(cura animarum)* und gestattete sie ihm nur für Gemünd und Umgebung und außerdem nur für ein Jahr. Nunmehr lehnte Weber förmlich den Antritt der Gemündener Stelle ab, worauf Droste ihm die Suspension ipso facto innerhalb von acht Tagen androhte, die nur durch öffentliche Buße behoben werden könne. Der Gemaßregelte trat nun die Stelle an, legte

[4] Vgl. unten S. 303.
[5] Vgl. Schrörs, Kölner Wirren, 419 ff., das Zitat ebd. 420.
[6] Die 18 Thesen enthielten zum Teil theologisch Falsches. Droste verlangte die Unterschrift von allen neu zu approbierenden Priestern. Die Thesen waren Glaubenserklärungen; ein Bischof hat nicht das Recht, solche vorzuschreiben. Vgl. Schrörs, Kölner Wirren, 413–417.

aber Rekurs an den Papst ein. In einem anonymen Schreiben brachte Weber den Fall in ruhiger und würdiger Form an die Öffentlichkeit.[7] Nach der Verhaftung Erzbischof Drostes im November 1837 wurde Weber durch Generalvikar Hüsgen rehabilitiert und zum Pfarrer von Graurheindorf ernannt.[8]

Die Vakanz der Kaplanstelle in St. Kolumba hatte der Sekretär des Erzbischofs, Eduard Michelis, benutzt, um einen der schärfsten Agitatoren gegen Hermesianismus-Verdächtige nach Köln zu holen. Es handelte sich um Johann Theodor Laurent, Pfarrer von Gemmenich in der Diözese Lüttich.[9] Er strebte seit langem danach, an eine führende Stellung im Kirchenkampfe zu kommen. Er war sogar bereit, sich vorerst mit der Kaplanstelle an St. Kolumba zu begnügen, da keine Pfarrstelle frei war. Das Projekt zerschlug sich, weil Laurent vom Lütticher Bischof nicht freigegeben wurde. Sicher hätte Laurent als imponierender Redner, der er war, die Katholiken Kölns um die Kanzel von St. Kolumba geschart. Aber sicher wäre auch das Volk durch sein unbesonnenes hitziges Temperament und seine demagogische Redeweise in unverantwortlicher Weise aufgeputscht worden.[10] Nach diesem Fehlschlag brachte Michelis einen anderen Antihermesianer ins Spiel, einen Landsmann aus dem Bistum Münster, Gustav Gerhard van der Meulen,[11] der die Kaplanstelle in St. Kolumba 1837–1847 innegehabt hat, ohne jedoch als Antihermesianer besonders hervorzutreten.[12]

Die preußische Verfassung von 1848/50 und die Kirchenfreiheit

Nachdem die Kölner Wirren zwischen Staat und Kirche 1842 beigelegt worden waren und die preußische Verfassung von 1848/1850 den christlichen Kirchen die Freiheit von staatlicher Bevormundung gebracht hatte,[13] konnte sich überall im Lande das kirchliche Leben entfalten. Auch die Kirche machte sich die jedem Staatsbürger zustehende Rede-, Presse-, Versammlungs- und Vereinsfreiheit zunutze. Infolgedessen konnten jetzt wieder Orden und religiöse Genossenschaften gegründet werden. Die reiche und bunte Klosterlandschaft der früheren Jahrhunderte erstand allerdings nicht wieder; die neu entstehenden Genossenschaften hatten ein anderes Erscheinungsbild.

---

[7] Ein auffallendes Faktum zur gerechten Beurteilung der Verfahrensweise des Herrn Erzbischof Clemens August gegen die Geistlichen der kölnischen Diözese. Nach den vollständigen Akten mitgeteilt von einem wahrheitsliebenden Katholiken (1838).

[8] Vgl. German Hubert Christian Maaßen, Geschichte der Pfarreien des Dekanates Bonn, 2. Teil (Bonn 1899), 25 f.

[9] Laurent (1804–1886) wurde später (1841–1848) Apostolischer Vikar für Luxemburg, mußte aber auf Verlangen der Regierung abberufen werden. Vgl. Erwin Gatz, in: Die Bischöfe der deutschsprachigen Länder 1803–1945 (Berlin 1983), 433–436.

[10] Vgl. Schrörs, Kölner Wirren, 286 f. Zu Michelis ebd. 274–285; ferner Karl Stindt, Eduard Michelis. Ein Lebens- und Charakterbild 1813–1855 (Münster 1952).

[11] Vgl. Schrörs, Kölner Wirren, 285.

[12] Vgl. Handbuch Köln 1840 und 1846. Vgl. unten S. 311.

[13] Vgl. Huber-Huber, Staat und Kirche II, Nr. 10 und 11.

Neue Formen kirchlicher Karitas

Vorrangig war die Wiederbelebung der kirchlichen Sozialfürsorge. Die mittelalterliche Konzeption des Hospitals als eines Hauses, in dem Kranke, Altenpfleglinge, Waisen und Hilfslose jeder Art um Gotteslohn Zuflucht finden konnten, war überholt. Während sich das moderne Hospital zu einer medizinisch qualifizierten Heilanstalt entwickelte, wurden für Waisen, Alte und sozial Schwache eigene Einrichtungen angestrebt. Dies konnte auf die Dauer nicht in der Verantwortung einer Pfarrei geschehen. Nur von einer vereins- oder korporationsrechtlich verfaßten Anstalt konnte man sich eine wirtschaftlich gesicherte und ihrer Aufgabe gerecht werdende Entwicklung versprechen. Eine für überpfarrliche Zwecke bestimmte Institution wurde in den sechziger Jahren in St. Kolumba angesiedelt. Es waren die *Armenschwestern vom heiligen Franziskus,* die Franziska Schervier 1845/51 in Aachen gegründet hatte. Sie waren schon 1852 nach Köln gekommen und lebten nach der Dritten Regel des hl. Franziskus; sie hatten sich zu tätiger Nächstenliebe im Dienste der Armen, speziell in städtischem Milieu, verpflichtet.[14] Diese Zielsetzung hatte die Kölner Altstadtpfarrer bewogen, ihre Hilfe für die Betreuung der Hausarmen und -kranken zu erbitten. Es wurden je drei Schwestern für die südliche und die nördliche Altstadt zur Verfügung gestellt. Letztere nahmen zunächst in der Kaplanei der Marienkirche in der Kupfergasse Wohnung, bis sie 1864 das für sie angekaufte Haus Streitzeuggasse 6 in der Kolumbapfarrei beziehen konnten. Auf Anraten von Erzbischof Melchers verbanden die Schwestern 1866 mit ihrem Kloster ein Heim für Haushaltshilfen und 1890 das Notburgahaus für kranke und alte Hausgehilfinnen. Dadurch daß die Häuser Streitzeuggasse 8 und 10 hinzuerworben werden konnten, rundete sich das Anwesen schnell ab. Aber erst durch den Anschluß des Oppenheimschen Besitztums in der Glockengasse 3–5 mit seinem großen Garten kam es zur vollen Entfaltung. Dieses ehemalige Haus der Familie von Groote, das 1815/22 dem einzigen Oberpräsidenten von Jülich-Kleve-Berg – Graf Solms-Laubach – als Wohnung gedient und zuletzt dem Bankier Albert von Oppenheim gehört hatte, ist nach dem Ersten Weltkrieg dem erzbischöflichen Stuhl angeboten und von diesem erworben worden. Nachdem in den Jahren 1927/28 ein Zwischenbau mit einer geräumigen Kapelle und großem Saal aufgeführt worden war, verfügte das Erzbistum mit dem danach *Karl-Joseph-Haus* genannten Gebäude zugleich über ein zentral gelegenes Versammlungszentrum.[15]

[14] Vgl. Erwin Gatz, Kirche und Krankenpflege im 19. Jahrhundert. Katholische Bewegung und karitativer Aufbruch in den preußischen Provinzen Rheinland und Westfalen (München-Paderborn-Wien 1971), 373–399.

[15] Vgl. Heinrich Löcherbach, Das Karl Joseph-Haus in Köln, in: Festblatt zum 25jährigen Bischofsjubiläum von Kardinal Schulte (Köln 1935); zum ehemaligen von Oppenheim'schen Haus vgl. Vogts, Kölner Wohnhaus, II, 564.

Kirchliche Vereine

Für die Entstehung des „Katholizismus“, einer für die Zeit nach 1848/50 bezeichnenden Lebensäußerung der katholischen Kirche im geistigen, kulturellen, sozialen und politischen Bereich, waren die damals entstehenden Vereine eine tragende Kraft. Sie wollten das katholische Volk aus der Isolierung herausführen, in die es durch die Säkularisation und ihre politischen und wirtschaftlichen Folgen geraten war. Durch ihre überdiözesane Organisation mit regionalen und oft örtlichen Filialen konnten diese Vereine ihren Einfluß weit ausbreiten. Für das Leben einer Pfarrei waren sie von geringerer Bedeutung, falls sie nicht auch auf solche kleinräumigen Zustände zugeschnitten waren. Dies war z. B. der Fall beim 1844/45 gegründeten Borromäusverein, insofern er sich an die bestehende kirchliche Organisation anschloß. Die Pfarrgeistlichen wurden die Hauptstütze dieses Vereins, der sich die Vermittlung guter Literatur zur Aufgabe gemacht hatte und damit auch für die Seelsorge hilfreich war.[16] 1859 wurde der Verein in St. Kolumba eingeführt.[17] Oberpfarrer Schnepper machte sich das Vereinsinstrument dienstbar, um 1879 einen *St. Kolumba-Pfarrverein* ins Leben zu rufen. Er hatte einen ganz aktuellen Zweck und sollte durch Sammlungen die notwendige Innenrestauration der Pfarrkirche mitfinanzieren.[18] Dem *Katholischen Gesellenverein* bot St. Kolumba in der Pfarrschule am Kolumbakirchhof die erste Versammlungsstätte (1849),[19] aber die Entwicklung dieser bald groß und bedeutend gewordenen berufsständischen Organisation verlief in anderen Grenzen als denen der Kolumbapfarrei.

Der Kulturkampf

Nach der Gründung des Deutschen Reiches (1871) erfolgte im Staat-Kirche-Verhältnis ein folgenschwerer Rückschlag. Die Katholiken standen der kleindeutschen Lösung der Deutschen Frage – ohne Österreich – distanziert gegenüber; die Liberalen, die Bismarcks Deutschlandpolitik mittrugen, hatten die Entfaltung des kirchlichen Einflusses unter der freiheitlichen preußischen Verfassung mit Mißmut beobachtet; der Beschluß des Ersten Vatikanischen Konzils (1869/70) über die Unfehlbarkeit des Papstes in Glaubensfragen hatte sie vollends gegen die katholische Kirche aufgebracht. Wiederherstellung der staatlichen Aufsicht über die Kirche war angesagt. Auch hier müssen wir uns einer Darstellung der äußeren Anlässe zur Einschränkung der Kirchenfreiheit und der Eskalation der Auseinandersetzungen im sogenannten *Kulturkampf* enthalten und uns auf dessen Auswirkungen in der Pfarr-Ebene beschränken.[20]

---

[16] Vgl. Hegel, in: Geschichte des Erzbistums Köln V, 436 ff.

[17] Sakristanpriester Moreau an Polizeipräsident Geiger 14.6.1859, in: PAK, C, LA.

[18] Gedruckter Aufruf und Statuten vom 24.1.1879, in: PAK, C, LA.

[19] Vgl. Hans-Joachim Kracht, Adolph Kolping. Priester, Pädagoge, Publizist im Dienst christlicher Sozialreform. Leben und Werk aus den Quellen dargestellt (Freiburg 1993), 170.

[20] Vgl. Hegel, in: Geschichte des Erzbistum Kölns V, Kapitel 17. Die im folgenden genannten Kulturkampfgesetze bei Huber-Huber, Staat und Kirche II, bes. Nr. 279, 309, 313, 316.

Das erste Kulturkampfgesetz vom 11. Mai 1873 verpflichtete die Bischöfe, vor Übertragung eines geistlichen Amtes den Namen des Ausersehenen dem Oberpräsidenten der zuständigen Provinz anzuzeigen, dem ein Vetorecht übertragen wurde. Amtshandlungen eines ohne Mitwirkung des Oberpräsidenten ernannten Geistlichen wurden unter Strafe gestellt. Da der Episkopat den Kulturkampfgesetzen passiven Widerstand entgegensetzte, konnten im Laufe der Zeit frei werdende Pfarr- und Kaplanstellen nicht wieder besetzt werden. Um eine Vakanz zu vermeiden, verzichteten die Bischöfe auf Versetzungen und Beförderungen. So blieben die Kolumba-Kapläne Gottfried Köllen und Martin Vosen 17 bzw. 26 Jahre in ihren Stellungen, bis sie nach Beendigung des Kulturkampfes im Alter von 49 bzw. 50 Jahren eine Pfarrstelle erhalten konnten. Die Pfarrstelle von St. Kolumba wurde 1883 durch den Tod von Oberpfarrer Schnepper frei. Um diese Zeit hatte allerdings der Abbau der Kampfgesetze bereits begonnen, wenn auch die Milderungen im Erzbistum Köln noch nicht greifen konnten, weil hier die Regierung auf der offiziellen Entfernung von Erzbischof Melchers bestand. Die zwei Jahre und neun Monate dauernde Vakanz der Pfarrstelle St. Kolumba wirkte sich insofern nicht nachteilig aus, als die beiden genannten Kapläne und der Sakristanpriester Franz Anton Weiser mit der Seelsorge in St. Kolumba seit langem vertraut waren.

Oberpfarrer Schnepper war persönlich von der Einstellung der Staatsleistungen an die Geistlichen betroffen worden, die der Staat am 27. April 1875 verfügt hatte, um einen Keil zwischen die Bischöfe und ihren Klerus zu treiben und so den passiven Widerstand des Episkopats zu brechen. Aus der Kumulativstrafe des Gehaltsentzugs konnte der einzelne Priester ausbrechen, wenn er den Staatsbehörden erklärte, die Gesetze des Staates befolgen zu wollen. Aber die Regierung hatte sich verschätzt, und Schnepper war nicht der Mann, der um eines persönlichen Vorteils willen aus der Einheitsfront ausgeschert wäre.

Daß sich in St. Kolumba die Gemeinde mit ihrem Pfarrer solidarisch fühlte, zeigt das Verhalten des Kirchenvorstandes. Ein Gesetz vom 20. Juni 1875 hatte den Einfluß des Pfarrers auf die Verwaltung des örtlichen Kirchenvermögens weiter eingeschränkt. Es schrieb für jede Gemeinde außer dem schon bestehenden Kirchenvorstand eine Gemeindevertretung zur Besorgung der kirchlichen Vermögensangelegenheiten vor und schuf dadurch Mitbestimmungsorgane der ortskirchlichen katholischen Laienschaft. Die Mitglieder beider Organe sollten von den männlichen Mitgliedern der Gemeinde, die zu den Kirchenlasten beitrugen, gewählt werden. Geistliche und andere Kirchendiener waren weder wahlberechtigt noch wählbar. Der Pfarrer war zwar kraft seines Amtes Mitglied des Kirchenvorstandes, durfte aber nicht den Vorsitz führen. Für alle wichtigen Beschlüsse des Kirchenvorstandes war die Zustimmung der zahlenmäßig größeren Gemeindevertretung erforderlich. Dieses Gesetz wurde vom Episkopat toleriert, um größeren Schaden vom örtlichen Kirchenvermögen fernzuhalten; die den Bischöfen vom Gesetz zugebilligten Aufsichtsrechte wurden allerdings von diesen aus Protest nicht wahrgenommen. Nach der vom staatlichen Gerichtshof für kirchliche Angelegenheiten ausgesprochenen Absetzung von Erzbischof Melchers wurden dessen Aufsichtsrechte über das Pfarr- und Stiftungsvermögen auf Grund des Gesetzes vom 7. Juni 1876 über die *Aufsichtsrechte bei der Vermögensverwaltung der katholischen Diözesen* dem von der Regierung bestellten Kommissar Ferdinand Schuppe übertragen. Auch dieses Gesetz hatte der Episkopat toleriert.[21] Demnach hätte der Kirchenvorstand von St. Kolumba – mit Ausnahme des Pfarrers – seine Geschäfte dem Gesetz entsprechend ruhig weiterführen können. Er lehnte aber zunächst die Zusammenarbeit mit dem staatlichen Kommissar ab. Entweder war er schlecht informiert oder er wollte auf diese Weise gegen den Eingriff des Staates protestieren. Die erste Fühlungnahme des Kommissars mit dem Kirchenvorstand erfolgte im Mai 1877, als es galt, ein Legat von 1500 Mark an die Kölner Pfarrkirchen zu verteilen. Um es entsprechend der Seelenzahl der einzelnen Pfarreien überweisen zu können, verlangte der Kommissar vom Kirchenvorstand St. Kolumba entsprechende Auskunft. Der Vorsitzende des Kirchenvorstandes, Schellen (Direktor der Realschule in der Kreuzgasse), antwortete, er könne dem *Wunsche* Schuppes nicht entsprechen, da man kein Material darüber besitze.[22] Diese ausweichende Antwort hat die Zuwendung nicht beeinträchtigt.

Nach diesem Vorgeplänkel forderte Schuppe am 15. Oktober 1877 die Einreichung des Kirchen-Etats für 1877. Schellen wies dies energisch zurück und verbat sich im Namen des Kirchenvorstandes *jedwede Einmischung in die uns übertragene Verwaltung des Kirchenvermögens, ... die wir allein auf Grund des Gesetzes vom 20. Juni 1875 auszuführen haben ...*[23] Schuppe wiederholte seine Aufforderung und drohte jedem Mitglied des Kirchenvorstandes bei der Versäumung einer Frist von 14 Tagen eine Exekutionsstrafe von 100 Mark an, eine Maßnahme, zu der ihn das Gesetz vom 9. Juni 1876 über die Aufsichtsrechte des Staates bei der Vermögensverwaltung in den katholischen Diözesen ermächtigte (§§ 4 und 9).[24] Von dieser Maßregel könnten nur jene ausgenommen werden, die ihm anzeigten, daß sie nicht imstande gewesen seien, einen positiven Beschluß herbeizuführen.[25] Alle Kirchenvorstandsmitglieder stellten sich hinter ihren Vorsitzenden und bezahlten die verhängte Strafe. Schuppe wiederholte am 29. November seine Forderung unter abermaliger Androhung einer Strafe von 100 Mark für jeden einzelnen.[26] Schellen legte nunmehr aus Protest den Vorsitz nieder und trat aus dem Kirchenvorstand aus.[27] Dieser reichte seit 1878 planmäßig den Voranschlag ein, bis die staatliche Aufsicht im November 1885 endete. Die auf Grund der bischöflichen Tolerierung des Gesetzes unnötig herbeigeführte Verwirrung ist ein Zeugnis für die damalige Stimmung der katholischen Bevölkerung in der Frage der Kirchenfreiheit.

---

[21] Vgl. Akten der Fuldaer Bischofskonferenz, bearbeitet von Erwin Gatz, 3 Bde (Mainz 1977/85), hier II, Nr. 332 und 333.
[22] Die entsprechenden Schreiben in: PAK, C, LA.
[23] PAK, C, LA.
[24] Vgl. Huber-Huber, Staat und Kirche II, Nr. 16.
[25] Schuppe an KV 8.11.1877, in: PAK, C, LA.
[26] Ebd.
[27] Direktor Schellen an Oberbürgermeister 6.12.1877: PAK, C, LA.

Ein weiteres Kulturkampfgesetz wandte sich gegen die Orden. Die Niederlassung der Armenschwestern vom heiligen Franziskus in der Streitzeuggasse war allerdings von der gesetzlichen Auflösung geistlicher Orden und Kongregationen (31. Mai 1875) nicht betroffen, weil krankenpflegende Genossenschaften zugelassen blieben.[28] Das von den Schwestern geleitete Heim für Hausgehilfinnen fiel jedoch nicht unter die erlaubte Tätigkeit; man konnte es dadurch erhalten, daß man ihm bis zur Revision des Gesetzes einen privaten Leiter gab.[29]

Der nationalsozialistische Kirchenkampf

Die großen Auseinandersetzungen zwischen Staat und Kirche während des 19. Jahrhunderts hatten in der Kolumbapfarrei Beunruhigung der Bevölkerung und – im Kulturkampf – Nachteile für die Geistlichen mit sich gebracht. Zielobjekt der staatlichen Aktionen waren die Hierarchie und der Seelsorgeklerus. Der nationalsozialistische Kirchenkampf (1933–1945) verfolgte eine andere Taktik. Man hatte richtig erkannt, daß der Erfolg der weit gestreuten kirchlichen Wirksamkeit zum großen Teil dem aktivierten Kirchenvolk zu verdanken war. Hauptangriffsziele waren daher zunächst Einrichtungen, die nicht unmittelbar kirchliche waren, aber als Basis und Instrument für christliches Leben und Wirken in der Öffentlichkeit anzusehen waren: die konfessionelle Schule und die vorwiegend von Laien getragenen Verbände und Organisationen sowie die katholische Presse.[30] Diese Einrichtungen waren allerdings überpfarrlicher Art; keine von ihnen hatte ihren Sitz oder Zweigeinrichtungen in der Kolumbapfarrei. Eine Volksschule gab es im Pfarrgebiet seit 1880 nicht mehr.[31] Als seit 1936/37 die Orden und Klöster ins Visier der Nationalsozialisten gerieten,[32] wurde die Niederlassung der Franziskanerinnen in der Glockengasse von Behelligungen nicht betroffen. Ob einzelne Mitglieder der Pfarrgemeinde wegen ihrer katholischen Überzeugung benachteiligt oder verfolgt wurden, läßt sich nicht mehr feststellen.

In der Öffentlichkeit hervortretende oder kraft ihrer Position bedeutende katholische Persönlichkeiten wohnten damals nicht mehr in der Pfarrei; diese war vom Handel und von Geschäftsleuten geprägt. So ist es nicht verwunderlich, daß weder besondere nationalsozialistische Aktivitäten noch kirchliche Widerstände in der Kolumbapfarrei sichtbar wurden. Wohl war der Kolumbakaplan Joseph Teusch ein bedeutender geistlicher Widerstandskämpfer, aber nicht in St. Kolumba fand er sein Haupttätigkeitsfeld, sondern als Leiter und führender Kopf der von Erzbi-

[28] Vgl. Huber-Huber, Staat und Kirche II, Nr. 310.
[29] Vgl. Löcherbach, Karl Joseph-Haus.
[30] Vgl. Hegel, in: Geschichte des Erzbistums Köln V, 107 f.
[31] Vgl. oben S. 271.
[32] Vgl. Hegel, in: Geschichte des Erzbistums Köln V, 622, 627 f.

Abb. 67 Die Kaplanei (1913), Kolumbakirchhof 3

schof Kardinal Schulte 1935 gegründeten *Abwehrstelle gegen antichristliche Propaganda.*[33]

Das Pfarrleben in St. Kolumba hatte sich seit Ende des Kulturkampfes mehr und mehr auf das Gotteshaus zurückgezogen. Für die Öffentlichkeit war die Kolumbapfarrei unscheinbar geworden. Die Pfarrstelle galt als Endstation für verdiente alte Pfarrer; die Aufgaben des Kaplans füllten dessen Tagewerk nicht aus, so daß die Kaplanstelle oft mit Priestern besetzt wurde, die auch andere kirchliche Aufträge zu erfüllen hatten, wissenschaftlich tätig waren oder sich auf den Erwerb eines aka-

[33] Vgl. Eduard Hegel, Joseph Teuschs Kampf gegen den Nationalsozialismus, in: Pastoralblatt 25 (Köln 1983), 34–40; Norbert Trippen, Joseph Teusch (1902–1976), in: RL 15 (1995), 223–246.

demischen Grades vorbereiteten. Zu diesen gehörten u. a. die Kapläne Bornewasser, Greving, Lieser, Teusch, Ossenbrink und Hegel.[34] So stand die Pfarrei wegen ihrer geringen Bedeutung nicht im Vordergrund nationalsozialistischer Angriffsziele.

Diese Feststellung veranlaßt uns, einen Blick auf die Entwicklung der Pfarrei im gesellschaftlichen Umfeld der jüngsten Zeit zu werfen.

29. Im städtischen und sozialen Umfeld des 19. und 20. Jahrhunderts

Bevölkerungsbewegung innerhalb der Kolumbapfarrei

Das äußere Bild der Kolumbapfarrei hat sich seit Beginn der preußischen Zeit ständig geändert. Die von den Pfarrgenossen beklagte Verkleinerung des Pfarrterritoriums und die dadurch gesunkene Seelenzahl wurden durch die Bevölkerungsentwicklung im 19. Jahrhundert zunächst wieder wettgemacht. Hatte die Seelenzahl nach der französischen Pfarregulierung 2300 betragen, so stieg sie bis 1850 schon auf 3200, bis 1895 gar auf 4677 Seelen. Danach aber sank sie kontinuierlich über 3762 im Jahre 1908 und 2650 im Jahre 1933 auf etwa 1500 im Jahre 1941.[1] Daß die konfessionelle Geschlossenheit der Pfarrei bei der Mobilität der Bevölkerung nicht erhalten bleiben konnte, bedarf keiner weiteren Erklärung. Als Pfarrer Grosmann 1826 sein Amt antrat, zählte er in der Kolumbapfarrei 23 nichtkatholische Familien und 28 gemischte Ehen; 359 Kinder befanden sich im schulpflichtigen Alter.[2] Hundert Jahre später – 1933 – gab es in der Pfarrei 2650 Katholiken, 665 Nichtkatholiken und 144 konfessionell gemischte Ehen; die Zahl der Schulkinder liegt für 1933 nicht vor.[3]

Die Bevölkerungsbewegung im 19. und 20. Jahrhundert hatte mancherlei Ursachen. Der von der französischen Administration geförderte Zuzug von Industrien nach Köln war 1814 unterbrochen worden, kam aber in den dreißiger Jahren wieder in Fluß. Auf den noch freien Flächen innerhalb der mittelalterlichen Stadtmauern fanden sich vorerst genügend Ansiedlungsmöglichkeiten für die Industrie. Dagegen blieben die Römerstadt und die Rheinvorstadt weiterhin dem Handel, der Verwaltung und der Kultur vorbehalten.[4] Da Köln Sitz eines Regierungspräsidenten und für kurze Zeit auch des Oberpräsidenten der Provinz Jülich-Kleve-Berg

---

[34] Vgl. die Listen der Pfarrer und Kapläne unten S. 307 ff., 314.

[1] Vgl. Eduard Hegel, Der Einfluß der städtebaulichen, wirtschaftlichen und verkehrsmäßigen Entwicklung auf die soziologische Schichtung und das kirchliche Leben der Kölner Innenstadtpfarreien seit Beginn des 19. Jahrhunderts, in: JKGV 25 (1950), 180–208; ND in: derselbe, Ecclesiastica Rhenana, 173–204, hier 185.

[2] PAK, C. LA.

[3] Handbuch 1933.

[4] Vgl. Hegel, Einfluß, 186–190; vgl. Joseph Klersch, Von der Reichsstadt zur Großstadt. Stadtbild und Wirtschaft in Köln 1794–1860 (Köln 1926), 17, 24. Ferner Else Utecht, Wirtschafts- und Sozialtopographie der Alt- und Neustadt von Köln (Diss. Köln 1929).

sowie eines Appellationsgerichtes geworden war, hatte die Bevölkerung erheblichen Zuwachs zu verzeichnen. Geschäftslokale, Behörden und kulturelle Einrichtungen brauchten Raum und Baugrund, die angewachsene Bevölkerung Wohnmöglichkeiten. An- und Ausbauten wie Aufstockung vorhandener Wohnhäuser waren erste Maßnahmen, um die Situation zu meistern.[5]

Seit Mitte des Jahrhunderts erlitt dann die Kolumbapfarrei Verluste an Wohnvierteln durch Errichtung großräumiger öffentlicher Gebäude. Zunächst ging es um den Komplex nordöstlich der Pfarrkirche, in dem das ehemalige Minoritenkloster und seine frühgotische Kirche lagen. Nachdem das anstoßende Gymnasium Laurentianum bereits 1830 abgebrochen worden war, verließ 1847 die städtische Armenverwaltung die ehemaligen Klostergebäude, um mit den von ihr betreuten Armen und Kranken in ein neues Gebäude an der Cäcilienkirche überzusiedeln. An der Kirche hatte die Armenverwaltung nun kein Interesse mehr, zumal dringende Reparaturen anstanden. Die Minoritenkirche ging durch Vertrag mit dem erzbischöflichen Stuhl vom 27. Juni 1849 als Annexkirche in den Besitz der Dompfarrei über.[6] Aus diesem Grunde wünschte das Domkapitel, das die Pfarrechte über die Dompfarrei ausübte, deren Grenzen entsprechend zu ändern. So ging das Viertel zwischen Hohestraße und Drususgasse, An der Rechtsschule und Minoritenstraße für die Kolumbapfarrei verloren. Sie erhielt allerdings dafür 1895 einen Ausgleich im Südwesten ihres Territoriums, wo die Pfarrgrenze nun durch die Schildergasse bis zum Neumarkt und von dort durch die Olivengasse und die Richmodstraße zur Breitestraße geführt wurde.[7] Der Versuch, das der Kolumbakirche unmittelbar benachbarte Viertel Drususgasse-Röhrergasse-Auf der Ruhr-Breitestraße zurückzugewinnen, war aussichtslos. Auf dem Platz des ehemaligen Minoritenklosters wurde in den Jahren 1855/61 das Wallraff-Richartz-Museum nach Plänen des Stadtbaumeisters Julius Raschdorff errichtet.[8]

Noch ein weiteres Klosterareal innerhalb der Pfarrei wurde der Bildung zugeführt. Es war das Gelände des ehemaligen Kreuzbrüderklosters. Auf ihm wurde zwischen 1859 und 1862 ebenfalls nach Plänen Raschdorffs ein Gebäude für die *Realschule Erster Ordnung* errichtet, eine der damals wenigen nichtgymnasialen Schulen, deren Abschlußzeugnis zum Hochschulstudium berechtigte; 1882 wurde die Anstalt in *Realgymnasium,* 1895 in *Städtisches Gymnasium mit Realgymnasium in der Kreuzgasse* umbenannt.[9]

---

[5] Vgl. Alfred Stooss, Die städtebauliche Entwicklung der Stadt Köln, in: Die Stadt Köln II, 359.

[6] Vgl. KD 7/II, 2 (Düsseldorf 1929), 13, 22 ff.; Georg Neuhaus in: Die Stadt Köln I/2, 56 f.

[7] Urkunde über die Neuumgrenzung der Pfarrei St. Kolumba vom 28.5.1895 in: KA 35 (1895), Stück 16. Die vorausgegangenen Verhandlungen in: AEK, GVA Köln überhaupt 20 II.

[8] Vgl. Alfred Hagelstange, Das Wallraf-Richartz-Museum, in: Die Stadt Köln II, 160; Georg Friedrich Koch, Museums- und Ausstellungsbauten, in: Kunst des 19. Jahrhunderts II, 206 ff.; Albert Verbeek, Das erste Wallraf-Richartz-Museum, in: WRJb 23 (1961), 7 ff.

[9] Vgl. Wilhelm Kahl, Das Schulwesen, in: Die Stadt Köln II, 41, 64–68.

Gegenüber der Einmündung der Kreuzgasse in die Glockengasse – seit 1709 hatte hier die Turn und Taxis-Postverwaltung ihren Sitz gehabt –[10] entstand in den Jahren 1869/72 das neue, von Raschdorff entworfene Schauspielhaus, nachdem das erste städtische Theater in der Komödienstraße im Februar 1869 abgebrannt war.[11] Bei dieser Gelegenheit wurden Verbindungsstraßen angelegt, einerseits zwischen Kreuzgasse und Krebsgasse – die Bühnenstraße –, andererseits zwischen Krebsgasse und Langgasse: die Neue Langgasse.[12]

Außer den der Kultur und der Bildung dienenden Häusern erhielt die Glockengasse in den Jahren 1857–61 auch ein dem Kult gewidmetes Gebäude, die Synagoge. Das Kultgebäude nahm zum Teil jenen Platz ein, den bis 1802 das Terziarinnenkloster *Maria im Tempel* eingenommen hatte. Der Kölner Bankier Abraham Oppenheim war der Stifter des Bauwerks, das Dombaumeister Ernst Zwirner in einem neu-orientalischen Mischstil entworfen hatte.[13]

Andere große Wohngebäude wurden öffentlichen Zwecken zugeführt; so diente das von Geyr'sche Palais in der Breitestraße bis 1911 der Oberzolldirektion.[14] An der Ecke Schildergasse-Krebsgasse wurde 1907 das Polizeipräsidium gebaut.[15]

Wirtschaftliche Erschließung des Kolumbaviertels

Die genannten öffentlichen Bauten setzten in der Kolumbapfarrei zweifellos städtebaulich bedeutende Akzente. Daneben war die wirtschaftliche Erschließung des Viertels nicht zu übersehen. Schon 1849 fand in der Brückenstraße und gegenüber der Kolumbakirche das *Hotel Disch* seinen Platz. Es war als Absteigequartier des rheinischen Adels der Nachfolger des *Kaiserlichen Hofes* in der Breitestraße, den die Inhaberfamilie Capellen-Disch hierher verlegt hatte.[16] In der Glockengasse 28 hatte 1852/54 der niederländische Architekt Johann Jakob Claassen das Haus Mülhens in neugotischem Stil erbaut, das als einziges Haus in Köln die Nummer der französischen Hauszählung von 1795 – Nr. 4711 – bewahrt hat, jetzt freilich als Geschäftsmarke.[17]

Im Pfarrgebiet von St. Kolumba lagen die bedeutendsten Geschäftsstraßen der Stadt: die Hohestraße, die Schildergasse, Glockengasse und Breitestraße; sie waren

---

[10] Vgl. Rudolf Frielingsdorf, Das Post- und Verkehrswesen in der freien Reichsstadt Köln im 18. Jahrhundert, in: AHVN 107 (1923), 92–137, hier 108.

[11] Vgl. F. C. Heimann, Die öffentlichen Hochbauten, in: Die Stadt Köln II, 322 f.; Ingeborg Schild, Theater, in: Die Kunst des 19. Jahrhunderts II, 181 f.

[12] Vgl. Alfred Stooss in: Die Stadt Köln II, 380.

[13] Vgl. KD 7/III E (1937), 304; Ferrier, St. Kolumba, 19. Vgl. Hannelore Künzel, Synagogen, in: Kunst des 19. Jahrhunderts I, 341 f.; Adolf Kober – Elisabeth Moses, in: Aus der Geschichte der Juden im Rheinland. Jüdische Kult- und Kunstdenkmler (Düsseldorf 1931), 88, 130 .

[14] Vgl. Heimann, in: Stadt Köln II, 311.

[15] Vgl. KD 7/III E, 306.

[16] Vgl. Ferrier, St. Kolumba, 21.

[17] Vgl. Vogts, Kölner Wohnhaus,II, 622, 624; Klaus Pfeffer, Der Wohnhausbau in der Zeit von 1800–1880 in: Kunst des 19. Jahrhunderts II, 394 f.

Abb. 68 Kolumbakirche mit Sakristei und Pfarrhaus (von 1828); zwischen Sakristei und Pfarrhaus der Zugang zur Bursgasse (Bussgäßchen), links das Dischhaus. Um 1930

der Kern der City.[18] Zwischen Hohestraße-Brückenstraße-Ludwigstraße-Minoritenstraße entwickelte sich eine Konzentration des Geschäftslebens, dessen Mittelpunkt die 1862/63 erbaute Passage – die sogenannte *Kaiserin Augusta-Halle* (mit über 60 Einzelläden) – bildete. Sie war durch den Schaafhausenschen Bankverein angelegt worden und führte von der Hohestraße einerseits zur Brückenstraße, andererseits zur Ludwigstraße gegenüber der Einmündung des Kolumbagäßchens.[19] Die Ludwigstraße war ein parallel zur Hohestraße geschaffener Straßendurchbruch, der von der Brückenstraße her in die beim Bau des Wallraff-Richartz-Museums geschaffene Richartzstraße mündete. Die Unternehmer Ludwig Cron und Louis Guffanti hatten diesen Straßenbau finanziert und sich in der Straßenbezeichnung verewigt. In der Zeit der großen Kölner Bauspekulation waren solche Unternehmungen nicht selten. Im Zuge der Straßendurchbrüche wurde auch das Kirchhofgäßchen zwischen der Mädchenschule und dem Pfarrgarten auf Kosten des letzteren verbreitert und die gesamte Gasse Kolumbakirchhof genannt (heute *Kolumbafriedhof*).[20]

Verkehrsentwicklung und Citybildung

So war das gesamte Viertel um die Kolumbakirche in ein Netz neuer Geschäfts- und Verkehrsstraßen aufgeteilt worden, in die allmählich der Lärm und das Hasten der modernen Großstadt eindrang. Schon 1877 beschwerten sich die Pfarrangehörigen über Beeinträchtigung des Gottesdienstes seit Anlage der Ludwigstraße. Der gesteigerte Postverkehr über diese Straße sowie das Basaltpflaster der Brücken- und Kolumbastraße rufe ein derartiges Gerassel der Wagenräder hervor, wohinein sich das Blasen der Signalhörner der Postillone mische, daß es unmöglich sei, den Prediger oder Vorbeter zu verstehen.[21]

Die entscheidende Wende für die Entwicklung zur modernen Großstadt brachte aber erst die Entfestigung Kölns im Jahre 1881. Nun konnten die mittelalterlichen Stadtmauern fallen; an ihre Stelle traten planmäßig angelegte Neustadtviertel. Die Eingemeindung von Vororten links und rechts des Rheins stärkten die wirtschaftliche Bedeutung der Stadt, deren alter Kern nun noch mehr als bisher Zentrum des Verkehrs und des Handels wurde. Die 1855/59 angelegte Hohenzollernbrücke wurde 1907/10 durch eine neue größere Brücke ersetzt, der Verkehr mit dem rechtsrheinischen Köln 1913/15 durch eine zweite Straßenbrücke (Deutzer Brücke) ergänzt. Diese großen Verkehrsachsen hatten für die Altstadtpfarreien verheerende Folgen. Denn die Rampen der beiden Brücken durchschnitten Wohnge-

[18] Vgl. Arnold Kremer, die Kölner Altstadt und ihre Geschäftsviertel in jüngerer Entwicklung, in: Köln und die Rheinlande. Festschrift zum 23. Deutschen Geographentag ... in Köln (Wiesbaden 1961), 155–169, hier 157 ff.

[19] Vgl. Stooss, in: Die Stadt Köln II, 359, 361. Vgl. auch Konrad (III.) Adenauer, Johann Peter Weyer, in: RL 13 (1993), 115–136, hier 123.

[20] Vgl. Briefwechsel mit dem KV in: PAK, C, LA; Schnepper an Oberbürgermeister 16.2.1872: ebd.

[21] Eingabe von 38 Pfarrgenossen an den KV 13.6.1877 in: PAK, C, LA.

biete und zerteilten die betroffenen Altstadtpfarreien.[22] Das Kolumbaviertel lag zwischen den beiden Verkehrsachsen und blieb dadurch noch ein zusammenhängendes Ganzes. Allerdings vermehrte sich hier ebenfalls der Verkehr, besonders, seitdem der Betrieb der Pferdebahn 1879 auch für die Innenstadt zugelassen worden war. Ende 1901 wurde sie durch die elektrische Straßenbahn abgelöst, die in den folgenden Jahren mit vier Linien die Kolumbapfarrei durchquerte (Ludwigstraße-Brückenstraße-Glockengasse-Theaterstraße-Kreuzgasse-Schildergasse bzw. Drususgasse-Breitestraße-Krebsgasse).[23]

Der zunehmende Verkehr förderte naturgemäß das Geschäftsleben in der Innenstadt. Hier konzentrierte sich der Vertrieb hochwertiger Güter, der auf Zulauf aus der ganzen Stadt und ihrer Umgebung angewiesen war. So wurde der Verkehr seinerseits zu einer Quelle gesteigerten Umsatzes.[24]

Nachlassen der Wohnqualität

Aber Verkehr und Geschäftsleben sind der Wohnqualität eines Viertels nicht günstig. Der zu Wohlhabenheit und Reichtum gelangte Geschäftsmann verschmäht es auf die Dauer, in seinem Geschäfts- oder Bürohaus zu wohnen und siedelt sich mit seiner Familie in der Neustadt oder in den nun verkehrsmäßig nahegerückten Vororten an. Selbst wenn die von der alteingesessenen Kaufmannsfamilie aufgegebene Altstadtwohnung Wohnzwecken erhalten bleibt, stellen sich meist für die soziale Schichtung der Innenstadt ungünstige Folgen ein: außer den zurückgebliebenen alten Leuten rücken weniger zahlungskräftige Bewohner nach, notwendige bauliche und hygienische Erhaltungsmaßnahmen werden vernachlässigt, das Viertel verkommt. Die so herbeigeführte räumliche Trennung der verschiedenen Volksschichten belastet das gesamte Gemeinwesen; die Kölner Altstadt-Pfarreien bekamen diese Entwicklung sehr bald zu spüren.

Was die Chronik der Pfarrei Groß St. Martin 1911 vermeldete – *die Pfarre verkleinert und verschlechtert sich materiell und moralisch von Jahr zu Jahr* – das konnte wenig später auch für St. Kolumba gelten.[25]

Rückwirkung der Citybildung auf das Pfarrleben

Zu Anfang des Zweiten Weltkrieges zählte die Pfarrei bei etwa 1500 Seelen insgesamt 80 Kinder im Alter bis zu 14 Jahren. Von diesen waren an die 50 Kinder in schulpflichtigem Alter, die sich naturgemäß auf Volksschule und Höhere Schule verteilten; einige wenige kamen jährlich zur Schulentlassung; fünf bis sieben Kinder konnten allenfalls zur Erstkommunion geführt werden. Ein erfahrener Seelsor-

[22] Vgl. Hegel, Einfluß 190–193.

[23] Vgl. Quellen zur Geschichte der Stadt Köln in der Neuzeit 1794–1918,. bearbeitet von Konrad Schillings (Köln 1960), Nr. 86; Führer durch Köln für die Besucher des Internationalen Eucharistischen Kongresses (Köln 1909), 243 f.

[24] Vgl. Hegel, Einfluß 193 f.

[25] Vgl. ebd., 194 ff. Das Zitat aus dem Pfarrarchiv von Groß St. Martin, ebd. 201.

ger wird angesichts solcher Feststellungen die Frage stellen: Wie kann eine ersprießliche Jugendarbeit geleistet werden? Wie können neues Liedgut, neue Formen gottesdienstlicher Feier in die Gemeinde gebracht werden? Der Weg geht im allgemeinen über die höheren Schulklassen und die nicht mehr schulpflichtige Jugend. Aber wieviele von den 50 Schulpflichtigen sind überhaupt sangeskundig? Wieviele bleiben von dieser geringen Zahl im Gemeindeleben aktiv? Kurzum, jene Kräfte, die das Leben einer Gemeinde tragen und es immerfort verjüngen, fehlten in den Innenstadtgemeinden weithin.[26]

Die Gottesdienstteilnehmer setzten sich nur zum Teil aus den Pfarrangehörigen zusammen. Angesichts der Fülle an Kirchen und Kapellen in der Innenstadt war dies bei allen Pfarrkirchen der City zu beobachten. Darunter litt natürlich das Gemeindebewußtsein. Auch der Bau der Pfarrkirche ließ ein solches nicht leicht aufkommen. St. Kolumba war zu einer Zeit erbaut, da die Gemeinde 6–8000 Seelen zählte und man Emporen benötigte, um die zahlreichen Gottesdienstbesucher unterzubringen. In ihren fünfschiffigen weiten Räumen verlor sich die Gemeinde des 20. Jahrhunderts, ganz zu schweigen davon, daß die Emporen längst ihre Funktion verloren hatten. Insofern war das Problem der „Alten Pfarrei in der neuen Stadt" auch eine *Architekturfrage*, wie ein Pastoralsoziologe einmal formuliert hat.[27]

30. Das Ende von Kirche und Pfarrei St. Kolumba im Zweiten Weltkrieg

In den ersten drei Jahren des Zweiten Weltkriegs (1939–1945) ging das kirchliche Leben in St. Kolumba im allgemeinen in den gewohnten Bahnen weiter. Störend waren allerdings die Verdunkelungsmaßnahmen und das staatliche Verbot, nach nächtlichem Fliegeralarm – soweit er bis nach 24 Uhr dauerte – den nächsten Gottesdienst vor 10 Uhr zu beginnen.[1]

In der Nacht zum 31. Mai 1942, dem Dreifaltigkeitssonntag, fand der erste von mehreren Großangriffen der britischen Luftwaffe auf Köln statt. Es war der sogenannte Tausend-Bomber-Angriff, der sich auf die Stadt innerhalb der Ringstraßen konzentrierte.[2] Er ließ keinen Zweifel daran aufkommen, was Köln von nun an zu erwarten hatte. Über die Opfer an Menschenleben, die wirtschaftlichen Schäden und die Verluste an Kulturgut liegen zahlreiche Statistiken und Darstellungen vor, die hier nicht aufgezählt werden sollen.[3] Das Pfarrgebiet von St. Kolumba wies zahlreiche Zerstörungen durch Bomben und Phosphorbrandsätze auf. Die Pfarrkirche

---

[26] Vgl. Hegel, Einfluß, 199.

[27] Vgl. ebd., 199 f. Das Zitat aus Wilhelm Schwer, Die alte Pfarrei in der neuen Stadt, in: Bonner Zeitschrift für Theologie und Seelsorge 1 (1924), 76.

[1] Vgl. Wilhelm Corsten (Hg.), Kölner Aktenstücke zur Lage der Katholischen Kirche in Deutschland 1933–1945 (Köln 1949), Nr. 208.

[2] Vgl. Martin Rüther (Hg.), Köln, 31. Mai 1942. Der Tausend-Bomber-Angriff (Köln 1992), mit Literaturhinweisen.

[3] Das folgende nach dem hs. Tagebuch des Verfassers.

hatte zwar den Verlust von vier Glasfenstern zu beklagen, war aber im übrigen einigermaßen ungeschoren davongekommen; Brandbomben, die das Dach getroffen hatten, waren vom Küster gelöscht worden.

In größerem Ausmaß wurde das Gotteshaus am Samstag, dem 27. Februar 1943, in Mitleidenschaft gezogen. Um 21,10 Uhr zerstörte eine Luftmine, die an der Ecke Breitestraße-Ludwigstraße niedergegangen war, durch ihren Luftdruck sämtliche Fenster der Kirche und richtete an Pfarrhaus und Kaplanei erheblichen Schaden an. Der Pfarrgottesdienst mußte bis zum 2. April in der Kapelle des Karl-Joseph-Hauses gehalten werden. Danach wurde die Vorhalle der Kirche samt dem Raum unter der Orgelempore provisorisch vom übrigen Kircheninneren abgetrennt und für den Gottesdienst hergerichtet. Bis zum Sonntag, dem 25. Mai, waren die Fenster notdürftig geschlossen worden, so daß die ganze Kirche wieder zur Verfügung stand – allerdings nur für wenige Wochen.

In der Nacht zum 29. Juni 1943, dem Peter und Pauls-Tag, wurde das ganze Pfarrgebiet einschließlich der Kirche und der Pfarrhäuser durch Bomben und vor allem durch Brand vernichtet. Nur vier weniger beschädigte Häuser waren übrig geblieben. Fast ein Zehntel der Bewohner des Kolumbaviertels hatte den Tod gefunden. Aus dem Keller des brennenden Pfarrhauses, der als öffentlicher Luftschutzraum hergerichtet war, flüchteten die Insassen unter großen Schwierigkeiten durch den Pfarrgarten in die Ruinen der ehemaligen Schule an der Kolumbakirchhofgasse; sie war bei einem früheren Angriff beschädigt worden und enthielt nichts Brennbares mehr, bot aber durch die noch vorhandenen festen Decken einigen Schutz. Ein weiterer Ausbruch aus dem ringsum tobenden Feuer-Inferno war vorerst nicht möglich. Oberpfarrer Geller hatte das Ciborium mit den konsekrierten Hostien aus der Kirche geholt und spendete in diesem Trümmer-Refugium den Anwesenden die heilige Kommunion.

An den Dächern der Kirche und ihres Turmes hatte das Feuer reiche Nahrung gefunden. Auch die Kreuzkapelle in der westlichen Vorhalle brannte aus. Die gerade notdürftig geschlossenen Fenster wurden wiederum zerstört. Aber die Gewölbe des Gotteshauses hatten standgehalten, so daß wesentliche Teile der Inneneinrichtung vorerst erhalten blieben. An die Aufrechterhaltung des Gottesdienstes und einer geordneten Pfarrseelsorge war allerdings nicht mehr zu denken. Eine offizielle Aufstellung des Dekanates Köln-Innenstadt gab zum 31. Dezember 1943 für St. Kolumba 60 Seelen an, die geringste Seelenzahl aller Pfarreien des Dekanates zu diesem Zeitpunkt.[4] Zu ihnen gehörten die Franziskanerinnen des Karl-Joseph-Hauses in der Glockengasse und einige andere Pfarrgenossen, die in Kellern und Ruinen ausharrten. Pfarrer und Kaplan erhielten andere seelsorgliche Aufgaben im Bereich der Stadt. Oberpfarrer Geller, der weiterhin für St. Kolumba zuständig blieb, ließ in der Folge einen Teil des südlichen und dann des nördlichen Seitenschiffs notdürftig für den Gottesdienst herrichten und hielt bis Ende Oktober 1944 jeweils donnerstags eine Eucharistiefeier; auf diese Weise wurde die seit

[4] Die Aufstellung im Besitz des Verf.

Abb. 69 Die „Madonna in den Trümmern“. Nach Zerstörung der Kirche 1945

dem Spätmittelalter bekannte Sakramentsverehrung bis zum letztmöglichen Zeitpunkt aufrechterhalten. Am 30. Oktober 1944 mußte dann der Gottesdienst an St. Kolumba ganz eingestellt werden.[5]

Die Zerstörungen gingen weiter. Am 28. Januar 1945 krepierte eine Bombe zwischen den Ruinen der Kaplanei und dem Chor der Kirche. Dies hatte zur Folge, daß ein großer Teil der Ostwand der Kirche und der auf sie gestützten Gewölbe einstürzte und der bisher noch aufrecht stehende Hochaltar zusammenbrach. Vom gotischen Sakramentshaus sowie dem Marien- und Kolumbaaltar war keine Spur mehr zu finden. Noch besaßen der Barbara- und der Katharinenaltar ihre marmornen Bildrahmen, Kreuzaltar und Markusaltar standen an ihren Plätzen; der Turm, die Vorhalle und die Seitenschiffe mit ihren Gewölben schienen standfest zu sein.[6] Im Mittelschiff hatte übrigens der herabgefallene Putz vermauerte romanische Fenster über den Arkadenbögen und ein gotisches Fenster im Chorraum freigelegt; der letzte Kaplan von St. Kolumba zeichnete alsbald die baugeschichtlich interessanten Entdeckungen auf.[7]

Militärisch waren die Luftangriffe auf Köln längst sinnlos geworden; es gab hier keine Verteidigungsstellungen oder kriegswichtigen Betriebe mehr. Trotzdem erfolgte am 2. März 1945, wenige Tage vor dem Einmarsch der amerikanischen Truppen, ein letzter Großangriff, der auch der Kolumbakirche den Rest gab. Was von ihr übrig blieb, waren Teile der Umfassungsmauern, ein Turmstumpf und die Figur der stehenden Madonna mit Kind (um 1460),[8] die zuletzt am nördlichen Chorpfeiler angebracht gewesen und zu Beginn des Krieges durch eine Ziegelsteinummauerung geschützt worden war. Das herabstürzende Gewölbe hatte zwar die schützende Ummantelung zerschlagen, aber die Figur selbst – von kleinen Beschädigungen abgesehen – unverletzt gelassen. Die *Madonna in den Trümmern,* wie sie der Volksmund sofort benannte, war ein unvergeßlicher Anblick inmitten der trostlosen Schuttberge (Abb. 69).

Nahezu unbeschädigt waren auch die beiden spätbarocken Seitenaltäre (Heilig Kreuz und St. Markus), die sich unter Gewölbeansätzen der Süd- und Nordwand befanden und durch diese Position geschützt worden waren. Da sie erst sehr spät eine Holzabdeckung erhielten, haben sie noch nachträglich durch Witterungseinflüsse Schaden genommen.

---

[5] Vgl. auch den Bericht von Oberpfarrer Joseph Geller in der Pfarrchronik von St. Kolumba, abgedruckt in: Gabriel Weiler (Hg.), Pfarrkirche St. Kolumba, Festschrift anläßlich der Orgelweihe (Köln 1984), 39 f.

[6] Zu den Altären vgl. oben S. 201–207.

[7] Eduard Hegel an Joseph Geller in Offheim b. Limburg 23.2.1945 (Abschrift im Besitz des Verf.). Die erwähnte baugeschichtliche Skizze ebenfalls im Besitz des Verf. und in Kopie beim Erzbischöflichen Bauamt in Köln.

[8] Vgl. oben S. 137.

Epilog

War das Ereignis von 1943 das Ende von Kirche und Pfarrei St. Kolumba? Faktisch muß man vom Ende der Pfarrei sprechen, auch wenn sie rechtlich weiterexistiert und ein Pfarrverweser für sie bestellt worden ist. Das schmale Pfarrterritorium ist durch die 1962 geschaffene Nord-Süd-Autostraße und die Anlage des Offenbachplatzes in zwei Teile zerlegt worden (Abb. 70). Die Stadtplanung hat auf das alte Straßensystem keine Rücksicht genommen und die Citybildung weiter wachsen lassen. Mit ihren 193 Katholiken im Jahre 1994 ist der Seelsorgebezirk St. Kolumba nicht mehr das, was man gemeinhin unter einer Pfarrei versteht. Deshalb ist auch nie der Gedanke erwogen worden, die Kirche in ihren alten Ausmaßen wiederaufzubauen. Aber innerhalb ihrer Umfassungsmauern ist eine neue Gebetsstätte entstanden, welche die Tradition von St. Kolumba fortsetzt. Dies ist das Verdienst des letzten Kolumbapfarrers Joseph Geller.

Joseph Geller (1877–1958), der 1933 die Pfarrei St. Kolumba übernahm, war ein Freund und Förderer moderner kirchlicher Kunst. Schon als Seelsorger in Neuss war er 1911 mit den Bemühungen um Erneuerung der kirchlichen Architektur und mit der Glasmalerei Jan Thorn Prikkers (1868–1932) in unmittelbaren Kontakt gekommen.[1] Auf Geller geht auch die Ausstellung „Religiöse Kunst der Gegenwart" zurück, die anläßlich des Essener Katholikentages von 1932 im dortigen Folkwang-Museum gezeigt wurde. Sie erregte damals großes Aufsehen. Der zuständige Kölner Erzbischof Karl Joseph Kardinal Schulte erschrak vor den ungewohnten neuen Darstellungsformen und distanzierte sich offiziell von dem kühnen Unternehmen.[2]

Als 1942 die ersten Fenster in St. Kolumba durch den Luftdruck detonierender Bomben zerstört wurden, sah Geller seine Stunde gekommen. Er plante alsbald im Verein mit Sachverständigen und Künstlern einen Zyklus von sieben Fenstern. Zunächst gab er den Entwurf einer „Verkündigung an Maria" bei dem in Amsterdam arbeitenden Maler Heinrich Campendonk (1889–1957), einem Schüler Thorn Prikkers, in Auftrag. Das von der Firma Derix in Kevelaer ausgeführte Werk konnte wegen der weiteren Kriegsereignisse den vorgesehenen Platz in der Kolumbakirche nicht erhalten.[3] In der Internationalen Ausstellung „Kirchliche Kunst der

---

[1] Vgl. Hegel, in: Geschichte des Erzbistums Köln V, 329, 346.

[2] Vgl. Hegel, Bistum Essen, 263.

[3] PAK, Protokollbuch KV 8.12.1942. Aus dem gesammelten Fonds von 6.000,-- Mark sollen je 3.000 Mark an Campendonk und Derix auf Abzahlung angewiesen werden. Matthias T. Engels, Campendonk als Glasmaler (Krefeld 1966) führt im Werkverzeichnis des Künstlers „Verkündigung an Maria" nicht auf, nennt aber fünf andere für St. Kolumba bestimmte Fenster – zwei ausgeführte und drei Entwürfe – (Nr. 70–74, Abb. 58–63); vgl. ebd. 78.

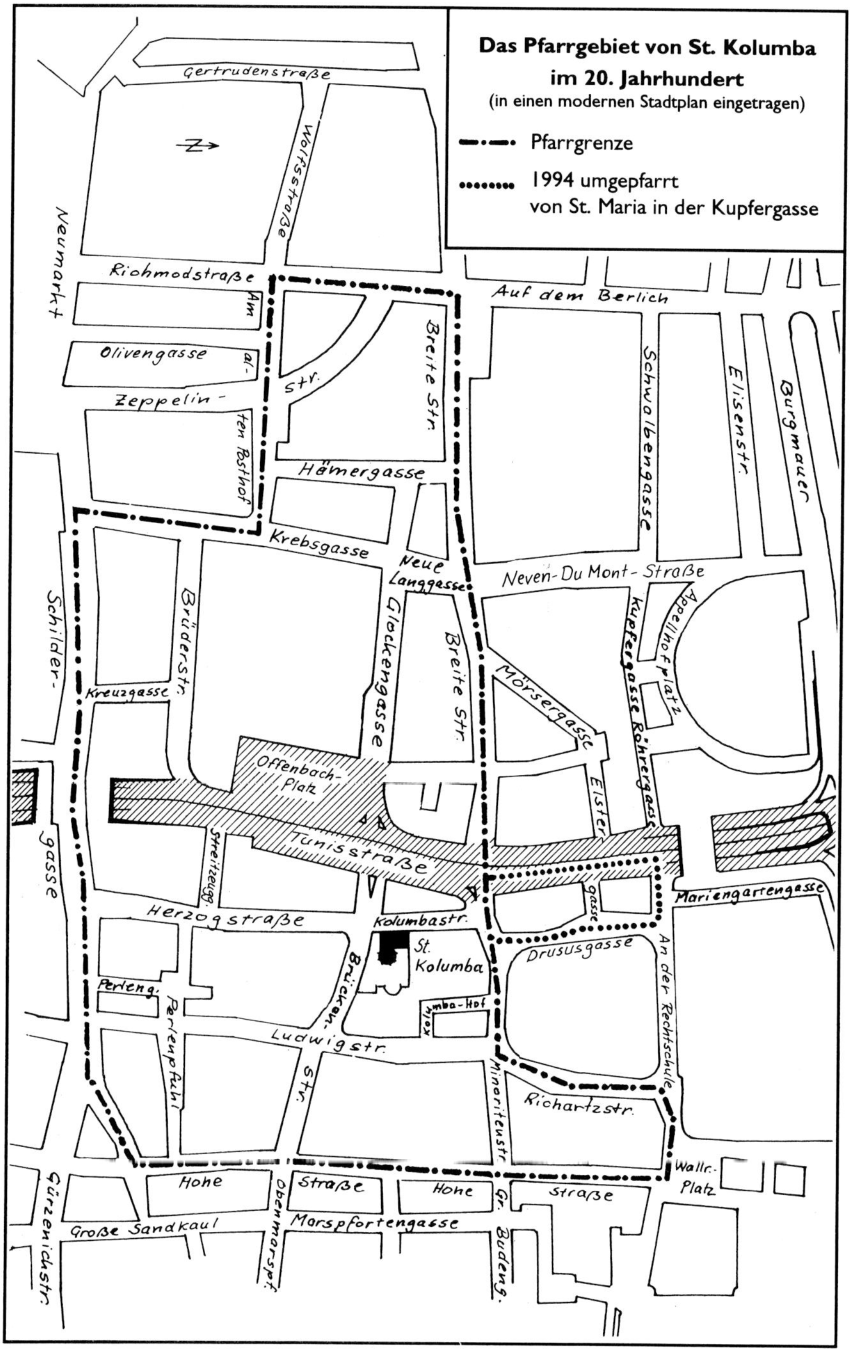

Abb. 70 Teilung des Pfarrterritoriums durch Nord-Süd-Fahrt und Offenbachplatz

Gegenwart" (Köln 1948) wurde es der Öffentlichkeit gezeigt. Sein derzeitiger Aufbewahrungsort ist nicht bekannt.

Die völlige Zerstörung seiner Pfarrkirche hat Geller nicht entmutigt. Als nach der Währungsreform des Jahres 1948 Planungen wieder sinnvoll waren, beauftragte er den Architekten Gottfried Böhm, innerhalb der Umfassungsmauern der zerstörten Kirche eine Kapelle zu errichten, in der die *Madonna in den Trümmern* einen beherrschenden Platz einnehmen solle.[4] Am 8. Dezember 1950 wurde die Kapelle eingeweiht. Sie erhielt 1956 einen nördlich anstoßenden Erweiterungsbau.[5]

Geller, der seit 1946 als Hausgeistlicher am Antoniuskrankenhaus in Köln-Bayenthal lebte, wollte natürlich die geistliche Betreuung der Kapelle sicherstellen. Am 29. März 1954 verzeichnete das Protokollbuch des Kirchenvorstandes den Beschluß, auf dem der Kolumbapfarrei gehörenden Grundstück Kolumbastraße 2–4 ein Wohn- und Geschäftshaus nach Plänen von Gottfried Böhm zu bauen, in dem auch der Geistliche wohnen sollte.[6] Es traf sich glücklich, daß sich seit 1953 die Minoriten für ihre ehemalige Kölner Ordenskirche engagierten und an einer neuen Niederlassung in deren Nachbarschaft Interesse zeigten. Dem beiderseitigen Anliegen entsprach der Beschluß des Kirchenvorstandes vom 19. Januar 1955, wonach in dem neuen Wohn- und Geschäftshaus zwei Geschosse für einen kleinen Minoritenkonvent vorgesehen wurden. Schon 1956 konnte dieser während des in Köln stattfindenden Katholikentages durch den Generalminister des Ordens eingeweiht werden. Die weit ausgreifenden Pläne des Ordens, auf dem Areal der zerstörten Kolumbakirche ein Generalstudium zu errichten, erwiesen sich allerdings als nicht durchführbar.[7]

Eine geeignete Überbauung des Terrains der Kolumbakirche kam neuerdings in Überlegung, seitdem des Erzbischöfliche Diözesan-Museum größere Räume suchte. Das Vorhaben wurde durch die Notwendigkeit gefördert, dadurch denkmalpflegerischen Schutz für die ergebnisreichen Ausgrabungen zu bieten, die in den Jahren 1974–1977 gemacht worden waren.[8]

Die heutige Kolumbakapelle besteht aus zwei Raumteilen.[9] Der zuerst fertiggestellte, west-östlich orientierte Bau besteht aus der Vorhalle und dem Turmstumpf der ehemaligen Kirche; an ihn schließt sich ein achteckiger Neubau an, der zwei Joche des früheren Mittelschiffs umfaßt. Seine Betondecke wurde in der Art durchhängender Zeltplanen gestaltet. Der einige Jahre später an Vorhalle und Turm-

---

[4] PAK, Protokollbuch KV 30.3.1949: Zur Finanzierung sollen Barmittel aus Revenüen der Pfarrei und der Erlös aus dem Verkauf eines der Pfarrei gehörenden Hauses in Widdersdorf verwendet werden.

[5] Vgl. Gabriel Weiler, Katholische Pfarrkirche St. Kolumba, 'Madonna in den Trümmern' (Köln o. J. [nach 1984]), 10, 20.

[6] PAK, Protokollbuch KV 29.3.1954.

[7] Ebd. 19.1.1955; Weiler, St. Kolumba; Hegel, in: Geschichte des Erzbistums Köln V, 270.

[8] Zu den Ausgrabungen vgl. oben S. 27 f. u. ö.

[9] Dazu vgl. Weiler, St. Kolumba; Hugo Schnell, St. Kolumba in Köln (München-Zürich 1959).

Abb. 71 Joseph Geller, Pfarrer von St. Kolumba 1933–1958

stumpf angefügte Raum umfaßt einen kleinen Teil der beiden früheren nördlichen Seitenschiffe und die ehemalige Kreuzkapelle (Sakramentskapelle). Während das Oktogon in seiner Mitte den Altarblock für die Feier der heiligen Messe beherbergt, ist der zweite Raum der eucharistischen Verehrung gewidmet. Im Gegensatz zu dem durch große Fensterbahnen erhellten Altarraum bekommt der Anbetungsraum nur indirektes Licht. Der Tabernakel steht auf einem Unterbau inmitten des Raumes. Vier kerzentragende Marmorstützen umgeben ihn bis zur Decke hin, während ihn eine lichtdurchlässige Kuppel überwölbt und ihn in gedämpftes Licht taucht. In dieser Gestaltung ist die Symbolik des ehemaligen Baldachinaltars wieder aufgenommen.

Die spätgotische Madonna hat ihren Platz an der mittleren Wand des Oktogons. Sie symbolisiert sozusagen die Kontinuität mit der alten Kirche. Weitere Ausstattungsgegenstände aus Alt-St. Kolumba sind der bronzene Taufkessel aus der Renaissancezeit, die Pietà aus der Kreuzkapelle, die Figurengruppe Annaselbdritt, ein silbernes Vortragekreuz (um 1700) und das schmiedeeiserne Gitter, das seit

Abb. 72 Oktogon der Kolumbakapelle von 1950/56

Abb. 73 Kolumbakapelle (1950/56) mit Eingangshalle, Oktogon und (links) Sakramentskapelle. Daran anschließend das Haus Kolumbastraße 5 mit der Wohnung der Minoriten

1815 die Taufkapelle vom Kirchenschiff trennte.[10] Die Trümmer des barocken Hochaltars wurden wieder zusammengefügt und ergänzt; Helmonts Werk befindet sich heute in St. Gereon.

Künstler des 20. Jahrhunderts sind reich vertreten. Thorn Prikkers Heilig-Geist-Fenster (1911), ehedem im Neusser Kolpinghaus, ziert die Südwand der Kapelle; Georg Meistermann schuf nach 1945 das Katharinenfenster der Westwand, Ludwig Gies die großen Fensterbahnen des Oktogons. Der Tabernakel ist ein Werk von Elisabeth Treskow, die Antoniusfigur hat Ewald Mataré 1937 geschaffen. Von Rudolf Peer, einem Schüler von Gies, stammen die Kreuzweg Stationen; die Statue des heiligen Judas Thaddaeus hat Höntgesberg geschaffen.[11]

Die Kapelle und ihr Interieur sind von einer großen Innerlichkeit und Frömmigkeit gekennzeichnet. So wurde sie bald eine viel besuchte Stätte der Besinnung und des Gebetes.

---

[10] Zu den alten Ausstattungsstücken vgl. oben S. 118 f., 139 ff., 257.

[11] Vgl. Weiler, St. Kolumba, 25 f.

Die Pfarrer von St. Kolumba

Eine lückenlose Reihe der Kolumbapfarrer existiert erst seit 1426. In der vorausgehenden Zeit sind Vorsteher dieser Pfarrei nur gelegentlich mit Namen genannt.

Als erster begegnet ein *Godefridus sacerdos de sancta Columba* in den Jahren 1176–1190 als *pastor*; er war gleichzeitig Kanonikus an St. Gereon und scheint ein begüterter Herr gewesen zu sein, denn er schenkte dem Stift St. Mechtern (vor Köln) seinen Hof zu Morsdorf mit Ländereien und einen Weinberg in Remagen mit der Verpflichtung, drei Anniversarien für sich und seine Angehörigen und je ein Jahrgedächtnis für sich und seinen Vorgänger **Werner** in St. Kolumba halten zu lassen, zu dem die Kölner Stadtpfarrer einzuladen seien.

Vgl. REK II, Nr. 1050, 1242, 1253, 1362. Vgl. ferner Johannes Nattermann, Die goldenen Heiligen. Geschichte des Stiftes St. Gereon zu Köln (Köln 1960) 105, 131; Gescher, Stadtdechant Nr. 2; Schaefer, Regesten A 5; derselbe, Pfarrkirche und Stift 46.

1231 verstarb Pfarrer **Heinrich** von St. Kolumba, nach dessen Tod der erste Streit über die 1212 vereinbarte Pfarrerwahl entstand.

Schaefer, Regesten A 8; vgl. oben S. 55.

1264 nennt eine Urkunde aus dem Schreinsbuch Niederich den Kölner Domherrn **Theoderich** als ehemaligen Pleban von St. Kolumba.

Vgl. Planitz-Buyken, Schreinsbücher, Urk. 1163; Ulrike Höroldt, Studien zur politischen Stellung des Kölner Domkapitels zwischen Erzbischof, Stadt Köln und Teritorialgewalten 1198–1332. Untersuchungen und Persoanllisten (Siegburg 1994), 548.

Am 14. Juli 1265 erscheint wieder ein Pfarrer **Heinrich** (von Rheinbach) unter einer Urkunde. Im Streit zwischen Erzbischof Engelbert von Valkenburg und der Stadt Köln stand er auf seiten seines Erzbischofs, weshalb ihn die Stadt nach dem Friedensschluß (1271) ausweisen wollte. Ob er mit dem im Gladbacher Verbrüderungsbuch erwähnten *Heinricus pastor beatae Columbae V. in Colonia* oder dem im Prozeßrotulus von St. Maria im Kapitol genannten Pfarrer Heinrich von St. Kolumba oder dem im Jahre 1300 verstorbenen Pfarrer Heinrich **Scherfgin** identisch ist, läßt sich nicht feststellen. Die Scherfgin waren ein reiches Kölner Rittergeschlecht.

Vgl. Ennen [-Eckertz], Quellen I, Nr. 477; vgl. derselbe, Geschichte II, 206. Vgl. ferner Gottfried Eckertz, Das Verbrüderungs- und Totenbuch der Abtei Mönchengladbach, in: ZAGV 2 (1880) 212; Keussen, Rotulus, 197 Anm. 1; Korth, Liber privilegiorum, 272. Wegener, St. Ursula, 197; Fahne, Geschlechter I, 385 ff.; Höroldt, Studien, 548, 611.

Johannes **Grin**, ebenfalls einem bedeutenden Kölner Rittergeschlecht zugehörig, wurde nach dem Tod Scherfgins (um 1300) entgegen dem Pfarrerwahlabkommen von 1212 vom Dompropstarchidiakon Konrad von Berg zum Pfarrer von St. Kolumba ernannt. Amtleute und Parochianen protestierten. In einem Vergleich zwischen diesen und dem nachfolgenden Dompropstarchidiakon Heinrich von Virneburg vom 1. Dezember 1302 wurde das Wahlrecht der Gemeinde anerkannt, doch sollte der Ernannte für dieses Mal in seinem Amt belassen werden.

Vgl. Korth, Liber privilegiorum, 272. Vgl. auch Fahne, Geschlechter I, 122.

Von Johann **Scheeter** *olim ecclesiae S. Columbae rectoris* ist nur das Jahr seiner Resignation (1333) bekannt; danach wurde – abermals entgegen dem Pfarrerwahlabkommen – der Domherr **Gottfried** von St. Kunibert zum Pfarrer von St. Kolumba ernannt. Er besaß viele Pfründen. Da er wegen des *defectus natalium* Dispens benötigte, wird er illegitimer Herkunft gewesen sein.

Vgl. Schaefer, Regesten A 18; Ennen-Eckertz, Quellen III, 526; Höroldt, Studien, 554 ff.

Um 1341 stand Johann **Mulrepesch** an der Spitze von St. Kolumba. Er ist aus dem Streit mit den Minoriten über das Begräbnisrecht und aus den Auseinandersetzungen mit den Kirchmeistern über die Anstellung des Küsters bekannt.

Vgl. oben S. 82 f., 184; Schaefer, Regesten A 25, 26.

1352 wird ein **Johann** von Kaiserswerth als Pfarrer von St. Kolumba in einer Urkundenbezeugung erwähnt.

Vgl. Heinrich Kelleter, Urkundenbuch des Stiftes Kaiserswerth (Bonn 1904) Nr. 207.

1389 begegnet erstmals ein Universitätsangehöriger als Pfarrer von St. Kolumba: Hermann von **Altenrode.** Er war Professor an der Universität Paris gewesen, nahm am 7. Januar 1389 an der Eröffnungsfeier der Kölner Universität und tags darauf als Magister an der Wahl des ersten Rektors teil.

Vgl. Schaefer, Regesten A 41, 42; vgl. Franz Joseph von Bianco, Die alte Universität Köln (Köln 1855), I, 86 ff.

Nach dem Tod Altenrodes gab es Streit zwischen Thomas Sydensvans und Johannes Heere von Geseke um den Besitz der Pfarrei; die Gründe sind nicht bekannt. Papst Bonifaz IX. entschied am 6. Juni 1397, daß keiner von beiden, sondern der Kardinal Franciscus titulo S. Susannae sie erhalten sollte. Dennoch finden wir später **Johannes Heere** († 1410) als Inhaber der Pfarrei. Über seine häusliche Hinterlassenschaft liegt ein Inventarverzeichnis vor.

Vgl. Sauerland, Vatikanische Regesten VI, Nr. 965. Zum Inventarverzeichnis vgl. oben S. 51 ff.

Von 1424 bis 1440 war Johannes **Creyt** *rector* von St. Kolumba. Als *scriptor et abbreviator litterarum apostolicarum* stand er aber in kurialen Diensten; als solcher nahm er am Konzil zu Basel teil. Durch Tausch mit dem Kurialen Oddo de Varris war er in den Besitz der Pfarrpfründe St. Kolumba gekommen. Bei Übernahme der Pfarrstelle St. Kolumba hatte er sich verpflichten müssen, an seiner Pfarrkirche

Residenz zu halten. Da er dies nicht tat, erwirkten die Kirchmeister seine Exkommunikation. Er starb 1440 in Turnhout/Diözese Lüttich und wurde als Exkommunizierter in ungeweihter Erde bestattet.

Vgl. Keussen, Matrikel I, 320; Schaefer, Regesten A 55; Concilium Basileense, Studien und Quellen zur Geschichte des Konzils von Basel, hg. von Johannes Haller u. a., 8 Bde (Basel 1896–1936, hier IV (1903), 240, 260, 263; Repertorium Germanicum. Regesten aus den päpstlichen Archiven zur Geschichte des Deutschen Reichs und seiner Territorien im 14. und 15. Jahrhundert (Pontifikat Eugens IV.), 4 Bde (Berlin 1916–1943), hier I bearb. von Robert Arnold (1897), 263 Nr. 1615, Kasimir Hayn, Aus den Annatenregistern Papst Martins V (1417–1431) in: AHVN 56 (1893), 144–179, hier 157 f.; Das Urkundenarchiv der Stadt Köln seit dem Jahre 1397, in: MittStAKöln 19 (1890) 1–101, hier 44; Ferrier, St. Kolumba-Pfarre, 50. Vgl. auch Joseph Löhr, Die Verwaltung des Großarchidiakonats Xanten am Ausgang des Mittelalters (Stuttgart 1909), ND Amsterdam 1965), 160 f.

Der Magister artium **Johannes von Stommel** (1440–1442) dagegen hatte in städtischen Diensten gestanden *(protonotarius civitatis Coloniensis),* als er zum Pfarrer von St. Kolumba gewählt wurde. Er konnte erst nach Abweisung eines Einspruchs investiert werden, resignierte aber schon 1442 auf seine Pfarrstelle, um im Tausch mit seinem Nachfolger die Rektorstelle an St. Apern zu übernehmen.

Vgl. Schaefer, Regesten A 62, 63.

Seit 1442 wurden die Kolumbapfarrer aus den Reihen der Kölner Universitätslehrer gewählt, die zu ihrem Unterhalt ein Kanonikat an einem der Kölner Stifte besaßen. Da ihre Tätigkeit im Universitätsbereich durch das gut erhaltene Universitätsarchiv dokumentiert ist und außerdem Pfarrer Peter Hausmann eine Liste seiner Vorgänger erstellt *(Liber pastoralis et canonicalis pro pastore S. Columbae et canonico S. Ursulae)* und eine Pfarrchronik angelegt hat, die von seinen Nachfolgern fortgesetzt wurde *(Notarius Columbanus),* sind wir über die Kolumbapfarrer ab 1442 gut unterrichtet. Hausmann ließ von sich und zehn seiner Vorgänger Portraits anfertigen. Die von Hausmann begründete Tradition wurde fortgesetzt; alle Kolumbapfarrer – bis auf einen – ließen sich portraitieren und ihr Bild im Pfarrhaus aufhängen. Soweit die vor 1691 angefertigten Bildnisse keine Phantasiegebilde sind (Scheeter, Gottfried von St. Kunibert, Mulrepesch, Creyt, Stommel), sondern auf Vorlagen beruhen (Hulscheit, Harderwyck, Nopel, Ulenberg, Kofferen, Frosch, Elmpt), sind sie von einem gewissen Aussagewert.

Zu Pfarrer Peter Hausmann vgl. oben S. 193–197. Der erwähnte Liber pastoralis existiert nicht mehr; der Notarius Columbanus befindet sind im AEK, Kol. A II, 25. Zu den Pfarrerportraits vgl. Joseph Greving, Die Bilder der Pfarrer von St. Kolumba. Die wichtigsten Daten aus dem akademischen Leben der seit 1442 amtierenden Pfarrer enthält die oben S. 88 f. beigefügte Tabelle; Einzelheiten und Quellen sind im folgenden angegeben.

Johannes **Hülshout** (Hulscheit), 1442–1475, stammte aus Mecheln / Diözese Cambrai). Er war Schüler und – in seiner Stellung am Laurentianum – Nachfolger des Begründers dieser Burse, des Pariser Magisters Heimericus de Campo aus Herzogenbusch. In Hulscheits Pfarramtstätigkeit fällt der erste Teil des spätgotischen

Neubaus der Kolumbakirche. Er selbst stiftete für diese den neuen Hochaltar. † 15. 8. 1475.

Vgl. Keussen, Matrikel I, 104*, 251; derselbe, Universität, 345 f.; Tewes, Bursen, 49 f.; zu Hülshouts schriftstellerischer Tätigkeit vgl. Meuthen, Universität, 164. Vgl. auch oben S. 123 ff.

Heinrich **von der Horst** (Boese de Horst, Terhorst, bei Venlo, Diözese Lüttich) 1475–1496, war neben seiner Universitätstätigkeit für einige Zeit auch geldrischer Rat (1462 ff.). Seine Wahl zum Pfarrer von St. Kolumba wurde von Johann Schwertfeger aus Meinerzhagen und dem päpstlichen Auditor Nikolaus von Edam angefochten. Papst Sixtus IV. entschied 1478 zugunsten von der Horsts. Während seiner Amtsführung wurde er in einen langwierigen Streit mit den Minoriten verwickelt. † 1496.

Vgl. Keussen, Matrikel I, 108 , 466; Tewes, Bursen, 57 f.; Schaefer, Regesten A 96–99, 114.

Gerhard von **Harderwijck** an der Veluwe / Diözese Utrecht, geb. 1453, amtierte 1496–1503. Der Prozeß mit Wessel Sommerhus um die Pfarrstelle wurde 1503 zugunsten Harderwijcks entschieden. Sein Interesse galt vornehmlich der Laurentianerburse, in der er auch nach seiner Wahl zum Pfarrer von St. Kolumba lange Zeit wohnen blieb. Für den Studienbetrieb waren seine zahlreichen Schriften bestimmt. † 21. 8. 1503.

Vgl. Keussen, Matrikel I, 110 , 771; Tewes, Bursen, 62 f., Meuthen, Universität, 190; Schaefer, Regesten A 128, 149.

Arnold Nikolaus Remmerschweil **van Damme** (bei Brügge, Diözese Utrecht), 1503–1542, war vor seiner Wahl zum Pfarrer Kaplan an St. Kolumba gewesen. Der Streit mit Arnold Dronkeller aus dem Bistum Utrecht um den Besitz der Pfarrei wurde 1506 in Rom zugunsten Dammes entschieden. Als Pfarrer hatte er einen Prozeß wegen der Kirche zu führen, der ihn sehr belastete. Auch auf seinem Pfarrhaus lag eine hohe Hypothek, deren Ablösung aber die Kirchmeister und Novemvirn übernahmen. In der Amtszeit Dammes erreichte die reformatorische Bewegung Köln. † 1542.

Vgl. Keussen, Matrikel I, 111 ; II, 160; derselbe, Universität, 4; Tewes, Bursen, 67; Schaefer, Regesten A 160, 156.

Hermann **Blankfordt,** geb. 1505 in Albersloh / Diözese Münster, 1542–1554 Pfarrer von St. Kolumba, war Rektor der Universität, als Erzbischof Hermann von Wied die Reformation im Erzbistum Köln einzuführen versuchte. Unter Blankfordts Führung leistete die Universität erfolgreichen Widerstand. Blankfordt stellte sich auch für die Predigten im Dom zur Verfügung, die 1543 für jeden Mittwoch und Freitag gestiftet worden waren. Im Pestjahr 1539, als viele die Stadt verließen, hielt Blankfordt standhaft aus. In Anerkennung seiner Verdienste verlieh ihm der Rat der Stadt 1552 ein städtisches Stipendium; Erzbischof Adolf von Schaumburg erwirkte ihm 1553 die Universitätspräbende Erster Gnade am Dom. Eine vergoldete Kupferplatte an der nordöstlichen Innenseite der Kolumbakirche hielt die

Erinnerung an ihn fest; sie zeigte sein Brustbild; ein Distichon hob seine Charaktereigenschaften hervor. † 12. 10. 1554.

Vgl. Keussen, Matrikel I, 69 ; II, 870; derselbe, Universität, 44; Tewes, Bursen, 71 f.; Schaefer, Regesten A 233, 234, 239; Ferrier, St. Kolumba, 51.

Sebastian **Novimola** (Nevermöhlen, Niermöll) geb. 1500 in Duisburg, 1554–1579 Pfarrer an St. Kolumba, war 1535–1550 Pfarrer von St. Paul in Köln gewesen. 1539 bewarb er sich um die Regentie der Kronenburse, aber der bekannte Kölner Chronist Hermann Weinsberg wurde ihm dank seiner Beziehungen vorgezogen. Seit 1547 war Novimola gleichzeitig mit seinen anderen Aufgaben Domherr. Für den lateinischen Grammatikunterricht am Montanum hatte er 1533 das Handbuch des Johannes Despauterius neu herausgegeben, das weithin benutzt wurde. Nach Weinsbergs Urteil war Novimola ein *gutter man von naturen,* obwohl sich die Kirchmeister von St. Kolumba über unfreundliche Behandlung durch ihn beklagen zu müssen glaubten. † 8. 7. 1579.

Vgl. Keussen, Matrikel II, 900 (hier als Seb[astianus] Duisbergensis verzeichnet); derselbe, Universtität, 512; Tewes, Bursen, 45; vgl. Buch Weinsberg III, 45; Meuthen, Universität, 233; Schaefer, Regesten A 263, 292.

Johann (II.) **Nopel(ius),** geb. 6. 1. 1548 in Lippstadt, 1580–1604 Pfarrer von St. Kolumba, Neffe des gleichnamigen Kölner Weihbischofs († 1556), verfaßte eine Confessio Ambrosiana. Erst nach halbjähriger Vakanz der Pfarrerstelle wurde der bisherige Kaiserswerther Stiftsdechant Nopel am 23. 1. 1580 zum Pfarrer von St. Kolumba gewählt. Es hatte sich lange Zeit kein Kandidat gefunden, weil die damaligen Einkünfte der Pfarrstelle sehr gering waren. Der Erwählte trat erst 1583 sein Amt an, nachdem seine Versorgung durch die dauernde Verbindung der Pfarrstelle mit einem Kanonikat an St. Ursula sichergestellt war. Bis zu Nopels Ankunft führte der Laurentianer-Regens Paul Cuikhovius die Pfarrverwaltung. 1602 wurde Nopel Weihbischof, behielt aber das Pfarramt an St. Kolumba bei. Er starb an den Folgen eines Unfalls am 6. 1. 1604.

Vgl. Keussen, Matrikel II, 1097; Buch Weinsberg III, 45; Greving, Bilder, 35; Weiler, Kirchliche Reform, 163 f.;
Herkenrath, Reformbehörde, passim; Wegener, St. Ursula, 202.

Kaspar **Ulenberg** 1605–1617. Eine ausführliche Lebensbeschreibung siehe oben S. 187–193.

Vgl. außerdem Schaefer, Regesten A 337. Eine erste Würdigung erhielt Ulenberg durch seinen Freund Arnold Meshov(ius), De vita, moribus et obitu ... Casparii Ulenbergii... (Köln, Quentel 1638). Vgl. Solzbacher, Ulenberg. Ein Bildnis Ulenbergs von Geldorp Gortzius (1597)

Heinrich **Kofferen** (Coffertz, Coffraeus) aus Erkelenz / Diözese Lüttich, 1617–1634.

Vgl. Keussen, Matrikel IV, 136; derselbe, Universität, 516; Wegener, St. Ursula, 203.

Kaspar **Frosch(ius)** 1634–1663, geb. 8. 9. 1603 in Köln, war der einzige Pfarrer, der aus der Kolumbapfarrei stammte; sein Vater war Lehrer an der Pfarrschule. Vor seiner Wahl zum Pfarrer war Frosch Kaplan an St. Kolumba gewesen.

Vgl. Keussen, Matrikel IV, 301; derselbe, Universität, 434; Wegener, St. Ursula, 203.

Theodor von **Elmpt,** Diözese Roermond, 1663–1689, geb. 1614, † 28. 1. 1689.

Vgl. Fahne, Geschlechter I, 90 f.; Keussen, Matrikel IV, 383; derselbe, Universität, 405, 420; Wegener, St. Ursula, 204.

Peter **Hausmann** 1689–1710, geb. 25. 2. 1654 in Osterrath / Dekanat Neuss, Pw 4. 6. 1678. Er wurde schon in anderem Zusammenhang ausführlich gewürdigt S. 193-197.

Vgl. JL 554, Nr. 344; Keussen, Matrikel IV, 707; Wegener, St. Ursula, 204.

Johannes **Hausmann** aus Osterrath / Dekanat Neuss, 1710–1711, Neffe seines Vorgängers, Pw 30. 12. 1688, war seit 1705 Stiftsherr an St. Andreas.

Vgl. JL 553, Nr. 335; Keussen, Matrikel V, 2; derselbe, Universität, 520; Wegener, St. Ursula, 205; Breuer, St. Andreas, 70.

Johann Arnold (I.) **Kochs** 1711–1742, geb. 8. 6. 1673 in Welz / Dekanat Jülich, Pw 1. 6. 1697, war seit 1704 Kaplan an St. Brigida in Köln, später an Klein St. Martin, errichtete an St. Kolumba eine großzügige Familienstiftung, die von seinen beiden Nachfolgern erweitert wurde.

Vgl. JL 779 Nr. 566; Keussen, Matrikel V, 152; derselbe, Universität, 541; Greving, Bilder, 37; Wegener, St. Ursula, 205; Schaefer, Regesten A 452a; J. P. Zaun, Familienstiftung Kochs (Köln 1896), 3–12.

Johann Arnold (II.) **Kochs,** 1742–1765, geb. 25. 4. 1702 in Floverich / Dekanat Jülich, Neffe des Vorgängers, Pw 25. 3. 1725, war 1725–1742 Kaplan an St. Kolumba. Während seiner Amtsführung als Pfarrer gab es Streit mit den Dominikanerinnen von St. Gertrud und den Klarissen in der Glockengasse wegen des Beerdigungsrechts. Der Sakramentsbruderschaft an St. Kolumba stiftete er 1000 Reichstaler.

Vgl. JL 779 Nr. 567; AEK, Kol. NC 47, 51 f.; Keussen, Matrikel V, 344; derselbe, Universität, 421, 441; Greving, Bilder, 38; Wegener, St. Ursula, 206; Schaefer, Regesten A 455–457 und B 1 V, 6.

Peter **Kochs** 1765–1777, geb. 24. 1. 1705 in Loverich / Dekanat Jülich, Neffe von Johann Arnold (I.) Kochs und Bruder des Vorgängers, Pw 7. 10. 1731, war zeitweilig Katechet, dann 1732–1765 Kaplan an St. Kolumba, studierte als solcher noch die Rechte und erwarb den Dr. iur.; er gehörte als einziger Kolumbapfarrer der Juristischen Fakultät bis zu seinem Tode an. Seine umfangreiche Bibliothek erhielt das Priesterhaus.

Vgl. JL 783 Nr. 610; AEK, Kol. NC 45, 71; Keussen, Matrikel V, 539; derselbe, Universität, 473; Ferrier, St. Kolumba, 58; Wegener, St. Ursula, 206.

Johann Adam **Müller** 1777–1801, geb. 26. 4. 1737 in Rurdorf / Dekanat Jülich, Pw 3. 5. 1763, war vor seiner Wahl zum Pfarrer als Kaplan an St. Maria-Ablaß und an St. Kolumba tätig. Er ließ während seiner Amtszeit die ganze Kirche restaurieren. Er erlebte den Einmarsch der Franzosen in Köln (1794) und den politischen

Anschluß der Stadt und des Erzstifts Köln an Frankreich sowie die Säkularisation. Bei der Neuordnung der kirchlichen Verhältnisse verlor Müller sein Pfarramt.

Vgl. JL 1022 Nr. 865; AEK, Kol. NC, 58, 71 f., 77 f.; Keussen, Matrikel V, 544; Greving, Bilder, 39; Wegener, St. Ursula, 206; vgl. oben S. 231 f., 235, 242, 246.

Die Pfarrer seit 1803

Johann Friedrich **Frangenheim** 1803–1826, geb. 30. 10. 1759 in Froitzheim / Dekanat Zülpich, Pw 4. 5. 1788. 1794 Domvikar und Pfarrer von St. Maria im Pesch, 1797 lic. theol., Beförderung zum Professor für Moraltheologie durch Aufhebung der Universität verhindert. Als Pfarrer von St. Kolumba versuchte er, die zusammengebrochene alte Ordnung des Gottesdienstes wiederherzustellen.† 3. 9. 1826.

Vgl. JL 416 Nr. 350; Keussen, Universität, 445; vgl. oben S. 245 ff., 253 ff., 260, 262 f.

Hermann Joseph **Grosmann** 1826–1845, geb. 26. 6. 1789 in Köln, Pw 18. 9. 1813 in Mainz, 1813–1826 Repetent bzw. Professor für Moraltheologie am Priesterseminar in Köln, 1826 Pfarrer an St. Kolumba. 1845 Stiftspropst in Aachen, † 4. 10. 1860. Seine Tätigkeit an St. Kolumba war mit der Durchführung notwendiger Bauten ausgefüllt: 1828 Bau eines neuen Pfarrhauses, 1836/37 Restaurierung des Kirchturms und Bau der beiden Pfarrschulen, 1840/42 Neubau der beiden Kaplaneien. Seiner theologischen Einstellung nach gehörte Grosmann zu den Konservativen, den Antihermesianern, und zu den Anhängern des umstrittenen Erzbischofs Clemens August Droste zu Vischering.

Vgl. Hermann Joseph Hecker, Chronik der Regenten, Dozenten und Ökonomen im Priesterseminar des Erzbistums Köln 1615–1950 (Düsseldorf 1952), 114 ff.; Schrörs, Kölner Wirren, 269 f.; derselbe, Neue Quellen zur Kirchengeschichte in der ersten Hälfte des 19. Jahrhunderts (1835–1850), in: AHVN 104 (1920), 47; AHVN 105 (1922) 39, 46; vgl. oben S. 269, 273.

Matthias Wilhelm **Kerp** 1846–1847, geb. 5. 4. 1788 in Köln, Pw 9. 12. 1812, danach Schulvikar in Meckenheim, 1814 Kaplan an Groß St. Martin, 1816 Kaplan an St Kolumba, 1824 Pfarrer an St. Alban, 1846 Pfarrer an St. Kolumba, † 14. 10. 1847. Wie sein Vorgänger war auch Kerp Antihermesianer, Parteigänger und vertrauter Berater Droste zu Vischerings, aber im Gegensatz zu Grosmann ein Feuerkopf. Der frühere Kolumbapfarrer Kaspar Ulenberg weckte als Verteidiger des katholischen Glaubens im konfessionellen Zeitalter das besondere Interesse Kerps. 1833 und 1836 gab er zwei Schriften Ulenbergs neu heraus; bei der vorausgeschickten Lebensbeschreibung stützte er sich auf die Ulenberg-Vita von dessen Freund Arnold Meshov, die er jedoch unkritisch auswertete.

Vgl. Schrörs, Kölner Wirren, 269, 272, 542; Ferrier, St. Kolumba, 59; vgl. Solzbacher, Ulenberg, 1, Anm. 1.

Peter Christian **Schnepper** 1848–1883, geb. 27. 7. 1802 in Wipperfeld, absolvierte seine theologischen Studien an der Akademie Münster und am Priesterseminar in Köln, Pw 24. 9. 1825, danach Kaplan in Elberfeld, 1839 Pfarrer in Ratingen, 1843 zugleich Dechant des Dekanates Düsseldorf, 1848 Pfarrer von St. Kolumba und Stadtdechant in Köln, 1863 Ehrendomherr, † 19. 1. 1883. Schnepper war anscheinend auf Betreiben von Professor Franz Xaver Dieringer ins Domkapitel gekommen, trat aber infolge seines schlichten Wesens hier nicht hervor. Bei der Erzbischofswahl von 1864/66 stand er zunächst auf seiten der Majorität, zu der auch Dieringer gehörte; später distanzierte er sich von ihm und der Majorität. Schnepper hatte offenbar ein Gespür für die Bedürfnisse der Seelsorge; so trat er für deutsche Sprache im Gottesdienst ein. Als Autor von Gebetbüchern (Die christliche Gemeinde in der Andacht, 1830; Kernandachtsbuch, 1882) erregte er die Aufmerksamkeit des Erzbischofs Melchers, der ihn 1868 in eine Kommission berief, welche die Herausgabe eines Diözesangebetbuchs vorbereiten sollte. Die Gründung des Kölner Marienhospitals ging auf Schneppers Initiative zurück. In seine Amtszeit fiel die Restaurierung der Kirche im Äußern (1857) und Innern (1862), der Streit mit der Stadt Köln über das Eigentumsrecht an den Schulgebäuden im Kolumbakirchhof, nicht zuletzt der Kulturkampf. In dessen Verlauf büßte Schnepper 9. 360 Mark an gesperrten Gehaltsbezügen ein, die er nach Aufhebung der Sperre nebst einer weiteren Summe aus eigenen Mitteln dem Marienhospital vermachte.

Vgl. PAK, C, LA; Norbert Trippen, Das Domkapitel und die Erzbischofswahlen in Köln 1821–1929 (Köln 1972), 137, 166; Heinrich Schrörs, Hermesianische Pfarrer, in: AHVN 103 (1919), 76–183, hier 135.

Johann Wilhelm Anton **Bruckmann** 1886–1911, geb. 12. 9. 1826 in Essen-Rellinghausen, Pw 3. 9. 1850, nach Tätigkeit als Religionslehrer in Essen und Bedburg, als Pfarrer in Schleiden und Solingen, Pfarrer von St. Kolumba 5. 10. 1886, zugleich Dechant des Dekanates Köln 10. 9. 1902, Ehrendomherr 21. 3. 1903, † 23. 4. 1911.

Gerhard **Bruders** 1911–1926, geb. 19. 12. 1848 in Aachen-Burtscheid, Pw 23. 12. 1871, Religionslehrer in Wissen, 1889 Pfarrer in Köln-Bickendorf, 16. 6. 1911 Pfarrer von St. Kolumba, † 14. 3. 1916.

Bertram **Kastert** 1916–1927, geb. 7. 10. 1868 in Köln, Pw 15. 8. 1893, Kaplan in Rheydt-Giesenkirchen, 1902 Rektor bzw. Pfarrer an St. Joseph in Köln-Kalk, 27. 4. 1916 Pfarrer an St. Kolumba in Köln, 9. 4. 1927 Pfarrer in Godesberg-Muffendorf, † 11. 11. 1935.

Bernhard **Lingnau** 1927–1933, geb. 4. 7. 1872 in Brauweiler, Pw 10. 8. 1897, Kaplan in Köln-Mülheim, 1905 Pfarrer in Remscheid, 1920 in Mönchengladbach, 19. 7. 1927 Pfarrer an St. Kolumba in Köln, † 28. 10. 1933.

Joseph Adalbert **Geller** 1933–1958, geb. 2. 2. 1877 in Aachen, Pw 31. 3. 1900, Kaplan an St. Quirinus in Neuss, 1911 Pfarrektor an St. Dreikönigen in Neuss, 1913 Rektor bzw. Pfarrer in Duisburg-Großenbaum, 1922 Pfarrer an St. Lambertus in Essen-Rellinghausen, 30. 11. 1933 Pfarrer an St. Kolumba in Köln, seit 23. 11. 1946 zugleich Seelsorger am Antoniushospital in Köln-Bayenthal, † 3. 4. 1958.

Vgl. oben S. 288, 291 f.

Die Kapläne von St. Kolumba

Reihe 1

Helcaeus, Laurentius (1689)–1693 aus Zons (?), Pw 10. 4. 1666, 1672 als lic.theol. und Prof. Laurent. genannt, 1689 als Kaplan von St. Kolumba erwähnt, † als solcher 13. 12. 1693.

JL 576 Nr. 537; AEK, Kol. NC 6.

Hagen, Gerhard, 1693–1695, Pw 21. 3. 1683, lic.theol. und Prof. Laurent., 17. 12. 1693 als Kaplan von St. Kolumba approbiert, als solcher † 6. 7. 1695.

JL 516 Nr. 35; AEK, Kol. NC 6, 13.

Metternich, Theodor, 1695–1721, geb. 1. 2. 1660 in Köln (St. Kolumba), Pw als Professe des Fraterhauses Weidenbach 1. 4. 1684, 8. 7. 1695 Kaplan an St. Kolumba, als solcher † 8. 1. 1721.

JL 978 Nr. 449, AEK, Kol. NC 13, 43.

von Holte, Gottfried Nikolaus, 1721, geb. 8. 12. 1689 in Köln, 1713 Prof. Laurent. und designierter Nachfolger von Kaplan Metternich (s. vor.), Pw 23. 9. 1713, danach Inhaber der Vikarie St. Barbara in St. Severin, 19. 1. 1721 Kaplan an St. Kolumba, als solcher † 12. 9. 1721.

JL 638 Nr. 1074, AEK, Kol. NC 43.

Lülsdorf, Nikolaus, 1721–1725, geb. 1. 9. 1695 in Köln, immatr. Univ. Köln 1711, Pw 23. 9. 1719, Prof. Laurent., 1721 Kaplan an St. Kolumba, 19. 7. 1725 Pfarrer von Efferen, † vor 3. 6. 1730.

JL 923 Nr. 694, AEK, Kol. NC 43; Keussen, Matrikel V, 299.

Kochs, Arnold (II.), 1725–1742, geb. 25. 4. 1702 zu Floverich (Pf. Loverich), 1719 bacc. art., Pw 25. 3. 1725, 27. 3. Kaplan an St. Kolumba, 1725 bzw. 1736 lic. bzw. Dr. theol. und Prof., 26. 4. 1742 Pfarrer von St. Kolumba, als solcher † 17. 5. 1765.

JL 779 Nr. 567, AEK, Kol. NC 43, 45, 48; Keussen, Matrikel V, 344; vgl. oben S. 302.

Kautz, Andreas, 1742–1762, geb. 10. 5. 1703 zu Stockum, 1722 bacc. art., Pw. 223. 7. 1730, Prof. Laurent., Mai 1742 Kaplan an St. Kolumba, als solcher † 19. 1. 1762.

JL 729 Nr. 129, AEK, Kol. NC 48, 58; Keussen, Matrikel V, 361.

Mocken, Johann Nikolaus, 1762–1768, geb. 8. 6. 1738 zu Gereonsweiler, 19. 1. 1762 Kaplan an St. Kolumba, Pw 14. 2. 1762, erwarb 1765 den bacc. art., † im Oktober 1768 in seiner Heimat, wohin er sich *ob defectum virium* zurückgezogen hatte.

JL 1000 Nr. 661, AEK, Kol. NC 58; Keussen, Matrikel V, 591.

Müller, Adam, 1768–1777, geb. 26. 4. 1739 zu Rurdorf, 1757 bacc.art., Pw 3. 5. 1763, danach Katechist und Kaplan an St. Maria Ablaß, 1768 Kaplan an St. Kolumba, 1777 lic. theol. et iur., 1777 Pfarrer von St. Kolumba, bei der Neuorganisation der Pfarreien nicht übernnommen, † 4. 11. 1804

JL 1022 Nr. 865, AEK, Kol. NC 58; Keussen, Matrikel V, 544; vgl. oben S. 302 f.

Kirchhoff, Theodor, 1777–1821, geb. 7. 7. 1747 in Köln (St. Kolumba), 1766 bacc. art., vom Besuch des Priesterseminars dispensiert, 3 1/4 Jahr als Catechista Degrootianus an St. Kunibert, Pw 21. 12. 1771, 31. 12. 1771 Primiz in St. Kolumba, danach bis 1. 4. 1772 Alumnus des Priesterhauses und bis 17. 1. 1776 Unterlehrer an der Kolumba-Pfarrschule. 1776 Vizekaplan an St. Kolumba für den erkrankten Kaplan Neissen. 15. 4. 1777 ebenda Kaplan bis zu seinem Tod am 1. 6. 1821. In seinen letzten Lebensjahren zelebrierte er in seiner Wohnung.

JL 753 Nr. 341; AEK, Kol. NC 71; Keussen, Matrikel V, 593; vgl. oben S. 246 ff., 260, 262.

Küpper, Johann Peter Heinrich, 1821–1823, geb. 17. 6. 1792 in Neuss, Pw 12. 9. 1817, 1818 Vikar in Kornelimünster, 23. 12. 1821 Kaplan an St. Kolumba in Köln, 1823 Pfarrer in Heimerzheim, 1829 in Widdersdorf, als solcher † 7. 6. 1855.

Dekanat Lövenich, Catalogus pastorum in Widdersdorf

Villevoye, Joseph Martin, 1823–1828, geb. 1. 5. 1800 zu Aachen, Pw 8. 9. 1823, Kaplan an St. Kolumba in Köln, 1828 Pfarrer in Randerath, 1831 Pfarrer in Neuss/ St. Quirin, † als Pfarrer von St. Maria im Kapitol zu Köln 22. 6. 1851.

AEK, Totenzettel.

Steinhausen, Johann Heinrich 1828–1830, geb. 18. 4. 1802 zu Enzen (Pf. Wisskirchen), Pw 24. 9. 1825, Vikar in Würm, 18. 3. 1828 Kaplan an St. Kolumba in Köln, 1830 Pfarrer in Lövenich (Dekanat Euskirchen), 1834 Pfarrer an Groß St. Martin in Köln, 28. 4. 1844 auch Ehrendomherr, 1846 Pfarrer an St. Alban in Köln, 1849 resid. Stiftsherr in Aachen, resignierte aus Gesundheitsgründen Anfang 1854 (?) auf sein Kanonikat und zog sich an seinen Heimatort zurück, wo er schriftstellerisch tätig war, † 9. 8. 1877.

AEK, Gen. 17. 3, 2 und 25. 3, 1, ferner CR 6. 2, 1 (2); Johann Peter Zaun, Geschichte der Pfarre Lövenich bei Zülpich (Köln 1995) 146; Handbuch der Erzdiözese Köln 1830, 44 f.

Simon, Johann Baptist Friedrich, 1831–1837, geb. 3. 3. 1805 in Recklinghausen, Pw 21. 4. 1829, Vikar in Mülheim/Ruhr, 2. 1. 1837 Kaplan an St. Kolumba in Köln, † 10. 4. 1837

AEK, Generalia 25. 3, 1.

Rademacher, Johann Peter, 1837–1849, geb. 24. 7. 1809 in Pütt/Pfarrei Waldenrath, Vikar in Baesweiler, 1836 in St. Maria in der Kupfergasse zu Köln, 26. 9. 1837 Kaplan an St. Kolumba in Köln, 1849 Pfarrverwalter in Viersen, 1850 Pfarrer in Geistingen, 1863 in Brachelen, als solcher † 6. 6. 1883.

AEK, Totenzettel.

Schloemer, Hermann Joseph Dr., 1849–1862, geb. 3. 5. 1815 in Düsseldorf, Pw Rom 22. 3. 1845, 1847 Vikar in Duisdorf, 12. 9. 1849 Kaplan an St. Kolumba in Köln, 1862 Pfarrer in Duisdorf, als solcher † 24. 3. 1887.

AEK, Generalia 17. 1, 1.

Vosen, Martin Edmund Anton, 1862–1889, geb. 6. 2. 1840 in Köln, Pw 1. 9. 1862, Kaplan an St. Kolumba in Köln, 1889 Pfarrer in Hennef/Sieg, 1895 Pfarrer in Gevenich, † als solcher 6. 4. 1897.

Höveler, Peter, 1889–1896, geb. 17. 9. 1847 in Kreitz / Pfarrei Holzheim, Pw 17. 9. 1872, Kaplan an St. Kunibert in Köln, 22. 3. 1889 Kaplan an St. Kolumba in Köln, 1896 Rektor an der Kapelle in Melaten, 1915 Rektor am Kloster zum Guten Hirten in Junkersdorf, † 6. 4. 1927.

Greving, Joseph, 1896–1899, geb. 24. 12. 1868, Dr. theol., Pw 10. 3. 1894, Kaplan an St. Gertrud in Essen, 9. 9. 1896 Kaplan an St. Kolumba in Köln, 1899 Habilitation für Kirchengeschichte in Bonn, 1909 Univ.-Professor in Münster, 1917 in Bonn, † als solcher 6. 5. 1919.

Hubert Jedin, Joseph Greving (1868–1919), Zur Erinnerung an die Begründung der „Reformationsgeschichtlichen Studien und Texte“ im Jahre 1905 (Münster 1954).

Schiffers, Franz, 1899–1903, geb. 6. 6. 1864 in Kohlscheid, Pw 15. 8. 1892, Kaplan in Düsseldorf-Oberbilk, 1897 an St. Maria in der Kupfergasse in Köln, 29. 8. 1899 Kaplan an St. Kolumba in Köln, 1903 Pfarrer in Derichsweiler, 1915 in Uerdingen, † als Pensionär in Unkel 27. 7. 1928.

Jaegers, Heinrich Joseph Hubert, 1903–1905, geb. 8. 6. 1872 in Neuss, Pw 2. 7. 1896, 24. 7. 1903 Kaplan an St. Kolumba in Köln, 1905 Anstaltspfarrer der Provinzial-Heil- und Pflegeanstalt Johannistal bei Süchteln, ebd. † als Pensionär 27. 2. 1943.

Langenbach, Joseph Anton, 1905–1908, geb. 21. 9. 1876 zu Büchen / Pfarrei Wenden (Diözese Paderborn), Pw Köln 15. 3. 1902, Kaplan in Fischeln, 16. 6. 1905 Kaplan an St. Kolumba in Köln, 1908 Domvikar. 1913 Rektor an St. Dreikönigen in Neuss, 1914 ebd. Pfarrer, † als solcher 17. 2. 1945 im Krankenhaus zu Wissen.

Müller, Matthias Joseph, 1908–1914, geb. 4. 5. 1877 in Hemmersbach, Pw 15. 3. 1902 , Kaplan an St. Paul in Köln, 1. 8. 1908 Kaplan an St. Kolumba in Köln, 1914 Pfarrer in Solingen-Weeg, 1927 in Bergisch Gladbach, † als solcher 26. 3. 1952.

Hecker, Paul Oskar Leonhard Ewald, 1914–1915, geb. 7. 4. 1880 in Meschede (Diözese Paderborn), Pw Köln 14. 8. 1904, Kaplan an St. Paul in Köln, 12. 10. 1914 Kaplan an St. Kolumba in Köln, 1915 Rektor an der Maria-Hilf-Anstalt und dem Bernhardushaus in Köln, 1916 Pfarrer in Gürzenich, † 14. 9. 1930.

Lankes, Eduard, 1915–1921, geb. 22. 7. 1881 in Viersen, Pw 14. 3. 1908, Vikar in Friesdorf, 1913 in Coslar. 6. 3. 1915 Kaplan an St. Kolumba in Köln, 1921 Pfarrer in Marienfeld, † als Pensionär 21. 2. 1956.

Kever, Peter Leonhard Hubert, 1921–1922, geb. 2. 5. 1888 in Düsseldorf, Pw 2. 3. 1912, Vikar in Sieglar, 1914 Kaplan an St. Peter in Viersen, 1915 Geistlicher Lehrer am Collegium Aloysianum zu Opladen, 3. 9. 1921 Kaplan an St. Kolumba in Köln, 1922 Religionslehrer am Lyzeum der Schwestern vom armen Kind Jesu in Düsseldorf-Derendorf, 1928 Studienrat an der Oberrealschule in Hilden, † als Pensionär 13. 11. 1959.

Lieser, Ludwig, 1922–1931, geb. 14. 5. 1890, Pw 10. 3. 1913, Kaplan in Leverkusen-Schlebusch, 11. 9. 1922 Kaplan an St. Kolumba in Köln, 1927 Dr. phil., 1931 Rektoratspfarrer an St. Maria-Hilf in Köln, 1938 Direktor des Theologenkonvikts Albertinum in Bonn, 1942 kommissarischer Regens des Priesterseminars, 1944 Generalvikariatsrat und Domkapitular in Köln, † als solcher 9. 8. 1963.

Schlicher, Joseph Dr. phil., 1931–1932, geb. 1. 6. 1902 in Köln, Pw 6. 8. 1928, Kaplan in Pingsdorf, 17. 8. 1931 Kaplan an St. Kolumba in Köln, 1932 Kaplan an St. Michael in Köln, 1945 Kaplan und Krankenhauspfarrer in Holzheim, im gleichen Jahr Pfarrer in Bessenich, 1952 Pfarrer in Horrem, als solcher † 21. 10. 1956.

Teusch, Joseph, 1932–1934, geb. 15. 2. 1902 in Köln, Pw 7. 3. 1927, Kaplan in Köln-Raderthal, 1929 Deutschen-Seelsorger in Genua, Venedig und Florenz, 1. 8. 1932 Kaplan an St. Kolumba in Köln, 1934 Domvikar und Leiter der NS-Weltanschauungs-Abwehrstelle, 1943 Evakuiertenseelsorger, 1944 Direktor des Theologenkonvikts Leoninum in Bonn, 1952 Generalvikar und (1953) Domkapitular in Köln, 1969 Bischofsvikar, † als solcher 20. 9. 1976.

Norbert Trippen, Joseph Teusch (1902–1976), in: RL 15 (1995), 223–246.

Hürtgen, Aloys, 1934–1938, geb. 12. 8. 1899 in Solingen, Pw 7. 3. 1924, Kaplan in Solingen-Krahenhöhe, 1929 Kaplan an St. Matthias in Köln-Bayenthal, 18. 6. 1934 Kaplan an St. Kolumba in Köln, 1938 an St. Maria-Hilf in Köln, 1943 Krankenhauspfarrer am St. Hildegardiskrankenhaus in Köln-Lindenthal, † als Opfer eines Luftangriffs auf Köln 27. 9. 1944.

Ossenbrink, Matthias Karl, 1938–1941, geb. 1. 12. 1892 in Köln, Pw 13. 2. 1921, Kaplan an St. Joseph Köln-Kalk, 1926 in Köln-Höhenberg, 1931 an St. Martin in Euskirchen, 1935 Rektor am Waisenhaus in Siegburg-Wolsdorf, 1937 Hauptschriftleiter der Kirchenzeitung des Erzbistums Köln, 17. 1. 1938 Kaplan an St. Kolumba in Köln, 1941 Pfarrer in Bornheim-Roisdorf, † als Pensionär 28. 4. 1976.

Hegel, Eduard, 1941–1943, geb. 28. 2. 1911 in Wuppertal-Barmen, 1933 Dr. phil., Pw 22. 7. 1937, Kaplan an St. Quirinus in Neuss, in Hockenheim/Baden, Oberaussem, St. Mechtern in Köln-Ehrenfeld 1937–1941, 27. 3. 1941 Kaplan an St. Kolumba in Köln, 27. 8. 1943 Krankenhausseelsorger am St. Agatha-Krankenhaus in Köln-Niehl, 1944 Dr. theol., 1945 zugleich Pfarrverweser von St. Alban und Gross St. Martin in Köln und (1946) Assistent am Historischen Archiv des Erzbistums Köln, 1948 Habilitation für Kirchengeschichte an der Universität Bonn, 1949 Professor an der Theologischen Fakultät Trier, 1953 an der Universität Münster, 1965 an der Universität Bonn.

Reihe 2

Pontani, Johannes, vor 1670–1693, † 21. 12. 1693.

JL 1136 Nr. 396, vgl. ebd. 1720 Nr. 691, AEK, Kol. NC 6.

Hausmann, Johann Franz, 1693–1707, aus Neuss, 1676 an Univ. Köln immatrikuliert (Montanum), 1686 lic. theol., 1693 Prof. Montanus, gleichzeitig Kaplan an St. Kolumba, 1696 und 1702 Dekan d. theol. Fak., 1707 Kanonikus an St. Andreas, 8. 2. 1707 Verzicht auf Kolumbakaplanei.

JL 553 Nr. 337; AEK, Kol. NC 6; Keussen, Univ. 520; Breuer, St. Andreas 70.

Bey, Johannes Thomas, 1707–1716, geb. 15. 2. 1675 in Baesweiler, Pw 1699, anscheinend 1707 Kaplan an St. Kolumba bis zu seiner Ernennung zum Pfarrer und Kanonikus an St. Severin (1716), † 1729.

JL 98, Nr. 566; AEK, Kol. NC 6, 43; Schmidt-Bleibtreu, St. Severin 300.

Decker, Reiner, 1716–1726, geb. in Köln, lic. theol. u. Prof. Laurent., Pw 28. 3. 1705, 1716 Kaplan an St. Kolumba, danach Pfarrer von Niederkrüchten.

JL 292 Nr. 163; AEK, Kol. NC 43.

Belhomme, Johann, Paul, 1726–1727, geb. 15. 8. 1689 in Wipperfürth, Pw 6. 6. 1716, 1719 Alumnus im Priesterhaus St. Kolumba, 1721 Vikar an Klein-St. Martin in Köln, 3. 10. 1726 Kaplan an St. Kolumba, † 2. 5. 1727.

JL 76 Nr. 361; AEK, Kol. NC 44.

Steinheuer, Johann Heinrich, 1727–1745, geb. 29. 6. 1698 in Oedekoven (Pf. Lessenich), Pw 23. 9. 1724, Alumnus im Priesterhaus St. Kolumba, 2. 5. 1727 Kaplan an St. Kolumba. Wegen eines Schlaganfalls (6. 1. 1745) erhielt er in N. Niessen am 24. 12. 1745 einen Vertreter. Die finanzielle Versorgung Steinheuers übernahm der Pfarrer aus der Stifung Wissius. Steinheuer wohnte seitdem bei den Minoriten.

JL 1399 Nr. 1671; AEK, Kol NC 44, 49.

Niessen (Neissen), Nikolaus, 1745-(1777)1782, geb. 15. 6. 1709 zu Flosdorf (Pf. Barmen/Jülich), Pw 29. 9. 1733, übernahm 24. 12. 1745 die Vertretung für den erkrankten Kaplan Steinheuer mit der Verpflichtung, die Stelle bei Genesung Steinheuers an diesen zurückzugeben; am 13. 1. 1746 wurde Niessen als Kaplan approbiert. Niessen erlitt dasselbe Schicksal wie sein Vorgänger; für ihn wurde M. J. Fassbender zum Vertreter bestellt. Niessen starb nach elfjähriger Lähmung am 12. 6. 1782.

JL 1062 Nr. 209, AEK, Kol. NC 49, 73.

Fassbender, Matthias Joseph, (1777) 1782–1785, geb. 3. 3. 1747 zu Remagen, Pw 26. 6. 1774, seit 1777 als Vizekaplan (s. o.), seit 1782 als Kaplan an St. Kolumba, 1. 4. 1785 wurde er Pfarrer in Müddersheim; † 4. 3. 1800 als Pfarrer von Disternich.

JL 387 Nr. 95; AEK, Kol. NC 73, 78.

Schunck, Franz Joseph, 1785–1790, geb. 15. 12. 1755 zu Gereonsweiler, Pw 18. 9. 1779, Kaplan in Gymnich, 23. 6. 1785 Kaplan an St. Kolumba, 7. 7. 1790 Pfarrer in Gereonsweiler, † 18. 12. 1821 als Pfarrer von Setterich.

JL 1347 Nr. 1157; AEK, Kol. NC 78.

Müller, Johann Adam, 1790–1794, geb. 24. 8. 1766 zu Rurdorf, Pw 17. 10. 1790, Kaplan an St. Kolumba, 6. 11. 1794 Pfarrer in Kirchberg, † 30. 3. 1819.

JL 1027 Nr. 906.

Müller, Johann Joseph, 1798–1802, geb. 19. 3. 1775 zu Rurdorf, Bruder des vorigen, Pw 27. 9. 1798, Kaplan an St. Kolumba. Bei der Neuorganisation wurde er nicht übernommen. Um seinen Lebensunterhalt zu sichern, übertrugen ihm die Kirchmeister die Rendanturgeschäfte, bis er 1809 Kaplan an der Dompfarrkirche wurde.

JL 1029 Nr. 922. Vgl. oben S. 243.

Pastors, Johann Wilhelm Joseph, 1802–1816, geb. 12. 1. 1768 zu Köln, Vetter des Pfarrers Frangenheim von St. Kolumba, Pw 24. 9. 1791, Benefiziat und Primissar an St. Laurenz in Köln, 1802 Kaplan an St. Kolumba, 19. 7. 1806 Subsidiar ebenda, 14. 5. 1816 Pfarrer von St. Aposteln in Köln, 10. 3. 1818 Pfarrer in Hüchelhoven, † als Pensionär 16. 1. 1844.

JL 1105 Nr. 80.

Kerp, Matthias Wilhelm 1816–1824, geb. 5. 4. 1788 zu Köln, Pw 8. 12. 1812, Schulvikar in Meckenheim, 1814 Kaplan an St. Martin zu Köln, 5. 7. 1816 Kaplan an St. Kolumba in Köln, 1824 Pfarrer an St. Alban in Köln, 1846 Pfarrer an St. Kolumba, † als solcher 14. 10. 1847.

AEK, Generalia 17. 3, 1 und oben S. 265 f., 303.

Beckers, Bartholomäus, 1824–1831, geb. 14. 4. 1800 zu Köln, Pw 8. 9. 1824, Vikar an St. Kolumba in Köln, 1831 Pfarrer an St. Ursula in Köln, 1840 Pfarrer in Erp, 1846 in Gustorf, 1853 in Friesdorf, 1857 in Fischeln, als solcher † 5. 6. 1869.

AEK, Generalia 25. 3, 1; CR 24. 1.

Weber, Johann Joseph, 1831–1837, geb. 20. 2. 1802 in Zülpich, Pw 16. 9. 1831, 10. 10. 1831 Kaplan an St. Kolumba in Köln, 1837 Pfarrer in Graurheindorf, 1867 in Lommersum, als solcher † 1. 9. 1886.

AEK, Generalia 25. 3,1; vgl. oben S. 273 f.

Van der Meulen, Gustav Gerhard, 1837–1847, geb. 10. 3. 1808 in Rheda/Westf., Pw Münster 21. 9. 1833, Hauslehrer Schloß Wissen b. Kevelaer, 20. 7. 1837 ins Erzbistum Köln inkardiniert und Kaplan an St. Kolumba in Köln, 1847 Pfarrer in Kaster, 1855 Präses der Weltpriestergemeinschaft und Rektor der Wallfahrtskapellen in Kevelaer, 1862 Direktor des Theologenkonvikts in Münster, seit 1864 wieder in Kevelaer, dort † 8. 8. 1866.

AEK, Generalia 17. 2, 1.

Beckers, Peter Alois, 1847–1853, geb. 9. 1. 1816 zu Aachen, Pw 14. 6. 1839, Vikar in Jülich, 9. 10. 1847 Kaplan an St. Kolumba in Köln, 1853 Pfarrer in Birgelen, † als solcher 4. 11. 1861.

AEK, Generalia 25. 3, 1.

Knop, Hermann Johann, 1853–1854, geb. 10. 11. 1824 zu Bockenem (Diözese Hildesheim), Pw Köln 3. 9. 1850, Kaplan in Elberfeld, 22. 7. 1853 Kaplan an St. Kolumba in Köln, 1854 Vikar in Müddersheim, 1861 in Recht, 1864 in Walberberg, † als solcher 11. 3. 1897.

AEK, KA 1853.

Barber, Karl Joseph, 1855–1861, geb. 9. 7. 1832 in Düsseldorf, Pw 18. 1. 1855, Kaplan an St. Kolumba in Köln, 1861 Vikar in Müddersheim, 1867 Pfarrer in Langbroich, 1888 in Mündelheim, † 15. 4. 1917.

AEK, Totenzettel.

Katzfey, Jakob Peter, 1861–1868, geb. 16. 3. 1831 in Vaals b. Aachen, Pw 3. 9. 1855, Rektor der Höheren Lehranstalt in Euskirchen, 15. 4. 1861 Kaplan an St. Kolumba in Köln, 1868 Pfarrverwalter, 1869 Pfarrer in Mülheim/Rhein, † 5. 2. 1871.

AEK, Totenzettel.

Köllen, Gottfried, 1870–1887, geb. 16. 2. 1839 in Liessem, Pw 2. 9. 1861, Vikar und Lehrer (1861 Rektor) an der Höheren Schule in Zülpich, 16. 12. 1870 Kaplan an St. Kolumba in Köln, 1887 Hilfsgeistlicher, 1889 Pfarrer in Merten, † 6. 10. 1919.

Seiner(us), Johann Heinrich, 1611–1619, erster Inhaber der dritten Kaplanei, die Ulenberg eingerichtet hat, 1619 Pfarrer von St. Alban, † 9. 5. 1645.

Solzbacher, Ulenberg 60; Löcherbach, Geschichte der Pfarrei St. Alban 45.

Meshov(ius), Arnold, 1619–1626, geb. 1591 in Lippstadt, 1612 immatrikuliert an der Universität Köln, Pw ca. 1619, Kaplan an St. Kolumba 1619–1620, Professor am Laurentianum (vor 1620), 1621 lic. theol., 1625 Kanonikus an St. Aposteln, 1626 Pfarrer an St. Peter, 1628 Kanonikus an St. Cäcilien, 1640 Dr. theol., bis 1667 Professor in der theol. Fakultät, 1651/53 Rector magnificus, 1654/55 Dekan der theol. Fakultät, 1655 Camerarius des Kölner Pfarrerkollegiums, † 20. 4. 1667. Aus der schriftstellerischen Tätigkeit Meshovs ist hier besonders zu erwähnen seine Lebensbeschreibung Ulenbergs, den er als seinen geistigen Vater betrachtete. (De vita et moribus et obitu eximii viri Caspari Ulenbergii, 1638).

Keussen, Matrikel IV, 244; ders., Univ. 420, 434; Friedrich Wilhelm Lohmann, Arnold Meshov. Beiträge zur kölnischen Chronik, in: JKGV 22 (1940) 38–272 und 23 (1941), 185–212, hier 22, 40–44. Hartzheim, Bibliotheca Coloniensis 25f.

Frosch(ius), Kaspar, (1627)–1634, geb. 8. 9. 1603 in Köln (St. Kolumba) als Sohn des Lehrers der Pfarrschule, 1620 immatrik. an Univ. Köln, 1626–1636 Prof. Laurentianus, 1627 Kaplan an St. Kolumba, 1634 Pfarrer ebd.

Keussen, Matrikel IV, 301; Greving, Bilder 36; vgl. oben S. 301.

Rangelrath (Randerath), Johann, (vor 1673)–1679, 1673 als Kaplan von St. Kolumba erwähnt, als solcher † 1679.

JL 1155 Nr. 46; AEK, Kol A 429 und 430.

Echten, Hermann Johann, 1679–1707, Pw 16. 8. 1665, danach Pfarrer in Lengsdorf und Lüftelberg, 30. 3. 1679 Kaplan an St. Kolumba, † als solcher 2. 2. 1707. Setzte die Armen zu seinen Erben ein.

JL 334 Nr. 6; AEK, Kol. NC 31.

Monten, Johann Peter, 1707–1714, geb. ca. 1675 zu Anrath, Pw 30. 4. 1703, als Katechet und Vikar in Schiefbahn tätig, 2. 2. 1707 Kaplan an St. Kolumba, 1713 lic. theol., 3. 5. 1714 Pfarrer in Witterschlick.

JL 1012 Nr. 767; AEK, Kol. NC 31, 42.

Adriani, Gerhard, 1714–1732, geb. zu Siersdorf, 1698 an Univ. Köln immatrikuliert, seit 1713 Lehrer an der Pfarrschule von St. Brigida in Köln, 27. 2. 1715 Kaplan an St. Kolumba, als solcher gestorben 30. 7. 1732.

JL 7 Nr. 54; AEK, Kol. NC 42, 45; Keussen, Matrikel V, 191.

Kochs, Peter, 1732–1765, geb. 24. 1. 1705 zu Loverich, 1722 bacc. art., Katechist, Pw 7. 10. 1731, 1732 Kaplan an St. Kolumba, währenddessen noch jurist. Studium, 1765 Pfarrer an St. Kolumba.

JL 784 Nr. 610; AEK, Kol. NC 45; vgl. oben S. 302.

Kurth, Johann Tilmann, 1765–1771, geb. 12. 3. 1730 zu Flerzheim, Pw 24. 11. 1755, Vikar in Fischenich, 1762 Subsidiar an St. Jakob in Köln, 1765 Kaplan an St. Kolumba, † 28. 12. 1771.

JL 842 Nr. 1123.

Assenmacher, Christian, 1772–1802, geb. 6. 8. 1737 zu Gelsdorf, Pw 25. 3. 1768, 21. 5. 1772 Kaplan an St. Kolumba.

JL 31 Nr. 276.

Seit 1802 standen der Kolumbapfarrei nur zwei Kapläne zu. Die von Ulenberg geschaffene dritte Kaplanstelle fiel bei der Neuorganisation der Pfarreien fort. Nach der Jahrhundertmitte bis zum Ende des Kulturkampfes sind jedoch mehrfach weitere Geistliche als Kapläne in den Akten verzeichnet. Wahrscheinlich wurden diese auf das Benefizium eines der Chorvikare oder einen anderen Titel angestellt; so wird zum Beispiel Johann Dürscheidt 1828 als Weltpriester an St. Kolumba, 1857 als Chorvikar dieser Kirche genannt. Zusätzliche Verwirrung entsteht durch die Bezeichnungen dritter Kaplan bzw. zweiter und erster Kaplan, die einen Rangunterschied und ein Aufsteigen innerhalb dieser Ordnung nahelegen. In anderen Fällen überschneiden sich die Dienstjahre der Kolumbakapläne um kurze Zeit oder es werden Vakanzen sichtbar. Infolgedessen ist die namentliche Reihenfolge der Kapläne an St. Kolumba für die genannte Zeit nicht immer mit Sicherheit festzustellen.

Kessler, Xaver, 1851–1854, geb. 7. 9. 1824 zu Haigerloch (Erzdiözese Freiburg), 1851 in Köln inkardiniert, Pw 14. 9. 1851, Kaplan an St. Kolumba in Köln, 1854 krankheitshalber als Vikar nach Müntz/Dekanat Jülich versetzt, 1859 Exeat für seine Heimatdiözese Freiburg.

AEK, Generalia 25. 3, 2; ebd. 17. 1, 2.

von Berg, Philipp Joseph Karl Peter, 1854–1862, geb. 12. 3. 1816, Pw 10. 3. 1843, Vikar in Vilich, 1846 in Schwarzrheindorf, 1847 in Jülich, 1850 Rektor in Bergheimerdorf, 23. 9. 1854 (Dritter) Kaplan an St. Kolumba in Köln, 1862 Pfarrer in Gustorf, als solcher † 13. 3. 1866.

AEK, Generalia 25. 3, 2.

Engels, Friedrich, 1862–1870, geb. 20. 10. 1832 in Kaarst, Pw 1. 9. 1857, Geistlicher Lehrer an der Stiftsschule zu Aachen, 24. 4. 1862 Kaplan an St. Kolumba in Köln, 1870 Pfarrverwalter in Hambach, als solcher † 16. 4. 1884.

AEK, Totenzettel.

Nach dem Kulturkampf wurde nur noch einmal ein dritter Kaplan angestellt, es war

Bornewasser, Franz Rudolf, 1894–1896, geb. 12. 3. 1866 zu Radevormwald, Pw 10. 3. 1894, zunächst Domvikar in Köln, 23. 10. 1894 Kaplan an St. Kolumba in Köln, 1896 Rektor in Wülfrath, 1899 Rektor des Gregoriushauses in Aachen, 1909 Pfarrer an St. Suitbertus in Elberfeld, 1914 Pfarrer in Hasselsweiler, 1916 Subregens am Priesterseminar in Köln, 1921 Stiftspropst in Aachen, 1922 Bischof von Trier, † als solcher am 20. 12. 1951.

Albert Heintz (Nachruf), in: Archiv für mittelrheinische Kirchengeschichte 4 (1952), 365.

Als Sakristanpriester fungierten:

Moreau, Heinrich Joseph, 1854–1866, geb. 7. 5. 1817 in Radevormwald. 1845 in die Diözese Lüttich inkardiniert, hier Pw 24. 12. 1849, anschließend Hilfsgeistlicher an St. Alban in Köln, 1854 Sakristanpriester an St. Kolumba in Köln. † als solcher 16. 9. 1866.

Totenzettel in AEK, Sammlung Personalia.

Weiser, Franz Anton, 1867–1889, geb. 23. 7. 1817 in Brühl, Pw 4. 9. 1853, Vikar in Poppelsdorf und 1865 in Coslar. 30. 3. 1867 Sakristanpriester an St. Kolumba in Köln, † als solcher 28. 10. 1889.

Totenzettel in AEK, Sammlung Personalia.

Zum Pfarrklerus wurde ferner gerechnet

Contzen, Ferdinand Joseph Hubert, 1875–1888, geb. 19. 3. 1843 in Aachen, Pw 1. 9. 1867, Mitarbeiter im Generalvikariat zu Köln bis zu dessen Auflösung im Kulturkampf (1875), wahrscheinlich war er an St. Kolumba adskribiert (der Totenzettel nennt ihn Kaplan), † als Pfarrer von Hergenrath 25. 1. 1893.

Totenzettel in AEK, Sammlung Personalia.

Die Lehrer

Von der Existenz einer Pfarrschule St. Kolumba und deren Lehrer spricht erstmals eine Urkunde von 1458; sie nennt einen Echelhart de Beckam als *rector scolarum ecclesiae S. Columbae* (AEK, Kol. A I, 77). Im 16. und 17. Jahrhundert tauchen weitere Namen von Lehrern in Urkunden und Kirchenrechnungen auf, zunächst sporadisch, seit Ende des 17. Jahrhunderts einigermaßen fortlaufend.

Fraß, Peter, 1606–1609.

AEK, Kol. A II, 14: Kirchenrechnungen 1606ff.

Frosch(ius), Peter, 1609-? Er war der Vater des späteren Kaplans und Pfarrers Kaspar Frosch(ius).

AEK, Kol. A II, 14; vgl. Greving, Bilder, 36.

Schnellenberg, Jakob, 1640–1646(?), war vorher Unterlehrer an St. Kolumba und erhielt 1636 das Officium der Stiftung Peter Roth.

AEK, Kol. A II, 14; Rapiarium A II, 9 fol. 35.

Sartorius, Johann, 1646-? erwähnt in den Kirchenrechnungen 1646 ff.

AEK, Kol. A II, 14.

Zoons, Peter, 1678–1695, zuerst Unterlehrer, dann 17 Jahre lang Lehrer an St. Kolumba, † 1. 11. 1695.

AEK, Kol. NC 13.

Schweitzer, Engelbert, 1695–1730, Pw 8. 5. 1685, 1694–1724 Inhaber der Maternusvikarie an St. Cäcilien, 8. 11. 1695 Lehrer an St. Kolumba, † 8. 2. 1730. Pfarrer Arnold (I.) Kochs nannte ihn *cantor optimus et sacerdos exemplaris.*

JL 1356 Nr. 1243; AEK, Kol. NC 14, 45.

Lovis, Johann, 1730–1736(?), wurde am 8. 2. 1730 als Lehrer an St. Kolumba angenommen *adhuc laicus*; scheint auch später nicht in den geistlichen Stand eingetreten zu sein.

AEK, Kol. NC 45.

Helmig, Johann Wilhelm, 1736–1750(?), geb. 29. 1. 1713 zu Büsdorf, 15. 7. 1736 Lehrer an St. Kolumba, Pw 4. 11. 1736. Seit 1751 in Düsseldorf tätig.

JL 574 Nr. 522.

Brewer, Wilhelm, 1750–1756, geb. 4. 4. 1726 zu Gymnich, 16. 12. 1750 Lehrer an St. Kolumba, Pw 18. 4. 1751.

JL 169 Nr. 1224.

Zündorff, J. 1756–1759, geb. 15. 8. 1724 zu Köln, Pw 13. 10. 1748, 2. 3. 1756 als Lehrer an St. Kolumba erwähnt.

JL 1601 Nr. 164.

Steinheuer, H. 1759–1772, geb. 28. 2. 1730, 9. 6. 1759 Katechet und Lehrer an St. Kolumba, Pw 8. 7. 1759. 1772 Pfarrer von Bocklemünd. † 1795.

JL 1399 Nr. 1668.

Leers, Ferdinand Michael, 1772–1780, war geweiht auf den Titel des Benefiziums St. Agnes in St. Kolumba, 1765 war er bereits Priester und (Unter)Lehrer in St. Kolumba. † 31. 1. 1780.

JL 868 Nr. 204; AEK, Kol. NC 73.

Bollig, Johann Hubert, 1780–1809 (?), geb. 5. 4. 1749 zu Gladbach bei Zülpich, Pw 27. 3. 1773, seit 1772 Unterlehrer, 2. 2. 1780 Lehrer an St. Kolumba.

JL 126 Nr. 832; AEK, Kol. NC 73; vgl. oben S. 238.

Geistmann, Johann Joseph Emmerich, 1810 (?)–1814, geb. 13. 12. 1772 zu Köln, 1792 (Unter)Lehrer an St. Kolumba, 1810 als Lehrer ebd. genannt, Pw 11. 6. 1810, 1814 Vikar und 1818 Pfarrer von St. Aposteln.

JL 458, Nr. 90.

Demmer, Augustin, 1815–?

PAK, C, LA (Protokoll des KV vom 3. 3. 1815). Vgl. oben S. 245.

Die Küster

Die erste Erwähnung eines Küsters an St. Kolumba fällt in das Jahr 1345; nach dem Tod des *campanarius Henricus* entstand Streit um die Neubesetzung der Stelle. Pfarrer Mulrepesch übertrug sie seinem *clericus* Tilmann Widenvest, die Kirchmeister dagegen beanspruchten die Bestellung des Küsters als ihr ureigenes Recht. Der Ausgang des Streites ist nicht bekannt.

Vgl. AEK, Kol. A I, 25–29.

Eine lückenlose Reihe der Küster von 1582 bis 1821 verdanken wir den Aufzeichnungen Pfarrer Peter Hausmanns in dessen Liber sacellanorum und im Notarius Columbanus sowie der Fortsetzung durch seine Nachfolger bzw. der Wiedergabe durch Joseph Greving (Steuerlisten 145 f.). Bemerkenswert ist die Tatsache, daß der Küsterdienst seit 1643 67 Jahre lang in der Hand einer einzigen Familie lag; innerhalb dieser Frist amtierten insgesamt 32 Jahre lang Frauen als Küsterinnen.

Strungh, Hubert, Ende 16. Jh.–ca. 1606.

AEK, Kol. A I 325; A II, 14.

Frosch, Hermann, 1606–1622.

Vgl. Schaefer, Regesten, A I, 351.

Boes, Heinrich, 1622–1643, † im Dezember 1643.

Vgl. AEK, Kol. A II, 10 fol. 138. Zu den folgenden Namen vgl. Greving, Steuerlisten 145 f.

Schweiler, Jakob, 1643–1663.

Schweiler, Johann, 1663–1669, Sohn des vorigen.

Schweiler, (Vorname unbekannt), 1669–1671, Sohn Jakob Schweilers und Bruder des vorigen.

Schweiler, (Vorname unbekannt), Witwe von Jakob Schweiler und Mutter der beiden vorigen, 1671–1686. 1686 zog sie sich vom Küsterdienst zurück; † 12. 11. 1693.

Aussem(ius), Peter, 1686–1690, heiratete in Schweilers Familie ein; seine Frau ist Gertrud Schweiler, Tochter Jakob Schweilers und Schwester von Johann Schweiler und seinem Nachfolger. Aussem starb bereits 1690.

Zimmermann, Johann Urban, 1690–1693; nach dem Tod Aussems heiratete Zimmermann die verwitwete Gertrud Aussem geb. Schweiler und übernahm den Küsterdienst, starb aber schon am 28. 12. 1693.

Vgl. auch AEK, Kol. NC 6.

Schweiler, Gertrud, 1693–1710; die zweimal verwitwete Gertrud Schweiler übernahm nun den Küsterdienst. Sie schied aus, als sie 1710 zum dritten Mal heiratete.

Beyenburg, Werner, 1710–1725.

Esser, Henrich, 1725–1733. Er stammte aus Gleuel.

Zündorf, Johann, 1733–1760. Er starb am 17. 11. 1760.

AEK, Kol. NC 57.

Hambach, Bartholomäus, 1760–1778. Pfarrer Arnold (II.) Kochs stellte ihm das Zeugnis aus: *in cantu chorali expeditus et versatus*; Kaplan Theodor Kirchhoff nannte ihn *aedituus exemplaris*. Besonders empfahl ihn die Treue, mit der er bis zu seiner Anstellung dem Consul von Beywegh gedient hatte. Man riet ihm, unverheiratet zu bleiben, was er auch zusagte. Der Grund war der Ärger, den die Witwen der verstorbenen Küster Beyenburg und Zündorf dem Pfarrer und den Kirchmeistern gemacht hatten. Hambach starb am 28. 12. 1778.

AEK, Kol. NC 57, 72.

Altenrath, Heinrich, 1778–1802, war vorher Unterküster an St. Kolumba gewesen. Bei der kirchlichen Neuorganisation 1802 zunächst nicht übernommen; auf seine und der Kirchmeister Beschwerde beim Bischof von Aachen wurde er mit dem dritten Teil der Revenüen als dritter Küster wiedereingestellt.

Vgl. oben S. 245; AEK, Kol. NC 72.

Demmer, Johann Andreas, 1802–1821, geb. 23. 4. 1758 in Köln, erhielt am 23. 9. 1774 die Tonsur, war später Benefiziat am Dom und Sakristan an St. Kolumba, zunächst wohl als Unterküster. 1821 übernahm er die Chorsängerstelle der Kirdorffschen Stiftung.

Vgl. oben S. 245; JL 294 Nr. 179.

Burrenkopf, Ignaz, 1802–1847 (?). Nach Theodor Kirchhoffs Urteil war er ein aufrichtiger Offermann und zeigte Fleiß und Eifer für Kirche und Gottesdienst.

Vgl. PAK, C III, 1.

Inschriften in St. Kolumba

1.

Inschrift in einer Seitenmauer der Chorapsis (Ende 12. Jhs., 65 cm hoch, 58 cm breit)

[H]O(M)I(N)ES DE FR(ATER)NITATE S. KATERINE AREAS
[QU]ASD(A)M QUE IACENT I(N) WOLFISGAZEN (ET) VILLESGAZEN
QIIII SOLIDOS IIO[S] DEN(ARIOS) SOLVENTES (COM)P(AR)AVERUNT
Q(U)OS P(RO) HON[O]
[R]E D(E)I (ET) S. KATERINE HUIC ECCL(E)SIE
AD
(COM)PARANDU(M) ANNUATIM CEREU(M) S. KATERINE
[CON]TULER(UN)T SI QUIS DE CETERO IA(M)DIC[T]OS DEN(ARIOS)
V(E)L SUBSTRAHERE V(E)L IMMINU
[ER]E TEMPTAVERIT NI(SI) RESIPISCAT EX IRA
D(E)I O(M)NIPOT(EN)TIS ANATHEMA SIT

Text aus KD 6/IV, 218. Kritische Besprechung und Verbesserung durch Wilhelm Wilbrand, Die Inschriften der Kölner Kirche St. Kolumba, in: Kölner Kirchenzeitung vom 20.12.1938. Die Wiedergabe dieser und der folgenden Inschrift erfolgt nach der verbesserten Lesart. Die zerstörten bzw. ergänzten Buchstaben sind in eckige Klammern, die Auflösung der Abkürzungen in runde Klammern gesetzt.

2.

Inschrift in einer Seitenmauer der Chorapsis (Ende 12. Jhs., 53 cm hoch, 67 cm breit)

DOMINUS CHRISTIANUS A OLCENIK ET UXOR EIUS GERTRUDIS DE STRITGAZEN DE DOMO IN QUA BALNEA SUNT IN EADEM PLATEA HUIC
ECCLESIE CONTULERUNT III SOLIDOS ANNUATIM SOLVENDOS AD LUMINARE COMPARANDUM QUOD ARDEAT OMNI NOCTE ANTE ALTARIA
S. IOANNIS ET S. KATARINE IN PERPETUUM. QUOD SI DOMUS POSTMODUM

DELETA FUERIT DE AREA TANTUMDEM PERSOLVET QUI EAM HABUERIT.
SI QUIS AUTEM HANC INSTITUTIONEM QUANDOQUE INFREGERIT ANATHEMA SIT. AMEN.

Text aus KD 6/IV, 218; vgl. Wilbrand, Inschriften.

3.

Gedenktafel am nördlichen Chorpfeiler 245 cm hoch, 112 cm breit. Kalkstein mit alter Bemalung. Die Zahlen betreffen die Amtsjahre.

EPITATPHION TRIUM CLARISSIMORUM UIRORUM ADELULPHI RINCK IX GIERHARDI A WASSERUAS III ET JACOBI ROTKIRCHEN III CONSULUM COLON(IENSIUM).

TECTA TRIUM LATEANT SIMUL HIC LICET OSSA UIRORUM

QUA TAMEN EFFULGENT GLORIA MORTE CARET.

SAEPE MAGISTRATUS OBIERUNT MUNIA SUMMI

HUIUS AGRIPPINAE GAUDIA UERA TOGAE.

HOS PARITER QUAESTURA SENES TENET UNUS ET IDEM

ANNUS ERAT FILUM CUM FERA PARCA SECAT.

RINCHIUS ET FABIUM REFERENS MAGNUNQUE CATONEM

NON FUIT EGREGIAE GLORIA PARVA DOMUS.

OBSECRO QUIS POTUIT SAPIENTIUS ESSE GIERHARDO

QUI SUA UAS AQUEUM NOMINA RITE DEDIT ?

TU REBUS GENEROSUS ERAS JACOBE GERENDUS

TE BONUS EX MERITO CIUIS HONORE COLIT.

NOBILIS EXCELSO FORMAE DECUS ORE FEREBAS

ADDITA SED MORUM GRATIA MAIOR ERAT.

NE FORET ISTORUM UIRTUS DELEBILIS ULLO

TEMPORE SED SAXO VIVERE SCULPTA QUEAT.

DETULIT OB PATRIAM HOC ILLIS HELMANNUS HONORIS

QUI SECRETORUM MUNUS IN URBE GERIT.

ANNO DOMINI 1541

Text bei Ferrier, St. Kolumba, 36 f.; vgl. KD 6/IV, 219.

4.

Gedenktafel für Pfarrer Hermann Blankfordt, am südlichen Chorpfeiler: gravierte Kupferplatte mit Spuren von Vergoldung, 75 cm hoch, 58 cm breit. Auf der unteren Hälfte der Tafel der Verstorbene vor einem Betpult kniend, auf der oberen ein Kelch mit Renaissanceranken, als seitliche Umrahmung Säulen

FRANGVNTUR FACILI CHRISTALLINA POCVLA CASV,
LABVNTVR PROPERE MORTIS IN ANTRA BONI,
HEV Q(AM) PRAEPROPERO VENERANDVS ET INCLYTUS ICTV
HERMANNVS BLANFORT FRACTVS INIVIT HVMVM,
OPTIMVS ILLE DEI CVLTOR, DOCTISSIMVS ILLE
SCRIPTURAE DOCTOR SACRAE, OPERITVR HVMO,
HAC TELLVRE QVIDEM TERRENV(M) CORP(VS) OPERT(VM) EST,
VIVVS IN AETHEREA SPIRITVS ARCE MICAT.
OBIIT ANNO D(OMINI) 1554 DIE 12.OCTOBRIS.

Text in: KD 6/IV, 220; Ferrier, St. Kolumba, 51.

5.

Gedenktafel an der nördlichen Seite des Choreingangs. (Auf einem Postament die Inschrifttafel mit Wappen in einer mit Spitzverdachung bekrönten Umrahmung. Schwarzer Marmor)

REQUIESCAT IN PACE
PRAENOBILIS STRENUUS ET AMPLISSIMUS D.
JOANNES JACOBUS WISSIUS
IURIS CONSULTUS

LIBERAE IMPERIALIS CIVITATIS COLONIENSIS CONSUL
PIUS PRUDENS IUSTUS MUNIFICUS
QUI MAIORUM SUORUM EXEMPLO
NE VEL IN MORTE DESINERET ESSE
WISSIUS SEU ANAGRAMMATICE SUIS USUI
PRO SUIS HANC S(ANC)TAE COLUMBAE ECCLESIAM
EIUSQUE PAROCHIAM EX ASSE HAEREDES INSTITUIT
MAGNI BENEFACTORIS ET FUNDATORIS MONUMENTUM MERITUS.
VIXIT IN PERPETUO CAELIBATU

SUB EADEM PAROCHIA
ANNO MDCXIX XIIma OCTOB(RIS) NATUS
ANNO MDCLXXXIIX XXV JAN(UARII) DENATUS
HIC SEPULTUS
CUIUS MEMORIA IN BENEDICTIONE
IURE COLUMBA TUAM BENEFACTOR WISSIUS AEDEM
ELEGIT VIVENS PURA COLUMBA FUIT.

Der Text bei Ferrier, St. Kolumba, 37; vgl. KD 6/IV, 220.

6.

Gedenktafel an der südlichen Seite des Choreingangs.

Magni benefactores et fundatores

Columbinae integritatis viri ac matronae

succesive in Domino defuncti	anno	die
D. Petrus Beyweg patritius et senator caelebs	1605	21.ap.
D(omi)na Caecilia eiusdem soror unica vidua	1610	25.jun.
D(ominus) Theodorus Herll censor senatorius aet(atis) 74	1640	14.mar.
et D(omi)na Gertrudis Jabach aet(atis) 61 coniuges	1627	11.Jul.
D(omi)na Helena Herrll eorundem filia vidua aet(atis) 61	1664	23.Jun.
D(omi)nus Joannes Petrus Gerresheim viduus aet(atis) 74	1706	19.Jan.
R(everendus) D(ominus) Hermannus Echten sacellanus aet(atis) 67	1707	2.Febr.

Quibus

Quod pio pro coelis zelo huius ecclesiae

divinum cultum chorum et pauperes

fundaverint et dotaverint

hoc gratitudinis monumentum posuit

BenefICIorVM reCcorDatIo.

Tu qui legis pie precare et imitare

Una Columba mea est veros vis cernere pullos?

Lector in hoc saxo nomina sculpta vide

Text veröffentlicht von Ferrier, St. Kolumba, 37 f.

7.

Altarinschriften in chronologischer Ordnung

a) Kolumbaaltar (Inschrift auf dem Sockel des Aufbaues)

DEO TRINO ET UNI SACRO ET HONORI S. COLUMBAE SENONENSIS VIRGINIS
ET MARTYRIS HUIUS ECCLESIAE PATRONAE ALTARE ISTUD PARIO LAPIDE PICTURAQUE NOBILI IOANNES VON CÖLLN SENATOR URBIS
COLONIENSIS ET LUCRETIA DEL PRATO CONIUGES ANNO MDCXXVI P.P.

Über dieser Inschrift steht:

NUNC ALTARE S.NICOLAI EPISCOPI AO.MDCC HUC TRANSLATUM.

Vgl. Wilbrand, Inschriften; KD 6/IV, 211; AEK, Kol. NC 25.

b) Marienalter (Inschrift auf dem Sockel des Aufbaues)

ALTARE EUCHARISTICUM SS:TRINITATI SACRUM ET HONORI S.DEIPARAE
VIRGINIS MARIAE. IOANNA VON MECHELEN VIDUA IOANNIS VON CÖLLN
SENATORIS COLON. VIVENS POSUIT AO.MDCLII.

Vgl. Wilbrand, Inschriften; KD 6/IV, 211.

c) Katharinenaltar (Inschrift auf dem Sockel des Aufbaues)

D.O.M.
B.MARIAE V. S.CATHARINAE S.JOSEPHO ET S.JOANNI EVANG.
SACRUM MARTINUS HENRICUS STREVESDORF SENATOR COLON. ET
CATHARINA A MECHELEN CONIUGES IN VITA PP. AO.1658.

Vgl. Wilbrand, Inschriften; KD 6/IV, 211.

d) Barbaraaltar (Inschrift auf dem Sockel des Aufbaues)

D.O.M.S.
HONORI S. BARBARAE VIRGINIS ET MARTYRIS FRANCISCUS S.R.I.
L. BARO DE NESSELRODE IN REICHENSTEIN LEOPOLDI CAES.AUG.
CUBICULARIUS ET ANNA MARIA BARONESSA DE WYLICH IN WIN-
NENDAL
CONIUGES ARAM HANC PP.AO. MDCXCIX.

Vgl. Wilbrand, Inschriften; KD 6/IV, 211.

e) Hochaltar

ARA IN MEDIO CHORI ERECTA. (Das Chronogramm auf dem Unterbau des Altars)

RUDOLPH VON GEYR UND MARIA DE GROOT EHELEUT HABEN DEN
ERSTEN STEIN DAZU GELEGT. (Inschrift auf dem Unterbau des Altars.)

ANNO MDCCXXVII ALTARE PRIVILEGIATUM QUOTIDIANO PERPE-
TUO
A BENEDICTO P.P. XIII. (auf dem Fries des Gebälks)

Vgl. KD 6/IV, 209.

f) Kreuzaltar (Inschrift auf dem Sockel unter der Saturnfigur)

DEO CRUCIFIXO ANNA CATH. DE STREVESDORF NATA DE DEHMEN
SOCRU OPTIMA DESTINANTE MARIA ANNA HELENA DE STREVES-
DORF
CONIUGE SUAVISSIMA VOVENTE FRANC.JOS.DE GEYR IN SCHWEP-
PEN-
BURG GENER ET CONIUX UTRIQUE SUPERSTES IUXTA
EXTINCTAE FAMILIAE CRYPTAM ARAM POSUIT ANNO
MDCCXXXVI.

ALTARE PRIVILEGIATUM QUOTIDIANO PERPETUO PRO FAMILIIS
DE GEYR ET DE STREVESDORF.

Vgl. Wilbrand, Inschriften; ferner KD 6/IV, 212.

Bildnachweis

Abb. 1 Seiler, Ausgrabungen, 119.
Abb. 2 Weyres, Vorgotische Bischofskirchen, 172.
Abb. 3 Kölner Untersuchungen, hg. von Walther Zimmermann (Ratingen 1950), 85.
Abb. 4 Nach Keussen, Topographie I, Tafel VI und VII, gezeichnet von Wolfgang Schmitz.
Abb. 5 Rheinisches Amt für Denkmalpflege.
Abb. 6 Skizze vom Verfasser, umgezeichnet von Wolfgang Schmitz.
Abb. 7 Rheinisches Bildarchiv L 63/75 72.
Abb. 8 Schnütgen-Museum Köln. Rheinisches Bildarchiv 98 457.
Abb. 9 KD 7/III E, 323f.
Abb. 10 KD 7/II, 2.
Abb. 11 KD 7/III E, 267.
Abb. 12 KD 7/III E, 279.
Abb. 13 Rekonstruktion von L. Arntz, in: KD 7/III E, 215.
Abb. 14 Hegel, Entwicklung des Pfarrsystems, in: Historischer Atlas der Rheinlande, Karte IX, 1 (1992).
Abb. 15 Hauptstaatsarchiv Düsseldorf, Bestand Kloster Hamborn, Urkunde 13 von 1345 Oktober 6 (Hinweis von Ludger Horstkötter/Duisburg-Hamborn).
Abb. 16 Kupferstich um 1685, in: KD 7/III E, 385.
Abb. 17 W. Herborn, in: Zwei Jahrtausende Kölner Wirtschaft, Bd. 1 (Köln 1975), 209.
Abb. 18 Rheinisches Bildarchiv 136938.
Abb. 19 Nach Skizze des Verfassers gezeichnet von Wolfgang Schmitz.
Abb. 20 KD 6/IV, 201.
Abb. 21 Zeichnung von A. Otten und Sven Seiler, in Kulenkampff, Dreikönigenaltar, 16.
Abb. 22 Rheinisches Amt für Denkmalpflege R 1795-5.
Abb. 23 Foto Peter Corkovic/Berlin (vor 1940).
Abb. 24 Rheinisches Amt für Denkmalpflege R 1797-12.
Abb. 25 Foto Josef Kessel/Köln (vor 1940).
Abb. 26 Heute in der Kolumbakapelle von 1950/56. Rheinisches Amt für Denkmalpflege R VI/94.
Abb. 27 Germanisches Nationalmuseum Nürnberg Gm 19.

Abb. 28 Germanisches Nationalmuseum Nürnberg Gm 20.

Abb. 29 Germanisches Nationalmuseum Nürnberg Gm 20.

Abb. 30 Germanisches Nationalmuseum Nürnberg Gm 19.

Abb. 31 Alte Pinakothek München WAF 1189-1191 (Aufnahme Blauel//Gnamm, Artothek).

Abb. 32 Alte Pinakothek München WAF 625.

Abb. 33 Museum Boymans-van Beuningen Rotterdam.

Abb. 34 Alte Pinakothek München WAF 652.

Abb. 35 Walker Art Gallery Liverpool Nr. 1226.

Abb. 36 Alte Pinakothek München Inv. Nr. 11863-11865 (Aufnahme Blauel/Gnamm, Artothek).

Abb. 37 Rheinisches Amt für Denkmalpflege R 1795-3.

Abb. 38 Rheinisches Amt für Denkmalpflege R 1796-6.

Abb. 39 Rheinisches Amt für Denkmalpflege R 1796-7.

Abb. 40 Heute in der Kolumbakapelle von 1950/56. Foto F. Stoedtner/Berlin. Rheinisches Amt für Denkmalpflege R 1796-4.

Abb. 41 Heute in der Kolumbakapelle von 1950/56. Foto F. Stoedtner/Berlin. Rheinisches Amt für Denkmalpflege R 1795-4.

Abb. 42 Zeichnung K. Lang, in: KD 6/IV, 207.

Abb. 43 Rheinisches Amt für Denkmalpflege R 1795-2. KD 7/IV, 223.

Abb. 44 Rheinisches Amt für Denkmalpflege R 1795-2.

Abb. 45 Rheinisches Bildarchiv Nr. 11354.

Abb. 46 Rheinisches Bildarchiv 11339.

Abb. 47 Rheinisches Bildarchiv Nr. 630621.

Abb. 48 Rheinisches Bildarchiv Nr. 47649.

Abb. 49 KD 7/III E, 182.

Abb. 50 KD 7/I, 282.

Abb. 51 KD 7/III E, 304.

Abb. 52 AEK, Bildersammlung.

Abb. 53 Roessler-Mergen, Geisselbrunn, 68.

Abb. 54 Grosche, Altarbau, Abb. 51. Rheinisches Amt für Denkmalpflege 1994.

Abb. 55 Grosche, Altarbau, Abb. 46. Rheinisches Amt für Denkmalpflege 1994.

Abb. 56 Rheinisches Amt für Denkmalpflege R 1797-10.

Abb. 57 Grosche, Altarbau, Abb. 44. Rheinisches Amt für Denkmalpflege 1994.

Abb. 58 AEK, Grafiksammlung.

Abb. 59 AEK, Bildersammlung.

Abb. 60 Schlombs, Beichtstuhl, 113.

Abb. 61 Rheinisches Amt für Denkmalpflege R 1796-6.

Abb. 62 Schnütgen-Museum Köln. Rheinisches Bildarchiv 98460.

Abb. 63 Titelbild zu „Abendandacht bei der monatlichen Versammlung der sakramentalischen Bruderschaft, welche im Jahre 1703 in der Pfarrkirche der hl. Kolumba zu Köln angefangen und daselbst im Jahre 1779 erneuert worden". Universitäts- bibliothek Köln, Sammlung Bäumker.

Abb. 64 Nach Angabe des Verfassers gezeichnet von Wolfgang Schmitz.

Abb. 65 AEK, Kartensammlung, C 62.

Abb. 66 Foto des Verfassers (1941).

Abb. 67 Foto des Verfassers (1941).

Abb. 68 Foto, in: Wilhelm Schmidt-Thomé - Paul Georg Custodis, Köln um 1930 (Köln 1982), 67.

Abb. 69 Foto, in: Weiler, Pfarrkirche St. Kolumba.

Abb. 70 Nach Vorlage gezeichnet von Wolfgang Schmitz.

Abb. 71 Foto um 1950.

Abb. 72 Rheinisches Amt für Denkmalpflege 1994.

Abb. 73 Rheinisches Amt für Denkmalpflege 1994.

Index

der im Text genannten Personen und Familien sowie der Kirchen- und Altarheiligen

Acht s. Backhoeven
Adalgisil, fränkischer Pfalzgraf 30
Adolf, Erzbischof, s. Schaumburg
Adrian, Heiliger 119, 128, 130, 145, 203
Adriani, Gerhard, Kaplan 180, 312
Agnes, Heilige 101, 133, 181, 220
Aich, Johann von 100;
- Katharina von 132
Alba, Herzog 163
Alban, Heiliger 31, 42 Anm. 5, 160
Albertus Magnus 67, 69, 87
Aldenrath, Heinrich, Küster 235, 245 f., 318
Alexander IV., Papst 67
Allioli, Franz von, Exeget 265
Andernach, Gertrud von 133
Andreas, Heiliger 57, 90, 133, 237, 241
Anna, Heilige 118 f., 219, 294
Anno II., Erzbischof 41
Anth, Peter, Pfarrer 254
Apostel, Heilige 40 f., 67, 177, 219, 237 f., 240, 256
Appel, Johann, Bildhauer 213
Assenmacher, Christian, Kaplan 238, 243, 313
Audoin, fränk. Bischof 30 f.
Augustinus, Heiliger 78
Aurelian, römischer Kaiser 28

Baas, Gertrud 200
Backhoeven gen. Acht, Friedrich, Kirchmeister 101
Baden, Markgrafen von 189
Badius, Johannes, Kalviner 191
Barbara, Heilige 72, 125, 145, 152, 181, 198, 201, 220, 236, 290
Bärs gen. Oligschläger, Heinrich 153
Bartholomäus, Heiliger 119 f., 130, Anm. 32, 132–135, 145, 201, 203, 236
Bayern, Ferdinand von, Erzbischof 192, 220;
- Ludwig I. von, König 236

Belhomme, Johann Paul, Kaplan 179 Anm. 55, 180, 309
Bellinghausen, Peter, Stadtsyndikus 159
Benedikt XII., Papst 83
Bensberg, Musikdirektor 264
Berdolet, Markus Antonius, Bischof 237, 240 ff., 254, 259, 262
Berg, Engelbert von, Dompropst 54 Anm. 8
Bey, Johannes Thomas, Kaplan 180
Beywegh, Familie 178, 200, 219;
- Cäcilia 200;
- Friedrich Franz 213;
- Peter 200
Binsfeld, Familie 170
Bischof, Hermann, Kanoniker 101
Blankfordt, Hermann, Pfarrer 91 f., 146, 158, 161 f., 300 f.
Blitterswich, Familie 98 f.;
- Gertrud 99, 132;
- Matthias 100
Bochem, Johann Christian, Rendant 247, 254, 269
Böhm, Gottfried, Architekt 293
Boisserée, Gebrüder, Kunstsammler 71, 126, 236
Bollig, Johann Hubert, Lehrer 238, 248
Bonifaz VIII., Papst 81;
Bonifaz IX. 59, 55 Anm. 12
Bonn, Sophie von 133
Bornewasser, Franz Rudolf, Kaplan 281, 314
Borromäus, Karl, Erzbischof 210
Bracht, Toelgyn van 109, 119
Braun, Melchior, Pfarrer 177, 192
Braurock, Johann, Orgelbauer 212
Breuer, Johannes, Kaplan 200
Bruckmann, Johann Wilhelm Anton, Pfarrer 257
Bucer s. Butzer

Bullinger, Heinrich, schweizer. Reformator 153
Buninch, Laurentius 86
Burrenkopf, Ignaz, Küster 245, 318
Burscheid, Reiner, Augustiner 194
Busche, Hermann von dem 152
Butzer, Martin, elsäss. Reformator 153, 158 f.

Cäcilia, Heilige 91, 125, 133, 220, 282
Calenius, Gerwin, Verleger 187
Campendonck, Heinrich, Maler 291
Canisius, Petrus 69, 217
Capellen-Disch, Hoteliersfamilie 283 f.
Cassander, Georg, Laientheologe
Clarenbach, Adolf, evang. Blutzeuge 155 ff.
Chlotar II., fränkischer König 30
Christina, Heilige 133
Christoph, Heiliger 162
Claassen, Johann Jakob, Architekt 283
Clemens I., Papst 31;
Clemens VI., Papst 83
Cochlaeus, Johannes, Kontroverstheologe 152
Coppertz, Peter 147, 181, 200
Cöln, Johann von, Bürgermeister 200
Cron, Ludwig, Unternehmer 285
Cues, Nikolaus von, päpstl. Legat 77

Dagobert I., fränk. König 30
Dalen, Gertrud van 132, 236
Damme, Arnold Nikolaus von, Pfarrer 92, 146 f., 154 f., 300
Dass(e), Familie 98, 177;
- Gertrud 117;
- Johann (I.) 99, 117;
- Johann (II.) 99
Dassel, Reinald von, Erzbischof 147
Decker, Reiner, Kaplan 180, 309
Dederichs, Chorvikar 238
Dehmen, Anna Katharina von 198
Demmer, Andreas, Küster 245, 318
Demmer, Augustin, Lehrer 245, 316
Derix, Glasmalerwerkstatt 291
Dietenberger, Johannes, Kontroverstheologe 192
Dinckelmayr, Lukas, Glockengiesser 214
Disch s. Capellen-Disch
Dominikus, Heiliger 62
Dreikönige 125, 127 f., 130 Anm. 32, 202, 220, 236
Droste-Vischering, Klemens August von, Erzbischof 244, 272 ff.
Duns Scotus, Johannes, Minorit 66 f.
Dürscheidt, Johann, Chorvikar 251
Dyck, Rutger van 56

Echten, Hermann, Kaplan 180, 200, 269, 271, 312
Eck, Johannes, Kontroverstheologe 192, 195
Eckehart, Meister 62, 69
Effertz, J.J., Provisor 261
Eligius, fränk. Bischof 30
Elisabeth von Thüringen, Heilige 61
Elmpt, Theodor von, Pfarrer 92, 302
Elsigh, Stifter 147 f.
Emser, Hieronymus, Kontroverstheologe 192
Engelbert s. Berg
Engelbrecht, Johann 100
Erasmus s. Rotterdam
Erkelenz, Familie 110
Eversberg, Adelheid 109

Fabritius, Heinrich, Kartäuser 191
Ferber, Anton, Pfarrer 163
Ferdinand I., Kaiser 153
Ferdinand, Erzbischof s. Bayern
Flacius Illyricus, Matthias, Führer d. orthodoxen Luthertums 192
Flamm, Theresia 262
Fliesteden, Peter, evangel. Blutzeuge 155 ff.
Fonck, Martin Wilhelm, Generalvikar 250, 253, 262
Fontana, Carlo, Bildhauer 205
Frangenheim, Johann Friedrich, Pfarrer 242 f., 245 ff., 252 f., 260, 262 f., 303
Frangipani, Ottavio, Nuntius in Köln 168
Franken-Siersdorf von, Franz Kaspar, Weihbischof 175, 207;
- Heinrich, Professor 192 f.
Franziskus von Assisi, Heiliger 61 f., 76, 166
Friedrich I., Erzbischof 41
Frielingsdorf, Lehrer 245
Frosch(ius), Kaspar, Pfarrer 153, 186, 200, 301;
- Peter 182 Anm. 82

Geissel, Johannes von, Erzbischof 265
Geisselbrunn, Jeremias, Bildhauer 199
Geldern, Grafen bzw. Gräfin von, Isabella 71;
- Philippina 71;
- Gerhard 69;
- Reinald 71;
- Richardis 69;
- Walram 69
Gelenius, Aegidius, Kanonikus 27, 51, 133
Geller, Josef, Pfarrer 288, 291, 293 f., 304
Georg, Heiliger 91, 109, 119, 126, 220
Gereon, Heiliger 82, 90, 93, 101, 194, 220, 237
Gerhard, Dombaumeister 68
Gertrud, Heilige 60, 67 ff., 223
Geyr von, Familie 198, 205, 241, 244, 257, 268, 283;
- Christoph Friedrich 196
Gies, Ludwig, Maler 296
Glareanus, Henricus s. Loriti
Goebbels, Matthias, Kaplan u. Kirchenmaler 257
Gorkum, Heinrich von, Professor 87
Gottfried, Pfarrer 51, 57, 297 f.
Grashoff, August Friedrich 266
Gregor von Tours 28
Gregor XV., Papst 201
Greving, Joseph, Kaplan 281, 307
Groote von, Familie 198, 241, 257, 264, 275;
- Anna Maria 198;
- Heinrich, Bürgermeister 182 Anm. 76, 194
- Jakob 193, 199, 209, 213 f., 257
Gropper, Johannes, Theologe und Kirchenpolitiker 157 ff.
Grosmann, Hermann Joseph, Pfarrer 269, 273, 281, 303
Guffanti, Louis, Unternehmer 285
Guntar, Erzbischof 35, 37

Hadrian II., Papst 35
Hagen, Gerhard, Kaplan 180, 305
Hambroich, Johannes, Altarist 92
Hane, Hadewigis de 50;
- Petrissa de 50
Harderwijk, Gerhard von, Pfarrer 87, 92, 300
Hausmann, Johann 179 f., 184, 302;
- Peter, Pfarrer 78, 91, 117, 123, 128, 176, 179, 193-197, 199, 209, 214, 216, 302
Heere, Johannes de Geseke, Pfarrer 51, 298
Hegel, Eduard, Kaplan 281, 309
Heimbach, Engelbert von 214;
- Katharina von 200;
- Peter von 101, 140
Heinrich IV., Kaiser 41;
Heinrich V., Kaiser 41
Helcaeus, Laurentius, Kaplan 180, 305
Hellen, Peter von der 101
Helmont, Franz von, Bildhauer 204-207, 210, 214, 257, 296
Hennen, Gerhard von der, s. Wasserfass
Heriman I., Erzbischof 37
Herll, Helena, Stifterin 147, 181, 200, 214
Hermann, Erzbischof s. Wied
Hermes, Georg, Professor 272 f.
Herwegh, Familie 263
Hirtz, Johann von 109
Hoche, Lazare, französ. General 233
Hochstaden, Konrad von, Erzbischof 67, 76, 81
Holte, Nikolaus von, Kaplan 180, 305
Honorius III., Papst 74
Höntgesberg, Bildhauer 296
Honthum, Gerhard von 165
Horn, Domchordirektor 245
Horst, Heinrich von der, Pfarrer 87, 92, 103, 109, 300
Hülshout, Johannes (von Mecheln), Pfarrer 87, 92, 106, 123, 125, 236, 299 f.
Hummel, Heinrich, Augustiner 154
Hüsgen, Johann, Generalvikar 250, 264, 274
Hutter, Jakob, Kanonikus 192

Innozenz III., Papst 90
Isselt, Michael von 192
Isenburg, Salentin von, Erzbischof 162

Jabach, Eberhard (III.) 190
Jacobi, Cassianus, Franziskaner 213
Jakobus, Heiliger 78, 133, 154
Jérôme, König von Westfalen 241
Jodokus, Heiliger 47
Johannes Baptist, Heiliger 47, 97, 116, 125, 134, 219, 220 Anm. 38
Johannes Evangelist, Heiliger 47, 49, 119 f., 125, 133 f., 201, 225
Johannes XXII, Papst 82;
Johannes XXIII, Papst 56

Joseph, Heiliger 125, 201, 219 f.
Jülich-Berg, Wilhelm von, Herzog 153
Julius II., Papst 109

Kalvin, Johannes, Reformator 163, 165
Kampen, Heymerik von, Professor 87
Kannengiesser, Kaspar, Bürgermeister 190, 200
Karl d.Gr. 35, 237;
Karl V., Kaiser 159
Karlstadt, Andreas von, Reformator 154 f.
Kastert, Bertram, Pfarrer 265, 304
Katharina, Heilige 49, 119, 132, 145, 181, 200 f., 220, 290, 296
Kautz, Andreas, Kaplan 180, 305
Keil, Hermann, Orgelbauer 210
Kempen, Heinrich von, Pfarrer 163
Kerp, Matthias Wilhelm, Pfarrer 250, 265, 303, 310
Kessel, Wilhelm 200
Kirchherten, Jakob, Benefiziat 201
Kirchhoff, Theodor, Kaplan 179 Anm. 55, 180, 214, 235, 238, 243, 246 f., 260, 262, 306
Klara, Heilige 62
Klein, Peter, Chorvikar 248
Klemmert von, russischer Major 241
Klespe von, Bürgermeister 229, 245
Klew, L. 254
Kochs, Arnold (I.), Pfarrer 179, 181, 302;
- Arnold (II.) 179 f., 184, 209, 213, 302, 305;
- Peter, Pfarrer 179, 184, 213, 302, 313
Kofferen, (Coffraeus) Heinrich, Pfarrer 92, 153, 301
Köllen, Gottfried, Kaplan 277, 311
Kolumba, Heilige 28, 30 f., 125, 132 ff., 200 f., 205, 207, 219, 224, 235, 237 f., 258, 264, 290 f., 293 ff.
König, Nikolaus, Orgelbauer 213, 258
Königsegg-Rotenfels, Max Friedrich von, Erzbischof 198
Kosmas und Damian, Heilige 219
Krautwig, Hilger 194
Krings, Heinrich, Regierungsbaumeister 257
Kronenberg, Johann, Orgelbauer 213
Kunibert, Heiliger 30 f., 91, 190, 220
Küntgin, Matthias, Pfarrer 160
Küpper, Johann Peter Heinrich, Kaplan 250, 306
Kurth, Johann Tilmann, Kaplan 180, 313
Kuyn, Konrad, Dombaumeister 135

Lameth, französ. General 241
Lange, August, Architekt 257
Langen, Rudolf, Humanist 152
Laurent, Johann Theodor, Pfarrer 274
Laurentius, Heiliger 31, 57, 116, 119, 160, 163, 219, 263
Legros, Martin, Glockengiesser 214
Leo IV., Papst 37
Leopard, Familie 110
Loriti, Heinrich (Glareanus, Henricus), schweiz. Humanist 152
Lovis, Johann, Lehrer 182 Anm. 82, 315
Lülsdorf, Nikolaus, Kaplan 180, 305
Lupus, fränk. Bischof 30 f.
Luther, Martin, Reformator 148, 153 ff., 158, 162, 165, 187, 192
Lützenkirchen, Johann 200
Lysegans, Priester 82 f.
Lyversberg, Jakob Johann Nepomuk, Kunstsammler 236

Maass, Engelbert, Orgelbauer 258
Margareta, Heilige 133
Maria, Heilige 47, 49, 54, 117, 120, 125, 127, 130, 132, 135 f., 138 f., 145, 170 f., 181, 184, 200 f., 205, 215, 217-221, 223 ff., 234, 236 ff., 240 f., 254, 257, 268 f., 271, 275, 283, 290
Maria Magdalena, Heilige 220
Markus, Heiliger 130, 145, 202 f., 222, 290
Marsilius, Guardian, Minorit 84
Martin, Heiliger 44, 47, 54, 93, 116, 160, 184, 220, 286
Martin V., Papst 56, 78, 174
Marx, Werner, Dompfarrer 242
Mataré, Ewald, Bildhauer 296
Maternus, Bischof 27
Matthias, Heiliger 119, 130 Anm. 32
Mauritius, Heiliger 162
Maximilian I., Kaiser 100, 152;
Maximilian II., Kaiser 153
Mecheln, Johannes von s. Hülshout
Mecheln, Johanna von 200;
- Katharina von 200

Méchin, Alexander, Präfekt d. Roerdepartements 252
Meinerzhagen, Johannes, Minorit 160
Meistermann, Georg, Maler 296
Melanchthon, Philipp, Reformator 153, 158
Melchers, Paulus, Erzbischof 250, 265, 275, 277
Metternich, Theodor, Kaplan 179 Anm. 55, 180, 305
Meulen, Gustav Gerhard van der, Kaplan 274, 311
Michael, Heiliger 119, 145, 219
Michelis, Eduard, erzb. Sekretär 274
Mitridates, Raymund Wilhelm, spanischer Humanist 152
Mülhens, Ferdinand, Kaufmann 283
Müller, Johann Adam, Pfarrer 179 Anm. 54, 180, 184, 231 f., 235, 242, 246, 302 f.;
  – Johann Joseph, Kaplan 179 Anm. 54, 235 f., 243, 254, 310
Mulrepesch (Moylrepesch), Johann, Pfarrer 82, 84, 184, 298

Napoleon, französ. Kaiser 233 f., 237, 241 f., 252
Nave, Heinrich, Maler 210, 214
Neissen, Nikolaus, Kaplan 179 f., 306
Nelles, Provisor 261
Nesselrode-Reichenstein, Franz von 198
Neuenahr, Grafen von 80, 170;
  – Adolf von 170;
  – Hermann von 150, 152 f., 160
Nigrinus, Georg, Superintendent 191
Nikolaus, Heiliger 49, 119, 145, 181, 201, 220, 253;
  – s. Cues
Nopel, Johannes, Pfarrer 153, 172, 177, 179 Anm. 54, 187, 189, 301
Notburga, Heilige 275
Novimola, Sebastian 153, 160, 162, 164 f., 301

Odilia, Heilige 264
Oldendorp, Johannes, Jurist 160
Oppenheim von, Abraham, Bankier 283;
  – Albert von, Bankier 275
Ossenbrink, Matthias, Kaplan 281, 308 f.
Oestges, Dominikus, Präs. d. Munizipalverw. 232
Overberg, Bernhard, Pastoraltheologe 268

Pallavicini, Opitius, Nuntius in Köln 214
Pantaleon, Heiliger 220 Anm. 38
Pastors, Johann Wilhelm, Kaplan 238, 243, 310
Paul III., Papst 158
Paulus, Heiliger 47, 220
Peer, Rudolf, Künstler 296
Petrarca, Francesco, italien. Humanist 153
Petrus, Heiliger 47, 116, 134, 154, 220, 237
Pius VI., Papst 258;
Pius VII., Papst 233
Prato, Lucretia del 200
Pütz, Chrysanthus, Chorvikar 181

Quentel, Kölner Drucker 152
Questenberg, von 80, 98 f.;
  – Berthold von 99;
  – Johann von 99 f., 132;
  – Kunigunde von 140

Rangelrath, Johann, Kaplan 180, 312
Raschdorf, Julius, Stadtbaumeister 282 f.
Ravennas, Petrus, italien. Humanist 150, 152
Rente, Albert, Propst 57
Reuchlin, Johannes, Humanist 149, 151 f.
Rinck, Familie 98, 165 f., 237;
  – Adolf 98, 103;
  – Hermann (I.) 98, 100, 103, 132, 165;
  – Hermann (II.) 80, 98, 150, 152;
  – Johann (I.) 98 f., 102, 109, 117, 127, 130 f., 134, 147, 182;
  – Johann (II.) 78, 80, 98, 100;
  – Konrad 98;
  – Peter 98, 101 ff., 109, 150 ff., 165
Robespierre, Maximilien de, französ. Revolutionär 229
Rochus, Heiliger 235
Rodenkirchen (Rotenkirchen), Familie 80, 98 f., 103
Rotterdam, Erasmus von, Humanist 152 f.
Rubens, Peter Paul, Maler 203, 205
Rudler, F. J., Regierungskommissar 231, 233, 249
Rüdell-Odenthal, Architekten 257

Salentin, Erzbischof s. Isenburg
Sanfelice, Giuseppe, Nuntius in Köln 173
Schauenburg, Jost Hermann von 189
Schaumburg, Adolf von, Erzbischof 158, 162 f.

Scheben, Wilhelm, Orgelbauer 258
Scheer, Franz, Küster 251
Schellen, Direktor d. Realschule 278
Schervier, Franziska, Ordensgründerin 275
Schidderich, Familie 110
Schlaeger, Peter, Lehrer 184
Schmitz, Katharina 200
Schnepper, Peter Christian, Pfarrer 244, 256, 264 f., 276 f., 303 f.
Schnorrenberg, Anno, Augustiner 194
Schöning, Johann Joseph, Polizeikommissar 232
Schulcken, Adolf, Generalvikar 192
Schulte, Karl Joseph, Erzbischof 280, 291
Schulting, Cornel 189
Schuppe, Ferdinand, staatl. Kirchenkommissar 278
Sebastian, Heiliger 220, 235
Seifert, Ernst, Orgelbauer 258
Seuse, Heinrich, Mystiker 69
Severin, Bischof 27, 82, 130 Anm. 32, 203, 220
Siegen, Johannes, Rendant 258
Siegfried, Erzbischof s. Westerburg
Silvester, Heiliger 219 f.
Sixtus V., Papst 177, 192
Solms-Laubach, Graf 275
Spiegel, Ferdinand August Graf, Erzbischof 244, 265, 268
Stattlohn, F.A.T. von, Kirchmeister 213
Steinheuer, Johann Heinrich, Kaplan 179, 309
Stephan, Heiliger 31, 219;
Stephan VI., Papst 37
Storch, Nikolaus, Täufer 154
Strevesdorf von, Familie 198, 200, 205
Sudermann, Familie 80, 98 f., 160;
- Heinrich 99, 109
Surius, Laurentius, Kartäuser 191

Tauler, Johannes, Mystiker 69
Tepper, Gertrud 263
Teusch, Joseph, Kaplan 279, 281, 308
Thomas von Aquin 87
Thorn-Prikker, Jan, niederländ. Maler 291, 296
Treskow, Elisabeth, Goldschmiedin 296
Truchsess von Waldburg, Gebhard, Erzbischof 165 f., 168
Tyndale, William, engl. Bibelübersetzer 152

Ulenberg, Kaspar, Pfarrer 78, 87, 187-193, 200, 207, 210, 219, 301;
- Katharina 189
Ulrich von Strassburg, Mystiker 69
Urban VIII., Papst 219 f.
Ursula, Heilige 91, 177, 193, 237, 247

Venantius Fortunatus, christl.-latein. Dichter 225
Vergil, röm. Dichter 149
Verhorst, Peter, Weihbischof 130 Anm. 32
Virneburg, Heinrich von, Dompropst 55, 77
Vosen, Martin, Kaplan 250 f., 277, 307

Walburga, Heilige 263 f.
Wallraf, Franz Ferdinand, Kunstsammler 236 f.
Wasserfass, Familie 98, 126, 142, 147, 254;
- Gerhard vom 98, 100, 103, 150 f.;
- Gottfried (Godert) vom 99, 103, 109
Weber, Johannes, Kaplan 154;
- Johannes Joseph, Kaplan 273 f., 311
Weinsberg, Hermann 177
Weiser, Franz Anton, Sakristeipriester 265, 277, 314
Werner, Pfarrer 58, 297
Westerburg, Familie 80, 98;
- Arnt von 99 f., 110, 133, 154;
- Gerhard von 154 ff.;
- Siegfried von, Erzbischof 82
Westermann (Roermond), Priester 182
Weyden Rogier van der, Maler 120, 125 ff., 130, 236
Weyer, Johann Peter, Stadtbaumeister 258, 269
Widenvest, Tilmann, Küster 184, 317
Wied, Hermann von, Erzbischof 155-160, 162
Wilhelm, Herzog s. Jülich-Berg
Wissius, Jakob, Bürgermeister 170, 179, 200, 268 f.
Witterschlick, Johannes von 82
Wittgenstein, J.J. von, Maire 261
Woensam, Anton, Kupferstecher 256
Woestmann, Philipp, Domorganist 213
Wylich-Winnendal, Maria von 198

Zwingli, Ulrich, schweizer. Reformator 155
Zwirner, Ernst, Dombaumeister 283